U0566334

桑 兵◎主编

各方致

孙中山 函电汇编

【第三卷】

(1916.11~1918.12)

何文平 编

社会科学文献出版社
SOCIAL SCIENCES ACADEMIC PRESS (CHINA)

目　　录

赵念伯悼黄兴致孙中山函

（1916 年 11 月 5 日）

中山先生钧鉴：

　　月前因家严有采薪之忧，得信匆匆返里，未及趋别为仄。辰维起居绥和为颂。顷阅报章，惊悉克强兄于旧历初四日作古，不胜悲悼。先生臂助，又失一人，同志老成，相率凋谢，言念国事，感慨系之。念伯现患喉疾，治愈拟即来沪，面承教益，诸惟爱拂。冬寒，凡祈珍卫，为国自重，肃请

崇安

赵念伯谨上　十月初十日

（《革命文献》第四十八辑，第 339 页）

王河屏致孙中山函

（1916 年 11 月 6 日）

中山先生钧鉴：

　　四载违教，驰系日深，今日幸亲道范，见先生风采仍是当年，一人有福，兆民赖之，河屏欣喜雀跃者再。回沪四年中，辛苦艰难，屡濒于危，孤诣苦心，支持保守。以北京而论，民强二字，已为吾党中资格最深之报纸矣。此次共和再造，日月重光，未得民党中分文之补助，向隅之叹，不无耿耿。计自今年五月，中交两行停止兑现之后，明亏暗耗，赔累数千元。年关在迩，不得已专诚来申，面诉下情，上求补助。蒙先生殷殷垂询，慨允维持，使河屏抑郁之气得以少舒，感激之心油然而起。务求先生补助五百元，俾成集腋之裘，倘能鉴怜，格外助千元，则更为感戴矣。河屏明日赴南京，因施肇曾盗卖凤凰山铁矿，其中有假借日本□□洋行名义。日财政部要挟，将从

前江苏民政长应季中抵押与德人西门子□行之江苏八厘公债票换去六厘公债票一案之内幕，面告省议会，及冯华甫先生，以免若辈偷天换日，害国祸民。大约往返须三四天，计十一二日必可回申，即行入都矣。届时再行面请训诲，亲领惠助之款。先此函陈，临颖敬颂

钧绥，伏祈

亮察，不庄

寓英租界大新街新旅社王河屏呈

十一月六日

（《民强报拆梢真相》，上海《民国日报》1916 年 12 月 22 日）

王河屏致孙中山函

（1916 年 11 月 12 日）

中山先生钧鉴：

顷自南京回，接展代表奉书，拆阅而无名氏者，无从作复。但谓先生久未披阅敝报，兹特寄呈两份，一为最近者，一为反对卖矿有致省议会函者，请先生一为披阅，即知河屏非诳先生也，实有支持日久之困难。至因时善变，亦办报者处于强权之下之苦衷。河屏只以报纸有资格可感动社会为心，可收由渐入深之效果也。先生倘亦以为能耳。日内即须入都，年关难度，尚须为集腋之筹，谅先生亦必有以诱掖而提倡之。务求量力维持，俾得料理北行，不胜幸甚祷甚。立饬送来寓，或走领，仍希示遵。专肃，敬颂

钧绥，仰祈

慈察，不庄

王河屏呈

十一月十二日

（《民强报拆梢真相》，上海《民国日报》1916 年 12 月 22 日）

粤议员致孙中山、唐绍仪电

（1916 年 11 月 16 日）

上海中山、少川两先生鉴：

寒电敬悉，即集议，一致认为，非留陆无以安粤。已推代表谒总统、总理，表示公意，一面联电陆勿再求去，并电省会协留，以昭众志。广东参众两院议员谨覆。铣。

（《粤议员挽陆以安粤》，上海《民国日报》1916 年 11 月 20 日）

丁世峄就陈其美国葬并恤其遗族事复孙中山等函稿

（1916 年 11 月 17 日）

中山、少川先生阁下：

南北睽隔，想望清光，接奉惠函，以陈君英士奔走革命，创造共和，与黄君克强同，而死事犹惨，谓宜予以国葬，并恤其遗族。词气慷慨，公理昭彰，既钦潜德之光，弥见用心之厚。弟近年碣来南北，闻见所及，如陈君一生行谊，实所深知。惟事关国家大典，非一二人所能主张有效，谨当原本尊意，先与议会中数识者熟商，再由会中提出议案。近来风气开通，不乏明达之士，谅必乐与赞成，以副盛怀也，先此布复，□颂
勋祺不尽

丁世峄启

（《北洋军阀史料·黎元洪卷》第十册，第 1260 ~ 1261 页）

黎元洪复孙中山电

（1916 年 11 月 19 日）

孙中山先生鉴：

惠电悉。所论详揽中外，究极事情，宏识远虑，良可钦服。国老院一事，先是有人为调和政局起见，屡次建议，经内阁采纳，现已将组织法拟定，咨交国会，想两院不乏明通之士，赞成与否，应有适当之解决，知关廑系，特电敬复。黎元洪。皓。印。

（《大总统覆孙中山先生电》，上海《民国日报》1916年 11 月 20 日；《大总统为国老院事复孙中山电》，《天津大公报》1916 年 11 月 22 日；《大总统为国老院事复孙中山电》，《盛京时报》1916 年 11 月 24 日）

驻粤滇军哀悼黄、蔡、陈三公电

（1916 年 11 月 21 日）

孙中山、唐少川、伍秩庸、李协和各位先生钧鉴：

黄克强、蔡松坡、陈英士三先生皆手造共和，功贯日月。国家多难，正赖维持，何图天夺其年，先后逝世。噩耗传来，肺肝摧抗。人之云亡，邦国殄瘁。抚念大局，曷胜悲恸。开儒等谨择于十一月二十六日在韶州设灵备牲，开会追悼，以表哀忱而慰忠魂。谨闻。云南驻粤护国第二军张开儒、方声涛、成桄、张惟圣、林仲墒、何子奇、盛荣超、李天保、朱培德、伍毓瑞、戴永革、李凤岐、曹浩森、周泊□、杨益谦、赵德裕、张怀信、万舞等率全体将士同叩。马。印。

（《驻粤滇军哀悼黄蔡陈三公电》，上海《民国日报》1916 年 11 月 23 日）

陆荣廷复孙中山、唐绍仪电
（1916 年 11 月 23 日载）

孙中山、唐少川先生鉴：

　　巧电敬悉。廷以衰庸，难胜烦剧，量力乞退，非敢鸣高，辱承明教，敢不奋勉。惟粤局外疆［强］中窘，来日大难，微躯多病，尤难支柱，任重材轻，深虑陨越，稍俟整理，仍拟避贤，谨谢关切，幸赐指导。荣廷叩。

　　　　（《陆督军复孙唐两先生电》，上海《民国日报》1916
年 11 月 23 日）

方声涛致孙中山电
（1916 年 11 月 24 日载）

孙中山先生大鉴：

　　克公弃世，除哀痛外无他语，本拟赴沪亲吊，奈所部饥寒，不可终日，万难脱身，定派员代为执绋。何时举丧，乞电示。方声涛叩。□。代印

　　　　　（上海《民国日报》1916 年 11 月 24 日"公电"）

陈亚东等致孙中山等电
（1916 年 11 月 24 日载）

孙中山先生暨唐柏胡诸先生、黄一欧君鉴：

　　天祸中华，克老竟逝，同人哀悼，血泪几干，拟于宁筹备追悼，以表哀忱，谨电闻。陈亚东、陈天才、蔡哀民叩。辰。

　　　　　（上海《民国日报》1916 年 11 月 24 日，"公电"）

吴城商学界罗晦仲等致孙中山电
（1916 年 11 月 27 日载）

《中华新报》转孙中山先生鉴：

　　克强先生殂谢，国人同悲，特举黄笑侯、查鑑来沪致祭，谨先电唁。吴城商学界罗晦仲、查客奇、罗炎、罗任北、胡匡、查辉恒、余复一等叩。

　　　　　　　（上海《民国日报》1916 年 11 月 27 日，"公电"）

冯自由为华侨选举事请发电通告
各埠致孙中山函
（1916 年 12 月 1 日）

先生大鉴：

　　昨函详论华侨选举事，想已入览。昨总统已公布选举期为一月十八日（各省是十一月十八日），美洲相隔太远，只用函件，必赶不及。计期弟之印刷公函，此数日当已达美，弟处毫无经费，不便发电，请即由尊处致旧金山一电，以免误事。电文如下：选期定元月十八，速照自由函，用书报社名函电农商部，各举代表一人，不得同名，并电自由。

　　上拟电文，请即斟酌发去，因弟甚虑彼等不谙选举法，误以数十埠同举一人，等于无用。又恐彼等虽有电农商部，若无电与弟，亦难代为设法，使该票必归有效。弟今尚运动农商部，使之延期选举，若能再延二十日或廿五日，则美洲方面较易为力也。匆匆并候大安

　　　　　　　　　　　　　　　　　　　　　　弟自由上
　　　　　　　　　　　　　　　　　　　　　　十二月一日

孙中山批：选期定元月十八，速照由函令各埠，用书报社名函电农商部，各举代表一人，不得同名，并电自由。文。

（《革命文献》第四十八辑，第93~94页）

孙一鸣请居正拨付长春活动经费致孙中山函

（1916年12月5日）

中山先生大鉴：

　　昨得朱君代答赐书，敬悉所云长春军费，实缘无款可拨，爱莫能助，可向居觉生君商要等语。诵聆之下，感激奚似，自当遵命办理。惟前得蒋介石来书云：居之对于长春，久未复答，实为无款可以设法，若由一鸣迳与催索，恐仍置之不理，敬恳先生函告居公，请其照数拨给，以纾急困。当时与潍县联合，无非激于义愤，虽旋即解散，然招募等费，皆同志贷垫而来。今潍县等处，均如愿而偿，竟独遗长春一部，致一鸣辈，困处边徼，日为债累所迫，大有欲死不得，欲生不得之势，实可寒心。微先生仁德及众，其谁援之。肃此，恭请

大安

孙一鸣叩上

十二月五日

　　孙中山批：前信如何？酌量代答。

（《革命文献》第四十八辑，第179页）

黎元洪复孙中山电

（1916年12月11日）

孙逸仙先生：

蒸电悉。章君德望学识迥异时流，夙所钦佩，承荐继任国史馆长一节，已交院议。黎元洪。真。

（上海《民国日报》1916 年 12 月 14 日"公电"）

鄂省议员詹大悲等报告成立政治
商榷会致孙中山函
（1916 年 12 月 11 日）

中山先生钧鉴：

汇下银洋一千元已收到。同人等以参议员选举期迫，非谋一精神上结合之团体，不足以策进行。前数星期开会讨论，公决组织政治商榷会为目前选举之约束，亦即为将来政党之准备，其缘起及简章检呈数份，即乞钧核。至于选举预备，现已着手，能否战胜他派，全恃最后五分钟。嗣后一切情形，仍当随时呈报。肃此。敬请钧安

鄂省议员詹大悲、郭肇明、吕涟、张国恩、赵光弼、李逢年、杨玉如、方震、赵鹏飞、桂砺锋、周之瀚、文华国、陶甄、徐秉钧、高维崑、李攸行、周兆南、梁钟汉、黄鸿宝、曾怀德、邱前模、邹振翼、廖明如、刘恒奎、朱奎炳、李法、程国璠、谢步瀛、谢树森、张金源、傅作楫、王泰临、胡毓堂、程荫南、闭应宣、石韫玉、陈履洁、曹德馨、张宝善、陈豫、周从煊、萧侠吾等谨启

十二月十一日

孙中山批：看过。

附录：

（一）政治商榷会缘起

积个人而成社会，积社会而成国家。国家者，社会个人所组合而成者也。知个人为国家之分子，则其责重。共和国家主权属于国

民，知国民为国家之主体，则其责尤重。际此革命告终、建设伊始，内尤〔忧〕未已，外患纷乘，以此不可放弃之责任，而付诸能力脆弱、常识缺乏之一般国民，致令其有不克负荷之诮，毋亦优秀卓越之士所当引为大耻也。不宁惟是，优秀卓越之士之得天独厚，非天有所私也，盖欲以其有余，补他人之不足，调剂以求得其平耳。优秀卓越之士，既以此遗大投艰之重任，为自身应天之职，则凡国防之若何设备，金融之若何救济，内政之若何整饬，民生民智之若何发展，欲实施于一旦，必蕴蓄于平时。虽然离群索居，各事其事，观察既有不同，主张亦随以异。则意见之交换难一，问题之发生愈重要者，其利害所及之范围愈广。个人之智力有限，事机之变幻无常，则利害之判别难。政策本极公允，欲求实现，而势力不厚，斯障碍横生，则宗旨之贯澈难。无已则惟有结合多数优秀卓越之士，以政见之共同，谋具体之建设。牺牲个人之意见，而服从公理，屏除诈伪之风习，而勖以至诚。出之以精审，持之以毅力，举前黳障一扫而空。出而任事，则以运用政治而收善果，退而在野，则以指导当局而策进行。万众一心，共图国是，为救国计，为救民计，孰有急于此哉。同人等有鉴于此，特创设政治商榷会，以发展平民政治为宗旨，将期多稽广历，融合众流，互证交参，务求真理。凡兹庶政，与本会宗旨有直接关系者，讨论不厌求详，即有间接关系者，推阐亦须尽效。本忠爱之热忱，谋国民之福利。邦人君子苟不以同人为不肖进而教之，是则同人所馨香祷祝者矣。

发起人陈培庚等七十六人同启

（二）政治商榷会简章

第一章　总纲

第一节　名称

第一条　本会定名曰政治商榷会。

第二节　宗旨

第二条　本会以拥护宪法，巩固共和，发展平民政治为宗旨。

第三节　地址

第三条　本会暂假抚院街一百五十九号为会所。

第二章　组织

第一节　会员

第四条　凡年满二十五岁取得本国国籍之男子，其有左（下）列资格之一者，经本会会员二人以上之介绍，得为本会会员。

（一）有专门政治学识者；

（二）有普通政治学识者；

（三）有行政上之经验者；

（四）其他其有各种学识经验者。

第二节　职员

第五条　本会设会长一人，副会长二人。

第六条　本会职员分为十科如左（下）：

（一）总务科；（二）交际科；（三）法律科；（四）财政科；（五）民政科；（六）教育科；（七）实业科；（八）军政科；（九）外交科；（十）交通科。

第七条　各科置主干一人。

第八条　总务科设干事八人，余科各设干事六人。

第九条　本会置文牍、会计、庶务等员，隶于总务科。其人数由主干商由正副会长支配之。

第三节　职员之选举

第十条　本会正副会长由会员分次用无记名单记法票选之，各科干事分科用无记名连记法票选之，均以得票较多者为当选。

第十一条　各科主干由各科干事互选之。

第四节　职员之权限及责任

第十二条　会长主持本会一切事宜，副会长襄助之。

第十三条　会长有事故时，副会长得代其职务。

第十四条　各科主干会同该科干事办理应行事宜。

第五节　职员之任期

第十五条　本会正副会长及各科主干干事任期均为一年，但再被选者得连任。

第十六条　职员任期未满非有特别事故不得辞职，遇有辞职时，其续经票选或公推者以补足前任未满之任期为限。

第三章　会务

第一节　会议

第十七条　本会会议分三项如左（下）：

（一）各科干事会；（二）全体职员会；（三）大会。

第二节　会务之进行

第十八条　本会得以商榷所得，编为杂志以公诸世。

第十九条　本会得以商榷所得之完善政策，建议于议会及政府。

第四章　会金

第廿条　凡会员入会时，均纳入会金一元。

第廿一条　各会员均纳常年捐二元，特别捐由会员自由捐助。

第五章　附则

第廿二条　本简章如有未尽事宜，经会员二十人以上之请求，得由会长提出大会修改之。

第廿三条　本会办事细则另定之。

第廿四条　本简章自公决之日施行。

（《革命文献》第四十八辑，第 248～253 页）

周应时报告行止致孙中山函

（1916 年 12 月 16 日）

中山先生钧鉴：

应时为清理癸丑以前所办掘港场垦殖公司事，于十三日来通，约尚有一二日之逗留，即可返沪。返沪后，即行北上，知关系念，特此报告。专此，敬请

钧安

周应时谨启

民国五年十二月十六日

（《革命文献》第四十八辑，第49～50页）

海军部致孙中山电

（1916 年 12 月 18 日）

铣电敬悉。江防需舰，分拨不周，深用歉仄。前经删电，饶司令抵鄂，商准王督军抽拨楚观赴沪，护送黄公灵柩到汉。兹据该司令电称，楚观铣日由汉开沪，计日内可到等语。已电该舰长到所接洽护送办法，希查照。

（《楚观军舰来运黄公灵柩》，上海《民国日报》1916年 12 月 20 日）

广东报界公会致孙中山等电

（1916 年 12 月 20 日）

抄送广肇公所、孙中山、唐少川、温钦甫、王亮畴、胡汉民、陈竞存、梁任公、《中华新报》转各报馆均鉴：

霰日午，有六人到第八甫《南越报》伪登告白，继又自称军队，擅将总编、编辑人李汇泉捕去，中途捆绑，牵至城内军署附近连新街，连轰四枪毙命，所经皆繁盛商场，历警察区署五所辖地，持枪露刃，警察不敢干涉，路遇军官，数语即过，迥非寻常谋杀可

比。外间哄传，与报界反对开赌有关，似此入室擅捕，白昼当街强
杀，约法何在。现粤省人人自危，请迅电粤澈查辑凶，以维人道。
广东报界公会全体公叩。号。

（上海《民国日报》1916 年 12 月 22 日"公电"）

赵植芝报告香港联义社情形致孙中山函

（1916 年 12 月 21 日）

先生伟鉴：

前奉手谕，嘱力任维持，照旧联合，既承明训，敢不力图称
报，克尽厥责。窃联义社系属侨海交通，联络同志，开办历两载
余，基础尚未大底。况值兹青黄不接，人心散涣，非力加整顿，终
难持久。夙夜思维，焦灼万状。恰美洲同志函致本社，着设法扩
充，联合海外侨旅，故有此次通告书刊发，原意不过维持本社及推
广交通，以符尊义之谆嘱而已。刻并呈上通告书一纸，乞赐览察。
再有恳者：先生墨宝，海内外所重，恳写横条两幅，赐呼联义及植
芝名称为祷，专此奉告，并请
勋安

赵植之〔芝〕鞠躬书束
冬月廿七

附　香港联义　通告第一号

迳启者：粤自癸丑失败，政事益非，帝制复生，遂危国体，吾党虽
竭力提嘶，作晨鸡之唤，而国民畏祸，咸嗫厥声。本社之设，原为
侨旅交通，传布枢纽，孜孜矻矻，三年于兹，屡遭风雨之飘摇，终
冀涓埃之称报。东南师起，歼灭元凶，国难得舒，仔肩稍息，敝同
人等禀承孙先生之命，仍着加意维持，绠短汲深，益虞陨越。窃

惟今日新猷未布，帝孽潜滋，植颠扶危，尤仗群力。非谋大群联合，何以贯注政纲，非作统一进行，何以增张党势，敝同人等夙夜兢兢，恐无以处，故嘤鸣求友，思借助与他山，庶葵向微诚，终见收乎皎日。兹事体大，旨趣万端，对鄙见所及，暂可得言者则为：（一）知识交换；（二）感情联络；（三）政见汇合；（四）经济发展。此四者理虽至浅，关系实大，言而不行，等于不智，敝同人等窃不自量，拟先：（甲）建立交通地点；（乙）创设侨商日报；（丙）合办国民实业。三者为之提挈，庶上之四端可得履行。欲薪必至之程，须树鲜明之鹄，空作临渊之羡，何如结网之求，此诚百年之大计，今日之急务者也。抑尤有进者，香港为适中地点，东西商旅必经，敝社开设以来，群情已见趋向，百尺竿头，更思猛进，为山九仞，一篑易收。先生识量宏深，热心国事，对于此举，应表同情，望时赐金箴，以匡不逮，大纾伟略，共济时艰，椎轮成大辂之才，积水助冰之凛，海天万里，翘企为劳。此请

义安，诸唯亮照

中华民国五年十二月二十日

赵植芝、林来、周柏祥等谨白

（《革命文献》第四十八辑，第 703～704 页）

内务部致谭延闿、孙中山、唐绍仪等电
（1916 年 12 月 23 日）

湖南省长、上海孙中山、唐少川、梁启超先生均鉴：

本月二十二日奉大总统令：故勋一位、陆军上将黄兴、蔡锷应予举行国葬典礼。着内务部查照国葬法办理，等因。查国葬法第三条：国葬墓地由国家于首都择定相当地址建筑公墓，或于各地方择定相当地址修筑专墓，或由死者遗族自行择定茔地安葬，等语。

黄、蔡二公营葬之处究在首都公墓，抑在地方专墓或由其家属自择茔地，请分别转询，确定办法后随时电复，以便筹办。内务部。印。（五年十二月二十三日下午三钟发）

（《蔡锷集》，第 639 页）

吴伯为陈宏猷诉冤致孙中山等电

（1916 年 12 月 25 日载）

《民国日报》转中山、竞存、执信、亮畴先生鉴：

陈宏猷在京被诬拘留，不胜骇异。查陈君奉命起义琼崖，并无惨杀劫掠情事，业经呈明粤东长官有案。且大总统已有通令，凡士民不得挟私诬告，民军各长官，亦不得无端受理，现陈君已补众议员，因诬被拘，实为冤抑，恳为伸雪是祷。吴伯叩。

（《吴伯为陈宏猷诉冤电》，上海《民国日报》1916 年 12 月 25 日）

杨汉魂报告革命经过并请予济助
致孙中山函

（1916 年 12 月 25 日）

中山先生麾下：

起居获福，贵体延禧，操纵自如，清神倍健，不禁临风神驰，指日额颂矣。敬启者：鄙人前年由美回旋，特到东京谒见，后买掉〔棹〕而归，组织民党，一片坚心。不料奸人侦探率兵二百余，机关枪二架围捕，家庐惨遭其害，倾箱倒箧，如虎如狼，姪为伯俘（家伯被捕于杨大宗祠），母与子辱（强迫家母具结指为逆子）。机关破后，不独鄙人一身难保，几乎累及全家，幸父子三人先觉而远逃港澳，出亡计已年余矣。虽性命苟全，其中险阻艰难，备尝苦况，但舍身为国，死何惜乎。惟可惜者，袁贼未除，同胞之疾苦难当，吾党之势力未伸，我辈之仔肩仍负，纵使海可枯石可烂，而鄙人之心志实难移也。幸香军起义，遂与民党协力同心，血战三昼夜，于是克复香城。弟充护国第三军二支队三团二营副营长，继后扑攻江门，据江门狗山要点；又与魏邦平司令合兵，星夜进攻新会城，与龙贼军相战约数小时，遂克复新会城。后吾军奉司令命，回守狗山，驻守不数日，又奉命往容奇，会兵直攻三山，血战两天，骥欲进取车歪炮台不果，退守容奇。笠日奉□司令命，拔队镇守小杭，继有月余之久。讵料解组而归，经济困乏，薪水概无支给，兼且自筹款用，约计数百，此中之拮据苦楚，惟对公方敢直陈。鄙人本欲来申亲聆雅训，无奈舟资告罄，难于抽身。至现下民党势力日进，其中进行，谅先生自有权衡，仰祈指示。兹时值隆冬，年关甚紧，是年借长朋友之银，苦无路筹策，寂寞居家，空囊在抱，筹持无措，特修寸楮，恳代筹银三百圆，以救眉之急，万求勿却。若先生体贴寒微，恩准补助，则鄙人感公之德无涯矣，伏求迅速赐教为祷。临笔神驰，诸希为国珍重为祝。复信寄至香港上环德辅道西门牌一百二十三号江盛利金山庄刘伟道兄收下，转交杨保仲收入无误。专此，敬请

公安

杨汉魂鞠躬

十二月廿五号

再启者：家父嘱笔候安，名另片。

孙中山批：代答……（字迹不清）接，无能为力。并着不必来见。

（《革命文献》第四十八辑，第 342～343 页）

居正报告东北军情况致孙中山电

（1916 年□月 11 日）

孙大元帅鉴：

潍县绅商知事交涉使来我军前，开始谈判，已承认我要求条件。但对于张树元个人位置，尚未完全解决，约明日午后再商。本军副官长陈中孚□再赴济南，尚未开始战争。靳云鹏致本队长刘廷汉书，愿为和平解决。高密胶州间，又启战端，我军连胜，山东非□氏□所能支。遥驾行止如何？恳速复。东北总司令居正。真。

（《革命文献》第四十六辑，第 313～314 页）

霞生请速委广西革命负责人致孙中山函

（1916 年□月 11 日）

先生赐鉴：

本日已晤崇雅君，备悉东京情形，并接洽此间诸君事，甚为愉快。惟崇雅明日须再赴沪一行，再行返港，往返约在一星期余。刻秋谷已赴星，此仅闻崇雅言，未知确否？日前刘之芬、李济民等所立机关，因过招谣，致为快眼所告发，逮二十余人，刘亦在内，其余如鸟兽散，刻尚未审，但料无甚事，不过出境。惟搜出函件甚多，此节殊非佳事耳。渠等以革命为生涯，麇集人马以求善价，宜有此失，崇雅、秋谷等，因此稍潜，亦无可如何者。

苏无涯君办理桂事，颇有面目，霞生为此拟有所请于先生。前者刘崛、苏无涯二人之返也，蒙先生面嘱肩任桂事，原无认定何人为桂首领，大约当时先生犹属意林虎。返港以来，刘等寓澳，无涯则往返港澳之间，常与内地军人联络，并筹少款为桂省同志薪米之资。盖先生所给四百元业已馨尽，刘崛束手无术，惟赖无涯到处张罗，彼曾假霞生资四十元，近复假崇雅三百元。惟查桂省办事，至为可悯，以经费无从挪拨，难为无米之炊。据桂省诸同志言，彼等向桂内地筹款原非甚难，但有一窒碍情形，则以先生并无认定委定何人专主桂事，而为其首领。故难以个人号召内地同志，晤及辄询主脑何人，而无以应，故诸事竟无从着手。统计桂省军队属吾党者庆、柳、宁三府约共十营，而民军不计。此项军队举义时，虽不需巨款，但对之为交际运动小费，应不可无，故筹款不可稍缓，而筹款则须有主脑之人。窃维林虎既变，因无可望，则舍别选妥人不可。目前苏、刘二君向在桂省，均各有声誉。但刘为人素刻薄寡恩，乏笼罩才，同志殊未心悦诚服，加之此次返澳，日惟观剧昵妾，大辜众望。其能出而张罗活动者，惟苏而已。苏学识虽非优裕，但坚毅和悦，处事镇定，待人至诚，颇为众同志所钦敬。近日为粤同志各存意见，苏奔走调停亦殊有功。愚谓先生不如悉委苏暂主西省一切，俟有妥人或别易他手。目前暂以苏名义号召桂省同志，庶有专责，而收统一。

先生对于粤省既能确定人员，以一号令，似宜勿置桂省以为无足轻重。桂省为粤唇齿，粤事若成，桂省亦须同时举事，否则龙贼退合陆贼，则不堪问矣。忝任南部联络，谨举所知以布，尚祈卓夺，并乞示复，是为至祷。专悉，敬颂

台祺

霞生顿　十一

（《革命文献》第四十七辑，第 339～340 页）

杜晦告平乐一役失败情形致孙中山函

（1916 年□月 21 日）

中山先生大鉴：

平乐一役，因款支绌，以致溃散，同志殉难有余铁夫、潘志

文、徐次韩等三人，各处因此愈不敢轻发。浔、庆、南、郁等处现在正在待款时候，机会本甚佳，惟此间俱无力应付，且此间留澳同志已不举火者数日矣。殉难各家属均极困难，弟又无力以恤，殊恐冷人热心也。苏君无涯拟日内东渡，面商一切，乞示遵。广西有陈献琛、任经等东渡，此间盛传该等为广西侦察，乞注意，并转知各同志为叩。此请

伟安

杜晦　廿一号

（《革命文献》第四十七辑，第 341 页）

刘崛报告广西举事问题致孙中山函

（1916 年□月 29 日）

中山先生大鉴：

赐缄并五千之数经已接受。不佞惟有粉身碎骨以报先生而已。但举事时日不能即定，因广西交通不便，传达命令总须二三周间，方可遍及，容缄再告，专此敬复

公安

此后通信处改为"澳门新慎地八号广茂兴柴店章志君转姚裘"可到。

党弟崛　廿九日

（《革命文献》第四十七辑，第 342 页）

刘宝书请恤杨柏林致孙中山函

（1916 年□月 20 日）

中山先生均鉴：

日前晋谒崇阶，备聆清诲，感佩奚如。书今次南来，办理此地事宜，一无成效，良用瞿然。现大局粗定，似无武力准备之必要，故已将一切屏挡清楚，拟明晨搭通州号轮船北上也。此行端在详察政府真象究竟如何，以便为将来之准备。对段公为感情之连络，视国会开后情形如何，再定方针。先生对于段公方面，有无政见，书可代达。至鲁省之事，迭接该方面同人来函，局势颇大。军队亦甚完全，自宜极力维持，以固基础。对于张怀芝极端反对，决设法驱除之，已去函该处同人商榷。传言有曲同丰继任之说，其人脑筋颇新，第一次光复时，曾充该省招讨使。且同人等南来赞助，亦多为其资助，如果，书以为于我军前途利益非浅，先生以为何如。再，有敝同学杨柏林君，系吴淞第十师连长，陈英士先生委其在内运动，事机泄露，遂为卢永祥枪毙，良用怆然。昨接北京同人来函云，伊家甚寒微，几无生路，应请先生府恤维持。此事原委，曹君漱石甚为详悉，俟杨君身事调查详悉后，再行开呈。再，所有今次办理此地事宜情形，日前已面陈之，尚有未尽者，以前所需一切款项概系随用随领，毫无余裕。本月以后，即系自筹开消，并此次北行川资等项，均未请领，合并声明。本拟趋辞，因恐先生事务繁忙，诸多不便，此心缺然。如有指示之处，恳即示知，当即趋前承命。仓忙草草，不尽欲言。专肃，敬叩

勋安

　　　　　　　　　　　　　　名正肃　刘宝书

　　　　　　　　　　　　　　　　　　二十日

（《革命文献》第四十八辑，第 343～344 页）

《民新报》致孙中山、岑春煊等电

（1917 年 1 月 5 日载）

《民国日报》转杨沧白转孙中山、岑西林、谭人凤、刘丞烈、汪精

卫、戴天仇、詹大悲、胡汉民诸先生鉴：

恭祝民国六年元旦新禧，同人等组织民新报社，在成都北打金街二十六号，准中旬出版，希赐祝词宏论，鞭策进行，盼覆。罗师谛、王权、石麟、张鹏翼等叩。

（上海《民国日报》1917 年 1 月 5 日，"公电"）

林定一请设法援救致孙中山函
（1917 年 2 月 11 日）

谨呈中山先生大伟人钧鉴：

两造拜恳，未晤芝范，殊多自愧。昨呈报告，谅邀洞鉴，然未奉覆，我心寥寥。兹再恳者，定一于民国四年，因在英缅发起募捐，建立杨君庄祠一事，俱属善举，谁知被无志之辈谣传定一欲取缅甸，彼时英政府信以为真，各处行文密获定一，以致奔走风尘，于今尚隐藏山林泉石之间，毫无安身之所。故专寸笺，恳求伟人，念在同志，设法以救；并祈据情转达政府，速向英政府交涉，定一实无取缅情事。想伟人素爱同志，必能施法以救定一。如交涉清事，则定一亦得脱离久困山林之苦况也，不惟定一感情不尽，则全家亦深感无暨矣。专此寸禀，敬请

升安

同盟会党员林定一恭叩
六年二月十一日

孙中山批：不知其人，代答既在上海，则以无事，何必设法。而此间亦无法可设。

（《革命文献》第四十八辑，第 344 页）

洪兆麟等为请江西政府发还邓承盼
余款呈孙中山文

（1917 年 2 月）

　　广东陆军学会会员洪兆麟、黎蕚、罗翼群、胡汉卿、徐连胜、邹武、王振渚、熊略、吉廷献、谭克强、刘庆一、尹骥、张励等为代呈事：本月七日，据邓冯氏呈称，为恳请代呈孙前大总统，转咨江西政府发还氏夫余款，以归旅梓，而恤孤孀事。窃氏夫邓承盼，广东将弁学堂毕业，于民国元年元月，蒙前广东第三混成协统领黎蕚，保请广东都督陈炯明，委任为第七标统带，随改编为陆军第五旅第九团团长，随同第五旅旅长兼潮梅绥靖处帮办黎蕚驻防潮汕。二年七月陈督去位，黎旅长亦解职，氏夫留潮，改编为第三团。因与黎旅长秘密交通，被龙督侦悉，即令氏夫率带该团第二营回省，听候解散，所遗驻梅州之第一营，驻饶平黄冈之第三营，派莫擎宇到汕节制。氏夫见势不佳，往港避祸。其时氏母子随侍在汕，即被龙督电饬吴祥达、莫擎宇，将氏母子管押。后闻氏夫两次奉黎旅长指令，赴饶、赴梅，督率第三营营长吴文华、第一营营长王国柱，就地起义讨袁。因时机未熟，两均失败，氏夫间道走入江西，被江西政府拿获，龙济光电请袁政府，褫夺步兵上校官阶，交江西都督李纯正法。氏母子在汕闻耗，力请吴祥达释放，匍匐赴赣，幸得与氏夫一面，并闻氏夫面谢云：我今死于国事，死亦何伤，但汝母子无依，老母垂暮，不克尽孝，实为遗憾。但我有大洋二千四百元存于上海汇丰银行，存银单据已被政府搜去，我死后汝母子求于长官取回，此款以为事亲教子之用云云。氏夫于旧历甲寅年闰五月十四日在江西就义，时氏母子哀恸几绝，收殓夫骸，厝于江西之湖南义庄。即遵夫遗命，向江西政府乞还此款，乃江西政府不允所请，派副官往沪提取。氏母子即随之赴沪，叠经禀求上海交涉员杨晟，及请律师德律雷辩护，办理数月，始得发还四成，得大洋九百六十元，所余六成大洋一千四百四十元，仍被副官取回，缴存江西政府。氏所得之数除在沪旅食及聘请律师之外，所余无几，欲运夫枢回湘安葬，款又不敷，不得已，暂退回家乡，上事哀姑，下教幼子，忽忽于今三年矣。今幸民国重光，共和再见，氏母子忍饥受冻，固不敢辞。然氏夫为国就义，湮没无闻，旅榇孤悬，首邱莫正，此为人后者，所最伤心，而不敢忽视者也。爰于去腊率子来粤，昭雪之事本已蒙黎旅长允为代恳朱省长核办矣。但窃闻党人财产收殁入官，现蒙政府发还者不一而足，而氏夫身遭刑戮，余赀没收，揆之情理，似难缄默。氏夫原为粤之军官，发难又在粤地，迫得泣诉钧听，务恳转咨江西政府发还此款，以俾运枢营葬，得以有资。则不独氏母子感激鸿恩，氏夫得归骸骨，竟安夜台，亦当环报大德于无涯也，等情前来。亟应代呈钧座，恳电请陆军部转咨江西督军，将已故团长邓承防余赀尽数发还，以慰忠魂，而恤孤寡，实为德便。

　　　　　　　　　　　　会员洪兆麟等谨呈

　　　　　　　　　　　　中华民国六年二月日

　　孙中山批：代答此等事甚难追办，只得由吾党同志各人量力助之而已。文助二百元。

　　　　　（《革命文献》第四十八辑，第 148～150 页）

刘若挚请恤萧美成致孙中山函
（1917 年 4 月 11 日）

中山先生伟鉴：

　　去年秋冬时节敬聆大诲，茅塞顿开，幸甚幸甚。中央政府办理善后，海上同志，藉获毫末［末？］，能返故里，十之二三；而流离失所者，十之六七，若挚自受先生之教育，奔走呼号，随各同志之后，欣见再造共和，两摧专制。虽效命于楮笔，尽诛伐之能事，寸筹莫展，壮志未酬，又何敢自诩为功也。缘洪宪肆恣，举国痛心疾首之至。若挚伏处申江，纠合旧同志，以讨贼为唯一之目的，设立机关数处，与先烈萧美成等共策进行。亡何亚细亚妖报馆炸弹案起，萧烈士遭惨祸。是役也，同殉义者有杨玉桥、刘星球、朱耀南、曹德明、李春山、谭桂福、唐宝臣等。回忆霹雳一声，人心不死，国贼胆裂，滇南倡义，诸先烈实为引导线耳。去年海上办理善后，政府曾有抚恤补偿条例，用敢肃函报告，万希俯赐核察，或抚恤诸先烈之遗孤，俾国人有所观感。若挚因公亏累，为数些微，乙丙两年专在海上，亏欠款项约二千五百元，国尔忘家，固应尽之义务，何敢冒昧渎陈，惟若挚频年困顿，家难颠连，仰恳格外栽植，怜恤单寒，立予振拔，则报国之日，亦为酬知之年也。临颖无任恳切待命之至。肃此，专颂

伟安

刘若挚鞠躬

四月十一日

（《革命文献》第四十八辑，第 136～137 页）

蔡元培复孙中山函
（1917 年 4 月 14 日）

中山先生大鉴：

　　径启者：前奉惠示，催撰克强先生墓碑，以未有行状，恐叙事多所挂漏，曾托章行严兄代为觅取，至今未得，遂尚不能报命，已托人向湘省觅寄。顷又奉电催，而湘友尚未寄来。如尊处有克强先生行述（家传、哀启或墓志铭稿均可），请赐寄一份，当即属草。墓碑立在墓前，非如志铭之藏诸圹中，第于半月内上石，尚未晚。专此，敬请

伟安

蔡元培谨启　四月十四日

（《蔡元培全集》第 10 卷，第 301 页）

唐继尧致孙中山等电

（1917 年 4 月 19 日）

大总统、国务院、参众两院、梁任公、任志清、副总统，各省督军、省长，孙中山、岑西林、李协和、唐少川诸先生均鉴：

顷准罗护督皓电称，近因实行裁兵，将四师解散，刘师长存厚自起猜疑，朝夕戒备，开譬再三，终未解释，竟于巧日晚间纵令所部，截留由灌县收回枪枝，肆行开枪轰击，炮弹多向督军署直射。当经严谕，该师始稍停止。讵次日拂晓，该刘存厚竟令所部包围督署，猛烈攻击，并先勾结匪人入城，资以械弹，扰乱抢劫，全城震惊，川汉交通已被阻隔，请代陈中央等语。查川省预算不敷，不得已而陈中央，实行裁兵，原属正办，乃刘师长竟令所部咸攻督署，实属不顾大义，应请主持公道，迅予解决，以免偏于一方，不胜盼祷。唐继尧叩。皓。

（《四川军界大风潮（二）》，上海《民国日报》1917年 4 月 24 日）

罗佩金致孙中山等电

（1917 年 4 月 21 日）

大总统、国务总理、各部总长、参众两院、陆干卿先生、梁任公先生、副总统、孙中山先生、岑西林先生、唐少川先生、李协和先生、督军、省长、各都统、办事长官、各镇守使、殷镇守使、熊镇守使、周师长、钟师长、赵师长均鉴：

顷阅院参、陆部致成都师长刘存厚寒电开：真、元电悉，罗督请假，已照准来京，嗣又来电，陈述川事，经大总统电令缓行，复迭据罗督一再电请，更换川中师长，其第二师并已派刘云峰接替等语。川中为该师长桑梓之地，倘因此冲突，将至不可收拾。川事纠纷，政府非不深悉，但既有准罗缓行之电，该师长应顾全川局，速将经手事务移交，即日首途来京，另为擢用，是为至盼等因。窃查佩金前于上年十二月江日，以川军第二师师长刘存厚起义功高，无可位置，电恳中央，另任以相当职务。旋奉院部佳电，刘存厚有功国家，现正筹划任用，筹定即行电达。本年三月漾日，佩金电陈裁兵情形，复请将刘存厚仍照前议，调京任用。其第二师师长一职，拟请任命陆军中将韩凤楼充任。嗣因佩金请假入京，中央电准，以韩凤楼代行督军职务，复电请以刘云峰接充第二师师长。奉院部四月灰日电，刘存厚功在国家，应准调京另行优用，其余一切事宜，希毅力实行，以期实效等。因佩金前后各电，均系分呈府院，有案可稽，是佩金所请更换师长专系刘存厚一人，乃院部寒电，竟谓迭据罗督一再电请更换师长，直是挑动川中各师长举起反对。且佩金各电皆云"静候明令"，乃院部寒电，竟谓其第二师并已派刘云峰接替，不识院部是何用意。佩金此次裁兵，系奉中央命令办理，即迭请调刘入京任用，亦因该师长欲望甚奢，非早调离川，一旦逞其野心，必致地方受害，故始迫切电陈各部院，为维持地方计，早将该员调离，何至有此次该师围攻督署、扰害两城之事。如以佩金措置乖方，即立予罢斥，亦无不可。乃既电令佩金一切事宜，希毅力实行，并许调刘入京，又始终未发明令，而一面又以佩金请换川中师长，其第二师并以派员接替等语，在迫切裁兵之时，作此挑拨唆弄之策，激动各师，致酿事变。佩金忝任督军，刘存厚本归节制，竟敢以部下攻击长官，实属悖乱，乃院部犹屡命令佩金切勿操之过蹙，宁非有意纵乱，军纪何在，国法安存。佩金此次专守军署，并未出攻，城中人民目所共见，且英、法、日领，于刘存厚攻击之夜，均在署中，亦所亲睹。惟部院因个人之进退而不顾地方之治安，国事前途，真堪痛哭，应谓大总统将佩金立予罢斥，严重处罚，以谢天下，并将滇军妥为布置，以维秩序，不胜迫切待命之至。

暂署四川督军罗佩金叩。个。印。

（《四川军界大风潮（二）》，上海《民国日报》1917
年4月24日）

民友会通告众议院被扰情形电

（1917年5月11日）

各省督军、省长、议会、商会、教育会、上海各报馆，孙中山、唐
少川、章太炎、康南海、李协和、孙伯兰诸先生，各团体公鉴：

灰日，众议院全院委员会审查对德宣战案，突有号称京津公民
团、海陆军、政商学界等数千人，遍散主战警告及传单，内有宁牺
牲个人及最后对待等句，高张军旗，自上午十时后，即纷集众院门
前。一时议员到会，被其殴辱至十数之多，院内卫队无力保护，坚
闭院门，得未闯入会场。乃有公民代表六人，要求议长迫令当日通
过宣战案，如被否决，即将捣毁议院，杀害议员。同人等佥以议会
被围，不能审查，当即改为大会，要请国务总理出席，讵总理迟迟
不到，院外人众，声势更凶，候至八时，总理始行到院，经同人等
严重质问，总理诿为不知。议员要求扣留代表，总理不允，惟允下
令解散，即派警察总监婉劝再三，群众仍麇集凶闹。内务总长范源
濂乃至，接见现行犯罪之暴徒，公开谈判，嗣以误伤日本新闻记者
一人，始由警察迫令退去，至十一时，议院始告散会。查此次宣战
问题，除政府数人主持最力外，京中各界始终并无表示。昨日事起
仓卒，而在外指挥、自称代表者，乃陆军部谘议差遣刘世均、刘文
锦、张尧卿、赵春霆、吴光宪、赵鹏图等，国务院参议陈绍唐，众
议院技士白亮，中华大学校长孙熙泽等，并有人见段芝贵、靳云鹏
等往来其间，其余多系临时招雇车夫、乞丐充数，都中士人有目皆
见。查民国成立以来，北京公民团凡三见，一见于癸丑选举总统，
再见于乙卯请愿劝进，皆系当局主使，通国皆知，此次于政府所在

地聚众数千，威迫议会，殴打议员，为时至十二点钟之久，政府既不防范于先，又不即行驱散于后，巡警、陆军雁行鹄立，对于现行犯罪之暴徒，任其肆行无忌，毫不过问。暴徒之执重要职务者，皆系军人，此中究竟何人主使，当为国人所共见。同人等职责所在，纵遭横逆，何敢曲挠，惟乱端既现，前途如何，实难预测，事关重大，合电报告，伏祈台鉴。民友会。真。

（上海《民国日报》1917 年 5 月 13 日，"公电"）

附　北京民有社通电

各省督军、省长、省议会、商会、教育会，上海各报馆、孙中山、唐绍川、章太炎、康南海、李协和、孙伯兰诸先生，各团体公鉴：

灰日（十号）众议院全院委员会审查对德宣战案，突有号称京津公民团、海陆军、政商学界等数千人，遍散主战警告及传单，内有宁牺牲个人，及□□对待等语，高张军旗，自上午十时后，即纷往众议院门前。一时议员到会，被其殴辱至十数之多，院内卫队无力保卫，坚闭院门，得未哄入议场。乃又公民代表六人，要见议长，迫令当日通过□战案，如被否决，即将捣毁议院，杀害议员，同人等佥以议会被围，不能审查，当即改为大会，要请国务院总理出席。讵总理迟迟不到，院外人众，声势更凶，候至八时，总理始行到院，经同人严重质问，总理诿为不知，议员要求扣留代表，总理不允，惟允下令解散，并派警察总监，婉劝再三，群众仍麇聚凶闹，内务总长范源廉乃至，接见现行犯罪之暴徒，公开谈判，嗣以误伤日本新闻记者一人，始命警察迫令退山［出］，至十一时，议院始告散会。查此次□战问题，除政府数人主持最力外，京中各界，始终无所表示。昨日事起仓卒，而在指挥、自称代表者，乃陆军谘议差遣刘世均、刘文锦、张尧卿、赵春霆、吴光宪、赵鹏图等，国务参议陈绍唐，众议院技士白亮，中华大学校长孙汇泽等，并有人见段芝贵、靳云鹏等往来其间，其余多系随时招雇车夫、乞丐充数，都中士人有目皆见（中略）。同人等职责所在，纵遭横逆，何敢曲挠，惟乱端即现，前途如何，实难预测，事关重大，合电报告，伏祈公鉴。民友会，真。印。

（《北京民有社因请愿团捣乱事通电》，长沙《大公报》1917 年 5 月 14 日）

黎元洪复孙中山、岑春煊等电
（1917 年 5 月 12 日）

孙中山、岑云陪［阶］、唐少川、章太炎、温钦甫诸先生鉴：

真电悉。维持法治，热诚深佩，公民团滋事之人，已有明令究办矣，此复。黎元洪。文。

（上海《民国日报》1917 年 5 月 15 日，"公电"）

何海清等通电
（1917 年 5 月 14 日载）

万火急。北京大总统、国务院各部总长、参众两院、陆干卿先生，南京副总统，上海岑西林、孙中山、唐少川、李协和诸先生，各省督军、省长并转各镇守使、各师旅长钧鉴：

上年滇军举义，□师入川，帝制已消。周王又复抗命，蔡前军迭奉中央电令剿办，川事敉平，遂因病请假。罗督军奉命督川，因念川省匪氛甚炽，良由历来散失枪枝，多为匪人挟持，故难清匪患，非将枪枝收回不能为功，所以暂将器械精良者，编制成军，陆续遣散，意图匪患从兹宁帖。乃此次裁昔日暂编之兵，而刘存厚、陈泽霈等首起违抗，迟延不裁，至本月十五号，罗督不得已，始强制执行，将四师全行解散。讵意叛将刘存厚包藏祸心，觊觎督军，于十八号傍晚，竟将罗督军队派出解散。灌县、德阳等处之队伍，于归途全行扣留，迭经电令释回，该叛将不惟抗不遵命，反违攻督署，并召集已经遣散之四师队伍，及各处土匪，资以枪弹，到处焚劫，如是者两昼夜，英、法、日领事皆共见共闻。当此国步飘摇之秋，遇有此等叛逆重案，亟应整饬纪纲，大张国法，从严惩办，乃罗督正集兵力，以期剿办，大伸国法，举滇军之力，决不难一击而破。而中央计不出此，反予该叛将以将军衔，并与罗督一并调京，似此叛逆，反予优客，势必长犯上作乱之风，国是如此，可胜浩叹。且抗川之举，一见于周王，两见于刘氏，是非颠倒，赏罚不明，将来何以立国。对于起义诸人，一切勋恤，全不发表，试问国于天地，尽用欺术，置一切信义于不顾，个人尚不能立足于社会，况国家乎？川省此次裁兵，设中央稍事维持，不惟军队易于收束，即地方亦可日就谧安。乃执政诸人，是非混淆，暗地挑唆，使该叛将得有所恃，称兵犯上，涂炭生灵，此而不惩，匪特国法扫地，推原其弊，势必至今日刘存厚可以叛督军，则异日各督军亦可叛中央，是藩镇之祸，不啻自中央启之。某等忝为武人，有维持地方之责，目睹此现状，深恐国家陷于沦亡，故不敢缄默不言。至于吾滇军人，诚朴勇敢，素明大义，决不至有逾越范围之举，效该叛将之所为，但川人既抱排外主义，而滇军亦系有功民国，如何处置，一切欠饷及存亡优恤，尚无着落，惟有仰恳我大总统，俯赐垂怜，俾得前以义始，今以义终，临颖〔颍〕涕泣，不胜迫切待命之至。驻川滇军旅长何海清、王秉钧、刘法坤、王兆翔，团长李植生、□秉钧、田钟毂、赵宝贤、耿金锡、贾紫绶、金汉鼎、杨福桢、朱德、黄文忠暨全体军官同叩。

（《四川滇军何旅长等因川事通电》，长沙《大公报》1917 年 5 月 14 日）

罗佩金通电

（1917 年 5 月 15 日）

北京大总统、国务院总理、各部总长、参众两院、《民国新报》，南京副总统，广东陆巡阅使，上海徐菊人、李仲仙、孙中山、岑西林、熊秉三、唐少川、温钦甫、李协和诸先生、《中华新报》，各省督军、省长并转各镇守使、各都统钧鉴：

奉院部有电，以佩金个日通电为非事实，并谓任意牵混，颠倒是非。公理所关，万难含默，谨再胪陈事实，请全国共评之。查此次裁兵，系遵奉中央命令办理之件，即裁编办法，亦经电陈府院部有案。院部以办法为是耶，则五师长反对之电，宜立予驳斥；以办法为非耶，则应示佩金以办法，俾得有所遵从。乃一得五师长反对之电，阁议遽欲派员查办，毫不问办法之如何，而于五师长捏电之词，辨为□咻之语，以慰其意，以致裁兵之令，阻扰横生。迨佩金遣散四师，刘存厚遂借端煽动，截击官兵，围攻督署，以事实而论，则为违抗裁兵；以名分而论，则为犯上作乱，乃院部来电尚云省城内讧，以巧为开脱。自该师长肇乱，佩金严束滇军，不令攻击，以免贻祸生灵。乃存厚奉中央停止争斗之令，而环攻如故；奉中央开拔出城之令，而置若罔闻，甚至滇军移出城外之时，复乘机击伤外人，此戴□督所悉知，亦地方人民、各国领事所共见。迭经佩金电陈，乃院部来电，尚云切勿操之过蹙，致生意外等语，以纵兵横行。刘存厚肇乱后，招集已遣散之四师散卒，并著名巨匪巫人元、邓占元、陈红若、□鼎臣等党徒数千人，并调驻紫新津、大邑、邛来之□成勋一混成旅，先后入城，其驻城外凤凰山之兵，邀击滇军第二十三团于新都之双谷场，驻嘉定、犍为之兵，亦均向九禩迎逼，三师则派队截击闻警赴援之滇军第二十七团于□阳之向场寺，又派队截击滇军第十一旅于新都之新店子，均激战数时，互多伤亡，该师始行败退。乃院部来电尚云省城内讧，只刘存厚所部之部分，此系佩金之颠倒是非，抑系院部之颠倒是非？应请国人公正评判者一。佩金上年电陈，刘存厚响应义师，应请调京优用。奉院部覆电，以刘存厚功在国家，正筹优予任用，一俟筹定，即行电达。乃迟至数月，迄未调用。刘存厚自恃功高，不屑俯就，郁郁居此，常蓄异图。此次裁兵，横生梗阻，不得已仍请调京优用，以免祸机勃发。迭电再三，始奉院部覆电，许以即行调用，而又不以明令发表，仅密致刘存厚寒电，劝其赴京，并谓第二师长，经罗督派刘云峰接替，至第四师长陈泽需恩正各饷，均已领清。对于裁兵，抗延不遵，复无端要索巨款，乃电陈中央，将该师长撤任。陈既撤任，佩金所陈请调用者，实只刘存厚一人，即以撤任调用，统名为更换，亦止系二四□师长，及院部遽密电刘存厚，谓迭据罗督一再电请，更换川中师长。查川军师长共有五人，院部更换川中师长之说，究以几人为范围，况又有其第二师已派刘云峰接替之语，则下文所云，川中师长界无界限，令各师长见之，宁不群起惊疑，此佩金之任意牵混，抑院部之任意牵混？应请国人公正评判者二。佩金身当国家多难之秋，目睹举错〔措〕混淆之政久矣，无心问世，退处田园，适值袁氏盗国，义不能忍，遂致以兵戎相见，实所痛心。袁氏暴横，国是亦定，蔡公因病去蜀，佩金承乏其间维持，全川糜烂，军队林立，兵匪相混，民不聊生，明知艰巨，非能胜然，苦心焦思，亦稍欲补苴罅漏，乃建一议则驳不准，陈一事则置不理，种种刁难，不一而足，只以奉职无状，未能迎合当轴之意，以致贻地方之扰。今既承大总统矜全，准予免职，惟有束身归罪，以谢人民。惟当轴能凭藉一时之阴谋，以摧残个人，而断不能败坏千载之人心，以祸抑公论，故敢再陈事实，以听舆评。至公是公非，本应与天下以共见，院部以遽行通电相责，佩金亦不敢从。谨此电陈，敬乞鉴察。罗佩金，叩。删。印（自贵州发）。

（《罗佩金宣布川乱内容通电》，长沙《大公报》1917年5月19日）

黎总统再覆孙中山、岑春煊等电

（1917 年 5 月 16 日）

孙中山、岑西林、唐少川、章太炎、温钦甫诸先生鉴：

寒电悉，此案既交部院严办，当能查究。数年以来，踰闲越轨，相习成风，倘从此知有法纪，亦国家之幸也。黎元洪。铣。

（上海《民国日报》1917 年 5 月 17 日，"公电"；《黎总统再覆孙岑唐诸公电》，《盛京时报》1917 年 5 月 22 日）

李烈钧通电

（1917 年 6 月 1 日）

北京大总统、参众两院、王总长、各政团，天津段芝泉、徐东海、李仲轩、靳翼卿、梁任公诸先生，南京副总统，本埠孙中山、康南海、岑西林、唐少川、温钦甫、章太炎、孙伯兰诸先生，海军萨、李两总司令，云南唐督海、广东陆巡阅使，徐州张督军，各省长、督军、省长、省议会、护军使、镇守使、各团体、各报馆公鉴：

东粤解兵，未闻国政，沪滨养息，音候殊疏。盖不在政不言政，亦连年驰骤，心瘁智穷，体力学力两不足以应之也。自国会与内阁以法理相切磋，国脉所关，中外关注，段公谦退，亮节可风，功德在民，终有厚报。乃日来报载有某某处宣布独立之说，固信传闻之误，岂其事出有因。辛亥以还，六年三革命，政治幸发达可期，元气亦损伤殆尽。漂摇国家正待上下一心，同舟共济，何堪阋墙再扰，自促颠危。政治本有恒规，竞争须由政轨，似不宜逾越也。诸公体国公忠，必能慎重将事。护法卫民，如钧之愚，敢云一得，第睹此时局，不禁戚戚耳。扶疾陈辞，尚祈察纳。李烈钧叩。东。

（上海《民国日报》1917 年 6 月 2 日，"公电"）

前皖北检查使徐清泰讨逆电

（1917 年 6 月 2 日）

黎大总统、参众两院、各部总长、冯副总统、各督军、各省长、巡阅使、镇守使、各师旅长及孙中山、章太炎、唐少川、李协和、岑西林、孙洪伊诸先生、各报馆均鉴：

黎大总统自继任以来，履行约法，保障共和，凡有血气，莫不爱戴。乃倪冲嗣、杨善德等，竟以段氏免职，藉口宪法不良，倡言解散国会，胆敢背叛独立，为国法所不容，神人所共愤。清泰家于皖北，民属共和，卫国扶乡，责所难谢，现已在粤，与滇粤各军联络一气，誓讨倪贼。人心国法，谁敢游移，即其部下，亦未必甘心附逆，望我大总统严令申讨，五族同胞共举义旗，歼厥渠魁，扫清诸逆。清泰不敏，愿偕全皖公民，执鞭从事。清泰与倪贼虽属戚交，然大义当前，责义不容辞。谨先电闻。皖北检查使徐清泰叩。冬。印。

（上海《民国日报》1917 年 6 月 10 日，"公电"）

孙发绪主张由徐世昌组织临时政府
依法选举总统通电

（1917 年 6 月 2 日）

大总统，国务院，王参谋总长，商务总会，各报馆，南京冯副总统，各省督军、省长、商会，徐州张巡阅使，广东陆巡阅使，承德、张家口、归化都统，龙华、宁夏护军使，琼州龙督办，导河提督，岳州吴司令，南郑、平阳、大同、多伦、怀庆、南阳、天津、南通州、兖州、曹州、洮南、康定、凤凰厅各镇守使，天津徐菊人、段芝泉、李仲轩、梁任公、熊秉三、汤济武先生、各报馆，上海孙中山、康长素、岑云阶、唐少川、章太炎先生、各报馆均鉴：

连日接皖、豫、陕、浙、奉、鲁各省通电，大致均主解散国会，另定宪法，组织良好内阁，苦筹硕划，良用钦佩。惟根本之图，发绪个人意见，犹有进于此者。溯自武昌首义，百日而成，而临时约法以立。仓促设制，未遑远谋，对人立法，更无可讳，良由当时制法诸人，强半系民党分子，只知荟萃共和法理，并未虑及固有国情，于是由约法产生国会，更由约法赋国会以制宪之权。平心而论，此只可代表一部分民权之理想，不足调剂全社会势力之平衡。年来政象杌陧，云翻雨覆，虽由人谋之不臧，亦图国家根本制度之失平有以致之也。客岁帝制颠踣，共和再造，正属改弦更张之会，可为塞源拔本之图，乃一时诸人激于情感，仍复旧规，数月以来，政局之险恶，复不减于前，党之纷歧，更难持于后。盖法律为一国民心理之反照，苟或不适，过犹不及。民国成立五年之间，革命三见，皆以国中助寡，蹶于半途，此中消息，不言可知。今既不能使吾民情国度，一蹴而与欧美颉颃，徒留此虚悬无薄之空制，等于不食之果，反为争乱之谋。法兰西之革命，急进保守，互为乘除，转辗八十年而始定。吾国国本漂摇，外侮逼迫，即国民能忍此最大之牺牲，恐他人亦不我待。及今不图，恐将来欲从容讨论法制于广厦细旃之上，犹不可得也。乃者因议宪之问题，召各省之兵谏，于法律国非循轨之举，于政治已成革命之局，纲维既皆冲决，组织正可从新，与其调停敷衍，留将来不绝之争，何如抽刀断丝，作一劳永逸之计。昔美国脱英独立后，亦有所谓联邦宪法，中央之权力未固，地方之冲突时起，杌陧不宁者十年，及千七百八十七年开费拉德尔费亚会议，从新由各州选派代表，制定宪法，而合众国之基础始定。吾国年来情形，与彼略肖，谓宜乘此次各地分裂之机，将民国以来不衷之制度，从约法起，一切取消，仍仿元年建国之初，由各省选派精通法律，明晓治理之代表若干人，将全国各派之势力意见镕铸于一炉，并依美国费拉德尔费亚会议方法，择稍僻远之地，避隔一切外界干涉，公平讨论，制定久大之宪典。惟国家不可一日陷于无政府状态，体察目前大势，似宜即由今大总统敦请东海出山，组织临时政府，暂行军政，并仿元年办法，制定临时政府大纲，维持现状。一俟新宪告成，再行依法选举总统，组织国会，则从前一切积困，可以铲除，目下一切葛藤，可以斩绝。窃以为定国弭乱之方，莫善于此。我大总统虚怀若谷，苟利国家，不胶成见，如军民长官，为争宪而起，求仁得仁，更何强执。国内爱国明达诸贤，惩前毖后，亦必不恋此不可保持之现象，而误国家久远之良图。发绪盱衡时变，怵悚国危，作学理之主张，促国人之反省，苟或刍尧可采，葑菲不遗，人之忧国，谁不如我。即乞一致主持，公电中央，通告全国，求根本之刷新，作正当之解决。祸变亟矣，稍纵即逝，民国存亡，在此一举，敢布腹心，仁闻明教。孙发绪。冬。印。

（《北洋军阀史料·黎元洪卷》第一册，第 969～977 页）

附　孙发绪通电

大总统、国务院、王参谋总长、商务总会、各报馆、冯副总统、督军、省长、商会、张巡阅使、陆巡阅使、都统、护军使、龙督办、提督、吴司令、各镇守使、徐菊人、段芝泉、李仲轩、梁任公、熊秉三、汤济武先生、各报馆、孙中山、康南海、岑云阶、唐少川、章炳麟先生、各报馆均鉴：

连日接皖、豫、陕、浙、奉、鲁各省通电，大致均主解散国会，另定宪法，组织良好内阁，苋筹硕画，良用钦佩。惟根本之图，发绪个人鄙见，犹有进于此者。粤自武昌举义，百日而成，而临时约法以立。仓卒设制，未遑远谋，对人设法，实无可讳，良由当时制法诸人，强半系民党分子，只知荟萃共和法理，并未虑及固有国情，于是由约法产生国会，更由约法赋国会以制宪之权。平心而论，此只可代表一小部分民权之理想，不足调剂全社会势力之平衡。年来政府杌陧，云翻雨覆，虽由人谋之不臧，亦国家根本制度之失平有以致之也。客岁帝制颠踬，共和再造，正属改组更张之会，可为塞原拔本之图，乃一时诸人激于情感，仍复旧规，数月以来，政局之险恶，复不弱于前，党派之纷拿，更难持于后。盖法律为一国国民心理之反照，苟或不适，过犹不及，民国成立五年之间，革命三见，皆以国中助寡，蹶于半途，此中消息，不言可知。今既不能使吾民情国度，一跃而与欧美颉颃，徒举此虚悬□薄之空制，等于不食之果，反为争乱之谋。法兰西之革命，急进保守，互为乘除，转辗八十年而始定。吾国国本漂摇，外侮逼迫，即国民能忍此最大之牺牲，恐他人亦不我待。及今不图，恐将来欲从容讨论法制于广厦细旃之上，不可得也。乃者因议宪之问题，召各省之兵变，于法律固非循轨之举，于政治已成革命之局，纲维既皆冲决，组织正可从新，与其调停敷衍，留将来不绝之争，何如抽刀断丝，作一劳永逸之计。昔美国脱英独立后，亦有所谓联邦宪法，中央之权力未固，地方之冲突时起，杌陧不宁者十年，及千三〔七〕百八十三〔七〕年开费拉德尔费亚会议，从新由各州选派代表，制定宪法，而合众国之基础始定。吾国年来情形与彼畦肖，谓宜乘此次各地分裂之机，将民国以来不衷之制度，从约法起，一切取消，仍仿元年建国之初，由各省选派精通法律，明晓治理之代表若干人，将全国各派之势力意见，镕铸于一炉，并依美国费拉德尔费人会议方法，择稍避远之地，僻隔一切外由干涉，公平讨论，制定久大之宪典。惟国家不可一日陷于无政府状态，体察目前大势，似宜即由今大总统敦请东海出山，组织临时政府，暂行军政，并仿元年办法，制度临时政府大纲，维持现状。一俟新宪法告成，即行依法选举总统，组织国会，则从前一切积敝可以删除，目下一切葛藤可以割绝。愚以为定国弭乱之方莫善于此。我大总统虚怀若谷，苟利国家，不胶成见，各军民长官为争宪而起，求仁得仁，更□强执。国内爱国明达诸贤，惩前毖后，亦必不恋此不可保持之现象，而误国家久远之良图。发绪旰衡时变，怵悚国危，作学理之主□，促国人之自省，苟或刍荛可采，葑菲不遗，人之忧国，谁不如我，即乞一致主持，公□中央，通告全国，求根本之刷新，作正当之解决。祸变亟矣，稍纵即逝，民国存亡，在此一举，敢布腹心，□□□□。孙发绪叩。

（《孙发绪提出解决大局办法通电》，长沙《大公报》

1917 年 6 月 7 日）

袁英通电
（1917 年 6 月 3 日载）

大总统、国务院、冯副总统、两广陆巡阅使转各省督军及岑西林、唐少川、李协和、孙中山诸公均鉴：

　　前段总理秉政以来，违法专横，误国营私，所有阻抑正人、赃案迭出等情，无非段氏擅专所致。又使暴民团围攻议会，欲扰乱京畿、逐总统。督军团干涉宪法，欲解散国会、倾覆共和。似此为所欲为，全国同愤，阁员解体。改组固然为段氏者，倘稍知自爱，自当引退，以顾大局，乃祸心包藏，恋栈不辞，致大总统有免职之举，虽属事所必至，亦系依法而行。今逆党倪嗣冲、张作霖辈乘此外患方殷之际，竟敢破坏大局，反叛民国，以段氏一人之去留，导全国兵争之火线，如不正诸国法，速为剿灭，则后患何堪设想，国家将亦因之而亡。中原不乏爱国豪杰，当不至为叛逆所煽动，尚祈依然直行，迅出义师，灭此丑类，以挽危局，国家幸甚，人民幸甚。袁英叩。

（上海《民国日报》1917 年 6 月 3 日，"公电"）

佛教徒王与楫等致孙中山等电

（1917 年 6 月 6 日）

孙中山转唐少川、康南海、岑西林、李协和、章太炎，各报馆转各省督军、省长、省议会、都统、镇守使暨商会、教育会、政团、报馆鉴：

共和重建以来，大局未安，邦基未定，迩因外交事议，酿成内难，御侮未施，阋墙先见，本系同种，何苦相残。况鹬蚌相持，渔人得利，公等或公忠体国，或慈惠爱民，苟能居间调停，势必易危为安，转祸为福，建桓文匡辅之业，慰苍生霖雨之望。奠定邦基，保全大局，率在此举，幸乞垂察。佛教徒王与楫、旷达等五六八人。鱼。

（《各界电文一束》，上海《民国日报》1917 年 6 月 8 日）

张开儒发表护法拥黎通电

（1917 年 6 月 21 日）

北京黎大总统钧鉴：国务院、各部总长，南京冯副总统，上海孙中山、岑西林、唐少川、章太炎、伍秩庸、谭石屏诸先生，叙州府罗前督军，云南唐督军，湖南谭督军，南宁陆巡阅使、谭督军，浙江杨督军，广东督军、省长及各省省议会，各报馆均鉴：

逆贼叛国，尚稽天诛，南中军民，无日不倚马枕戈，以俟明令。冀以兵□为大刑，枭彼贼人之头，悬诸藁阶之上，申国法于天下，振大宜于群黎，俾咸知作奸犯科者，国有常刑，然后悍将骄兵，有所戒惧。不谓跳梁小丑，日滋跋扈，而我政府不闻有一字一言之惩戒，惟以姑息养奸，优容致祸，遂使公道正谊，荡然无存。

彼兹以还，何以立国。道路传说，多谓逆贼迫近京邑，祸在眉睫，救援莫及，始与委蛇，忍隐一时，以老贼计，一俟国军云集，乃张挞伐。此固大总统委曲求全之苦心，而我南中军民，日惟饮泣椎血，恨不生致贼人轞车，囮贼人轞车北首，为大总统雪此台［？］也。乃世局变幻，超人意表。逆贼之罪，未正典刑。颠倒之施，竟出公府。解散国会见诸明令，等约法于弁髦，视民意如蔽屣。若谓令由己出，则自身犯法，元首之资格已失。若受制他人，则太阿倒持，统□之能力全无。武皆群逆，挟黄陂以令天下，直接盗窃统治权也。我国民其可俯首听命乎！南中军民，共和旗下之军民也。共和命脉存诸国会，国会已去，共和之精神都亡。惟有以生死拥护共〈和〉，以生死恢复国会，兴师致讨，问罪江淮。凡自解散国会之日起，所有由总统名义发出命令，概不承认。先立军府，郑戴元首，以代执行统治权，必至救出总统于能行自由意志之地位，始得以总统名义传行中外。盖今日者，总统明明受制于逆贼，发号施令，亦惟逆贼之命是听。服从总统之命令，直为服从逆贼之命令。逆贼今日可以总统令解散国会，逆贼变诈百出，异时以总统令取消民国，又异时以总统令将国寄赠与友邦，我国人亦从之而听之乎！今日惟有抟无贰，整我军旅，张我甲兵，恢复国会，恢复我大总统之自由。开儒誓师古滇，劲旅用作前锋，贯彻我南中军民主张。此所以报国人，所以报我大总统也。陈词挥泪，不知所云。驻粤滇军第三师长兼南韶连镇守使张开儒叩。个。印。

　　　（《中华民国史档案资料汇编》第四辑（一），第160～161 页）

李经羲致孙中山等电

（1917 年 6 月 22 日）

孙中山、康南海、岑云阶、唐少川、章太炎、温钦甫、汪精卫、张季直、冯梦华、余寿平诸先生均鉴：

此次政争目的为国会、宪法、内阁三要点，各省兵谏，自出救国之诚，而难端方发，异议旋生。或且利用时机，乃欲别图建设，国群破裂，危在目前。羲受命总理之初，本已再三辞谢，惟区区保持国家统一之志愿，非酬知遇，实惧危亡。绍帅到津，首以维护元首、巩固国体宗旨见示，见解从同，跋词顿熄，而各督军中亦多发布正论，力破群疑。民国统一，殆恃此为转圜，维持调解之方，亦自是始能着手。大总统俯念时艰，下令解散国会，绍帅与羲遂同以调人资格入京，商榷待决条件，期于此后，国会宪法问题，专以召集代表会议，为解决枢纽。磋议既定，各省服从中央之电旋来，足征诸公忠爱国家，保持统一，彼此心理，正复相同，即有讹言，均当曲谅。内阁问题，自芝泉去职后，即密推菊、聘两老，菊既决谢，聘复坚辞。此次入京，复经协劝聘老，愿退居阁员相助，无如聘老始终谦执，亦以尽瘁部务辞。匡救为言，自羲个人言之，调解责任已终，避席让贤，奚烦熟计。况自民国以来，项城屡欲强以政务，去今两年，芝泉复以至诚推挽，均经先复辞谢，不任事于治平之日，独投身于危难之秋，舍易就难，自谋何拙。匡之，政争甫定，时局弥艰。此时组织阁员，延会愈难，如志守度德量力之诚，尤以退全愚分为宜。而自大局言之，则阁员缺席，已将一月，内政则百端停滞，外交则警报纷来，长此迁延诿让，盈庭负责无人，徒供谗夫破坏之资望，陷国家于无政府之地，神明内疚，午夜难安。权衡二者之间，未定之是非，可以不避，未来分裂，不可不防，明知百孔千疮，成败均难逆睹，然既值酝酿已成之危局，敢忘溺焚将及之私忧。用是牺牲一身，勉力担责，任事之期，断以三月为限。如其时局平定，届时易得替人，而衰朽之躯，亦实难妨贤病国。凡此委曲苦衷，不得不预为披沥明达，邦人均能谅恕于异日也。至内阁施政方针，在此短浅时间，□恐无可自见，惟耿耿之愚，既以维持国家统一为职志，则措施顺序，一当以全国好恶为衡。南北新旧之限，羲固无所容心，派别统系之分，亦愿各屏成见，恃公理为后盾，以大局为前提，凡能维持国家者，虽疏逖当引为同志，其有图谋破坏者，即知好亦视若仇集黐。皎日寸心，希加鉴察，其他善后问题，容别条举奉商，诸公爱国热枕，百倍庸朽，内外同心负责，倘有救时良策，先示要略，经羲无不虚衷敬受，断以理可，当为尽其力之能及。谨掬肺膈，敬质高明。李经羲。养。

（上海《民国日报》1917 年 6 月 24 日，"公电"）

姚锦城请赠《民权初步》致孙中山函
（1917 年 6 月 23 日）

中山先生大鉴：

　　下走等救国心重，而能力薄弱，曾无稍补。素仰先生道德文章，无从谋面，斯下走所抱恨者也。今拟恳先生惠赐《民权初步》二册，一则存诸教育科中，以便同志之披览；一则下走私之，时时加以揣磨，使得益广所闻，则下走等永感勿忘矣。专此，敬请
道绥

下走姚锦城再拜
六月二十三日

　　孙中山批：着交《民权初步》二本，文。

（《革命文献》第四十八辑，第 338～339 页）

广西省议会不承认解散国会通电
（1917 年 6 月 25 日）

万急。武鸣陆巡阅使并转胡汉民先生、南宁谭督军、刘省长，广东陈督军、朱省长、李协和先生、陈竞存先生，云南唐督军，贵阳刘督军，成都戴督军并转罗督军、刘前第二师长，长沙唐督军并分送

以上各省省议会、各镇守使、师长、旅长、各司令、各统领、各报馆，上海岑西林、孙中山、唐少川、章太炎各先生均鉴：

倪逆倡乱皖中，北方各省群相应和，举国士夫怵于干涉之祸，惑于调停之论，致令元首孤立，逆焰益张，大总统受叛迫胁，不得已遂下非法解散国会之命令。夫解散国会虽为立宪国常有之事，然国宪上承认此权，元首乃能依法行使。今约法已无解散权之规定，则元首当然不能行使此权。况制宪机关与立法机关不同，其地位、其权力实高出乎立法、行政、司法各机关之上，立法机关可依法解散，而制宪机关则绝对不容解散，良以宪法为国家永久生命所由寄，故须予制宪者以绝对之自由，微独法家学说谓然，即征之各国，亦无解散制宪之先例。今以制宪机关不良为名解散国会，是所解散者为制宪机关之宪法会议，而非立法机关之国会。明□此令一下，直不啻将民宪制度根本取消，共和国家于何托命？此后再行改选，□袭用袁政府召集约法会议之故智，径行委派，尚难逆料。即依法改选，而议员处暴力之下，安有意思自由。操纵指挥，一惟叛党，故此后国会将成为叛党之国会，即宪法亦成为叛党之宪法，民国前途宁复有幸？丙辰之役，诸公首揭恢复旧约法、召集旧国会二义，号召天下。曾不期年，而此艰难获得之约法、国会，竟破坏于少数叛党之手，前功尽弃，后患方长。兴念及此，谁不扼腕。现在总统地位备极孤危，纵能留任，已侪傀儡，此辈势力弥漫中外，必将师古权奸挟天子以令诸侯之遗智，强总统以非法之行动，行见易置疆吏，遍布腹心，彼时拒之则无名，听之则非计，万一帝制复兴，而我西南各省内力已失，抗议无效，将何法以善其后。诸公纵不为身计，独不为国计乎？故同人以为解散国会，在理在势，均万万不能承认。阅报载李公协和、陈公舜琴青日通电，主张联合滇黔湘桂粤川六省，同盟举义，兴师讨逆，以遵守约法、拥护共和为始终不渝之宗旨。词严义正，薄海同钦，盼诸公仍本此宗旨，坚决进行，克日兴师，声罪致讨，一面宣言解散国会违反约法，非出元首本意，碍难承认，救元首于绝地，竟缔造之全功，则诸公仁闻义声，当与民国同其不朽。否则竟承认解散国会，为迁就调停之计，则不独国体民权骤失保障，即我西南诸省，亦无复立足之余地，后患宁可忍言。或虑义师之兴，将召列国干涉，躬自倡乱者，每藉口内讧速亡，以箝制他人，不知我国领土保全，实赖均势之局，正宜乘此机会，奠我邦基，□得早睹政治之清明，更可藉杜外人之觊觎。辛亥、丙辰诸役，所以能得列国之承认者，以此故。今日而策救亡之道，舍护法讨逆外，别无他途，师出有名，何来干涉。诸公明达，谅韪斯言，临电无任迫切屏营之至。广西省议会。径。印。

（《广西省议会不承认解散国会通电》，长沙《大公报》1917 年 6 月 28 日）

黎元洪通电
（1917 年 7 月 1 日）

南京冯副总统，南宁陆巡阅使，各省督军、省长并转省议会暨各镇守使、各师旅长，热河、察哈尔、绥远都统，龙华卢护军使，宁夏马护军使，上海萨总长、程总司令并转各舰队长、孙中山先生、伍秩庸先生、章太炎先生、唐少川先生、岑云阶先生，天津徐菊人先生、段芝泉先生、熊秉三先生、梁任公、汤济武，广州李协和先生，叙府罗前督军，岳州吴总司令均鉴：

国家不幸，患难相寻，前因宪法争持，致启兵端。安徽督军张勋愿任调停之责，由国务总理李经羲主张，招致入京，共商国是。甫至天津，首请解散国会，在京各员屡次声称保全国家，统一起见，委曲相从，刻正组织内阁，期速完成，以图补救。不料昨晚十二点钟，突接报告，张勋主张复辟，先将电报局派兵占领，今晨梁鼎芬等入府面称，先期旧物应即归还等语。当经痛加责斥，逐出府外，风闻彼等业已发出通电数道，何人名义，内容如何，概不得知。元洪负国民付托之重，本拟一俟内阁成立，秩序稍复，即行辞职，以谢国民。今既枝节横生，张勋胆敢以一人之野心，破坏群力建造之邦基，及世界各国公认之国体，是果何事，敢卸仔肩。时局至此，诸公夙怀爱国，远过元洪，伫望迅即出师，共图讨贼，以期复我共和，而救危亡。无任迫切，临电涕泣，不知所云，如有电复，即希由路透公司转交为盼。黎元洪。东。印。

（《黎大总统通电》，上海《民国日报》1917年7月7日）

杨度致《时报》及孙中山等电
（1917年7月3日）

《时报》并转议员通讯处、孙中山、岑云阶、唐少川、章行严诸先生，各省督军、省长鉴：

顷因复辟事，致北京张定武、康南海电云：两公向以复辟主义闻于国中，此次实际进行，度以不自由之身，虽于事实毫无助力，然平生信仰君主立宪，故于两公宗旨，亦表赞同。惟尝审慎思维，觉由共和改为君主，势本等于逆流，必宜以革新之形式、进化之精神行之，始可吸中外之同情，求国人之共谅。且宜使举世皆知为一国策治安，不为一族图恢复。至于个人利害问题，尤宜牺牲馨尽。有此精神识力，庶几事可望成。乃公等于复辟之初，不称中华帝国而称大清帝国。其误一也。阳历断不可改，衣冠、跪拜断不可复，乃皆贸然行之。其误二也。设官遍地，以慰利禄之徒，而宪政如何进行，转以为后。其误三也。设官则惟知复古，用人则惟知守旧，腐朽秽滥，如陈列尸。其误四也。凡所设施，皆前清末叶所不敢为，而乃行于今日共和之后，大悖人情，至此而极。度认公等所为，与君主立宪精神完全相反。如此倒行逆施，徒祸国家，并祸清室，实为义不敢为。即为两公计，亦不宜一意孤行，贻误大局。不如及早收束，速自取消，敦请总统黎公复位，并请徐东海、段合肥、冯副座、李总理、陆巡阅诸公，共同调处，以解目前之厄。盖无程度之共和，固如群儿之弄火，而无意识之复辟，又如拳〈匪〉之扶清，两害相权，彼犹软〔较〕缓。所可痛者，神圣之君宪主义，经此拳匪牺牲，永无再见之日。度伤心绝望，更无救国之方。从此披发入山，不愿再闻世事。忠告之言，尚祈谅察。等语。特此奉闻，伏希公鉴。杨度。江。

（刘晴波主编《杨度集》，第 617～618 页）

李烈钧、张开儒等致黎元洪、孙中山等电
（1917 年 7 月 3 日）①

大总统、副总统、陆巡阅使、督军、省长、孙中山、岑西林、唐少川、伍秩庸、温钦甫、章太炎、孙伯兰诸先生，暨各报馆、各社团公鉴：

在昔华胄不纲，异族窃扰，犬羊奴隶之境遇，辱及先人，贻羞当世。辛亥建国，暂幸湔涤，中更事变，艰危六年，先烈之血，辉煌逾碧。虽曰福国利民，政治之荣光未启，亦庶几人格完全，神魂高厉，内安外攘，行进有途。固不仅共和政制化私为公，政本平易，遵世界政治进化之正轨，为万国所同认已也。狼子张勋，犬羊成习，衣食中华，甘心胡虏，竟敢以中华民国安徽督军之职，渔政变之利，假作调人，僭兵京邑，凌胁我总统，弑害我国会，奉其异族螟蛉之幼主，叛我民国，窃我神器，以奴隶臣妾之旧制，重污我四万万华国之官民，是可忍，孰不可忍？钧等忝为民国军人，于役共和，一再而之，闻变怆神，悲愤填胸。一军将士，横剑暴怒，敢

---

① 电文日期据周元高等编《李烈钧集》所订。——编者

率我护国第二军，申讨叛贼，为天下先。诸公皆汉族英贤，民国耆硕，方为克家之子，宁忍异姓之奸？知必同仇敌忾，修尔戈矛，扫穴犁庭，尽歼丑虏，光我华国，永奠宗邦。临电披发，谨布腹心。中华民国护国第二军总司令李烈钧、第三师师长张开儒、第四师师长方声涛叩。

（《李烈钧等通电》，上海《民国日报》1917 年 7 月 7 日）

熊克武讨逆电
（1917 年 7 月 3 日）

十万火急。云南唐督军，贵阳刘督军，南宁陆巡阅使、谭督军，广东陈督军、李协和、陈竞存两先生、张镇守使、林镇守使、长沙谭督军、殷镇守使，叙府罗将军，上海孙中山、岑西林、唐少川、章太炎、杨沧白诸先生均鉴：

义密。前日读协和转西林电，解散国会为复辟导线，逆党野心，终不稍戢，洞烛奸谋，深用钦佩。方拟电达诸公，再申警告，不图伪谕传来，复辟竟成事实。奸人播弄，傀儡登场，逆焰鸱张，危及国本，稍有人心，宜不与共戴天地。惟幸变速祸小，天夺其魄，澈底澄清，在此一举。诸公手创民国，艰难缔造，数年以来，虽忍痛未发，乃义务所在，宜准备有素。克武锋镝余生，惟知拥护共和，现已与周凤池师长一致主张，其他蜀事，受兹刺激，当可转圜。惟鄙见所及，似宜划除南北，□□清室。唯当申讨诸逆，以示大公。至讨逆计划宜如何各专责成，对外宣言宜如何格外慎重，凡诸大端，专仗群谋，竭诚尽力，庶几有济。存亡之机，间不容发，如有良策，振旅以俟。熊克武叩。江。

（《熊克武讨逆电》，上海《民国日报》1917 年 7 月 8 日）

广西省议会请讨伐张勋电

（1917 年 7 月 5 日）

万急。大总统，南京副总统，武鸣陆巡阅使，胡汉民先生，广东陈督军、李协和先生，除徐州蚌埠外各省督军、省长、省议会，转各报馆，并由各督军转各护军使、镇守使、师长、旅长、承德、归化、张家口都统，上海海军程总长、萨总司令，国会议员通讯处议员诸君，孙中山、岑西林、唐少川、章太炎、钮铁生、孙伯兰、伍秩庸、王亮畴、温钦甫各先生均鉴：

顷准军署抄送北京局元电，张勋副署伪谕，宣布清帝复辟，伪谕中并兼列黎总统、冯总统、陆巡阅使姓名，劝进支离谬妄，叛国诬民，苟有人心，孰不发指。日前张逆入都，内外群公多以调人相居，不谓事至今日，竟尔图穷匕见。为目前计，首宜捐弃成见，同趋正轨，声讨逆贼，拥护共和，必全国具此一致之决心，而后大局乃不至终断、破坏。至总统、国会、内阁、宪法诸问题，均当一□法律，以为解决。谨就同人管见，缕晰陈之。目下北京政府已成逆贼巢窟，非另择适宜地点，改组政府，则无以谋对内、对外之统一。现总统已陷贼中，不能执行职务，依约法第四十二条，及大总统选举法第五条之规定，应由副总统代理，暂以南京为临时国都，组织政府，以总统恢复自由之日，为代理时日消灭之期。此关于总统问题者一。此次复辟变起，虽曰逆党蓄谋已久，然非解散国会，使法律大防骤然溃决，则不至仓卒丛生。可见，立宪国家不能一日无法，惩前毖后，惟有根之法律，以求正当解决之方，否则行论愈纷呶，国家愈破裂，微独国体失所保障，即灭亡亦在目前。瞻顾前途，不寒而栗，应请副总统主持公论。前经独立各省勉息纷争，仍召集旧议员于南京，速开国会，以维国法，而定国是。此关于国会问题者二。吾国已采责任内阁制，国务课之自在国会，国会已经解散，自无责任可言。惟召集需时，而内阁待徂，亟应由副总统物色允孚众望之人，暂命代理，一俟国会开会，即依法提交，求其同意。此关于内阁问题者三。宪法条文，纵有未当，亦当于法中求救济，不当于法外肆摧残，应俟国会开会后，由政府方面力任疏通，俾归完善，或迳由国会将约法第五十四条依法修正，另组宪法会议，制定宪法，以平争执。此关于宪法问题者四。以上各款，同人皆视为解决时局必要之图。盖此次政变，所以愈演愈巨者，追溯祸因，胥由法律失效，譬如堤防一溃则奔流澎湃，靡所底止。故欲消弭今日之恶果，必先扑灭前此之祸因。吾人对此应有莫大之觉悟，庶天心悔祸，国事犹可有为。所盼各省诸公，同举义师，直捣幽蓟，救元首于绝地，枭逆贼于国门，并联促副座，速在南京组织政府，代行总统职权，一面宣告友邦，对于伪朝勿予承认。至国会、内阁、宪法诸同题，均根据法律，次第解决。存亡绝续，胥视今兹。临电旁皇，伫候明教。广西省议会。歌。印。

（《北洋军阀史料·黎元洪卷》第一册，第1101～1109页）

弓富奎通电

（1917年7月6日）

北京《顺天时报》、天津《益世报》、《大公报》转南京冯副总统、两广陆巡阅使、天津段总司令、各省督军、省长、各都统、镇守使、上海孙、唐诸先生及各报馆均鉴：

逆首张勋，颠覆共和，悍行复辟，凡我国民，莫不椎胸顿足，仇共戴天。前后接奉段芝老、蒋都统讨逆电文，人心未死，大义犹存。叛逆贼子，人得而诛。将见义师云集，贼氛立消。不图绥远伪都统王丕焕豺狼成性，甘心附逆，频与张逆电报往来，公然不讳，更图勾引卢某，遥为援逆。果使奸计得行，蒙疆一带，势难安枕。富奎奉职无状，不能早除虺蜴，致任逆焰狂张，背叛民国，大义所迫，责无旁贷。用是招集旧部，组织义旅，阻其南下，直捣巢穴，歼兹小丑，以谢天下。陆军少将衔陆军上校、绥远都统署谘官弓富奎叩。鱼。

　　（《绥远义军之特起》，上海《民国日报》1917 年 7 月 19 日）

张一鸣等通电
（1917 年 7 月 7 日载）①

上海《民国日报》转各报馆立转孙中山、岑西林、唐少川、章太炎诸先生，旅沪国会议员诸公，海军程总长暨诸将士公鉴：

　　倪逆等倡乱，威胁总统，解散国会，计令张勋入京，潜谋复辟，其意专为推倒总统，争揽大权。今复辟宣布，倪逆则佯为反对，以便拥戴冯氏，恢复段阁，一面使张勋挟宣统移居热河，将欢迎冯氏入京，假共和之名，行武人专制之实。统观前后设施，蛛丝马迹，阴谋毕露。诸公手造民国，明烛几先，若再堕奸贼计中，更无挽回余地，幸早觉悟，慎密防闲，民国一线生机，端在此举，大局幸甚。国民幸甚。张一鸣、朱省民、杭毅等八十九人等叩。庚。

　　（《一片同仇敌忾声》，上海《民国日报》1917 年 7 月 7 日）

丙辰杂志社致孙中山等电
（1917 年 7 月 7 日）

民国日报馆转冯副总统、陆巡阅使、各督军司令并岑西林、孙中

---

　　① 电文内容显示是 8 日，但无从判断月份，故此取报载日期。——编者

山、章太炎、唐少川诸先生暨各报馆鉴：

民国六年以来，军人名誉败于倪、张，亦皆人欲利用之为患也。今日倪、张造反，群起讨伐，张兽势已投阱，倪禽尚在回翔。然飞鸷狡于走狼，走者易逐，飞者易逝。诸公权理法刑，首祸如倪，万不可再留，以为后患。此其一。政治恶氛，窠成燕北，纵有贤才，一入其内，变节无形。袁贼利用旧部，亦终失败，且外患之迫，左辽前鲁，隔绝中南，此次诸公应时易治，首宜改定策原之地，不可再惑于都北之旧说。此其二。国会为共和国之命根，产出自有法母。诸公勿因好恶所存，各自支离条议，恐平衡稍过，而借名为争者，又在于后矣。此法律问题，不可不慎重者，其三焉。诸公负天下之望，爱国定有深谋，立等亦一份之民，言责应陈，末虑中国生死关头，在此一举，惟诸公是任。丙辰杂志社郑立三、夏雷、邢绍基等。阳。

（《丙辰杂志社三大主张》，上海《民国日报》1917年7月8日）

张光祖致国会议员及孙中山等函

（1917 年 7 月 8 日载）

两院正副议长、议员诸公均鉴：并转中山、少川、太炎诸先生同鉴：

天祸神州，乱靡有定，复辟妖梦，演成事实，警耗传来，普天同愤。灭此朝食，万姓齐声，中华民国之不斩绝于逆虏者无待蓍龟矣。昨读沪报，藉稔政府、国会择地上海，军舰北发，迎护总统，睹诸公之荩筹硕画，至当不易，三复斯旨，五中投地。窃维政府组织，不宜法外他求，江贼副署，众谓违法。秩老资格，依然存在。一面当电请秩老南下着手组织，一面复电请江贼、李贼副署免职之各部总次长，集沪任事，间有心怀叵测，匿不敢来者，则任命相当者，以署理之。统俟国会追认，庶于法理有所根据，訾议无自横生。国会集会虽已通告，未定地点，并无日期，仍系空空洞洞，不足以救非常。现在地点已定，当再发布有定期之集会通告，并须附有报到截止之适当期限，俾观望者有所戒惧。逾期不到，即行传补，庶可集成，会决大计于短时期也。巩固基础，发扬共和，胥于是□之。诸公为民主中坚，一言九鼎，价值无限，伏乞俯察刍荛，主持大计，幸甚幸甚。

公民张光祖叩上

（《张光祖致国会议员函》，上海《民国日报》1917年7月8日）

新加坡华侨讨逆电
（1917年7月12日载）

上海孙中山、唐少川、章太炎诸公暨各议员、各报馆均鉴：

扫除帝制，拥护共和，一致主张，愿为后援。新嘉坡中华书报社龙游宜、陆葆林、陈文尧、沈洪伯（皆译音）等同叩。

（上海《民国日报》1917年7月12日，"公电"）

徐宗鉴致孙中山等电
（1917年7月12日）

广东陆巡阅使、陈督军、朱省长、孙中山、岑西林、章太炎、胡汉民、李协和、汪精卫诸先生均鉴：

帝制罪魁，非张一人，祸变之来，冯、段主之，蛛丝马迹，在在可寻，妖孽不除，祸根永伏。诸公手创共和，务必斩草除根，姑息养奸，永无宁日。翘首待命，愿执前驱，谨佈血忱，伏惟亮察。

徐宗鉴叩。文。

（《护法讨逆之公议》，上海《民国日报》1917 年 7
月 13 日）

南昌公民叶鹏等致孙中山、唐绍仪等电
（1917 年 7 月 12 日）

各报馆、各省义军暨孙中山、唐少川、岑西林、章太炎先生并旅沪
同乡鉴：

张、康拥戴宣统复辟，全国痛恨，义军既起，务请直捣幽燕，
铲净贼党，以绝根株，而免死灰复燃，不胜盼祷。赣公民叶鹏、蔡
雁、程忠善、许斯馨等一千五百八十七人叩。侵。

（《南昌公民来电》，上海《民国日报》1917 年 7 月
15 日）

陆荣廷致岑春煊、孙中山等电
（1917 年 7 月 13 日载）①

陆巡阅使致岑西林、唐少川、孙中山、章太炎等电云（衔
略）：共和缔造，尚未巩固，屡经波折，竟至覆亡。先烈奇勋，一
朝毁灭。诸公伟绩，倏尔荡消。张贼最不仁，借拥幼冲，阴图大
宝。康氏真无道，甘作虎伥，希图宠封，不得之而甘心，何以慰先
灵而伸公愤。誓师北伐，迫不能延，惟我南方责应负重。荣廷虽已
衰朽，不敢遽卸仔肩，但自愧粗疏，时虞颠蹶，一切进行大计，实
赖协商，必须集合高明，共筹全策。公等夙称共和巨子，素钦硕画

---

① 电文内容显示是 15 日，但无从判断月份，故此取报载时间。——编者

莨筹，际此艰危，亟同挽救。乞即驾税〔税驾〕来粤，组织军事机关，定进攻防守之方针，充财政军备之实力，庶事克有济，贼可歼除，帝制不患其灰燃，民国不虞其湮没。仗兹大义，谅必同仇。临电神驰，伫候明教。荣廷叩。咸。印。

（《陆使电促岑西林等赴粤》，上海《民国日报》1917年7月13日）

黎元洪通电
（1917 年 7 月 14 日）

冯大总统、段总理、陆巡阅使，萨总长、程总司令、各都统、各督军、省长、镇守使、师长，徐菊人、梁任公、熊秉三、汤济武、唐少川、章太炎、孙中山、李协和诸先生，各省议会、各报馆均鉴：

天相民国，赖冯总统、段总理及前敌将士之力，奠定京畿。元洪已于本日移居东厂胡同，拟即赴津宅养疴，此次因故去职，负疚孔多，以后息影家园，不闻政治，恐劳远系，特此奉闻。元洪叩。寒。

（《黎黄陂不闻政治之通电》，上海《民国日报》1917年7月16日）

张开儒严正之通电
（1917 年 7 月 14 日）

各督军、省长、省议会、各镇守使、各护军、各都统、各巡阅使、上海孙中山、岑西林、唐少川、章太炎、伍秩庸、谭石屏、汪精卫诸先生并分送各报馆、全国父老子弟均鉴：

支电谅达。张勋叛国，宣统复辟，大总统有蒙尘之耗，百政已无从出，亟宜招集两院议员来粤，开非常紧急会议，迅速在广州组织责任内阁，内政外交始有统系，并组织最高等之统一军事机关，推举讨逆军大元帅，暂执行最高权，俟大难削平，再听国会处分，始能根本解决，一劳永逸。说者谓黎大总统既避于日本使馆，首都既经陷落，冯督军自当然以副总统资格，依法继承大总统。此大谬不然者也。夫冯国璋之副总统资格早已丧失，国人宁不知之。冯国璋于民国五年，贩卖烟土，违犯公法，事实昭然，铁案如山。以副总统而为奸商渔利，乖犯公法之行为，遗羞民国，玷辱约法，莫此为甚。此冯国璋之副总统资格应丧失者一。巨奸梁启超，怂惠段祺瑞与德绝交，全国一致反对。乃冯国璋因外交问题发生，欲乘间取利，对于黎总统，则竭力反对与德宣战，对于段祺瑞，则又竭力赞成与德宣战，诡谲奸诈，挑拨府院，图一己之私利，掷国家于孤注，苟可以取大位代之，虽忘国灭种，在所不惜，忍心害理，毫无爱国念种之义，豺狼其性，盗贼其行，何足以为国家元首。此冯国璋之副总统资格丧失者二。本年四月督军团结盟徐州，意在颠覆共和，其地去南京不过咫尺之间，冯国璋不惟不加以干涉，反阴为主谋，及倪、杨称兵，一在苏之左，一在苏之右，叛逆出其肘腋，佯若不知。卢永祥独立于沪。沪，苏要冲也，非得冯氏许可，卢之兵力，敢与为敌哉。李厚基背叛于闽。闽，苏之背也。非受冯氏暗中指挥，李之昏懦，敢犯此大不韪哉。冯之左右前后，皆叛逆也。冯居叛逆之中心，冯不惟不加征讨，反宣告中立，炽张逆焰，以图大利，是叛徒之动作，明明受冯氏之指挥。冯氏既为离叛之祸首，是已自灭其约法上应有之资格。此冯氏之副总统资格应丧失者三。群酋率其丑类，北犯京华，威逼大总统解散国会，以斩断民国命脉。冯氏亦竭力赞成，以实行破坏约法。约法既经冯氏助逆破坏，则冯氏之副总统已无所附丽。此冯氏之副总统资格应丧失者四。张勋带兵入京，志在复辟，谁人不知，大总统为叛徒所困，固无力阑止。冯氏兵权在握，行动自由，不闻有所声讨，以协助大总统戮此叛逆，则其处心积虑，在在使张勋逼迫黄陂退位、清帝复辟，伊好借根据约法继承大总统，征讨叛逆为词，以遂其大欲。不知约法既经冯氏破坏于前，斯时更有何法律可以依据。此冯氏之副总统资格应丧失者五。准此五大理由，是吾国早已无副总统矣。且冯氏于一月以前，亦自辞副总统矣。法律事实，冯氏皆不得为副总统，更何有于继承。假使曩日有拥护约法之副总统，以辅助大总统惩办作奸犯科者，则逆徒又何致背叛民国乎，总统更何致受逼被困。是民国有此副总统，即是民国之大仇，吾民若再认大仇为国家元首，则共和之亡，可立而待也。总之，冯国璋阴贼险很〔狠〕，鲜廉寡耻，既自丧失其副总统之资格，吾民断不能承认其代行大总统职权也。故开儒主张招集两院议员来粤开紧急会议，组织责任内阁，并组织高级统一军事机关，推举讨逆大元帅，暂执行最高权，俟大难削平、海宇澄清，再由国会处置，以图一劳永逸之计。如蒙赞同，即希会衔通电全国，一致主张，并望薄海豪杰联袂而来，组织政府，维斯国脉。临电声嘶，伫候明教。滇军第三师长张开儒叩。寒。印。

　　（《张开儒严正之通电》，上海《民国日报》1917 年 7
月 21 日）

唐继尧率师救川电
（1917 年 7 月 16 日）

副总统、段总司令、陆巡阅使、各省督军、省长、省议会、岑西林、孙中山、唐少川先生、各报馆钧鉴：

　　前接戴兼督电告，刘存厚叛受伪职，围攻成都，曾经通电奉闻，一面令饬滇军设法援救。顷复据川中探电，戴兼督已出省城，生死不明等语。闻之不胜痛愤。夫戴兼督系民国任命之长官，拥护共和之要人，值此国势杌陧之际，刘存厚苟无贰志，应如何同心协力，以救国家，纵有私怨，亦当捐阋墙之念，急御侮之谋。乃前则窃据兵柄，抗不交代第二师长职务，及至复辟成为事实，伪谕发

表，竟尔称兵围省，逼攻督署，是其蓄心权利，阴受伪职，反抗民
国官吏，叛逆之罪已属百喙莫辩。继尧夙志救国，以共和为第二生
命，有叛国者，即视为生命之敌。矧滇川唇齿，关系密切，拯溺救
焚，尤属责无旁贷，刻即躬率三军，吊民伐罪，凡我同志，尚祈一
致主张，俾克早靖逆氛，共维大局。岂惟滇黔川数省之幸，民国前
途，庶其有豸。唐继尧叩。铣。

（《唐督军率师救川电》，上海《民国日报》1917 年 7
月 22 日）

唐继尧通告率师赴川电

（1917 年 7 月 20 日）

百万火急。南京副总统、天津段总司令、武鸣陆巡阅使，各督军、
省议会、各都统、各护军使，上海岑西林、孙中山、唐少川、李协
和先生，海军萨巡阅使、程总司令，《中华新报》并转各报馆，叙
府罗将军并转韩司令康天、殷镇守使，泸州赵师长并转韩参谋长，
顾师长，广州张、方两师长，琼州龙督办，重庆照镇守使、周师
长，顺庆钟师长、张道尹均鉴：

铁［铣］电计达。继尧前以复辟实现，国势阽危，化日光天，
横行魑魅，若不亟行挞伐，何以奠安民国。当经编集靖国各军，拟
即躬率北上，助诸公一臂之力，谋国家百世之安。乃师行在即，而
川变噩耗适至。滇川唇齿相依，休戚与共，权其缓急，自不能不以
靖国之军，先尽恤邻之谊，缨冠被发，责无可辞。兹于本日由滇启
行，亲督三军，誓除叛逆。川省为义师必经之地，倘内乱未定，则
后顾多忧，故思惟北征宜先靖蜀，若先发诸将，遂已克平川乱，则
即剑及屦，及与诸公会师燕蓟，迄扫逆氛，否则不能不少延时日，
暂顾川局。总之，继尧受国厚恩，矢志拥护共和，颇闻张勋近日犹
顽强抵抗，盘踞京邑，如国贼不除，国法不立，破釜沉舟，义无反

顾，肝胆涂地，所不辞也。今当师旅濒行，谨掬诚奉告。唐继尧叩。号。印。

（《唐督军通告率师赴川电》，上海《民国日报》1917
年7月23日）

蓝天蔚通电
（1917年7月20日）

南京大总统，北京段总理，武鸣陆巡阅使，上海孙中山、岑西林、唐少川、章太炎、谭石屏诸先生，各省督军、省长，各都统、护军使、镇守使、师旅长，津沪议员通讯处，各报馆公鉴：

大难甫定，元气未复，欲固国本，端赖公平，或有偏倚，隐忧曷极。迩来国事颠倒错乱，歧而又歧，皆由约法失效，强迫解散国会之故。兵谏诸公，当亦追悔莫及，若乘此时机，尊崇约法，恢复国会，根本能安，纠纷自息。舍此图他，或恐四方抗议，藉口法律无灵，将来之祸不可思议。千钧一发，迫切何如，天蔚心所谓危，不敢不告，诸公爱国，当表同情。敬布区区，伫待明教。蓝天蔚叩。哿。

（上海《民国日报》1917年7月24日，"公电"）

唐继尧请孙文向各界疏通支持
戡定川局致孙中山函
（1917年7月）

中山先生执事：

张、董两君至滇，奉读示书，所以督教之者至厚。往事虽不具论，然前因后果，罪有攸归。皖、豫之叛，复辟之现，谁实尸之？皆攘窃权利之徒，阴谋鬼蜮，有以户〔启？〕其端也。不即此彻底澄清，后患终未有已。尧是决心亲督三军，长驱北上。第川事于中作梗，不先戡定，终难免内顾之忧。思惟北征，宜先靖蜀。靖蜀所以固西南团体，西南局势巩固，乃能以提挈进行，此实一定之办法。弟虑各界不明内容，妄相猜疑，致生障碍。甚盼有以疏通之，救国存种，夙志旨同。诚如尊示，身名不足惜，如国亡何也。北事闻尚抢攘，正费收拾。所冀川事早定，便即并驱中原，扫荡廓清。尧不敏，愿从执事之后。余当与张、董两君妥为接洽。复颂

伟安

唐继尧肃启

（民国六年七月）

（《云南档案史料》第一期，第 43 页）

唐继尧请攻川通电
（1917 年 8 月 2 日载）

万急。冯代总统钧鉴：段总理，陆巡阅使，督军会，各都统，各镇守使，龙督办，孙中山、章太炎先生，卢护军使，上海海军萨巡阅使、程总司令，岑西林、唐少川、李协和三先生，大马路群明社转王电轮君、《中华新报》、《时事新报》并转各报公鉴：

　　顷据资州顾师长有电称：阅四川群报养日紧急号外，载有川军廖团长子明报告，二十一号于秦浪刻地方，戴戡被川军围攻，不能脱逃，当将擒获枪毙，请军长派员查验，熊旅长、周道刚不知下落等说。查戴兼督自溃围出走，沿途被川军截击，生死不明，今闻号外云云。是戴督被逆军戕害，已属确实。似此凶焰鸱张，暗无天日，殊堪发指，应请我代总统迅发明令，饬滇黔各军，就近克日进剿，以伸法纪而清地方，并请诸公一致主持公道，不胜企祷。唐继尧叩。

（《唐督军请克日攻川电》，上海《民国日报》1917

年 8 月 2 日）

唐继尧致孙中山密电

（1917 年 8 月 5 日）

广东转孙中山先生鉴：

　　义密。敬电东奉。我公救国苦心，曷胜敬佩。惟粤中内容复杂，究能一致进行否？滇因川事未决，不免进行稍滞。熊锦帆处务恳切实谆告，约周道刚与滇黔协同动作，力拒北军，以固西南局势。若果能办到，则助公大举，亦自易也。继尧叩。微。印。

　　　　　　　　　　（《云南档案史料》第一期，第 43 页）

云南督军唐继尧通电

（1917 年 8 月 11 日）

黎大总统、冯代总统钧鉴：陆巡阅使，各省督军、省长，各都统，各镇守使，各省议会，海军萨总司令、程总长，四川罗督军，广东张、方两师长，上海孙中山、岑西林、唐少川、伍秩庸、李协和诸先生均鉴：

　　昨年推倒帝制，再造共和，段祺瑞被推为总理，乃自就职以来，轻信左右，初启府院之争执，继惹院会之冲突，致陷大局于危地。大总统权衡轻重，不得已依据约法，免段之职，而彼藉未经副署为口实，恋恋前职，贻笑万邦，既引起倪嗣冲之叛乱，复酿成张勋之复辟，幸天相中华，丑类歼灭。段祺瑞苟能尽忠民国，允宜奉迎大总统复正大位，退归田里，静候明命，依法召集国会，组织正式内阁。乃乘大乱甫夷之发，出而盗窃政权，谓之自由行动，谁曰不宜？上之元首继任未定，下之民意机关未立，试问将何以明责任，行其职权乎。继尧等不敏，心窃惑之。夫一国政府，法令所从出也，盖政府不依法组织，则有法与无法等。继尧等不敢枉己从人，自蹈违法之愆，敢告国人，自复辟祸起以后，合法内阁未立以前，凡非法内阁所发布之一切命令，概认为无效。云南督军唐继尧暨各军官等叩。真。印。

　　　（《滇南义声与段政府态度》，上海《民国日报》1917年8月20日）

唐继尧恳辞元帅职务致孙中山密电
（1917 年 8 月 12 日）

广东孙中山先生鉴：

　　义密。6647①电敬悉，猥荷奖借，且感且愧。国家不幸，丧乱频仍，推原祸本，实由有特殊势力，与法律常不相容，非使国人之法律观念，发荣滋长，不足以救其敝，故发为护法之议，期于世变有裨。顾兹事体大，登高呼远，端赖名贤。继尧身隶军籍，捍御牧圉，所不敢辞。惟元帅一职，虽忝国会推举，自维才望无似，不欲冒君子上人之戒，又惧蒙世俗权利之嫌。故已沥诚奉辞，非敢矫激笃高，实欲循分见志。敬谢盛意，惟赐亮察。继尧叩。文。印。

　　唐继尧批语："连原电抄登报"。

　　　　　　　　　　　（《云南档案史料》第一期，第 43 页）

在粤国会议员请陆荣廷等兴师护法电
（1917 年 8 月 19 日）

南宁陆巡阅使、谭督军、刘省长，云南转行营唐督军，贵阳刘督军，广东陈督军、朱省长、李军长及各镇守使、各师长，黄埔孙中

---

　　①　原文如此，疑为未译电码，对应字为"连"。——编者

山、程总长、林总司令，香山唐少川先生，上海伍秩庸先生、岑西林先生，重庆熊镇守使转川军各师长暨罗前督军均鉴：

　　民国不幸，祸患频仍。倪逆称兵，国会被毁。张贼复辟，国体动摇。造乱之徒，乘机窃政，并同国贼，推翻约法，擅立政府，易置总统。执法以绳，厥罪为均，又复叠逞狡谋，图湘窥蜀，输兵南下，其势骎骎，凭借北洋，压制全国。充其至义之尽，吾民宁有噍类之存？所幸诸公犹持正义，兴师护法，信誓在人，救我黔黎，定兹国难。公等之责，吾民之望也。同人等昔受国民之托，职务未尽，讵被国贼之驱，责任难弃。用依约法，自集于粤，人数未满法定，本难遽行开会。惟念时局之急，间不容发。西南散处，意志辄殊。对外则冯、段宣战，我将何以处德奥；对内则黄陂尚陷，我将何以设政府？凡兹重要，亟待讨论。拥护主权，国民之义。用师法国变之例，特决定本月二十五日在广州开非常会议，以谋统一而图应变。区区之意，如斯而已。夙念公等护法心殷，尚望时赐明教，用匡不逮，果利于国，同人等非不乐徇之也。谨此奉闻。国会议员同人等叩。皓。印。

　　唐继尧批语：最速要，交白秘书主办。抄录登报，并录转在川各将领后送请李参赞复。八月卅一日。

　　（《中华民国史档案资料汇编》第三辑军事（二），第508～509页）

沈佩贞通电调和南北致孙中山电
（1917年8月24日）

广州孙中山先生钧鉴：

　　六年以来，火热水深，民困已极。今因拥护约法，义动西南，积极进行，不避艰险，期彰公理，大节凛然。惟贞一得之愚，窃谓今非兄弟阋墙之日，乃同舟共济之时。宣战案为协约国所欢迎，虽策非万全，已势成骑虎，苟不同德同心，一致对外，则必致内部分裂，豆剖瓜分，将使强邻坐收渔人之利。值此兴亡绝续一发千钧，尚希放远大之眼光，消目前之意气。公为国宣劳，为民造福，昔时总统之尊尚然敝屣，况此区区之争，为全国安危所系，何难不一为让步乎？敬布胸臆，诸希采择，专此电达，敬请崇安。沈佩贞。敬。

　　（《沈佩贞通电调和南北》，长沙《大公报》1917 年 9 月 1 日）

张开儒贺选举大元帅电
（1917 年 9 月 1 日）

孙中山先生钧鉴：

　　本日午后一时，非常国会开选举大会，先生被选为中华民国大元帅，举国腾欢，中外咸庆，扫除妖氛，澄清中原，责在先生，歌颂之余，不胜鼓舞。张开儒谨率全体将校叩贺。东。印。

　　（《军政府公报》第一号，1917 年 9 月 17 日，"公电"）

旅粤国会议员通电
（1917 年 9 月 1 日载）

南宁陆巡阅使、谭督军、刘省长，云南转行营唐督军，贵州刘督军，湖南谭督军，广州陈督军、朱省长、李军长，及各镇守使、各师长，黄埔孙中山先生、程总长、林总司令，香山唐少川先生，上海伍秩庸先生，重庆熊镇守使，转川军各师长暨罗前督军均鉴：

　　民国不幸，祸患频仍，倪逆称兵，国会被毁，张贼复辟，国体动摇，造乱之徒，乘机窃政，托名讨贼，摧毁约法，擅立政府，易置总统，执法以绳，厥罪维均。又复叠逞狡谋，图湘窥蜀，输兵南下，其势骎骎，凭藉北洋，压制全国。充类至义之尽，吾民宁有噍类之存？所幸诸公，犹持正义，兴师讨贼，信誓在人，救我黔黎，定兹国难，公等之责，吾民之望也。同人等昔受国民之托，职务未终，今被国贼之驱，责任难弃。用依约法，自集于粤，人数未满法定，本难遽行开会，惟念时局之危，间不容□，西南散处，意志辄殊。对外则冯段宣战，我将何以处德奥；对内则黄陂孤陷，我将何以设政府。凡兹重要，亟待讨论，爰绎主权在民之义，□师法人国变之例，特决定本月二十五日于广州开非常议会，以谋统一，以图应变。区区之意，如斯而已。夙念公等护法心殷，尚望时赐明教，用匡不逮。果利于国，同人等靡不乐从之也，谨此奉闻。国会议员同人等叩。□。印。

　　（《旅粤国会议员通电》，长沙《大公报》1917 年 9月 1 日）

陆荣廷、谭浩明致孙中山等电

（1917 年 9 月 2 日）

国会各议员、孙中山、胡展堂、陈竞存、唐少川、程玉堂、章太炎、李协和诸先生鉴：

　　顷闻议员开非常会，有组织临时政府，并举孙中山为大元帅，唐蓂赓及廷为元帅之事。方今国难初定，应以总统复职为先务之急，总统存在自无另设政府之必要，元帅名称尤滋疑议，易淆观听。廷等愚庸，只知实事求是，不为权利竞争，标本张皇，又所不取。此举实不敢轻为附和，深愿国会议员诸公爱国以道，审慎出之。区区愚忱，幸惟鉴纳。陆荣廷、谭浩明。冬。

　　（《广东军政府组织之波折》，长沙《大公报》1917年 9 月 17 日）

胡汉民就获悉国会举荐自身担任职务
之说事致孙中山函
（1917 年 9 月 9 日）

先生大鉴：

　　南国今有举弟厕于各部之说，此事之不可，已约略为儒堂、竞生、海滨等言之，弟虽庸懦，亦知匹夫志不可夺，如或诸人不听，强以相聒，弟惟有避去。如被举为省长时，如或以弟为留粤有时，亦可以供奔走、笔札之劳者，则望一切勿以名号相加。弟今日同时以书告国会，并介绍君武、觉生、季隆三人。此三人任部务，亦实胜弟远甚。先生当亦同情也。专此，即颂

大安

弟汉民拜

九日

（《北洋军阀史料·吴景濂卷》第三册，第 88～89 页）

国会非常会议为各部总长当选咨孙中山文
（1917 年 9 月 10 日）

国会非常会议为咨报事：

　　查军政府组织大纲第八条第一项规定：各部设总长一人，由国会非常会议分别选出，咨请大元帅特任之；第二项规定：前项选举以得票过投票总数之半者为当选。当经本会议依法于本日开会投票选举，出席议员二十二省，计一百二十人。伍廷芳得一百零八票，唐绍仪得一百十六票，孙洪伊得九十四票，张开儒得八十六票，程璧光得一百十二票，胡汉民得一百十六票，以上得票均过投票总数之半。伍廷芳应当选为外交总长，唐绍仪应当选为财政总长，孙洪伊应当选为内政总长，张开儒应当选为陆军总长，程璧光应当选为

海军总长，胡汉民应当选为交通总长。所有开会选举情形相应咨
报，查照可也。此咨

大元帅

　　　　　　　　　　中华民国六年九月十日

　　　　　　　　　　国会非常会议（印）

　　　（《军政府公报》第一号，1917 年 9 月 17 日，"咨
文"）

张开儒致孙中山贺电

（1917 年 9 月 10 日）

孙大元帅钧鉴：各省议会、督军、省长、各巡阅使、各都统、各镇
守使、各师长、各督办、各社团、各报馆鉴：

　　民国既建，奸人擅权，虞诈用兴，迭为消长，迨至大法凌夷，
屡见称兵之众。惟乱离所极，必有底定之英，否则民命奚依，国基
奚托乎？我大元帅孙公，天亶聪明，誉延中外，积廿载之辛勤，克
以其德，筹百年之大计，□□斯民。用是民望咸归，元戎是授。受
命于流离颠沛之日，矢鞠躬尽瘁之诚，整我师旅，修我戈矛，攘险
凶回，澄清华夏。行见大憝授首，群小潜形，奠国家于亿万斯年，
图功惟武，拯生民于倒悬涂炭。诛伐在严，克竟其勋，时懋乃职，而
后消兵气为祥云，登蒸民于衽席，万伦缉穆，有众咸熙，惟我大元帅
神武是赖。于赫我元帅就职之日，天人同钦。张开儒谨电贺。灰。

　　（《军政府公报》第一号，1917 年 9 月 17 日，"公电"）

靖国军贺孙中山当选大元帅电

（1917 年 9 月 11 日）

（四川行营来电）孙大元帅钧鉴：

顷奉唐督电，敬悉我公当选大元帅，遂听之下，踊跃莫名。慨自祸首擅权，国法扫地，凡有血气，莫不发指。我公应选出山，天人共庆，歼除妖贼，指顾可期。文海身列戎行，矢志杀贼，振奋精神，遥听指挥，翘首云天，谨此电贺。靖国军第四混成旅参军段文海、旅长杨汉元等叩。真。

（《军政府公报》第二号，1917 年 9 月 20 日，"公电"）

靖国军贺大元帅及陆、唐两元帅电
（1917 年 9 月 11 日）

孙大元帅、陆元帅、联军行营唐元帅钧鉴：

祸首谋叛，国将沈沦，挽救之法，惟有讨贼。诸公获选，薄海同钦，歼敌军心，益加雄奋，澄清天下，在此一举，谨率部属敬申电贺。靖国军第四混合成旅长杨体长、团长李英佐、李燔阳率本旅军官佐士兵等同叩。真。

（《军政府公报》第二号，1917 年 9 月 20 日，"公电"）

唐继尧致孙中山电
（1917 年 9 月 16 日）

孙大元帅鉴：

密。项［顷］承教电，弥增惭悚。继尧伏处边陲，未亲光霁，既愧丰部，尤深向望。乃蒙派太炎先生远道来临，金碧增辉，欢感无似。除饬沿途妥为分别招待外，谨俟庥临，籍闻良筹。继尧叩。谏。印。

（《军政府公报》第三号，1917 年 9 月 21 日，"公电"；《滇督复孙中山电》，上海《民国日报》1917 年 9 月 29 日）

国会非常会议致大元帅书

（1917 年 9 月 17 日载）

民国不造，倪、张倡逆，国会解散，大法扫地，以启清廷复辟之变。段祺瑞与张勋同恶相倾，迭为起灭，屠清斯覆，而大总统亦被废斥，国统圮绝，民无所依。景濂等以为救焚拯溺，不可格以恒轨，用是依准法国前例，开非常会议于广州。金谓大盗移国，非武力不能镕治，西南各省与海军第一舰队，兵力雄厚，士心效顺，而部曲散殊，未有统帅，不足以收齐一之效，即于六年八月三十日议决军政府组织大纲，置海陆〔陆海〕军大元帅一人，九月一日投票选举。前临时大总统孙先生文，手造民国，内外具瞻，允当斯任，即日齐致证书，登坛授受。悃忱未尽，复申是言，所愿我大元帅总辑师干，歼除群丑，使民国危而复安，约法废而复续，不胜郑重期望之至。

国会非常会议长吴景濂、王正廷等谨述

（《军政府公报》第一号，1917 年 9 月 17 日，"特别公牍"）

国会非常会议致大元帅就职辞

（1917 年 9 月 17 日载）

往者元首从脞，政出非法，乱者乘之，国会不敢自放其责，而有军政府组织大纲之决议。惟鉴于约法未复，国权无主，则授大元帅临时统治之职，自视职始，其竭诚尽智，相我法纪，以返邦人于真正共和之域。国会非常会议愿与大元帅共勉之。谨告。

（《军政府公报》第一号，1917 年 9 月 17 日，"特别公牍"）

云南省议会贺孙中山当选大元帅电

（1917 年 9 月 17 日）

孙大元帅钧鉴：

国法陵夷，邦基颠覆，非赖神武，曷靖妖氛。公以开国元勋膺选大元帅之职，下风逖听，旭日共瞻，望速整率师戈，共张挞伐。谨申贺悃，并表愚忱，伏乞明教。滇省议会。筱。

（《军政府公报》第四号，1917 年 9 月 22 日，"公电"）

云南第三军总司令庾恩旸致孙中山电

（1917 年 9 月 18 日）

孙大元帅钧鉴：

接国会非常会议先后通电，欣悉钧座膺举大元帅，已于九月十日莅会行就职式。当存亡绝续之交，作权宜变通之计，既出民意，尤裨军机，电讯传来，军民欢忭。合肃电贺，敬希鉴察。云南第三军总司令官庾恩旸率本军全体官佐同叩。巧。

（《军政府公报》第五号，1917 年 9 月 23 日，"公电"）

湖南零陵镇守使刘建藩等致孙中山电

（1917 年 9 月 18 日）

中山先生钧鉴：

时局变乱，欧战绵延，我国际此时期，政体革新，时机本善，乃前者袁氏执政，以私害公。袁虽败亡，民力已挫，我大总统依法正位，方用中执两，以奠邦基。奈自徐州谋乱，段氏以国务总理，任内主张，违法横行，破坏国纪。我大总统为保国起见，令免厥职。段随忿不奉令，蚌埠首先叛乱，辱迫总统解散国会，国之纲纪，已被扫灭无存矣。然犹以我大总统守正居中，莫遂私愿，阴怂张勋复辟，将总统迫去，民国推翻，阳为讨逆，兴兵占据国家，统治机关，集合私人，组设政府，自称总理，为所欲为，以借债备诛锄异己之用途，以元凶执国中当要之权。乃两粤宣言护法，则易湘督，以为武力征服之图。川中迭次构兵，实其刁煽，以便收拾西南之计。凡此种种，举国皆知，为国之殃，较袁为甚。倘承认所组政府为可行使统治权，国之危亡，势可立见，是以海军、两广、云南各省早宣言独立自主，誓不肯附私党，以存民国之精神。建藩等治军湘南，保国卫民，是为天职，特率湘南军民子弟，宣告自主，与段政府脱离关系，一切军民政务，均与海军、两广、云南各省一致进行，一俟约法有效，国会恢复后，正式政府成立时，即仍谨奉命令。段政府如平心自反，深悔前非，使法以行，俾建藩等得早释责遂初，自是全国人民之福；若终执迷不悟，视为反抗，一味迫以兵力，则我湖南军民，为正常防卫起见，亦惟有抵死以待，保持正义，与国存亡。垂涕宣言，统希共鉴。湖南零陵镇守使刘建藩、湖南第一师第二旅旅长林修梅、湖南守备队永属区司令谢国光、郴桂区司令罗先闿、江道区司令张建良、副司令黄岱明。巧（十八号）。印。

（《军政府公报》第三号，1917 年 9 月 21 日，"公电"）

陆兰清上孙中山书

（1917 年 9 月 19 日）

中山大元帅钧座：

寅禀者：窃自国会解散，元首被胁，非法内阁相继成立，薄海人民同深切齿，凡有血气，莫不义愤填胸，抚膺浩叹。幸仗我公擎天法手，保障西南，大张挞伐，风声所播，遐迩胪欢。清虽驽骀，当效前驱，冀图报称。辱承钧命，委任参军，深恐学浅才疏，弗克胜兹艰巨，第思执事此举，名正言顺。律以国家兴亡匹夫有责之义，海内人士谅必共表同情。清本武夫，惟知奉公守法，关于共和要旨，益当勉力维持。谨布区区，伏维垂鉴。

陆兰清谨禀

九月十九日

（《军政府公报》第五号，1917 年 9 月 23 日，"公电"）

李六更致孙中山函

（1917 年 9 月 20 日）

中山先生达人鉴：

前者六更所呈敬劝先生当作南北调人主意之函，谅邀达人接见。然六更惟恐途中有误有关祖国存亡之要件，不能不再与达人先生言，再述前函，文曰：中山先生大人钧鉴：先生首倡爱国维新之时，六更尚在睡梦之间。若论祖国存亡之大局，何待六更后生多赘。然此一时彼一时也。人各有所见，当此时而论，以六更愚见，先生早当一人北上，以作真正爱国救国之调人，冯、段断无惨害先生之理，国人亦必均敬重先生清廉勇志，如汉之关云长，明之方茂儒矣。（按：方茂儒恐方孝孺之误，原文如是，姑照录之。）六更望先生再四思维。功之魁，罪之首，先生当之。先生一言也当不轻发，一动也当不妄为，此先生之身分也。若六更也，祖国以后果不能存于东亚，亦不过一亡国奴耳。六更能当则生之，不能当则死之，六更本一公民资格，诚不敢以。先生首倡民国、最疼四万万同胞、不争权利、惟顾名誉达人先生并论也。万不意六更阅九月二十号《顺天时报》所载，先生竟就大元帅之任于广东矣，足见先生不欲作正大光明之调人，至欲为反对派之魁首，可疼可恨！六更尚有何言，不过抱我十四年所击之本梆大击大哭，一死矣而已，望先生好自为之。六更请问先生，元帅自为之，致黎正大总统、冯代总统于何地？

中华民国六年九月二十号

李六更三鞠躬上

（《李六更敬劝孙中山先生即退大元帅之任以救祖国》，长沙《大公报》1917 年 10 月 6 日）

云南国民后援会致孙中山电
（1917 年 9 月 20 日载）

中山先〈生〉钧鉴：

中华民国之造成，根据于临时约法，敢破坏临时约法者，即为背叛民国，所谓乱臣贼子，人人得而诛之者也。段祺瑞自秉政以来，嗾使党羽，迭开徐州会议，实肇倡逆之谋。张勋通电，天下共知，此无可讳者。迨张勋入京，实行复辟，人心大愤，南北誓师，段氏始因风转舵，托言讨贼，卖国不成，转而卖友，此等阴谋，行同鬼蜮。乃复通电天下，自以为功，颠倒是非，掀乱黑白，岂能以一手掩尽天下耳目？且段氏自免职后，不自悔过，反使叛督迫胁总统，解散国会，此又根据何种法律，而出此暴戾内乱之行为？是时元首出走，阁员相散，段氏乃矫称命令，自行复职，果何时所任命，以谁人为副署？事出矫饰，夫将谁欺？就令此项任命出于仓率奔走之时，是黎总统全失自由，命令即归无效，乃犹觍然复位，乘机揽权，廉耻道丧，何以治国约法？组织内阁，任命阁员，须经国会同意，始能有效，虽后日追认，原有先例，而国会苟不复召集，追认果待诸何年？不经国会，何成内阁？考之万国，无此先型，谓之违法，夫复何词？然近复召集参议院，借口根据约法，不知临时约法、参议院制实因民国创造，国会未成，不得不设此过渡之机关，规定二十八条，明言参议院自国会成立之日，解散其职权，由国会执行之。是国会成立后，参议院无再发生之日。今民国已六年，乃欲取销国会，而召集参议院，果依据约法乎，抑违背约法乎？愿与天下之明法律者共证之。约法大总统因故不能行其职务时，副总统得代理之，至故障已除，大总统仍应复位，即令总统不愿复位，亦须向国会辞职，此万国公例。今京师乱定，黎大总统尚未复职，既未召集国会，果向谁解之，而又谁许之？质言之，总理迫免总统之职而已。以此种种违法，人心共愤，故我国民公请督军唐公速发真电，表彰四义，通告全国。本会亦于九月二日开成立会，到会者四万余人，誓以至诚助唐公，必使根据约法，恢复国会，产出正式政府，扫除非法内阁，保全法治，巩固国基，此理此心，与天下同之。谨电奉闻，恭候明教。云南国民后援会叩。

（《军政府公报》第二号，1917 年 9 月 20 日，"公电"）

刘存厚等致孙中山电

（1917 年 9 月 20 日载）

中山先生钧鉴：

民国不幸，权奸横行，妄逞野心，邦无宁日，祸根乱源，均出段氏。存厚等百战余生，矢志护法，执戈卫国，不敢自弃，誓师伊始，特布心腹。窃维中华民国诞于约法，主权在民，委责国会，政本所在，神圣尊严。段氏用人行政，任意妄为，唆使张勋，乱国有据，目无约法，不胜枚举。其罪一。假名战德，意在对内，国会审察，即被包围，立法机关，横受蹂躏。其罪二。总理免职，国事之常，段氏罢官，通电倡乱，私党造反，直逼首都，曾为首揆，行同盗寇。其罪三。纵贼复辟，又乘机讨贼，自认首功，自为总理，引用帝孽，布满要津，排去黄陂，挟持河间，一国元首，易置随意，形同操、莽，心等李、郭。其罪四。植党增兵，祸机隐伏，有心扰乱，不顾大局。其罪五。黄陂被祸，遇刺者屡，在京在津，均受监制，纪纲败坏，道德坠落。其罪六。密使四出，私人遍布，始则乱浙［浙］，继则乱川，一人揽权，流毒行省，阴谋肆乱，挑拨为能，将帅自危，兵无定志，盗贼充斥，殃及闾阎。其罪七。蜀中夙称大府，本西南形胜要区。辛亥以还，遭祸独深，扶植元气，端赖中央，往者戴戡无故入川，即为诡计，段氏旋任戴氏长蜀，会办军务，暗中授受，扰我川滇。罗将军未察觉而受其煽惑，存厚为急于自卫而反为利用，直至戴氏自毙，川祸稍舒。段氏一方利用滇黔扰川，一方又利用川军作战，意欲使川滇而为鹬蚌，利归渔人。兹幸大势已明，滇川觉悟，爱国护法，主旨无殊，各释小嫌，共维大局，私情公谊，依然如昔，联络进行，携手讨乱，粤桂一致，分道出兵，攻守同盟，义无反顾，非约法回复、国会重开，我西南义师决不中止。侧闻西北民兵、东南劲旅，亦引满待发，爱国同心，必能各起义师，划除乱种，维持共和，反手成功。诸公硕画茂筹，钦佩有素，护法定乱，各具良谋，尚希时示机宜，以利军旅。临电惶恐，祷祝无穷。刘存厚、刘成勋、陈鸿范、孙泽沛、吴庆熙、丁厚堂、张达三、廖谦率四川护法全军同叩。

（《军政府公报》第二号，1917 年 9 月 20 日，"公电"）

唐继尧复孙中山密电

（1917 年 9 月 21 日）

广东孙中山先生鉴：

义密。谏电敬悉，迭奉教助，私怀感奋。惟终以尺寸未效，标举过高，转昧两军哀胜之义，故亟欲一志进取，勉副厚期，他日课责程功，有所表见，亦不敢矫情镇物，致隳权责辱爱，再掬衷曲，惟赐原察。继尧叩。宥。印。

（《云南档案史料》第一期，第 44 页）

耒阳李枝荣等致孙中山电

（1917 年 9 月 22 日载）①

军政府孙大元帅钧鉴：

湘南巧日自主，急望大师早临，钧府进行若何，盼示。耒阳李枝荣、刘焕等叩。敬。

（《军政府公报》第四号，1917 年 9 月 22 日，"公电"）

零陵镇守使刘建藩请援电

（1917 年 9 月 24 日）

急。广州陈督军转孙中山先生，并国会非常会议诸公均鉴：

成密。护法卫民，军人天职，奉电奖勉，感悚交并。此间兵队已集中衡阳，敌我众寡悬殊，仅取守势。顷据探报，谭督被拘，北兵六千，分驻醴陵、株洲，湘省附逆之李佑文率一旅，由湘潭路进逼，旦晚即有战事发生，已即电恳陆、陈、谭、李、张、方诸公迅援，尚乞力促急进，早纾湘难，提挈全国，挽兹陆沉。瞻仰南天，

---

① 电文内容显示是"敬"日，即 24 日，无法判断月份，或有误，故此取刊载时间。——编者

尚祈赐教。建藩叩。敬。

　　　（《军政府公报》第六号，1917 年 9 月 25 日，"公
电"）

余鏖致大元帅电
（1917 年 9 月 25 日载）

孙大元帅鉴：并转伍廷芳、唐绍仪、程璧光、李烈钧、张开儒、孙
洪伊、许崇智、方声涛、胡汉民、章太炎、陈炯明、冯自由、黎
萼、任鹤年、汪兆铭、钮永建诸公，非常会吴、王两议长暨各议
员、湘籍议员周震麟、李执中、李汉丞、彭邦栋、彭允彝、梁步益
诸先生，鄂籍议员张大昕、张伯烈、刘成禺、吴昆诸先生，肇州张
参谋觊、盛、李两旅长，乐昌王知事、萧营长钧鉴：

　　湖南巧日宣布独立，刘镇守使建藩驻永，林旅长修梅驻衡，陈
旅长嘉佑驻常德、澧州一带。长沙为西南各省第一重要门户，事机
紧迫，关系匪轻，望诸公敦促滇粤各军，刻日出发，拯吾湘三千万
父老子弟于水深火热之中。临电哀鸣，无任祷企，谨代以闻。余鏖
叩。

　　　（《军政府公报》第六号，1917 年 9 月 25 日，"公
电"）

廖代理财政总长仲恺就职呈孙中山文
（1917 年 9 月 25 日）

　　财政次长代理财政总长廖仲恺为呈报就职事：窃仲恺于九月廿
四日奉大元帅令开：任命廖仲恺为中华民国军政府财政次长，此
令。同日，又奉大元帅令开：财政总长唐绍仪未到任前，以次长廖

仲恺暂行代理，此令。等因。奉此，敬当不避艰虞，勉竭棉薄，以尽国民应尽之责任，即于九月二十五日就职视事，谨呈

大元帅

财政次长代理财政总长廖仲恺谨呈

中华民国六年九月二十五日

（《军政府公报》第六号，1917 年 9 月 25 日，"呈文"）

居代理内政总长正就职呈孙中山文

（1917 年 9 月 25 日）

内政部呈。为呈报事：本月二十一日奉大元帅令开：任命居正为中华民国军政府内政次长，此令。同日，复奉大元帅令开：内政总长孙洪伊未到任以前，着居正暂行代理，此令。等因。窃正戎马书生，政才素绌，谬膺艰巨，复□堪虞，惟念军府草创，时局多艰，用输忧悃，勉效驽钝，谨于本月廿五日就代理总长之职，同日启用印信，除将组织部务情形，另行备文呈核外，合行将就职及启用印信日期，即日呈报，伏乞大元帅鉴核，不胜惶惧之至。此呈

大元帅孙

代理内政总长居正谨呈

中华民国六年九月二十五日

（《军政府公报》第六号，1917 年 9 月 25 日，"呈文"）

马署理交通总长呈孙中山文

（1917 年 9 月 27 日载）

为呈报事：本月二十五日奉大元帅令开：特任马君武署理中

华民国军政府交通总长。伏念交通事业与文明发达关系至巨，凡
□建设断非菲才所能胜任，惟今值军政府组织伊始，不敢固辞，
以免贻沽名避责之讥，即于本日就职□事，启用印信，一俟原任
交通总长胡汉民就任后，即当交卸部务，俾息仔肩。所有就职情
形，谨呈

大元帅鉴察

署理交通总长马君武谨呈

　　（《军政府公报》第八号，1917 年 9 月 27 日，"公
文"）

叶代理内政次长呈孙中山文

（1917 年 9 月 27 日载）

　　代理内政次长叶夏声为呈报就职事：窃夏声于九月二十五日奉
大元帅令开：任命叶夏声代理内政次长，此令。等因。窃维内政一
端，关系至巨，凡民生之休戚，社会之理乱，国运之盛衰，视乎内
政之是否得人。民国以来，历任内长，非为政府畜鹰犬，即为政府
恣豪侈，以致历稔六年，迄无政绩，致理之道，头绪渺如，推原其
故，则用非其人，实尸厥咎。今夏声以愚稚之资，膺次席之重，丁
建设之始，际艰虞之时，本宜抚躬知惭，不当伴食尸位。惟念我大
元帅万机待理，百度方张，军书旁午，宵旰忧劳，夏声忝厕帷幄之
中，诚不愿爱惜羽毛，弗为壤流之助，谨遵明令，于九月二十八日
视事，誓当勉竭弩末，上以辅弼我大元帅，内以协佐内政总长，确
定民治之大方针，图谋共和之真福利，以副民国四万万人喁喁望治
之意。所有夏声冒昧就职之愚诚，理合呈报

　　大元帅鉴察，谨呈。

　　（《军政府公报》第八号，1917 年 9 月 27 日，"公
文"）

云南国民后援会通电

（1917 年 9 月 28 日载）

黎大总统、冯代总统、督军、省长、省议会、巡阅使、国会议员、孙中山、岑西林、唐少川、李协和、孙伯兰诸先生，张、方师长、龙督办、各镇守使并驻川滇各师团营长钧鉴：中华民国之组成，根据于临时约法，敢破坏临时约法者，即为背叛民国，所谓乱臣贼子，人得而诛之者也。段祺瑞自秉政以来，嗾使党羽，迭开徐州会议，实肇唱逆之谋。张勋通电，天下共知，此无可讳者。迨张勋入京，实行复辟，人心大愤，南北誓师，段氏始看风转舵，托言讨贼，卖国不成，转而卖友，此等阴谋，行同鬼蜮，乃复通电天下，自以为功，颠倒是非，掀乱黑白，岂能以一事掩尽天下耳目。且段氏以免职后，不自□□（电码不明），使叛督迫胁总统，解散国会，此又根据何种法律，而出此暴戾内乱之行为。是时元首出走，阁员尽散，段氏乃矫称命令，自行复职，果何时所任命，以谁人为副署？事出矫饬，夫果谁欺？就以此项任命，出于仓卒奔走之时，是时总统全失自由，命令即归无效，乃犹觍然复任，乘机揽权，廉耻道丧，何以治国。至于组织内阁，任命阁员，须经国会同意，始能有效，虽后日追认，原有先例，而国会曷不复召集，追认果待诸何年？不经国会，何成内阁？考之万国，无此先型，谓之违法，夫复何词？然近复召集参议院，藉口根据约法。不知临时约法，受议院□，实因民国创造，国会未成，不得不设此过渡之机关，规定二十八条，明言参议院自国会成立之日解散，余职权由国会执行之，是国会成立后，参议院即无再发生之日。今民国已六年，乃欲取消国会，而召集参议院，果依据约法乎，抑违背约法乎？愿与天下之明法律者共证之。约法大总统，因故不能行其职务时，副总统得代理之，至故障已除，大总统仍应复位，即令总统不愿复位，亦须向国会辞职，此万国公例。今京师乱定，黎大总统尚未复职，既未召集国会，果向谁辞之，而又谁许之？质言之，总理迫免总统之职而已。以此种种违法，人心共愤，故我国民公请督军唐公速发真电，表彰四义，通告全国。本会亦于九月二日开成立会，到会者四万余人，誓以至诚援助唐公，必使根据约法，恢复国会，产出正式正〔政〕府，扫除非法内阁，保全法治，巩固国基，此理此心，与天下同之。谨电奉闻，恭候明教。云南国民后援会叩。（原按：此电间有讹字，未便窜易）

（《云南国民后援会通电》，上海《民国日报》1917年9月28日）

云南国民后援会致孙中山等电
（1917年9月29日）

广州军政府孙大元帅、陆元帅、唐元帅、各部总长均鉴：

民国不幸，祸乱迭乘，揆厥原因，皆由姑息，所幸海内群杰，会萃岭南，不避艰辛，力谋拥护，军府成立，主帅得人，统率西南，誓清东北，国基重奠，指日可期，讨灭奸凶，万方攸赖，西风遐听，无任拜飏。国民后援会叩。艳。印。

（《军政府公报》第九号，1917年9月28日，“函电”）

国会非常会议致孙中山书
（1917年9月）

维一夫倡乱，牵率群帅，元首既胜，乃及国宪。议会承民命南征，非常集议，以昭于有众。众志所赴，军府是成，众意所寄，元帅是崇。愿我元帅为共和之神，孰则毁法，元帅述之。孰则干财，元帅执之。孰则阻兵，以沦盟誓，金曰殛之。于戏！元帅其阅乃师，徒考职责，以发扬我邦家之庥，钦念哉。

（《革命文献》第四十九辑，第 130 页）

章太炎由云南致孙中山电
（1917 年 10 月 2 日）

孙大元帅鉴：

　　密。抵滇七日，唐帅态度甚明，决心北伐，于军政府事，亦赞同一致，绝无异论。顷外间闻有改组军务院事，此时军政府已由国会议决，若复改组，非独事同儿戏，且尊崇国会之旨谓何？我公独力支持，苦心如见。振天下之大任，必先拂乱其所为，深愿我公平心忍气，容纳群言，以副天下之望。总一师旅，仗义前驱，军府、议会尤当和衷商酌，共济艰难。人心苟定，进取自易，此非特为我公一身久长计，亦欲谋国会与军政府俱安也。章炳麟。冬。

　　（《军政府公报》第十一号，1917 年 10 月 8 日，"函电"；《章炳麟劝孙文容纳群言》，长沙《大公报》1917年 10 月 19 日）

许崇智呈孙中山拟就参军处办事细则文
（1917 年 10 月 3 日）

　　为呈报事：本处办事细则业已拟就，是否有当，理合呈请大元帅批示施行。谨呈。

　　　　　　　　　中华民国六年十月三日　　参军长许崇智

附呈　参军处办事细则

第一条　参军处依大元帅府组织条例第十一条之规定，掌理大元帅府内属于本处之事务。

第二条　参军长率同参军及各科长于星期二四六等日午前九时，齐集参军长办公室，由参军及科长报告一切应行事件，候参军长酌定。

第三条　关于宴赉、恤祭、设备、侍从一切礼仪，由参军长酌定办法后，交总务科协同庶务科及副官办理。

第四条　府内应设通谒室、候见室，用备接待宾客。通谒室选派差遣、差弁招待；候见室由副官轮值招待。

第五条　凡谒见大元帅宾客，由通谒员延入候见室，再由招待副官呈请大元帅接见，或由大元帅派员接见。

第六条　副官掌命令之传达与府内之勤务，每日应派员随从大元帅，以备差遣，其随从人员由参军长指派之。

第七条　府中军纪、风纪由副官随时稽查纠正之。

第八条　府中差弁、杂役等，由副官管理，其分配于各处之杂役，得由各该长官考察勤惰，自行开补，但应通知副官备查。

第九条　各科得依事务之类别、繁简，分股办理。

第十条　府中应设总收发所，管理府中收发事项，由总务科特派专员办理。

第十一条　凡府中各处、科所用款项，非经参军长核准盖章后，会计科不得发给。

第十二条　会计科发给款项，所有一切发票、清单、领条、收条，均须粘于收据簿内保存，以备查考。

第十三条　凡府中购置物品及建筑修理工程，先由庶务科计算价目，再由会计科稽核盖章，呈报参军长批准，方可执行。

第十四条　会计科应设预算、决算各表，预算表于月终制定，决算表于本月终制定，呈请参军长察核，转呈大元帅批准执行。预算、决算各表分经常费、临时费两项制定。

第十五条　参军处各项文件均须经参军长核定，但参军长因有事故，得委托参军核定之。

第十六条　各员承办文件均应盖章或签字，其为各科互相关联之件及数员共办之件，均应连带盖章或签字。

第十七条　凡本处文件不属于各科者，均由总务科办理。

第十八条　本处文件有应行送登公报者，由该科登入事由簿，送呈参军长核定，再送公报编辑处登载。

第十九条　各项档案及油印公布文件，由经管各员随时检入卷夹，标明事由，归档存案。

第二十条　未经宣布之文件，经管各员均应严守秘密。

第二十一条　军医掌府中卫生事项，如府中人员有疾病时，得诊治之。军医诊断时，应设诊断簿，详载患病者姓名、病症，每月终将诊断人数列表呈报参军长核阅。

第二十二条　技师掌府中测量、建筑等事项，遇有工程时，应由参军长责成技师绘图具说，呈请参军长核定，再交庶务科估价，但重大建筑之工程，应呈请大元帅核办。

第二十三条　差遣专备临时事务之差遣。

第二十四条　通译掌外国文件之翻译及外与外国人员应接事宜，应设记事簿，备载所译文件及外宾谈话，每日呈报参军长核阅。

第二十五条　电报员掌府中电文之收发及写译，应设收发簿，以备稽核。

第二十六条　办公时间午前自九时至十一时三十分，午后自一时至五时，惟遇有事件时不在此限。

第二十七条　星期日或例假日遇有特别要紧事务，得由各科指定所属人员照常办理。

第二十八条　本处副官及各科人员每日到处时，须到各该办公室签到簿内注到。各科应备考勤表，每届日终呈报参军长察核。

第二十九条　参军处人员因故请假时，未逾二十四时者，得由科长许可，已逾二十四时及参军、科长、军医等请假时，应呈请参军长许可。

第三十条　参军处各科及副官办公室应派员轮流值日、值宿，其轮值方法，由该各长官定之。

第三十一条　各员于办公时刻内有宾客来访，除因事外，概不接见。

第三十二条　各科办事细则由各科另定之。

第三十三条　本细则如有未尽及应行修改之处，由参军长随时呈请修改。

第三十四条　本细则自批准日施行。

（《军政府公报》第十三号，1917 年 10 月 11 日，"公文"）

唐继尧复孙中山密电
（1917 年 10 月 5 日）

广东孙中山先生鉴：

申密。敬电奉悉，张君左丞抵滇，自当接洽，特复。继尧。歌。印。

（《云南档案史料》第一期，第 44 页）

议员张伯烈诘孙中山函
（1917 年 10 月 5 日）

中山先生尊鉴：

国步艰难，中原鼎沸，权奸窃政，挽回乏人。我公为革命之先河，任民国之后死，振臂一呼，群英赴粤，月余之间，国会复生，政府成立，真正共和于焉攸赖。我公之功，不在禹下。惟日来用人行政，外间啧有烦言。伯烈之于我公，原不在信而后谏之列，第以谊切同舟，火非隔岸，与其不言而有负于我公，不若言之以重一己之罪。语有云"忠言逆耳利于行，良药苦口利于病"；伯烈所陈非敢自方忠言良药，特刍荛之询，先民不弃，狂夫之见，大圣所容，我公或不以伯烈为无病之呻吟也。公就职之次日，除任命由议会选举各总长外，以任命议员为参议、秘书为最多，不知是何用意？以为议员等此次组织军政府不无微劳，故酬以参议、秘书等官，用昭激劝耶？窃议员等为国民代表，此次奔走来粤，为救国而来，非为作官而来。如因军政府成立，为议员者即尽数取得一官，则天下人民莫不交相鄙之曰："议员之主张组织军政府者，殆为此也。"即令天下人民，不屑鄙弃，而清夜自问，亦觉难安。此其不合者一。抑或以参议、秘书为羁縻议员之具耶？则事属大错。夫袁世凯、段祺瑞何尝不以顾问诸议饵议员，然一经违法造反，国会中人皆弃之如□，绝不回顾，始知士之相知贵相知心，非可以虚拘者。我公饱经世变，目击时艰，袁、段覆辙岂可效尤。此其不合者二。议长原由议员选出，而公则特别待遇，聘请吴景濂君为高等顾问，以吴君之学行、才识，当此高等顾问，何所不可。然出自我公，似若舍吴君外，其余议员均难邀中下□选。且对于议长为顾问，则用函聘请；对于议员为参议、秘书，则下命令。虽精牛□马勃之别，显有贵贱阶级之分，况国会议员同一资格，孰能备顾问，孰不能备顾问？孰能充参议，孰不能充参议？孰能任秘书，孰不能任秘书？在公之雅意，或藉此冶议员为一炉，而不知适足以启水火畛域之渐。此其不合者三。或谓公之本意，特见国事孔急，人材缺乏，欲请议员诸人于大元帅府中，集思广益，共相筹划，免误国家大局，烈之所言，皆属谬见。诚如是说，则今日所关重要者，非军事、外交、财政耶。军事方面，吾质诸新任参军者，皆不与闻，日所司事均传达译电人役，然尚曰军事秘密未便普通参军与闻大计。但外交则军政府主张赞成宣战，财政则军政府主张以某项抵押品借款二万万元。虽曰皆有案咨询国会，而国会之议决表示，不过形式上之手续耳。何以当此未曾定谋之先，我公绝不集请顾问参议，在大元帅府中再有一筹商，然后进行。由此观之，我公此举，盖非集思广益，可断然者。此其不合者四。

以上四者，已是害事，而此外足以失天下人心者，又有二端：一曰借款过巨。夫外交变更宗旨，犹可曰迫于事实不得不尔。而财政借款，其数之巨，达二万万，不知作何用途，其抵押内容，得失与否，姑不具论，即此二万万之数，已足骇人听闻。当此政府初立，百端待举，借款一事，固所不免，要亦何需乎二万万之多？衡诸现在情形，彼借款之国，谈何容易遽允假我二万万。事实上究不能假我二万万，而我徒以二万万之虚名惊骇国人，不惟予北京政府以攻击嘲笑之口实，窃恐惹起一般社会人民之反对，则军政府将立脚不住，即等于自杀。伯烈忝为议员，既举公为元帅，又赞成组织军政府，乃于此时反对借款之案，何异束缚将士手足令其前敌？如赞成借款之案，则揆诸事理绳诸责任，殊又不可。或曰军事时代非筹借款，不足为功。然公既任大元帅，兵行之后，自可随时随地筹款，岂必借款如山，始可备战。或曰北京政府现亦有借款二万万元之计划，彼既为之，我何不可？要知此乃倒行逆施之举，军政府苟亦如此，则所谓以暴易暴，何贵组织军政府之有？此借款过巨，足以失天下人心者也。一曰用人过狭。大元帅者。天下人之大元帅，非一党一省人之大元帅。尽可除叛逆外，宽其途以取其材。近闻府中办事，公所信任者，为左右一二青年之士。公之旧人如胡汉民、汪精卫、冯自由等均不能参与机要，遑论其他。或为公答之，曰如某某者，吾任为参军，如某某者，吾任为秘书，皆非吾党吾省之人，何得谓狭？然而参议也，参军也，秘书也，类皆虚名赘瘤也。而权实操诸左右一二青年之一身，不使他人过问也。天下事得其人则治，不得其人则乱。征诸二十四史中，不可一言而尽。即如袁世凯徒信任段芝贵、梁士诒辈；黎元洪徒信任哈汉章、饶汉祥辈；段祺瑞徒信任徐树铮、靳云鹏辈。此辈在袁、段、黎前，排斥贤杰，容媚取悦，口嗫□而不敢言，足趔趄而不敢前。凡百正人君子，明达多识、硕谋嘉猷之人，均为此辈梗阻把持，不使得行，卒致身败名裂，为天下所共弃。固我公所稔知，而深痛之者。何以今日之际，公之所为，与袁、段、黎不谋而合？公以民国为己任，物色人材，自意中事。外人虽嘲中国为人材破产，然军事、政治究不乏人，不过屈伏草茅，未曾登台。岂除公一二青年之士之外，竟无可认为人材者耶？诸葛之就昭烈，在礼遇之隆；王猛之就苻坚，亦愤激之过。得人去留，所关匪浅。日来军政府成立，天下人材来归，如□赴壑。我公苟不关四门、明四目、达四听，不惟未来者裹足不前而已，至者恐将掉臂而去矣。幸勿谓国家大事为公左右一二青年所可运筹帷幄，决胜千里者，此用人过狭，又足以失天下人心者也。以上所言，皆最近发现之事，嗣后所为尚不可知。伯烈自问汲黯愚戆，无当高深，然野人献曝，非无一得，尚希我公，垂而察之，则民国幸甚，天下幸甚。

（《张伯烈函诘孙中山》，长沙《大公报》1917年10月5、6日）

湖南将士致孙中山等电

（1917年10月6日）

广州孙中山先生，南宁陆巡阅使、谭督军，桂林陆师长，云南唐督军，广州陈督军、程总长、林海军总司令、李、林两军长、马总司令、张、方两师长并转各镇守使，贵阳刘督军，重庆熊镇守使暨各师长，永州贲旅长，郴州邱统领均鉴：

窃自段氏专政，叛督称兵，逆勋入都，国会解散，复辟变生，总统逼迫，冒共和之名，行专制之实，乱国坏法，以遂私图，沧胥之惧，莫此为甚。西南巨公，群起护法，初不忍以兵戎相见，致蹈操戈同室之嫌，微劝交至，冀其悔迁。乃枭獍性成，执迷不悟，犹复遣将易帅，劳师兴戎，北军南下，公然与义为敌。湘省地扼南北咽喉，岳州重镇，早为鹰犬爪牙所踞，命傅入湘，早欲以武力制服西南。惕等治军湘南，不忍国家桑梓坐待沦亡，宣布自主，以为自卫。而段家军旅，日相进迫。同人等护法靖国，天职所存，除奸剔恶，责无可贷。用是勖我同袍，励［厉］兵秣马，用剪丑类，以伸国难。程君潜，吾湘宿将，众望攸系，已膺群推为护法军湘南总司令，业经呈电详明陆巡阅使在案。总司令部已于本月麻日成立，凡关于湘南军民两政，悉听其指挥管辖，藉资统一而利进行。诸公掬诚护法，荩筹卫国，崇高所及，指教必备，乞予接洽，无任感盼。湖南第一师师长兼第一旅旅长赵恒惕、零陵镇守使刘建藩、陆军第二旅旅长林修梅、永属区司令官谢国光、江道区司令张建良、副司令黄岱、桂区司令罗先恺、第二区司令周伟等叩。麻。印。

（《军政府公报》第十二号，1917 年 10 月 9 日，"函电"；《湘南义举中之要电》，上海《民国日报》1917 年 10 月 17 日）

程潜、赵恒惕致孙中山电
（1917 年 10 月 6 日）

孙中山先生钧鉴：

国家多故，祸乱相寻，群小披猖，纪纲沦丧。幸丙辰一役，元恶殄殂，方谓大局粗安，日臻上理，孰意段祺瑞氏狼子野心，蓄谋作乱，更复纠合市侩以胁国会，阴结强藩以干宪法，遂至薄海愤怒，群僚解体。黎大总统俯顺舆情，量予免职，犹复不自悔祸，嗾倪嗣冲叛乱于皖北，张作霖跋扈于辽东，一时群凶互应，兵逼畿辅，胁迫元首，解散国会，约法上之精神扫地无余。又本其徐州会议之计划，窜摄张勋，重立废帝，黎大总统以是退位，我先烈艰难缔造之民国，于焉中斩，卖友自给，乘间窃柄，颠覆张氏，宰制全

国，驯至法纪陵夷，神区俶扰。粤桂滇等省军民长官，念时事之多
难，痛约法之溃决，先后宣布自主，冀其徐予悔悟。段氏怙恶不
悛，遣兵四扰，傅氏临湘，吴氏入蜀，无非欲密布党羽，扩势固
权。当此国会不存，主权无托，约法破坏，国基动摇，加以大河南
北，萑苻遍地，长江左右，怨讟繁兴，天下汹汹，皆为段氏。若犹
永久优容，国家危亡可立而待。以是吾湘零陵镇守使刘建藩、陆军
第二旅旅长林修梅，忍无可忍，业于九月巧日宣告自主，与粤桂滇
省取一致行动，而我湘陆军第一师全部，亦前后共表同情。义声所
播，众志成城，且陆巡阅使暨粤桂两督军，恻悯湘难，分途应援，
大势所趋，已可概见。潜自解职以还，托迹海上。使政治进行，于
法律上得正当之解决，本不欲多所与闻。无如政象所趋，益越常
轨，曾经两次到粤筹商大计，复闻段军入湘，肆行劫掠，师行所
过，庐舍为墟，北望乡关，潸然泪下，用是缨冠披发，星夜遄归，
经全体军官责以大义，辱潜总摄师干。至恒惕苦块余生，无心问
世，然抚是乱离，势难坐视，亟整所部，衰经［经？］从戎，群策
群力，靖难御侮，以锄奸讨叛为前提，以拯救湘难为己任，非使政
治之演进，悉依据于法律宪章之司守不拨［挠？］屈于权势，势不
肯草率罢兵，再贻国家无穷之祸。诸公忧时爱国，热忱素著，伏乞
整理兵戎，会师燕冀，同数乱纲之罪，共诛郿坞之凶，国事民生庶
几有豸。谨布腹心，伫闻明教，临电迫切，不知所云。护法军湘南
总司令程潜、湘南第一师师长赵恒惕叩。鱼。印。

（《军政府公报》第十三号，1917 年 10 月 11 日，"函
电"）

附　程潜讨段之通电

（1917 年 10 月 6 日）

北京冯代总统钧鉴：南宁陆巡阅使、谭督军，云南唐督军，广
州陈督军、孙中山先生并转国会诸公、李军长、林、马两总司

令，贵阳陆督军，重庆熊镇守使，永州陆师长，长沙傅督军均鉴：

国家多故，祸乱相寻，群小披猖，纪纲沦丧。幸丙辰一役，元恶殄殂，方谓大局粗安，日臻上理。孰意段祺瑞氏狼子野心，蓄谋作乱，更复纠合市侩以胁国会，阴结强藩以张宪法，遂致薄海愤慨，群僚解体。黎大总统俯顺舆情，量予免职，犹复不自悔祸，嗾倪嗣冲叛乱于皖北，张作霖跋扈于辽东。一时群凶互应，兵逼畿辅，胁迫元首，解散国会，约法上之精神扫地无余。尤本其徐州会议之计划，串弄张勋，重立废帝，黎大总统以是退位，我先烈艰难缔造之民国于焉中斩，乃卖友掌权，乘间窃柄，颠覆张氏，宰制全国，驯至法纪凌夷，神区儌扰。粤桂滇省军民长官，念时事之多艰，痛法维之溃决，先后宣布自主，冀其徐图悔悟。段氏怙恶不悛，遣兵四出，傅氏临湘，吴氏入蜀，无非布密党羽，扩势固权，比者国会无存，主权无讬，约法破坏，国本动摇，加以黄河南北，雀苻遍地，长江左右，怨讟繁兴，天下汹汹，皆为段氏。若犹久予包容，国家覆亡可立而待。以是我湘零陵镇守使刘建藩、陆军第二旅旅长林修梅，忍无可忍，业于九月巧日宣告自主，与粤桂滇省取一致行动，而我湘陆军第一师全部，亦前后共表同情。义声所播，众志成城，且陆巡阅使、粤桂两督军，恻悯湘难，分途应援，大势所趋，已可想见。潜自解职已还，托迹海上。使政治进行，于法律上得正当之解决，本不欲多所与闻。无如政象所趋，益越常轨，曾经两次赴粤筹商大计，复闻段军入湘，肆意掳掠，师行所过，庐舍为墟，北望乡关，悠然下泪，用是缨冠披发，星夜驰归，经全体军官责以大义，属潜总揽师干。□恒惕苦块余生，无心问世，然抚见乱谋，势难坐视，亟整所部，衰绖从戎，群策群力，靖难御侮，以锄奸讨叛为前提，以拯救湘民为己任，使政治之演进，悉依据于法律宪章之司守，不挠屈于权势，决不肯单率罢兵，再贻国家无穷之祸。诸公忧时爱国，热忱素著，伏乞整理兵戎，会师燕冀，同数乱纲之罪，共谋郿坞之凶，国事民生庶几有豸。谨布腹心，伫闻明教，临电迫切，不知所云。护法军湘南总司令程潜、湖南陆军第一师师长赵恒惕叩。鱼（六号）。印。

（《两粤援湘中要电一来》，上海《民国日报》1917年10月19日）

程潜致孙中山等电

（1917年10月7日）

广州孙中山先生，南宁陆巡阅使、谭督军，全州陆师长，云南唐督军，广州陈督军、程总长、林海军总司令、李、林两军长、马总司令、张、方两师长并转各镇守使、非常国会诸公，贵阳刘督军，重庆熊镇守使暨各师长，永州贺贲旅长，衡州邬统领均鉴：

权奸窃政，坏法乱纪，叛督逞兵，致国会于解散。复辟召乱，逼总统以退居。国本不存，凶顽盈聚，共和仅存虚名。沦亡将见，实祸西南，护法志在讨贼。义愤所张，举国奋兴，湘南将士同此职志，零陵镇守使刘建藩、第二旅长林修梅于九月巧日宣布自主，宝庆守备第二区司令周伟亦于本月冬日宣布。嗣以地域广袤，军队众多，公议设立湘南护法军总司令部于衡州，以谋统一而利进行，并经推举潜为总司令兼管民政事宜。自惟材轻识谫，职责艰巨，不克负荷，惧于陨越，固辞至再，不获众允，只得竭其棉薄，勉任其重，业于本月鱼日履任视事，效义前驱，期夷国难。诸公靖国情深，讨贼谊切，硕画嘉谟，指益必多，幸冀时赐针规，匡其不逮，临电无任瞻依。湘南护法军总司令程潜叩。阳。印。

（《军政府公报》第十二号，1917年10月9日，"函电"；《湘南义举中之要电》，上海《民国日报》1917年10月17日）

代理内政总长居正呈孙中山筹设通俗
讲演所并派员讲演文

（1917 年 10 月 8 日载）

内政部为呈请筹设通俗讲演所并派员讲演事：窃以共和政体主权在民，故欲图国家基础之巩固，必先谋人民智识之发达。欲谋人民智识之发达，须求速效于讲演。欧美各国公开讲演，视为要政之一端，纽约一市，每年讲演二百余回，听众之多，数逾百万。夫以彼国教育普及而犹不废讲演者，诚以教育之效须始于孺稚，而讲演之效可普及于成人也。民国自成立以来，弊承专制，政出官僚，凡百措施，无不以摧抑民权、蔽塞民智为事，以致武人专政，群小盗权，国本飘摇，政体靡定。而为国民者，晦盲否塞，竟若罔闻，揆之民治之精神，殊觉名实之未副。兹者军府成立，护法讨逆，以维持共和、保障民权为职志，大义所在，允宜使民周知。职部为内政机关，责无旁贷，特拟筹设讲演所，遴选热心爱国之士，分任讲演。使宣示军政府成立之必要，发明民治之真理，以期家喻户晓，群策群力，以维持民国，而张大义。理合附呈通俗讲演所规程及通俗讲演规则各一件，呈请大元帅鉴核，批示祗遵，实为公便，谨呈。

代理内政总长居正

附呈　军政府通俗讲演所规程

第一条　通俗讲演所依本规程设置之。

通俗讲演规则另定之。

第二条　通俗讲演所由内政部酌量情形设置之，至私人或私法人，均得设立，但须呈请内政部核准备案。

第三条　通俗讲演所设职员如左（下）：

一、所长一人；二、讲演员若干人；三、办事员一人或二人。

第四条　所长综核理全所事务；讲演员、办事员承所长之指挥，分任讲演及各项庶务。

第五条　所长除综理所务外，仍担任讲演，但系名誉职者，不在此限；办事员亦得兼任讲演。

第六条　所长及讲演员须年在二十岁以上，具有左（下）列资格之一者：一、讲演传习所或通俗教育研究所毕业者；二、曾任讲演一年以上著有成绩者；三、曾任小学校以上之教员或简易师范毕业者；四、教育会、劝学所、商会各职员；五、地方绅商有资望者。

第七条　所长由内政部函请或荐任之；讲演员由所长荐请内政部委任之；至私立之讲演所所长、讲演员，须呈报内政部核准备案。

第八条　所长、讲演员公费额数由内政部酌定之。

第九条　所长、讲演员如有奉职不力者，得由内政部撤换之。

第十条　私立之讲演所如有不遵通俗讲演规程者，得由内政部停止或解散之。

第十一条　本规程之规定，巡回讲演所得适用之。

第十二条　本规程自公布日施行。

军政府通俗讲演规则

第一条　通俗讲演以宣扬大义、提倡民治为宗旨。

第二条　讲演要项如左（下）：

一、鼓励民气；二、提倡自治；三、保障国会；四、主张民权；五、拥护军府；六、劝勉护法；七、赞助讨逆；八、应募军债。

第三条　通俗讲演不得涉及前条以外之事。

第四条　讲演员有不遵前各条之规定而藉端讲演者，得由内政部禁止或处分之。

第五条　讲演稿本由内政部发给，或由各讲员按照第二条要项分别拟编，禀由内政部审定。

第六条　通俗讲演得酌量情形置备左（下）列各种辅助品：一、幻灯及活动影片；二、各种画图；三、风琴、留声机、军乐。

第七条　本规则之规定，巡回讲演得适用之。

第八条　本规则自公布日施行。

（《军政府公报》第十一号，1917 年 10 月 8 日，"公文"）

范侠夫等致孙中山等电

（1917 年 10 月 8 日）

广州孙大元帅、陆元帅，云南唐元帅钧鉴：

国家不幸，迭遭小丑专制，川人无不切齿。赖公等倡举义旗，组织政府，奠邦安民，举国同钦。蜀居上游，为南方根本重地，周、刘、锺、蒲势成反抗，重以北军、秦军相率侵入，不图抵御，后患何堪？代表等公愤一动，攘袂咸起，刻已组合义师四万余人。但将兵难，将将尤难，必得熟谙兵法、威望素著之人为之统摄，庶期万众一心，呼应为灵。经众公推，前蜀军都督夏之时君为义军总长，惟事体重大，非奉政府正式委任，不足以召大任而洽军心，特电请大元帅正式委任外，并电唐元帅饬驻川赵、黄两军长南来赞助，克日成立，大局幸甚。四川义军代表范侠夫、徐琳、颜德垿、黎棠洲、徐楣、张芝祥、李瀛宠、胡明义、谭弼、萧玉书、谈廉夫叩。庚。

（《军政府公报》第十五号，1917 年 10 月 17 日，"公电"）

非常国会咨孙中山文
（1917 年 10 月 8 日载）

为咨复事：案准大元帅咨交军事内国公债局条例，暨募集军事内国〈公债〉条例发来，当经本会本日午后二时开会议决，计出席议员二十一省凡八十三人，除将议决全文另行缮送外，其募集军事内国公债条例，多数认此财政组织范围之内，务须交议，应将原案退回，公议妥协，所有开会议决缘由相应咨复查照可也。此咨大元帅孙，并退回条例共三件。一为军事内国公债条例：（一）军政府为由供给军需募集公债五千万元。（二）此项公债利率定为按年八厘。（三）此项公债以每年四月十日为给付利息之期。（四）此项公债自发行之日起□年以内只取利息，第三年依附表所列每年应付本银数目，用抽签偿还，至第八年全数给还。（五）此项公债财政部实收九成。（六）此项公债，其最先交纳之二百万元，财政部特别减收为八成八。（七）经手募债人员，不另给募债费用，即以折扣充支。但募集多额者，另章奖励。（八）此项公债付息偿本，由财政部妥托本国、外国银行、中国殷实商号代付。（九）此项公债票面概不记名，其有请求记名者，亦准照办。（十）公债票面数额定为四种。如左（下）：（甲）一千元；（乙）一百元；（丙）十元；（丁）五元。（十一）此项公债之债票及息票，得自付息及偿本之日起，除海关税外，得用以实纳一切租税，及贷他种现款之用。（十二）经理此项债票之官吏、人民，对于此项债票，如有非法行为，依照法令分别惩罚。（十三）本条例自公布日施行。二为承购军事内国公债人员奖励办法：第一条，凡承购军事内国公债人员，应得奖励，分级如左（下）：一、承购公债满十万元者，由财政部给予四等勋章；一、承购公债满五万元者，由财政部给予五等勋章；一、承购公债满一万元者，由财政部给予六等勋章；一、承购公债满五千元者，由财政部给予七等勋章；一、承购公债满五百元以上，不及五千元者，由财政部分给奖章。第二条，前条奖励以独立承购人员为限。第三条，应得奖励人员由经募机关报明公债局，转咨财政部，呈请核奖。第四条，公共团体承购公债，应得奖励，由财政部比照现拟办法另呈请核奖。第五条，独立承购公债十万元以上者，由财政部另呈请给予特别奖励。三为募集军事公债局条例：（一）为募集军事公债事，于财政部特附设军事公债总局；（二）各省均设公债分局，各县按情形酌设募债支局，每支局限至少募集五千元；（三）总局经费由部支出，分局、支局经费以折扣得款充之；（四）外洋各埠，得准照内地各县例设分局、支局。

（《军政府也募内国公债》，长沙《大公报》1917 年
10 月 8 日）

李国定、刘泽龙呈孙中山并转李协和等电
（1917 年 10 月 13 日）

长堤海珠酒店李元白鉴：光密。译呈大元帅并转李协和、吴莲伯、王儒堂、徐季龙、马君武、张亚龙暨诸同事鉴：

定、龙仄日抵滇，川滇协议，可望和平结局。爱林本日兼程赴叙，与积之代表接洽，唐元帅俟川事解决，即率雄师东下。特闻。国定、泽龙。元。

（《军政府公报》第十五号，1917 年 10 月 17 日，
"公电"）

秘书长章炳麟呈孙中山电

（1917 年 10 月 16 日）

孙大元帅钧鉴：

　　唐元帅于七日亲受印证，已电非常国会，因战功未著，不欲遽开帅府，受印已足。陆处亦应促非常国会电催受印，勿以个人之挹谦而自生畏沮也。抑炳麟尤有进者，军府之设，所以宣示大义，树之风声，非以对内为能事。今之所患，在认冯倒段一语，军政各界皆受其煽惑，莠言乱国，资寇粮而助盗兵。我公已宣言勘定内乱，恢复国会，奉迎黄陂，此旨宜坚持到底，若舍此义，而空投兵力于段氏一人战争，此但为冯逆作嫁，将置国会议员于何地？且美人所深重者，属在黎公，江汉人心固已誓死无二，讨逆附逆，非义所宜，精诚内充，名义外布，岂独民心感奋，胜负亦何待烦言？勿以东南犄角之势，而误上游根本之计，此为至要，惟我公尽心焉。章炳麟。铣。印。

　　　　（《军政府公报》第十六号，1917 年 10 月 20 日，"函电"；《章太炎最近之文章》，《盛京时报》1917 年 11 月 8 日）

湖南耒阳县知事致孙中山电

（1917 年 10 月 19 日）

广州大元帅钧鉴：

　　顷得王武来函，自称大元帅府特派员，欲保在押侦探蔡铃等因。王武是否钧府特派员，速示知。湖南耒阳县知事兼理护法军湖南后方勤务事宜江海充叩。皓。

　　　　（《军政府公报》第十七号，1917 年 10 月 23 日，"函电"）

程潜等推举谭浩明为粤桂湘
护国军联军总司令电

（1917 年 10 月 21 日）

北京冯代总统钧鉴：分送邕陆巡阅使，谭联军总司令，滇唐督军，粤陈督军、孙中山先生并转国会诸公，李军长，林、马两总司令，南京李督军，黔刘督军，叙罗将军，渝熊镇守使，沪岑西林、谭组安先生，分送各省督军、省长，并转各都统、镇守使，各师、旅长鉴：

窃段氏违法犯上，殃民祸国。衡、永军人起问乱纲之罪，粤、桂义旅同兴挞伐之师。际此大军云屯，统一不可无人；战事方殷，专责乃能奏效。两广护国军联军总司令谭公浩明，望重资深，南天柱石，既为八桂百粤师旅所依归，复为五湘七泽军民所崇拜。潜等业已统率所部，奉戴为粤桂湘护国军总司令。庶几号令一下，亿兆同心。铙歌初唱，拨开衡岳之云；杀伐用张，伫兆止戈之武。除电恳谭公出任艰巨外，仅电奉闻。护国军湘南总司令程潜，第一师师长、前第一旅旅长赵恒惕，零陵镇守使刘建藩，第二旅旅长林修梅，守备队第二区司令周伟叩。马。印。

（《中华民国史档案资料汇编》第三辑军事（二），第514 页）

国会非常会议建议孙中山等反对
段祺瑞向日借款购械密电

（1917 年 10 月 23 日）

行营唐督军，广州孙大元帅，南宁陆巡阅使均鉴：

义密。段逆祺瑞，日暮途穷，狡谋迭以。近复藉口出兵欧洲，拟向日本借款购用军械，美过山炮、野炮、机关枪种种，用以屠戮异己，宰割西南，刻正秘密进行。不亟设法破其诡谋，西南诸省及国中守正志士将无噍类。所幸彼国舆论，深识两国亲善，不在援助政府，而在交驩国情。对于该国政府此种举动，一致反对。此间复由彼邦人士得有确信，谓三公多能闻名致电彼国当局，反对借款购械，则彼国见我西南大势团结一致，必不赞助段氏此项逆谋，自必归于泡影。外援既绝，其有济国军之进行者甚大矣！事机紧迫，愚者一得之见，尚祈诸公采择施行。临电无任依驰！国会非常会议叩。漾。

（《云南档案史料》第一期，第 62～63 页）

交通次长崔文藻就职呈孙中山文

（1917 年 10 月 23 日载）

呈为呈报事：文藻于月之十三日祗奉钧令云：任命崔文藻为中华民国军政府交通次长等因。奉此，受命之余，惊悚无地。文藻资浅望薄，学识窬陋，曷克胜此重任，本应恳辞，以避贤路。环顾时局艰危，日不可支，扶颠救亡，匹夫有责，且值此军政府诞生伊始，根基薄弱，正赖群力相维，以冀强大，若徒谦让自诩，外遗观望之讥，内碍进行之方，则区区之心，又何忍出此。谨此竭诚就职，惟自勖勉，暂尽厥责，用副钧命，仍恳大元帅速拣贤能接替，以策进行，则感荷尤无涯涘。谨呈

大元帅孙

（《军政府公报》第十七号，1917 年 10 月 23 日，"公文"）

程潜致孙中山电

（1917 年 10 月 26 日）

广州孙中山先生钧鉴：

天祸中华，蔓生巨憝。先生手创民国，锄铢奸暴，风声所播，

四方景从。潜忝列军籍，勉任义务，过承奖饰，益增惭恧，大难未已，伏乞时赐指针，免于殒越。程潜叩。宥。印。

（《军政府公报》第十九号，1917 年 10 月 30 日，"函电"）

刘建藩致孙中山电
（1917 年 10 月 26 日）

广州孙中山先生钧鉴：

哿电奉悉。顷张君鲁藩来，接奉手谕，备承奖饰，垂念殷殷，感愧奚似。段逆不道，祸国殃民，神人共愤。不揣绵薄，躬率湘南健儿，擐甲枕戈，以从先生之后。朱亭之役，已挫敌氛，现在萱州，两军相持十余昼夜，今当集两粤大兵，长驱直进，歼灭丑类，痛饮黄龙。湘粤毗连，死生与共，尚冀时赐教谕，俾有遵循，无任盼祷。刘建藩叩。宥。

（《军政府公报》第十九号，1917 年 10 月 30 日，"函电"）

附 刘建藩致孙中山电
（1917 年 10 月 26 日）

广东孙中山先生钧鉴：

哿电奉悉。顷张君鲁藩来，□奉手谕，备承奖饰，垂念殷拳，感佩奚似。段逆不道，祸国殃民，神人共愤。藩不自揣，躬率湘南健儿，擐甲枕戈，以从先生之后。朱亭之役已挫敌氛，现在萱洲两军相持十余昼夜，今当集合两粤大兵，长驱直进，驱彼丑房。湘粤毗连，死生与共，尚望时赐教诲，俾有遵循，无任盼祷。刘建藩叩。宥。印。

（《刘建藩致孙中山电》，《盛京时报》1917 年 11 月 8 日）

江苏护法军临时总司令章杰为组织
江苏护法军呈孙中山文

（1917 年 10 月 31 日）

呈为呈报事：窃杰于七月间，在沪联络同志，召集旧部，组织苏、皖、鲁三省总机关，前经函报在案。惟刻下皖、鲁间虽有把握，而苏省前途尤著成效。据各调查报称，该地所驻水陆各军队，及其兵种与驻在地，并联络各该军队情形前来，复经属部派遣妥员，前往该地侦察进行情形，与所称符合。故令各该军队公举代表来申，开军事会议，经多数议决，推定各主任，编制成军，由属部加给委任状，以专责成，另附具表册呈核。再，组织既成，理合刊刻印信，即日启用，以昭慎重，文曰：江苏护法军总司令之印，附呈摹式一方，伏乞鉴准，以备存查。静候训令遵行，谨呈
大元帅孙

江苏护法军临时总司令章杰（印）

计附呈编制调查表册五件，摹式一方（印）。

中华民国六年十月三十一日呈
江苏护法军总司令部　（印）

江苏护法军总司令部临时职员编制表
江苏护法军总司令部临时各职员表

姓　名	任　务	经　历
章　杰	江苏护法军总司令	陆军少将，南洋警察学校毕业，前清道职历充两淮缉私营务处统带定字营等差，余详备考。
陈开选	参谋长	清陆军第三中学毕业，民国历充鄂军藩库守卫长，安襄郧荆招讨使署参谋，民国二年署房县知事。
高鸿绂	一等参谋	陆军第三中学毕业生，民国元年充鄂军军务司副官长、陆军中校。
李式珍	二等参谋	陆军军官第四期骑科毕业，民国元年充鄂军都督府二等参谋。

姓　名	任　务	经　历
徐鹤林	二等参谋	清陆军第三中学毕业,民国元年充鄂军第七师书记长。
朱希珍	副官长	陆军少校,清陆军第三中学毕业,充湖南零陵镇守使署中军官。
张甲科	一等副官	陆军第三期军官中学校毕业,部派湖北见习官。
邓振愉	二等副官	陆军军官学校第四期毕业。
萧凤池	三等副官	日本医学专科毕业。
陈开选	秘书长(参谋长兼)	同前。
瞿焕如	一等秘书	清两淮缉私营统部书记官,民国元年充第二军第十师二十一旅书记官。
徐真卿	二等秘书	湖北监狱学校毕业,历充安襄郧荆招讨使署书记长,襄阳典狱等差。
瞿子求	三等秘书	江苏第二军参谋处书记官。
宋云竞	调查长	江南骑兵速成学校弁目科毕业。
赵永华	一等调查	清两淮缉私营务处差遣。
陈兆荣	二等调查	湖北沙市警察学校毕业,曾充沙市第三署巡官。
章志群	三等调查	江苏陆军小学毕业,充第二军军械科科员。
章道鸿	军需正	清充两淮缉私营军需,民国充二十一旅军需等差。
沈茂玉	一等军需	商业。
邓继朴	二等军需	清两淮缉私营军需长。
桂金荣	三等军需	商业。
李耀汉	庶务长	前任江北都督府军务司副司。
陈　英	一等庶务	湖北沙市甲种商业学校毕业。
孙树林	二等庶务	荆南师范学校毕业。
陈　震	三等庶务	清充日本使署会计,民国三年曾充奉天交涉使署会计。
徐椿荃	招待员	商业。
备　考		民国元年,历充第二军参谋兼北伐行军总指挥,二年充二十一旅长,癸丑事败,系狱邗江,是年十一月出狱。帝制发生,与华侨唐烈士继星组织机关,任江皖联军总司令,事泄被系江宁,共和恢复后,五年八月五日出狱。 一、凡本部职员,均负有运动联络之责。 一、凡本部职员,至发动时期均有督战与助战之责。

中华民国六年十月日章杰呈。江苏护法军总司令部(印)。

江苏护法军总司令部特派驻苏指挥使第一梯团第二梯团司令编制表
江苏护法军总司令部特派指挥使军队编制表

姓　名	任　务	原　职	代表实力
刘桂山	特派驻苏指挥使	前清苏州四十五标第二营三排排长,反对洪宪系狱	水陆各军总代表
齐玉山	特派驻苏副指挥使	清苏四十五标目兵,民国曾充苏州北伐先锋队大队长,反对洪宪曾系狱江宁。	水陆各军副代表
易　愚	驻苏指挥使、一等参谋	前充第二军三等参谋。	水陆各军副代表
赵锦堂	第一梯团司令	现任七团二营三连二排排长	七团一二三营代表
王永胜	第一梯团团长	现任江苏骑兵二连一排正目。	骑兵一二连代表
傅贵瀛	第一梯团二团团长	现任八团一营二连二排排长。	八团一二营代表
金文奎	第二梯团司令	现任机关枪连目兵。	机关枪连代表
王学勤	第二梯团一团团长	现任六团二营一连司务长。	六团一二三营代表
马瑞图	第二梯团二团团长	现任五团二营二排正目。	五团三营代表
杨宝林	游击队司令	辎重营一连正目。	辎重营一二连代表
唐锦成	游击队队长	现任五团三营一排正目。	五团三营代表
王如标	游击第一支队长	现任炮兵二连正目。	炮兵一二连代表
马玉常	游击第二支队长	现任工兵一连正目。	工兵一二连代表
备　考	除头三行系旧职卸事外,余皆驻守江苏军队现任之职,以上各员来申多次,经属部派妥员调查多次,与接洽相符,故加给委任,以资鼓励,而专责成,其余编制待事成再报。		

民国六年十月

江苏陆军第二师调查一览表

兵　种	旅　团	团部住址及团长姓名	各营驻扎地点	分　遣	代表人职务及姓名
步　兵	三　旅	旅部盘门外旅长张耀威	五团三营守备		
步　兵	四　旅	旅部提学署旅长苏谦			

续表

兵 种	旅 团	团部住址及团长姓名	各营驻扎地点	分 遣	代表人职务及姓名
步 兵	五 旅	团部沧浪亭团长张凤连	第一营住团部,二营学士街藩台衙门	镇守使署守卫一二三营轮流	一二三代表目马瑞图,三营代表目唐锦成
步 兵	六 团	团部宝塔,团长金海	一二三营住团部		一二三营代表司务长王学勤
步 兵	七 团	团部提学署团长董	一营住团部,二三营住阊门外朱家庄兵房	第一营二连守城内军械局	一二三营代表三连排长赵锦堂
步 兵	八 团	团部阊门外兵房内,团长唐继区	一二营住阊门外兵房内	三营驻扎常熟	一二营代表排长傅贵瀛
机关枪	一 连	驻盘门外宝塔桥兵房内			代表目金文奎
骑 兵	一二连	驻阊门外下新街			代表一二连目王永胜
炮 兵	一二连	驻阊门外枫桥			代表一二连目王如标
工 兵	一二连	同上			代表一二连目马玉常
辎重兵	一二连	同上			代表一二连杨宝林
宪 兵	一 排	驻城内长州县旧署			无
备 考	一、步兵子弹每名数十粒。 一、机关枪子弹不多。 一、炮兵实弹无。				

民国六年十月

江苏护法军总司令部特派水军司令编制表

姓 名	任 务	原 职	代表人职务及姓名
左维英	水军司令兼靖平舰长	大 车	均注明调查表内
罗宗秀	振武舰长	二 副	

续表

姓　名	任　务	原　职	代表人职务及姓名
朱振德	培勇舰长	二　副	
吴占魁	仁勇舰长	一等水手	
杨子国	靖湖舰长	大　副	
龙万金	洪平舰长	炮　目	
左维杰	江安舰长	炮　目	
张得珊	昭武舰长	一等水手	
备　考	以上各员迭次到申，经属部派妥员多次调查事实，加给委任，均由原职提升，以资鼓励，而专责成。		

民国六年十月

苏州浅水兵舰调查一览表

舰　名	武　器	驻扎地点	代表人姓名
靖　平	钢炮一尊、机关枪二架	驻盘门外纱厂	大车左维英
靖　湖	步枪十支、钢炮二尊、机关枪三架	驻盘门外木厂	大副杨子国
洪　平	钢炮一尊、机关枪二架	驻胥门外万年桥南	炮目龙万金
江　安	枪炮同上	驻平望镇	炮目左维杰
仁　勇	枪炮同上	驻胥门外万年桥南	一等水手吴占魁
培　勇	枪炮同上	驻胥门外万年桥北	二副朱振德
昭　武	枪炮同上	上海进坞修理	一等水手张得珊
振　武	枪炮同上	上海进坞修理	二副罗宗秀
备　考	各舰枪炮子弹均备充足。		

中华民国六年十月　日章杰呈。江苏护法军总司令部（印）。

江苏护法军总司令部特派江北指挥使军队编制表

姓　名	任　务	原　职	实　力
周　方	特派江北指挥使	清南京军官讲武堂卒业，民国元年充都督府宪兵队长	江北总代表
伏贡三	副指挥使	民国元年充十八旅参谋	阜宁保卫团代表
邱子贞	一等参谋	清附生，民国元年充第三师参谋	阜宁盐商代表

续表

姓　名	任　务	原　职	实　力
沈海臣	二等参谋	民国五年山东北伐军第一团团长	海州保卫团代表
高作人	一等副官	阜宁南乡保卫团董事	海州南乡保卫团代表
夏　森	二等副官	西乡保卫团董事	西乡保卫团代表
郁汉川	第五梯团司令	现任江苏第一混成旅第一团团长	江苏第一混成旅代表
蒋　斌	第六梯团司令	民国元年充淮军义勇团团长	海州代表
顾得扬	第七梯团司令	现任江苏第一混成旅第二团第三营营长	涟水代表
唐少有	第八梯团司令	现任盐城警备队营长	盐城警备队代表
孟展松	第五梯团团长	现任盐城警备队第一连连长	盐城警备队副代表
张廷贵	第六梯团团长	现任江苏混成旅第一团一营一连连长	混成旅一营代表
刘尚真	第七梯团团长	现任江苏混成旅第一团二营三连连长	二营代表
孙玉斌	第八梯团团长	清十三协队官,民国元年充泗阳保卫队队长	洪泽湖退伍官兵代表
赵光美	第五梯团司令部参谋	现任江苏第一混成旅第一团三营二连连长	江苏混成旅三营代表
张泽霖	第六梯团司令部参谋	现任清江镇警署稽查	清江警务代表
柳占奎	第七梯团司令部参谋	现充海州保卫团团长	海州保卫团代表
梁镇尧	第八梯团司令部参谋	现任阜宁警备队连长	阜宁警务代表
陈福善	第五梯团副官	现充保卫团董	阜宁东南乡保卫团代表
周　冕	第六梯团副官	现任七十四混成旅机关枪连排长	七十四混成旅机关枪连代表
张　毅	第七梯团副官	现任兴化警备队队长	兴化警备队代表
魏　灼	第八梯团副官	现任兴化警备队队长	兴化警备队代表
周　正	游击队司令	现任阜宁警备队排长	阜宁警备代表
顾瑞芝	游击第一队队长	现充阜宁商董	阜宁商代表
曾学斌	游击第一支队长	现任两淮缉私驻阜船长	水师代表
王醒吾	游击第二支队长	现任两淮缉私驻阜船长	水师代表
备　考	以上各员到申多次,屡经属部派妥员赴该处调查,与所报相符,故加给委任,以资鼓励,而专责成,其余编制事成再报。		

民国六年十月

江北淮海属军队调查一览表

地　名	类　别	兵　力	驻防地点	代表姓名
清　江	镇守使署卫队	一　营	本署内	张泽霖
	第一混成旅	第二团二三营	黄河滩兵房	洪锡礽
	骑　兵	一二连	黄河滩兵房	蒋　斌
	炮　兵	一二连	黄河滩兵房	阮　允
沭　阳	第一混成旅	第一团	沭　阳	郁汉川
		第一营	沭　阳	张廷贵
		第二营	沭　阳	刘尚真
		第三营	沭　阳	赵光美
海　州	安武军	四　营	本城内	张振东
	保卫团	四大队	海州四乡	沈海臣
阜　宁	七十四混成旅	一百四十八团	东坎镇	周　正
	机关枪	一　连	东坎镇	王其中
	保卫团	四大队	阜邑四乡	伏贡三
	警备队	两　连	本城内	周　冕
盐　城	警备队	一　营	城　内	唐少有、孟殿嵩
涟　水	第一混成旅	第二团一营	城　内	顾得扬
兴　化	警备队	一　连	城　内	魏　灼
备　考	各军队均可完全响应。 保卫团枪弹充足。			

中华民国六年十月日章杰呈。江苏护法军总司令部（印）。

江苏护法军总司令部特派江常锡指挥使军队编制表

姓　名	任　务	原　职	代表实力
赵本立	特派江常锡指挥使兼要塞司令	七十四团二营六连连长	陆军澄江要塞总代表
黄志青	特派江常锡指挥使兼南炮台台官	南炮台炮目	陆军澄江要塞副代表
周锡珍	第三梯团司令	七十四团三营二连连长	七十四团三营代表
张锡九	第三梯团一团团长	七十六团三营营副	七十六团三营代表
钱竹山	第三梯团二团团长	七十六团一营司务长	七十六团一营代表

续表

姓 名	任 务	原 职	代表实力
沈月秋	第四梯团司令	七十四团一营排长	七十四团一营代表
蔡寿祺	第四梯团一团团长	警备队第三营排长	警备队二三营代表
李 俊	游击队司令兼北炮台台官	北炮台炮目	北炮台代表
李汉宾	第四梯团二团团长	警备队第一营司务长	警备队第一营代表
郝启元	游击队第二队队长	前充第八师二十九团连长	江常锡退伍官兵总代表
倪广仁	游击队第三队队长	警备队第二营排长	警备队第二营代表
梅世勋	游击队第四队队长	七十六团二营司务长	七十六团二营代表
李青山	游击队第五队队长	前二十一旅副官	江常锡退伍官兵代表
备 考	以上各员到申多次,屡经属部派妥员调查,所报相符,加给委任,以资鼓励,而专责成。		

民国六年十月

无锡常州江阴靖江陆军要塞调查表

地 名	要塞陆军	兵 力	驻扎地点	代表姓名
无 锡	警备队	一 营	北门外财神庙	李汉宾
江 阴	陆 军	七十六团第二三营	东门外旧王府	周锡珍
江 阴	陆 军	七十六团第一营	秦皇山火药局	钱竹山
江 阴	陆 军	七十四团第二三营	掩护南岸炮台	赵本立
江 阴	要 塞	炮兵一连	南岸炮台	黄志青
靖 江	陆 军	七十四团第一营	北岸炮台	沈月秋
靖 江	要 塞	炮兵一连	北岸炮台	李 俊
常 州	警备队	第二三营	城内关帝庙	蔡寿祺
备 考	一、陆军驻防及掩护炮台子弹充足。 一、南北要塞子弹充足。			

中华民国六年十月日章杰呈。江苏护法军总司令部（印）。

（《革命文献》第五十辑，第228~248页）

章太炎致孙中山电

（1917 年 11 月 4 日载）

中山大元帅鉴：

　　国贼民蠹，棘地荆天，扫除廓清，端赖我公与陆公、唐公耳。现陆公援湘军久出粤桂，唐公靖国军早离滇□，会师武汉，为期当在不远。我公迅速出滇军两师、海军全舰进攻福建，光复金陵，千载一时，勿自误焉。章炳麟白。

　　（《黄埔军政府之新闻》，长沙《大公报》1917 年 11 月 4 日）

民政处长林支宇致孙中山电

（1917 年 11 月 6 日）

广州孙中山先生钧鉴：

　　顷林使祖涵抵衡，承示尊意，勉策有加，弥殷惶悚。现我军分三路进攻，连战皆捷，商民安堵如常，特此告慰。民政处长林支宇叩。鱼。印。

　　（《军政府公报》第廿一号，1917 年 11 月 8 日，"函电"；《湘南致军政府电》，上海《民国日报》1917 年 11 月 16 日）

覃振等致孙中山电

（1917 年 11 月 6 日）

广州孙大元帅钧鉴：

　　振于江日抵衡，我军连战皆捷，士气民情均极奋励。刻正与程总司令、林处长等，筹商湘西进行事宜，一俟规划就绪，即出发。谨先电闻。覃振、余祥辉叩。鱼。代印。

> （《军政府公报》第廿一号，1917 年 11 月 8 日，"函电"；《湘南致军政府电》，上海《民国日报》1917 年 11 月 16 日）

劳军使林祖涵致孙中山电
（1917 年 11 月 6 日）

广州孙大元帅钧鉴：

祖涵江日抵衡，晤程总司令、林处长，转达尊意，极为感谢。我军由衡山、宝庆、攸县进攻，连战皆捷，商民安堵如常，特此奉闻。林祖涵叩。鱼。代印。

> （《军政府公报》第廿一号，1917 年 11 月 8 日，"函电"；《湘南致军政府电》，上海《民国日报》1917 年 11 月 16 日）

唐继尧通电
（1917 年 11 月 7 日）

万急。孙中山先生鉴：

密。近据国会电称，段祺瑞藉口出兵，拟向日本借款购械，用以屠戮异己，牵制西南，现正秘密进行等语。征以敝处所闻，此种狡谋，似属非虚。继尧拟约同干老联名电日本政府，指破段氏狡计。其文如下：东京寺内首相、本野外务大臣、外交调查会、贵族院、元老院、众议院诸君鉴：中日邦交，年来益敦睦谊，此其故因由贵国本维持东亚和平之力，同情我国民新事业之诚意，有以致之，而我国民循世界潮流，竭心力以摧残暴戾不法之旧势力，实为动机也。循斯轨道，相携以进，两国前途，互有幸福。昔者袁世凯违背我国民公意，坏法称帝，为国民起而击之，贵国亦仗义而言之。在我国民以袁氏为违背世界潮流之罪魁，在贵国以袁氏为扰乱东亚和平之乱种故也。段祺瑞昔虽反对袁氏，而政治腐败，实不失为袁氏嫡派，故自任总理以来，凌辱元首，压迫国会，招集军人谋叛，酿成宣统复辟，种种举动，世界之立宪国民，闻而齿冷。我国民为达革新政治之目的，不能不起兵致讨。在贵国为巩固东亚和平计，当亦于我国民表无限之同情。乃者报纸宣传，段氏近以出兵兴师之名，向贵国借款数千万，购军械药弹无算，拟在北方新编军队□师。此等风说，是否属实，继尧远道难测。惟段氏自受我国民征讨以来，势穷力蹙，事实昭然。出兵欧洲非其所能，或者假托名义，向贵国诈取军械巨款，用以压迫护法之国民。而日本助不法旧派之政治家，而摧残护法革新政治家，以人道主义言之，亦属背道而驰。某等固深望此种谣传，为非确也。倘段氏不量，向贵国有所要求，甚望诸公勿为所动，严调〔词〕拒绝，斯可减少逆军之战斗力，使义军速奏戡定之功。他日成革新之国民，起而掌握政权，与贵国永远维持东亚和平之心，握手同行，以增中日两国人民之幸福也。临电神驰，无任企祷。等语。继尧窃以此着关系我军前途甚大，务必各尽全力以破坏之而后已。现除电干老，俟得覆奉知外，请察核，如蒙赞同，希即照发为祷。继尧。阳。印。

（《西南当局反对军械借款》，上海《民国日报》1917年11月22日）

唐继尧致孙中山电

（1917年11月12日）

孙中山先生鉴：

密。协公支电，拟组织军事联合会，并设政务委员会，电约岑、唐、伍诸公南来筹商，组织一切办法，诚为必要之举，此间极表赞成，已加电敦促岑、唐、伍诸公矣。我军在川胜利及战况确情，选据各方报告，赵、黄两军在隆昌、永川方面，已将周道刚所部全军、钟体道所部三师及秦北兵提转分路奋力击败，纷纷逃溃，并夺获枪弹无算。顾辅又在荣县方面，与敌激战，击毙甚多，并生擒四百余人，同昆存所部之黄支队，已率全体倒戈降服。威远方面亦大胜利，尧刻已前进，以振士气。再，永宁屯汉军张午岚统领，已于东日通电讨逆护法，想达览矣。继尧。文。印。

（《军政府公报》第廿六号，1917 年 11 月 21 日，"函电"）

林参议镜台自綦江致孙中山电

（1917 年 11 月 13 日）

广州军政府孙大元帅钧鉴：

镜台奉命来川，号日抵渝，商诸锦帆部下及旧日同志，强半赞同。昨日到綦江，黔军一路二纵队司令官袁祖铭，号鼎卿，具述时局大势。袁君卓识远谋，襟怀绝俗，川中人才，良为稀觏。此次黄军主张缓进，袁君主张急动，而耒阳□□义军成立，亦缘袁君之力，请加委任并接济饷糈。□□成立近达四五千人，耿衷□□和衷□□。现黄翁两军决计合力进攻重庆，□日开动，一日急驰百余里，于□日晨拂晓攻击，出其不意，□□内江，已占领□□十里要塞并□□□诸城，周、吴授首，指顾间事。滇军亦攻永州，去渝二百里。滇黔两军志气甚盛，形势大佳，请纾宸念，并祈随时赐言。林镜台。元。叩。

（《军政府公报》第廿六号，1917 年 11 月 21 日，"函电"）

张学济等通电

（1917 年 11 月 13 日）

冯代总统、熊督办、陆巡阅使、谭总司令、非常国会孙中山先生并程海军总司令、唐少川、李协和先生、伍秩庸、柏烈武、孙伯兰、谭组菴诸先生、各省督军、省长、镇守使、各省、各报馆均鉴：

天祸中国，权奸迭乘，段祺瑞以阴贼险很［狠］之资，行朝三暮四之术，既怂恿张勋复辟于前，复自任讨逆司令于后，陷友祸国，乘机攘功，驯至伪造印信，盗窃揆帅。组织内阁则群小盈廷，托名责任则国会安在？非驴非马，腾笑中外。顾念邦基初立，丧乱频仍，瓜分之祸，早在眉睫，阋墙之衅，宁忍再启。用是以投鼠忌器之心，冀其有逆取顺守之志。海内明达，同此苦衷。不意段氏复攫政柄以来，恣睢暴戾，益无忌惮，视人民若寇仇，等国事于儿戏，种种罪恶，擢发难数，略具六端，正告国人。曰破坏约法。民国根本系乎约法，约法不存，民国何有？约法订结，国库有财担之契约，须经议院议决。今段氏擅借外债二千万，国人未尝与闻；又约法宣战，必得议院同意。今段氏利用外交以垄断内政，不由议院通过，擅行对外宣战，实则宣而不战，徒博外人欢心，藉以自残同种。此其罪一。曰摧残民意。国会为民意机关，在君主立宪国尚尊若神圣，矧在共和，段氏始则嗾叛督称兵，解散正式国会，以推翻根本；继则祖袁氏故智，组织临时参议院，以涂饰耳目。无拿破仑之实力而效其野心，无克林威尔之雄才而慕其专制。倒行逆施，恬不为怪。此其罪二。曰挑唆内乱。洪宪失败，共和重建，西南数省尽入民党范围。段氏以民党之势力不灭，则私人之权位难保。于是计工播弄，使成鹬蚌之争，彼乃籍口防乱，坐收渔人之利，遣曲同丰入浙而浙乱作，未几而杨善德带兵督浙；任刘存厚于川而川乱炽，未几而吴光新率师入川。掷人民之生命财产，图一己之富贵利达。此其罪三。曰崇奖奸凶。倪嗣冲叛国祸首，段芝贵反复小人，准据国法，死有余辜。今则或延致要津，或畀予军符。近复晋位授勋，舆台邀非常之宠，羊头甲胄，厮养与□赏之荣。以国家酬庸报功之典，作私人奖乱崇奸之具。名器滥假，人谁与归。此其罪四。曰排除正人。国所以立，惟贤与共。伍廷芳老成持重，折冲万里之才。段氏以其免职副署之嫌，黜其父兄及其子。谭延闿督湘一年，军民爱戴。段氏以为非其统系，夺其军柄，而置之闲散。其余设官授职，无论大小内外，苟属异己，虽材不锡。君子道消，大道晦暝。此其罪五。曰欺侮元首。人民居住、迁徙自由，约法规定，炳若日星。况一国元首，宜如何尊重爱敬者？段氏自摧倒黄陂以后，侦探塞途，刺客填巷，黄陂以虎穴不宜久居，思迁避天津以全生命。而段氏多方□龁，至须汤化龙担保，始肯出总统于险地。以不可施之常人者，竟施之于一国元首。天下万国，无此悖逆。此其罪六。总此六端，实为国贼，凡有血气，孰不发指。乃有逆党傅良佐助桀为虐，为虎作伥，觊觎督湘，夸耀闾里，及其目的既达，势焰薰天。莅湘之日，戒绝行人，如临大敌，稍涉徘徊，立干重谴，卒至妒嫉贤能，援引丑类。刘建藩镇守零陵，无故易之。林修梅治军有绩，无故去之。观其举动之乖方，实仰鼻息于段氏。迄永、衡义师勃兴，渠乃仓皇失措，召致北兵，文电纷驰，以乃祖乃宗邱墓之邦，不惜糜烂于强暴军队之手，稍具天良，奚忍出此。济等爱国心长，卫乡思切，生民涂炭，何敢坐视？爰于十一月十三日挈我数百万军民同胞，宣告自主，与湘南互相犄角，业派偏师进据安化等处，克日会师长沙，翻此慕燕之巢，随即直抵北京，捣彼城狐之穴，于以恢复约法，召集国会，组织内阁，俾共和真面目，复现于天下。尔时济等解甲归田，还我初服，耿耿此心，愿质天日。嗟乎！人之好善，谁不如我，中原豪杰，盍归乎来。谨布血忱，伏祈谅察。辰沅道道尹兼守备队司令张学济，湘西镇守副使周则范，绥靖镇总兵兼巡防统领谢重光，前烟台都督、参议院议员胡瑛，乾城协副将兼巡防统领姚忠诚，保靖参将兼巡防统带杨椿，守备队司令部参谋长刘廷汉，秘书长田梓材，沅陵县知事张知本同叩。元。

> （《张学济等宣布段祺瑞六大罪状电》，长沙《大公报》1917 年 11 月 19 日；《湘西张学济等要电二则》，上海《民国日报》1917 年 11 月 26 日）

零陵镇守使刘建藩致大元帅电
（1917 年 11 月 13 日）

顷晤林君伯渠，敬悉一是，辱承慰问，不胜悚惶，任重才轻，深虞陨越，幸赐明教，俾有遵循。刘建藩叩。覃。

> （《军政府公报》第廿四号，1917 年 11 月 17 日，"函电"）

孙内政总长洪伊致孙中山电
（1917 年 11 月 14 日）

上海来电。广州军政府孙大元帅暨各部部长、非常国会、海军程总长钧鉴：

段祺瑞窃据政柄，专横肆暴，复不惜丧辱国体，与外人订军械同盟，藉资欺压。应请迅集义师，声罪致讨，以除祸害而奠国基。临电神驰，不胜切盼之致。孙洪伊叩。寒。印。

> （《军政府公报》第廿四号，1917 年 11 月 17 日，"函电"）

湖南第一师长赵恒惕致孙中山电
（1917 年 11 月 14 日）

孙中山先生钧鉴：

前奉尊电敬悉。今日林君祖涵到此，盛宣德意，并致拳殷，远荷注存，曷胜愧激。湘南护法讨贼，惕以守制迫于大义，勉出支持，治军月余，惭无寸效。所幸士气用张，粤援大集，连战皆捷，敌胆丧寒，扫穴犁庭，直在指顾。我公首创共和，万流宗仰，希时赐尚南针，俾资循率，是所至恳。赵恒惕叩。寒。印。

（《军政府公报》第廿四号，1917 年 11 月 17 日，"函电"）

唐继尧复孙中山密电
（1917 年 11 月 15 日）

广东孙中山先生鉴：

申密。歌电敬悉。秩庸先生来粤赞助，极为欢慰。滇沪电报不通，已托协和代为加电促行。滇军在川于自井、荣县、内江、隆昌各方面迭获胜利，现正相机攻渝。知注并复。继尧叩。删。印。

（《云南档案史料》第一期，第 45 页）

唐继尧复孙中山电
（1917 年 11 月 16 日）

广东孙中山先生鉴：

申密。灰电敬悉。黄复生、卢师谛、石青阳诸君处，已加电敦勉并电饬前敌各军，互相接洽，以资连络矣！继尧叩。铣。
印。

（《云南档案史料》第一期，第 46 页）

章炳麟请委为军政府驻川临时办
事处全权委员致孙中山函
（1917 年 11 月 16 日）

大元帅麾下：

　　昨晚抵威宁，由冀帅交到钧处所寄刘存厚任命状一纸，刘至今态度尚未明瞭，其部下降者抗者均有。吴、王两使已入成都，现亦尚无书来。各方民党运动，响应则尚烈也。刘事拟俟至泸州后酌量办理，至时当再电告。张煦于数日前宣告独立，与滇军一致行动。传闻熊锦帆与黔军已约定响应，滇军在自流井一带本迭获大胜利，嗣因退军不善，为敌所乘，不无损失。永川一带与朔军连战七八昼夜，已占得其第一防御线，周、钟两军所部，残留无几。唯自近七八日来，永宁一带，电线被毁，近情因以不明。大约滇军赶速集中泸州，黔军（王文华军长于四五日前由贵阳启程赴綦江）日内亦可开始攻击，将来不难取得重庆，此为川中近日大概（情）形也。川人与滇恶感太深，各处散处之民军，辄起而与滇军为难，最为可虑。炳麟拟至泸时，别设军政府驻川临时办事处，请公任炳麟为临时办事全权委员（任命状外加一公文），并另文声明：凡川中军政、民政、财政、外交等事，由全权委员就近承商唐帅便宜处置。又电唐帅及刘，亦声明此节。此外请任命郭同、王乃昌两人为办事处参赞（四劳军使当然招致同处办事）。如此以五省之联合，使川人就范围，以军政府之名义，使川人平意气，则滇无占川之嫌疑，川无降滇之惭悔，可以融洽川滇两军，免生冲突，更可使军（政）府实力及于川中。鄙见如此，乞公于得此书后，即以电令发表，约计炳麟到泸，亦当在此前后也。前国会电冀帅请联名电日本政府，破坏伪廷借款购械，冀帅电公，日久尚无复音，不识何故。又冀帅为防他省单独媾和，曾拟定四事电公，此事命意所在，当早在洞见之中，无庸赘述。尚乞公速复，并就近运动陆、陈、谭等均赞其议为是。此上，即请

大安

（民国六年十一月十六日）

（《革命文献》第五十辑，第 275～276 页）

唐继尧致孙中山电
（1917 年 11 月 16 日）

义密。我军于自流井□敌隆昌□县，连战克捷，迭经电闻。□□□准贵阳刘督军电：我军于文、江、寒、删等日由綦江进攻，迭获胜利，已攻克岷场、界石、三百梯、江迢等处要隘，现正猛攻黄角丫。又接赵又新等军官电：我军已将（自流井）荣（荣县）兵力向永川、江津方面移转，分道进攻等语。滇黔两军合力攻渝，计可不日下渝，特此奉闻。继尧。铣。印。

（《军政府公报》第廿八号，1917 年 11 月 26 日，"函电"）

靖国联军第七军司令张煦致孙中山电
（1917 年 11 月 16 日）

广州孙大元帅转陆元帅、程总长、林司令、军政府各总、次长，唐行营唐元帅，天津黎总统，上海岑西林先生，各省督军、省长、省议会、各巡阅使、都统、护军使，各靖国军军长、师长、旅长，各

报馆均鉴：

共和国家，根本法律，上下共循，乃趋于治，反之而为不法之行为，必召祸乱。有袁氏之恣睢而后演洪宪之恶剧，有徐州之跋扈而后有复辟之奇闻。乱法之萌，即争夺之渐，吾人既痛苦饱尝，宜如何惩前毖后，乃竟有利用总统之放逐，暂代者渐以即真；利用国会之解散，参议院乘机召集。内阁之去而复来，无议会之通过；叛督之犯上作乱，无法律之处分。是非不明，攘夺相尚，来日大难，倾危可卜。近闻军政府成立，义声所届，遐迩应响。煦虽武夫，爱国如命，拥护真正之共和，扫除非法之政府，爰举十邑之地，州营之众，遥承军府，近联滇黔，为国讨贼，虽死不避，谨此电闻。靖国联军第七军司令官张煦叩。铣。印。

（《军政府公报》第廿五号，1917 年 11 月 19 日，"函电"）

四川督军刘存厚致孙中山电
（1917 年 11 月 17 日载）

广州非常国会、孙大元帅、陈督军、李参谋总长，南宁谭总司令，零陵刘总司令，并转上海岑西林、孙伯兰、温钦甫先生均鉴：

昨接滇师电称：川滇调和真象，各省大抵未悉，奸人藉故造谣，意在乱人听闻，希即明白通告，以释群疑等情。存厚久绾兵符，夙知大义，前此川滇误会，均为戴竖所挑，现已猜嫌尽释，言归于好。冀赓既推诚相与，存厚自当协力同仇。护法卫国，原属初志，固巩共和，始终不渝，尚希转达各省义军长官，是所盼祷。刘存厚叩。

（《军政府公报》第廿四号，1917 年 11 月 17 日，"函电"）

唐继尧致孙中山电
（1917 年 11 月 17 日）

军政府孙中山先生鉴：

　　密。段氏军械借款，非竭力抗争不可，前致寺内首相原电，请即由尊处会列干公及舜、月两公暨继尧名，从速译发，是所盼祷。继尧。洽。印。

　　　　（《军政府公报》第廿七号，1917 年 11 月 23 日，"函电"）

唐继尧致孙中山电
（1917 年 11 月 18 日）

广州孙中山先生鉴：

　　密。文电敬悉。阻止军械借款一电，既蒙赞成，干公、舜卿、月波来电，亦极同意，请即由尊处领衔，并将干公、舜卿、月波与继尧联名拍发，此间文电转拍稽延，有误事机也。事关大局，乞即施行，至祷。继尧叩。巧。印。

　　　　（《军政府公报》第廿七号，1917 年 11 月 23 日，"函电"；《云南档案史料》第一期，第 65 页）

曹亚伯请办祸首致孙中山等电
（1917 年 11 月 18 日载）

广州孙大元帅、梧州陆元帅、四川唐元帅、刘督军及各省商会鉴：

　　段氏卖国，全国愤恨，今虽逃窜，非缉捕正法不足以警奸邪。望西南诸公努力进兵，至恢复旧国会，维持旧约法，照海军云南之宣言，实行做去。至于卖国诸奴，如梁启超、汤化龙、曹汝霖、倪嗣冲、张作霖，非一一拿办，不可罢兵，共和幸甚。曹亚伯叩。

（上海《民国日报》1917 年 11 月 18 日，"公电"）

耒阳江知事致孙中山电
（1917 年 11 月 18 日）

广州孙大元帅钧鉴：

我军已克长沙，谨闻。江海宗、李畏。印。巧。叩。

（《军政府公报》第廿六号，1917 年 11 月 21 日，"函电"）

长沙刘人熙致孙中山电
（1917 年 11 月 18 日）

孙大元帅鉴：

顷辱函电，远荷注存，阻隔烽烟，抒忱无路，天相中国，众志获申。北军今早退出，林君德轩被推暂维秩序，地方安宁，堪慰钧念。解决时局及湘中善后事宜，愿闻伟谋，藉慰景仰，公如通电，乞并见示，当竭愚虑，冀效刍荛。人熙叩。巧。代印。

（《军政府公报》第廿八号，1917 年 11 月 26 日，"函电"；《三要人致孙中山电》，上海《民国日报》1917 年12 月 4 日）

耒阳江知事致孙中山电

（1917 年 11 月 19 日载）

孙大元帅钧鉴：

贮〔？〕据衡州来电，敌军猛退，我军已移据衡山，傅督带印潜逃，王汝贤维持长沙秩序，谨以奉闻。耒阳县知事兼后方勤务处长江海宗叩。印。

（《军政府公报》第廿五号，1917 年 11 月 19 日，"函电"）

唐继尧致孙中山电

（1917 年 11 月 19 日）

万急。广州孙中山先生鉴：

顷据顾军长品珍巧电称：前于元日派何旅长海清进攻合江，以与黔军联络，据何旅长报告，已于筱日将合江攻下，乘势进攻江津等语，知注奉闻。继尧叩。皓。印。

（《军政府公报》第廿六号，1917 年 11 月 21 日，"函电"；《三要人致孙中山电》，上海《民国日报》1917 年 12 月 4 日）

唐继尧致孙中山电

（1917 年 11 月 19 日）

孙中山先生鉴：

近闻广州内部意见纷歧，究其根由，多集矢于陈督。继尧窃以吾辈宗旨，本在护法，筹备半载，始得出师，军事虽稍得手，而敌势尚甚披猖，此时非协力同心，犁庭扫穴，事之成败，尚未可知。倘以内部个人之争，致牵前敌进行之计，敌势重张，前途益险，万一西南不保，广州宁能独存？继尧与公等，平时既号同志，此日尤亲袍泽，利害休戚，咸与共之。务望就近察□情形，妥为解释，勿因个人问题，致生影响于全局。继尧现正电陆干老，请其居间，设法融洽粤人感情。干老公忠明察，必能持公平之理，尚乞粤中同人，静候进止，必使干老发纵指示之威能行于强敌，诸公杀敌致果之效能收于疆场。区区微忱，敬希鉴察。唐继尧。皓。印（十九）。

> （《军政府公报》第廿六号，1917 年 11 月 21 日，"函电"）

陆荣廷致孙中山电
（1917 年 11 月 19 日）

孙中山先生鉴：

三省联军，护国讨段，大张挞伐，迭据湘南捷报，我军所向无前，谭庆、永丰、衡山、湘潭等处，以次克复，傅良佐、周肇祥等闻已逃走，长沙指日可下。乘此时机，自应大张吾军，厚集兵力，进攻岳州，会师武汉，以期肤功早奏，大局澄清。陈督军请亲自督师赴湘，为第二路策应，远猷壮志，至足钦爱，应即照行，所有广东督军职务，由广惠镇守使莫荣新代理，以重职务。荣廷现在移驻梧州，兼顾粤局，一切重要事件，应即代负完全责任。恃此通告，即希查照。陆荣廷。皓。

> （《军政府公报》第廿六号，1917 年 11 月 21 日，"函电"）

上海商界致孙中山等电

（1917 年 11 月 19 日载）

广东、广西、云南、贵州督军、省长，广东孙中山先生，广西陆干卿先生，湖南独立军援湘司令官，驻川滇黔司令官钧鉴：

　　天祸中国，黩武穷兵，同室操戈，阋墙致谤，政府措施，不满人望，商等曾进危言，冀邀省悟。诸君起义之始，原期巩固国基。今南北争持，互相残杀，人民涂炭，商业凋零，试问两军之费，日需几何。国库固属空虚，西南未必取之不竭，政府借款不已，西南想与同情，担负所在，维商与民。商困民穷，国本安固？与诸公爱国之初衷未免矛盾。近报载，段内阁辞呈已上，傅督军率尔弃湘，默揣两公之用心，显寓息事宁人之至意。诸公此时正宜顾念民国大局，俯恤憔悴商民，一面约定川北各军互相停战，一面电陈总统酌定条件，俾就正轨，庶几国本不致动摇，则中国幸甚，商民幸甚。上海总商会、旅沪商帮协会、广肇公所、华商旅沪维持会、浙江旅沪学会、宁波同乡会、江西公会、洋货公会、湖北同乡会、皮商公会同叩。

　　　　（《商界劝告西南各省之传闻》，上海《民国日报》
　　1917 年 11 月 19 日）

孙洪伊致孙中山与西南各省电

（1917 年 11 月 20 日）

广州孙大元帅、国会非常会议、程总长、林总司令、陈督军、莫镇守使、李协和先生、张、方两师长，梧州陆巡阅使、谭总司令，云南联军唐总司令、刘代督军、黄、顾、庾、赵、叶各军长、章太炎先生，衡州刘、程总司令、赵师长、林旅长，贵州刘督军、王师长均鉴：

接直、鄂、赣、苏巧电，协商调停大局之法。顷复一电，文曰：巧电敬悉，公等以利民福国之心，肩排难解纷之任，热诚毅力，钦仰莫名。自段氏当权，摧灭国会，蹂躏约法，张皇武力，威压国民，变乱相寻，国本岌岌。欲安大局，必绝乱源，窃查海军独立，以三事自矢，宣言拥护约法，恢复国会，惩办祸首，滇桂粤湘出师通电，其主张亦大略从同。盖共和国家，以法律为根据，舍弃法律，别无调停之可言。谨举概略如下：一、罢免段职；二、恢复非法解散之国会以维约法；三、惩办倡乱之倪、张。以上各大端，如能解决，则川湘诸省内部各问题，凡关于一隅者，亦自不难就绪也。愚昧之见，伏候卓裁云云。以上所拟各条，均本诸公屡次宣言之主旨。鄙见亦以为，解决时局大端，当不外此。如有未尽，敬候明教。孙洪伊叩。皓。

（《孙洪伊君解决时局之主张》，上海《民国日报》1917 年 11 月 22 日；《孙洪伊致西南各省电》，《盛京时报》1917 年 11 月 29 日）

潮梅第一支队敌前司令金国治致孙中山电
（1917 年 11 月 20 日）

广州孙大元帅，程总长，督军，李军长，张、方两师长，吴议长，陈竞存、邹海滨先生钧鉴：

皓日我军克复五华，夺获花炮子弹数十箱，降兵一连，官长士兵奋勇异常，特电奉闻。军政府潮梅第一支队前敌司令金国治、参谋黄钟声、团长张铁梅、王升平、队长刘宗尧、刘石清全叩。皓（廿日）。

（《军政府公报》第廿六号，1917 年 11 月 21 日，“函电”）

程潜等致孙中山电

（1917 年 11 月 20 日）

孙中山先生鉴：

潜等于鱼日电陆巡阅使，电文曰：潜等既请以武力解决岳阳问题，及前线将士愤激情形，已于微电具陈，详达钧览。就事实论，非有激烈之战，岳阳问题不能解决，且潜等率师，只有言战，亦人能谅。惟既奉钧处停战通电，调和已成一说，潜等对于调和条件，亦曾考虑及之，用研所见，以备采录。（一）恢复国会。约法无解散国会之条，吾辈拥护约法，首求恢复国会，方与义军本旨相符，若仅召集新国会，是与临时参议院同一违法，万不可从。（二）惩办祸首。此次违法兴戎，固由段氏，就酝酿祸乱之源，实在督军团，独立义举，而倪嗣冲尤为罪魁。若不严加惩办，仍听其把持军权，流毒海内，法纪何存，其余如傅良佐、吴光新之流，对于国家为不忠，对于段氏亦为不义，均应择其尤者，由中央明令宣布罪状，处以重刑。（三）北军退出岳州。此条潜等之意，以为不应列入条件，非办到此层，则无条件之可言。（四）裁减北方军队。胎始于袁，专用以仇视同胞，为坏法乱国者之武器，辛亥以来，屡次裁减南方军队，而北方反有增加，号称共和，岂容有此种办法。（五）应规定全国兵额。按收入、国防、人口三者支配于各省，逾额之军，一概裁散，令补充军实，不加限制。自袁氏秉政以来，各有采办补充军实，非有陆军部护照，不得通过海关，而请领护照，又多方留难，无非欲达其强北弛南之目的，蠹军长寇，莫逾于此，应将此种限制，一律取销。（六）解决四川问题。川事纠纷已达极点，推厥由来，实咎中央利用川滇不和，暗中挑拨所致，应将所派北军及依附中央之川军，一律撤退遣散，至善后及长官问题，应由西南诸帅会商妥协，请陈中央照办，以杜后患。（七）放逐奸邪。自来国家之败，首由官邪，而大奸之兴，必有无数金壬，若不屏除，彼辈伺隙生风，祸乱未了，应择其尤著者，如徐树铮、曹汝霖、汤化龙辈，明令放逐，永远不准阑入军政各界，以免死灰复燃。以上诸端，就鄙见所及者，略为陈述，应请加入各帅提议之条件内，酌量提出，于大局不为无补。总之，此次调和，万不可迁就了结，至根本未清，再烦兵力。并乞将钧处与中央接洽情形，及双方条件之已议及者，随时赐示，以便有所依据，或能效其一得之愚，无任盼祷之至。等语。特此电达，伏乞卓裁。程潜、赵恒惕、刘建藩、林修梅叩。号。

（《军政府公报》第卅三号，1917 年 12 月 12 日，
"函电"）

国会非常会议致孙中山电
（1917 年 11 月 21 日）

孙大元帅鉴：

伪国务总理段祺瑞弁髦约法，扩张私权，勾结金壬，傀儡元首，既酿祸以兴戎，复借款以卖国，国民共弃，万众离心，幸而天诱〔佑〕其衷，知难而退。然国人之生命财产为所牺牲，国家千载一时有为之光阴为其虚掷者，不知凡几。夫国人所以集矢于段氏者，非有憾于其人，实深恶其蔑法也。国家之生存，惟恃法律，法律破坏，国家实受其殃，然破坏法律之人，终无幸理。段氏师袁故智，致有今日，后之来者，再蹈段辙，其何能济？为今之计，求根本立国之道，一言以蔽之曰：守法而已。守法为何？即回复段氏嗾乱、倪逆倡叛以前之守法律状态是也。重集原有国会，制定根本大法，慎选贤明之人，组织合法内阁，一切遵循法纪，顺轨而行，自可解目前之纷弭、将来之祸。大总统、代总统身受国民委托之重，维持纲纪，义无可辞。诸公或绾兵符，或长民政，或代表民意，或夙负重望，崇法律以黜暴力，倡正论以辟奸回。俾宪政底于有成，

斯大功垂于万载，凡我全国父老昆弟以及后世子孙实利赖之。临电神往，敢布区区。国会非常会议叩。个。

（《军政府公报》第廿七号，1917 年 11 月 23 日，"函电"）

贵州刘督军致孙中山电

（1917 年 11 月 21 日）

孙中山先生钧鉴：

　　我军开战以来，分两路向重庆、江津方面，猛力前进。重庆一路，迭夺界石、鹿角场、三百梯、老塔、江口各要地，已逼攻距渝城数里之黄角丫。该地与渝城隔江，对屯敌人兵力，约北兵两旅、川军一师、盐防、水陆军警暨棒客约五千人，崛强抗拒。我军苦战九昼夜，前仆后继，将士努力。江津一路，自文日进攻，围逼城下，直至哿日，始将津城完全占领，敌人现在溃逃，夺获军糈马匹无算。查江津居重庆上游，津城既下，重庆当不难指日攻破也。特电奉闻。刘显世。个。

（《军政府公报》第三十号，1917 年 11 月 30 日，"函电"）

附　刘显世致孙中山电

　　孙中山先生钧鉴：我军开战以来，分两路向重庆、江津方面猛力前进。重庆一路，迭夺界石、鹿角场、三百梯、老塔、江口各要地，已逼攻距渝城数里之黄角丫。该地与渝城隔江，对屯敌人兵力，约北兵两旅、川军一师，盐防水陆军警暨捧客、土匪约五千人，崛强抗拒。我军苦战九昼夜，前仆后继，将士努力。江津一路，自文日进攻，围逼城下，直至哿日，始将津城完全占领，敌人现在溃逃，夺获军糈马匹无算。查江津居重庆上游，津城既下，重庆当不难指日攻破也。特电奉闻。刘显世。个。

（《刘黔督致孙先生电》，上海《民国日报》1917 年 12 月 8 日）

孙内政总长洪伊致孙中山电
（1917 年 11 月 21 日）

广州孙大元帅、国会非常会议、程总长、林总司令、陈督军、莫镇守使、李协和先生、张、方两师长，梧州陆巡阅使、谭总司令，云南联军唐总司令、刘代督军、黄、顾、庚、赵、叶各军长、章太炎先生，衡州刘、程总司令、赵师长、林旅长，贵州刘督军、王师长均鉴：

接直鄂赣苏巧电，协商调停大局之法，顷复一电，文曰：巧电敬悉，公等以利民福国之心，肩排难解纷之任，热诚毅力，钦仰莫名。自段氏当权，摧灭国会，蹂躏约法，张皇武力，威压国民，变乱相寻，国本岌岌。欲安大局，必绝乱源。窃查海军独立，以三事自矢，宣言拥护约法，恢复国会，惩办祸首，滇桂粤湘出师通电，其主张亦大略从同。盖共和国家，以法律为根据，舍弃法律，别无调停之可言。谨举概略如下：一、罢免段职；二、恢复非法解散之国会以维约法；三、惩办倡乱之倪、张。以上各大端，如能解决，则川湘诸省内部各问题，凡关于一隅者，亦自不难就绪也。愚昧之见，伏候卓裁云云。以上所拟各条，均本诸公屡次宣言之主旨。鄙见亦以为，解决时局大端，当不外此。如有未尽，敬候明教。沪电周恐不达，兹特再陈。孙洪伊叩。个。

（《军政府公报》第三十号，1917 年 11 月 30 日，"函电"）

陆荣廷致孙中山电

（1917 年 11 月 22 日）

广州孙中山先生鉴：

　　巧电敬悉。段氏违法祸国，薄海同仇，西南各省，兴师护国，亟应积极进行，坚持到底。廷所主张，与尊旨若合符节，循诵伟论，敢不赞同。谨肃布复，即维亮察。荣廷。养。印。

　　　　（《军政府公报》第廿七号，1917 年 11 月 23 日，"函
　　　　电"；《三要人致孙中山电》，上海《民国日报》1917 年
　　　　12 月 4 日）

莫代督荣新致孙中山电

（1917 年 11 月 22 日）

孙中山先生鉴：

　　自黄陂被幽，段贼窃政，弁髦大法，朋比群奸。我西南将帅不忍见民国之就殒，爰举义师，用维法纪，湘南举发，桂粤誓师，转战安、攸，戡定衡、宝，用兵匝月，遂拔长沙，王、范之顽，傅、周之悍，奔逃恐后，莫撄吾锋。唐蓂赓近更督师川南，所向皆捷。湘粤桂三省联军将达岳州，滇黔雄师即出渝关，扫清妖孽，此正其时。乃二三君子，懔同室操戈之戒，引阋墙御侮之言，建议调停，冀成和局。宁人息事，曷胜钦迟。但我西南所争者，一为屏斥段贼，一为惩办祸首，一为恢复国会，一为回复黄陂之自由。若黄陂必欲辞职，须由正式国会解决。今四者一未能行，而遽议调停，不独非我诸将帅誓师起义之初心，亦恐无以慰海内人民之期望。荣新锋镝余生，饱尝忧患，素明宗旨，誓贯主张，现正简练军实，召集师徒，听候巡宪指挥，分途策应，一日不达目的，一日不能罢兵。

宁不知外交多事之秋，内部不宜冲突？亦以约法既倾，国本焉托，清源正本，非得已也。诸公既赓袍泽，必协进行，望秉坚贞，共图匡济。伫候明教，不尽依驰。莫荣新叩。养。

（《军政府公报》第廿八号，1917 年 11 月 26 日，"函电"）

附　粤督军力辟调停之通电

万急。梧州陆巡阅使钧鉴：滇唐行营唐督军，谭行营谭联军总司令，贵阳刘督军，梧州陈督军，衡山送程总司令，长沙赵师长、刘镇守使、陆总司令，湘潭韦、林两总司令，醴陵、株洲探送马总司令，永州萧代镇守使，辰州张道尹，洪江周副使，上海岑西林、伍秩庸、谭组庵、柏烈武、孙伯兰、蒋伯器先生，广州李省长、海军程总长、林总司令、孙中山、唐少川，李协和、汪精卫、胡汉民、吴莲伯、王儒堂先生暨国会议员诸君，长沙、云南、贵阳、南宁、广州、省议会均鉴：

自黄陂被幽，段贼窃政，弁髦大法，朋比群奸，我西南将帅，不忍见民国之就殄，爰举义师，用维法纪，湘南先发，桂粤誓师，转战安、攸，戡定衡、宝，用兵匝月，遂拔长沙，王、范之顽，傅、周之悍，奔逃恐后，莫撄吾锋。唐冥〔冀〕公近更督师川南，所向皆捷。湘粤桂三省联军将达岳州，滇黔雄师即出渝关，扫清妖孽，此正其时。乃二三君子，懔同室操戈之戒，引阋墙御侮之言，建议调停，冀成和局。宁人息事，曷胜钦敬。但我西南所争者，一为屏斥段贼，一为惩办祸首，恢复国会，一为回复黄陂之自由。若黄陂必欲辞职，须由正式国会解决。今四者一未能行，而遽议调停，不独非我诸将帅誓起义师之初心，亦恐无以慰海内人民之期望。荣新锋镝余生，饱尝忧患，标明宗旨，誓贯主张，现正简练军实，召集师徒，听候巡宪指挥，分途策应，一日不达目的，一日不能罢兵。宁不知外交多事之秋，内部不宜冲突？亦以大法既倾，国本焉托，清源正本，非得已也。诸公既赓袍泽，必协进行，望秉坚贞，共图匡济。伫候明教，不尽依驰。莫荣新叩。养。印。

（《粤督军力劈调停之通电》，上海《民国日报》1917年12月2日）

援湘滇军彭司令学游等致孙中山电
（1917 年 11 月 22 日）

孙大元帅钧鉴：

国贼不诛，无以谢国人；国法不彰，无以成国体。伪总理段祺瑞乘危攘窃，遽据高位，侮约法宣战媾和之权，辱国会神圣立法之地。跋扈自恣，结叛督以胁迫总统；既被罢斥，藉复辟而重揽政权。乃复遍布爪牙，挑衅川湘，假名借款，藉充军实，种种罪恶，闻之发指。凡有血气，谁不奋起，扑杀此獠。学游等忝列戎行，历应义举，不忍神圣约法为彼破坏，更不忍大好河山为彼断送，现奉军长李公之令，督率健儿，联合桂粤义军，志在护国，相继援湘，本天良之复发，各勇敢以直前，置生死于不顾，何身家之足恤，从此会师武汉，先寒敌心，行将直捣幽燕，共枭逆首。驻粤云南护国军援湘支队司令官彭学游，参谋长邓元镇，副官长刘学汉，秘书萧鄋，团长李文岳、陈百川、张邦杰、万军等暨全体官兵同叩。养。

（《军政府公报》第廿八号，1917 年 11 月 26 日，"函电"）

附　驻粤云南护国军援湘通电
（1917 年 12 月 7 日载）

北京冯代总统，南宁陆巡阅使，广州国会、孙大元帅、各部总长、陈督军、李省长、李军长、海军林总司令、林军长、张、方两师长，云南唐元帅，湖南谭、程、刘、马四总司令，各省督军、省长、议会，上海各报馆均鉴：

国贼不诛无以谢国人，国法不彰无以成国体，伪总理段祺瑞乘危攘窃，遽跻高位，侵约法宣战媾和之权，辱国会神圣立法之地，跋扈自恣，结叛督以胁迫总统，既被罢黜，旋复辟而重揽政权，乃复密布爪牙，挑衅川湘，假名借款，藉充军实，种种罪恶，闻之发指。凡有血气，谁不奋起，扑杀此獠。学游等忝列戎行，历应义举，不忍神圣约法为彼破坏，更不忍大好河山，为彼断送。现奉军长李公之令，督率健儿，联合桂粤大军，志在护国，相继援湘。本天良之激发，各勇敢以直前，置生死于不顾，何身家之足惜。从此会师武汉，先寒敌心，行将直捣幽燕，共枭逆首。驻粤云南护国军援湘支队司令官彭学游、参谋长邓元镇、团长李文岳、陈百川、张邦杰、万军暨全体官兵同叩。

（《驻粤云南护国军援湘通电》，上海《民国日报》1917年12月7日）

张开儒致孙中山电
（1917年11月24日）

广州孙大元帅钧鉴：

窃以国家之兴亡，视乎法律之存废以为衡；法律之存废，视乎执政之贤否以为断。故善治国者，导之以德，齐之以礼，使民有耻且格；其次则导之以政，齐之以刑，民免而无耻。此所以纳民于轨物者也。古之所谓政刑云者，即今之所谓法律也。民国之屡兴而中断者，即屡杀人以争约法而屡废也。慨自袁世凯枭獍自雄，奋其私智，蔑视法纪，谓霸王之业可以力征，经营天下。洪宪昙花，不崇朝而身死名裂，野心者至今思之，当懔然而戒心。何物段祺瑞，竟师踵之，惟恐不及，率其丑类，横行天下，虺蛇其心，豺虎其行，暴戾恣睢，肝人之肉。等法律于弁髦，玩元首于股掌，猜贤妒能，刚愎犷狠，会盟徐州，挑衅蜀浙，唆使无耻将军，率乞丐以摧残国会，招引有辫大帅，假复辟以驱逐总统。任嬖人以黜陟官牧，宠文妖而淆乱是非，笼帝孽于惟［帷］幕，鸱鸮啸聚，视人命如鱼肉，宰割自由。目护法为叛逆，依卖国者为心腹。更以集家贼不足以亡国，复借外力杀戮同胞以速其亡。狼哉贼心，何至此极！始见弃于洪宪，诈疯魔以图后逞，继见逐于黄陂，犹怙恶不悛，今则恶贯盈满，神人共忿。义师蜂起，声罪致讨，众叛亲离，内外夹攻，而犹徘徊恋栈，此贼真不知死所矣。然万夫所指，无疾而终，吾知时日之丧，可立而待也。第开儒与国人约者数端：（一）恢复旧约法之效力，以固国本；（二）恢复旧国会，以促成宪法；（三）请黎大总统复职，如黎公辞职，则由国会解决；（四）组织合法内阁，以促进改良政治之程序；（五）惩办叛督及新旧帝党，以除祸根；（六）取消清室优待条件，以免死灰复燃；（七）解散非法之参议院；（八）反对肥私殃民一切卖国借款；（九）厚恤义军阵亡将士；（十）取消逮捕民党之伪令。以上十条，如有一未做到，万不能罢兵，幸勿小胜即足，痴言调和，一误再误，殷鉴可忧。彼继段祺瑞而起者，狼盼虎视，比比皆是。若不铲草除根，永绝后患，则小民之脂膏有限，能经几度之揭剥起兵以讨逆乎？夫小民之憔悴于兵燹久矣，犹忍痛而不言者，以人民与盗贼不两立，法律与横暴不并行，故国家不能一日无法律，而法律之下，不能一日容盗贼以横行。若姑息苟安，养痈遗患，则兴兵殃民之罪，浮于逆党倍蓰矣。故自辛亥以还，平民政治屡次与官僚政治战争，杀人盈野，流血千里，以护此数条约法，而终不能战胜者，非彼之甲兵坚利于我，实我惑于调和，自贻伊戚也。兴言及此，则吾不责逆党之狡黠［黠］，反怪吾人之愚顽自祸也。开儒前曾屡次通电，出师讨逆，嗣因国会南迁，开会广州，新组政府，侧闻国会之所在，即民国正统之所在，故屯兵于此，以资保护，一俟根基稍固，即行率师北伐，誓不与贼党共戴一天，贼存则开儒死，开儒存则不容贼存于中土，区区寸心，盟指河山，望诸公坚持到底，以图一劳永逸之计。秣马陈词，鹄候明教。张开儒叩。敬。印。

（《军政府公报》第廿八号，1917 年 11 月 26 日，"函电"）

附　张开儒通电

（1917 年 11 月 24 日）

火急。天津黎大总统，北京冯代总统，广州孙大元帅、非常国会、海军程总长、林总司令、李协和先生，香山唐少川、陈竞存先生，梧州陆巡阅使，云南唐行营唐元帅、章太炎先生，川、滇、黔、桂、粤、湘六省各军军长、各司令，琼州龙督办，上海岑西林、孙伯兰、温钦甫、谭石屏、谭组庵、徐固卿诸先生，各省督军、省长、议会、各镇守使、各师旅长、各报馆钧鉴：

窃以国家之兴亡，视乎法律之存废以为衡；法律之存废，视乎执政之贤否以为断。故善治国者，导之以德，齐之以礼，使民有耻且格；其次则导之以政，齐之以刑，民免而无耻。此所以纳民于轨物者也。古之所谓政刑云者，即今之所谓法律也。民国之屡兴而中断者，即屡杀人以争约法而屡废也。慨自袁世凯枭獍自雄，奋其私智，蔑视法纪，谓霸王之业可以力征，经营天下。洪宪昙花，不崇朝而身死名裂，野心者至今思之，当怵然而戒心。何物段祺瑞，竟师踵之，惟恐不及，率其丑类，横行天下，虺蛇其心，豺虎其行，暴戾恣睢，肝人之肉，等法律于弁髦，玩元首于股掌，猜贤妒能，刚愎狂悍，会盟徐州，挑衅蜀浙，唆使无耻将军，率乞丐以摧残国会，招引有辫大帅，假复辟以驱逐总统。任嬖人以黜陟［陟］官牧，宠文妖而淆乱是非。笼帝孽于帷幕鸥鸱啸聚，视人命如鱼肉宰割自由。目护法为叛逆，依卖国者为心腹。更以集家贼不足以亡国，复借外力杀戮同胞以速其亡。狼子贼心，何至此极！始见弃于洪宪，乍疯魔以图后逞，继见逐于黄陂，犹怙恶而不悛，今则恶贯盈满，神人共忿。义师蜂起，声罪致讨，众叛亲离，内外夹攻，而犹徘徊恋栈，此贼真不知死所矣。万夫所指，无疾而终。吾知时日之丧，可立而待也。第开儒与国人约者数端：（一）恢复旧约法之效力，以固国本；（二）恢复旧国会，以促成宪法；（三）请黎大总统辞［复］职。如黎公辞职，则由国会解决；（四）组织合法内阁，以促进改良政治之程序；（五）惩办叛督及新旧帝党，以除祸根；（六）取消清室优待条件，以免死灰复燃；（七）解散非法之参议院；（八）反对肥私殃民一切卖国借款；（九）厚恤义军阵亡将士；（十）取消逮捕民党之伪令。以上十条，如有一未做到，万不能罢兵，幸勿小胜即足，痴言调和，一误再误，殷鉴可忧。彼继段祺瑞而起者，狼盼虎视，比比皆是，若不铲草除根，永绝后患，则小民脂膏有限，能经几度之揭剥起兵以讨逆乎？夫小民之憔悴于兵燹久矣，犹忍痛而不言者，以人民与盗贼不两立，法律与横暴不并行，故国家不能一日无法律，而法律之下，不能一日容盗贼以横行。若姑息苟安，养痈遗患，则兴兵殃民之罪，浮于逆党倍蓰矣。故自辛亥以还，平民政治屡次与官僚政治战争，杀人盈野，流血千里，以护此数条约法，而终不能战胜者，非彼之甲兵坚利于我，实我惑于调和，自贻伊戚也。兴言及此，则吾不责逆党之狡黠，反恐吾人之愚顽自祸也。开儒前曾屡次通电，出师讨逆，嗣因国会南迁，开会广州，新组政府，侧闻国会之所在，即民国正统之所在，故屯兵于此，以资保护，一俟根基稍固，即行率师北伐，誓不与贼党共戴一天，贼存则开儒死，开儒存则不容贼存于中土，区区寸心，盟指河山，望诸公坚持到底，以图一劳永逸之计。秣马陈词，鹄候明教。张开儒叩。敬。印。

（《张师长慷慨陈词》，上海《民国日报》1917 年 12 月 3 日）

程海军总长等致大元帅电
（1917 年 11 月 25 日）

广州孙中山先生公鉴：

省长一职，关系地方异常重大。现李省长业经去职，继任无人，前省议会曾举胡汉民先生担任斯职，现更责无旁贷，应照省议会原案，公请胡汉民先生即日就任，以重民意而维粤局。程璧光、李烈钧、林葆怿、张开儒、方声涛、吴景濂、钮永建、张继、褚辅成、阳漪、李茂之公叩。有。

（《军政府公报》第廿八号，1917 年 11 月 26 日，“函电”）

国会非常会议揭露段祺瑞借款购械阴谋，吁请全国策力反对之通电
（1917 年 11 月 26 日）

天津黎大总统、北京冯代总统，分送南宁陆巡阅使、谭督军、云南唐督军，分送广东孙大元帅、陈督军、李省长，分送行营程总长、林总司令、南京李督军、江西陈督军、天津曹督军，分送各省督军、省长、省议员转各军师旅长、镇守使、护军使、都统、各教育会、商会，天津、上海、汉口各报馆，分送上海伍秩庸、岑云阶、孙伯兰、柏烈武，云南章太炎，香山唐少川诸先生均鉴：

段逆祺瑞，自僭称国务总理以来，弁髦约法，肆为不道，迫使黄陂退居田野。摧残国会，不听复活。西南各省仗义执言，屡电争持，不见容纳，至于宣告自主。段逆犹不知悔，攻略湘、蜀，压迫西南，酿成不可逃之战祸。穷凶极死，祸国殃民，莫此为甚！迩者

复以屈抑民意，武力不充之故，秘密交涉借款某国，将成事实。其蓄意犹毒，贻害尤大。不能不唤起全国人民誓死力争，请逐言之：查临时约法第十九条第四款议决：公债之募集，及国库有负担之契约。又国会组织法第十四条，民国宪法未定以前，临时约法所定参议院之职权，为国会之职权。此项借款未经国会议决，段逆藉遂私图，乃不惜违法，增重人民负担。开此恶例，后患何穷。此不可不为力争者一也。西南各省拥护约法，义愤云兴，分道并进。滇、川接触，已见融洽，桂、湘联军，羽书叠至。段逆应接不暇，势绌力穷，还我共和，指顾可待！若此项借款成立，段逆之凶焰复张。即此次之战祸，将益长益烈。此不可不为力争者二也。民国成立六年之间，两次帝制，三见革命，兵祸连结，民穷财尽。遂使司农，罗掘无术，仰屋兴嗟！舍借款即无以为财政。饮鸩〔鸩〕止渴，言之痛心！今段逆不法，争逐总理，辄自擅行借款，不恤重累吾民，以逞其穷兵黩武之雄心。反之，吾民盖已久困兵革，非丧心病狂何乐有？此不可不为力争者三也。尤有进焉，欧战方殷，不暇顾及东亚，此时借款某国，必有极刻酷虐之条件。报端所载，以田赋为抵押，许与合办兵工厂，并承认其上年五款之要求，言之当非无据。使果属实，印度、三韩〔朝鲜〕灭亡立见。以一夫权利之争，而致陷国家于万劫不复之地位，在段逆方利令智昏，不遑多所顾虑，吾侪属有血气，当不忍于盲从附和，用蹙其国。此不可不力争者四也。且天下兴亡，匹夫有责，人之好善，谁不如我。近见某国舆论，以中日亲善，不在携助政府，而在交欢国民。寻言此项借款，极不以其政府为然，且如秦越尚能迫于正谊，发为公论，曾谓今〔食〕毛践土之族而爱国等语，反出其下，于事于理在所必然。所虑段逆奸谋，人未尽知，用特掬泪揭举，以告我邦人君子，对此借款，早自觉悟，誓以多方抵抗，使不成为事实。群策群力，共抗击焉。临电悲愤，不知择言。伏乞鉴纳，无任迫切。国会非常会议叩。宥。印。

（《云南档案史料》第一期，第 63～64 页）

张学济等宣布陈复初罪状通电

（1917 年 11 月 26 日载）

北京冯代总统、熊督办，南宁陆巡阅使、谭总司令，各省督军、省长、各镇守使、各司令，各师、旅、团长，各议会，各机关，广东非常国会、孙中山先生、程海军总司令、唐少川先生、李协和先生，上海伍秩庸、柏文烈、孙伯兰、谭组庵诸先生，各省各报馆均鉴：

筱电宣布陈复初罪状曰：常德陈师长鉴：接铣电称：现在湘省已陷于无政府地位，拟照联防办法，宣布自主，维持现状，实行保卫湘西，补救湖南为主旨。等语。闻之不胜诧异，回忆济等迭由函电商陈，所以推尊公者甚重，所以希望公者甚深，乃不蒙见纳，反加阻害，且诋西南主义只为权力，又不准有护法靖国等军名义见于湘西，私订条件，迫胁承认，甚至直目济等为匪党。密电既陈诸傅逆，诛戮且及于来使，纵无清议，宁不愧心。夫济等忠告不听可，而以之转陈傅督，推入陷阱，冀以置之于死，此何为者？吴先梅、刘雅齐两人，济委赴常、澧联络，贵部盘获，傅督及公部曲，均尚有人心，谨议拘押，公必毅然毙以军法。吴为绍先之侄，公非不知，绍先癸丑一役，拯公于危甚力，报及其侄，抑何过惨？此皆前数日事，极端反对义军，至于如此。今大事已去，乃靦颜宣布自主，谬欲济等共起和附，以遂其负嵎湘西之梦。谁为此谋，毋乃太拙。公素以民党健者自豪，乃甘心为虎作伥，借用外力，倒行逆施，无所不至，全国公愤之爆发，公为导火线。试问大局至今之不可收拾，暨湘中战祸之酷，以及傅督出走之狼狈，误之者谁？来日判决，为期匪远，公既依段、傅为一致，而又误之，转欲利用济等护公穷蹙之身，而陷济等于不能自拔之地，何其至死而不悟耶？济等已于元日宣告自主，正拟陈师挑［桃？］、常，以保自卫，公如悔悟，尚可代为表白，善恶两途，犹希自择。专电布达，藉表悃忧。学济等叩。号。等语，伏祈公鉴。辰沅道尹兼守备队司令张学济等叩。

（《湘西张学济等要电二则》，上海《民国日报》1917
年 11 月 26 日）

蒋尊簋宣布自主通电
（1917 年 11 月 27 日）

北京冯代总统，各省国会议员、省议会、省长、督军，广东陆巡阅使、程海军总长、林海军司令、孙中山先生，上海岑西林先生、孙伯兰先生，各省师、旅、团长，各镇守使、护军使，各团体，各报馆均鉴：

法纲屡坏，国难迭兴，人民拥护共和，以约法为命。不幸浙督杨善德附和倪嗣冲独立，推翻约法，相率叛国，全浙军民痛心疾首，半载于兹。兵寇有分，邪正不并，治乱大节，岂可姑容。尊簋受父老付托，爰于本月廿六日集师浙东，宣告自主，与违法叛国之杨善德脱离关系，誓必荡除叛逆，兴复约法，还我国会，励行自治，成败祸福，当与国人共之。谨闻。浙东总司令蒋尊簋叩。沁。

（《浙东义师崛起》，上海《民国日报》1917 年 11 月
30 日）

邹总司令鲁致孙中山电
（1917 年 11 月 27 日）

孙大元帅鉴：

接老隆个、有两电，金司令已克复五华，多获枪械，兴宁将

下。昨兴宁人来云，有敌八百将降。邹鲁。感。印。

（《军政府公报》第廿九号，1917 年 11 月 28 日，
"函电"）

军政府潮梅军前敌司令金国治致孙中山电
（1917 年 11 月 27 日）

孙大元帅鉴：

逆军退守兴宁，围困六昼夜，宥日逆军悉数缴械投降，即进攻潮州。谨此奉闻，以纾廑念。军政府潮梅军第一支队长、前敌司令金国治，参谋黄钟声、宋价藩，团长张铁梅、王升平全叩。感。

（《军政府公报》第廿九号，1917 年 11 月 28 日，
"函电"）

新会公民代表周抚尘致孙中山电
（1917 年 11 月 28 日载）

孙大元帅、非常国会、省议会、莫代督、报界公会均鉴：

李省长既辞职，为省议会原案，请胡汉民先生任理，以顺民意。新会公民团代表周抚尘。叩。

（《军政府公报》第廿九号，1917 年 11 月 28 日，"函电"）

江苏李督军致孙中山电
（1917 年 11 月 28 日）

孙中山先生、吴莲伯先生鉴：

时局多难，忧心蕴结，每念两先生负匡时之伟略，抱救国之热诚，南海迢遥，末由晤对，绛云在望，引领为劳。数月以来，国事蜩螗，益鲜清暇，惟遇南来人士询悉，维持匡济，同具苦心，景仰钦迟，匪言可喻。纯勉任调人，力微责重，现虽粗有端倪，而问题尚多，我公高明卓识，中外同钦，尚祈惠我南针，俾有率循，日内拟派员代表，专程赴粤，敬询起居，庶陈一切，幸赐延纳，无任企祷。李纯。俭（廿八）。

（《军政府公报》第三十号，1917 年 11 月 30 日，"函电"；《李督军致孙吴两先生电》，上海《民国日报》1917 年 12 月 7 日）

唐继尧致孙中山电
（1917 年 11 月 28 日）

孙中山先生鉴：

西林先生皓电敬悉，忠言谠论，足以宣仁人之泽，而褫奸雄之胆矣。继尧接四督军巧电，亦于勘日复一电，文曰：急。北京冯代总统钧鉴：直隶曹督军、南京李督军、湖北王督军、江西陈督军鉴：接读四督军巧电，忧国爱民之忱，昭然若揭，凡有血气，孰不动心。继尧身列其间，尤深感恶，顾念我国自政变以来，法纪陵夷，是非倒置，民意横绝，巨变迭乘，屡献忠言，迄无成效，南方各省不得已，乃宣布自主，冀以迥奸回之省悟，留法治之生机。区区护法护国之心，当为天下所共谅。乃执政者坚持成见，益逞淫威，出兵挑战以殃民，借款购械以卖国，此岂我代总统之所忍出，亦岂我全国民之所能安？致令同室之中，遂以兵戎相见，言念及此，愁焉心伤。夫以国事之飘摇，宁堪再事侵扰，即以滇黔苦贫瘠，亦岂不愿稍休？惟国家之治安，全恃法律为维系，倘法律得其保障，斯国基立可奠安，若执政者必叛法而行，残民以逞，则南方各省人民，宁死于枪林弹雨之中，不能偷活于暴戾淫威之下。安危利害，只在当局一转移间而已，伏乞我代总统默察乱源，深维治本，勿迁就一人以扰天下之大法，勿曲徇私意以拂全国之舆情，则兵气自消，国基自定矣。因四督军公诚恳切之论，故敢直陈其愚，敬祈垂察。等语。特录呈教。继尧叩。勘。

（《军政府公报》第卅一号，1917 年 12 月 5 日，"函电"）

唐继尧致孙中山电
（1917 年 11 月 28 日）

孙中山先生鉴：

巧电奉悉，爱国匡时，具有同情，此间主持，自是坚持到底，谨布臆以闻。继尧。勘。印。

（《军政府公报》第卅一号，1917 年 12 月 5 日，"函电"）

覃振致孙中山电
（1917 年 11 月 28 日）

孙大元帅钧鉴：

湘城自义军到后，日就安宁，各界以军民两政主持无人，公推联军总司令谭皓明兼任湖南督军，湖南总司令程潜任湖南省长，会办军务。程省长业于敬日视事，谭督军尚驻衡州，意存辞让，已由各界公推代表欢迎，并分电敦劝即来就任，藉资维系。政务厅长已委易象，财政厅长已委林祖涵，其余各机关，亦将组织就绪。溃军负隅岳州，我军已节节布置，待谭督军就职后，即当大举挞伐，但国人习惯苟安，每由误会调和，至无根本廓清之望。现段逆虽畏罪潜逃，而余孽及据要津，不谋拔除，仍滋后患，恳大元帅力持正义，会商陆、唐两元帅，一致主张，俾得直捣巢穴，巩固国基。刍荛之献，伏希采纳。覃振。叩。廿八日。

（《军政府公报》第卅一号，1917年12月5日，"函电"）

西北靖国军通电
（1917年11月29日载）

天津黎大总统，广东孙大元帅，南宁陆巡阅使，云南唐督军，各省督军、省长、各都统、护军使、各镇守使暨各师旅长、各路司令，上海岑西林先生、孙伯兰先生、张溥泉、唐绍仪先生，伍秩庸先生、谷九峰先生、张镕西先生、柏烈武先生、汪兆铭先生，北京《顺天时报》，天津《益世报》，上海《申报》转各报馆钧鉴：

占魁世居晋北，幼事诵读，知识渐开，时事顿阅。睹政治不良，夙具改革之心，痛祖国沦亡，曾学军旅之事。当辛亥武汉起义，四海风从，占魁不才，忝蒙诸同志推戴，树帜北边，遥为响应。幸天佑我汉，不祚有清，推翻专制，□造共和，抚剑临风，登高长啸，平生志愿自谓得偿。讵意袁氏执政，心怀异图，赏罚不明，是非倒置，不录人功，反加人过，排异己为暴徒，诬民军为土匪，甚至以全力压迫，为一网打尽之计。占奎［魁］因与内地同人预缺联络，心迹志趋无人表白，不得已退处山谷，以待时机。民国二年，占魁观大局已定，无事讨伐，遂率全军就编为独立队，大漠南北，至今犹啧啧称道。四年，筹安事起，诸将士奋袂争先，誓必灭此丑类。未几，袁氏殂丧，民国再造，政府见占魁孤军无援，又以土匪二字相加，今春含辱报编为陆军游击马队，而□府夙嫌□释，不以正式军队待遇，军装、军械、军饷概不发给，而诸将士茹苦含辛，严守纪律，宿霜寝露，秋毫无犯。设非当地绅民爱戴，筹粮接济，枵腹之叹，何以能免。此中苦况，久为当地人民所共知，而全国所不尽知者。然占魁竭力维持，对于政府，从无违言，原冀其痛改前非，遵守约法，共图郅治。岂意近数月来，秕政百出，变乱相循，宵小擅权，群阴构难，始则假公民名义，蹂躏立法机关，继则藉督军威焰，酿成复辟惨祸，执一人之私见，忘天下之公理，不恤人言，不畏国法。且又以军械借款，罔顾祖国主权，召集参议，推翻约法根本，闻见之余，不禁发指。今西南义师既伸讨伐，川湘云变，江汉风靡，占魁为国民一分子，身列戎行，岂能坐视陟危，袖手旁观。故谨率所属，并招集旧部，编为三军，爰于十一月二号誓师伊克昭盟，分路进攻，与西南各省取一致之进行，俾得邦基早定，人心早安。目的一日不达，兵甲一日不解，此心此志，可表天日。除严饬所属遵守纪律，保护外人生命财产，布告人民周知外，谨以电闻。西北靖国军总司令卢占魁率全军将士同叩。

　　（《西北靖国军之通电》，《盛京时报》1917 年 11 月
　29 日）

鄂籍国会议员致孙中山电
（1917 年 11 月 30 日载）

孙大元帅均鉴：

　　辛亥之役，鄂以先发，焚杀独苦。癸丑、丙辰虽未被兵，然师旅所经，道路骚然，其酷乃甚于烽火。此次奸人窃权，坏法乱国，鄂人父老子弟，莫不切齿，徒以地处腹心，四战之衢，敌近援远，未能率先。幸西南数省同声挞伐，义闻远播，举国昭苏，而鄂人尤为踊忭。迩者以诸公谋国之勤，将士杀敌之勇，川滇结好，衡湘告捷，会师武汉，定具成谋。鄂人虽经创痛之余，未甘

自弃，旌旗所指，必当扶义而起，遂当年未竟之心，效诸公前驱之役。所愿诸公，念国家之统一，谋子孙之久安，屏绝姑息，制除调和，则护法卫国之乱争，即息事宁人之保证，岂惟鄂人之幸。度大河以此［北］、长江之下，久被劫于积威者，其衷情迫切更有甚于鄂人者，幸诸公其图利之。湖北旅粤国会议员刘成禺等叩。

（《军政府公报》第三十号，1917 年 11 月 30 日，"函电"）

附　鄂籍议员剔除调停之通电
（1917 年 12 月 8 日载）

广州孙大元帅、程总长、林总司令、李总司令、陈总司令、张、方二师长，梧州陆巡阅使，广州莫督军，长沙谭联军总司令，湖南程总司令，云南唐督军，贵州刘督军，四川刘督军转各司令、各镇守使、各旅团长均鉴：

辛亥之役，鄂以先发，焚杀独苦。癸丑、丙辰，虽未被兵，然师旅所经，道路骚然，其酷乃甚于锋火。此次奸人窃权，坏法乱国，鄂人父老莫不切齿，徒以地处腹心，四战之衢，敌近援远，未能卒作。幸赖西南数省，同声挞伐，义闻流播，举国昭苏，而鄂人尤为踊跃。迩者以诸公谋国之勤，将士杀敌之勇，川滇结好，衡湘告捷，会师武汉，定具成谋。鄂人虽屡经创痛之余，未甘自便，旌旗所指，必当扶义而起，遂当年未竟之心，效诸公前驱之役。所念诸公，念国家之统一，谋子孙之久安，屏绝姑息，剔除调停，则护法卫国之战争即息事宁人之保证，岂惟鄂人之幸。度大河以北，长江之下，久被劫于积威者，其衷情迫切，当更有甚于鄂人者。幸诸公实图利之。湖北旅粤国会议员刘成禺、居正、彭介石、董昆瀛、张伯烈、廖宗北、彭汉遗、田桐、胡祖舜、吴崑、汪岁□、刘英、范鸿钧、张大昕、时功玖。印。

（《鄂籍议员剔除调停之通电》，上海《民国日报》
1917 年 12 月 8 日）

滇省议会致孙中山电
（1917 年 11 月 30 日）

孙中山先生鉴：

　　近日各报纷传，非法政府将与某国订立军械借款专利密约，有
让渡苏省凤凰山铁矿及某项械厂归其管理、派军官训练中国军队及
聘该国人为军事顾问等种种条件，非法政府业已派员协商，闻之不
胜骇诧。查此等条件，系前次某国所要求二十一条件第五项之一，
以袁世凯之淫威专制，尤具一线天良，审慎辞回，未忍灭绝祖国生
机，遽然允许。乃段祺瑞与一般朋比小人，蝇营狗苟，竟欲以一手
遮盖天下人耳目，贸然私结密约，是不惜牺牲民国全体，以供其巩
个人权利之私。夫铁矿、械厂为我国防之命脉，今乃拱手授人，其
尚能一日立国乎？况目前正谋收束军队，以图统一之时，段氏愿主
张购此大批军火，借此大宗款项，意欲何为者？或曰此非为来年出
兵欧洲之计划，不过欲借此诛锄异己，为所欲为。且段氏在未与德
国宣战之先，即有此种条约之密议，经英文京报之揭载，反被其禁
锢，是其卖国弄奸，尤事实之昭然不可掩者也。议员等忝为一方人
民代表，不忍坐视吾民国沦丧于二三权奸之手，谨大声疾呼，申告
于我全国同胞。段氏之非法政府，本为我全体人民所拒绝，则非法
政府所结之条约，当然为我民国人民所誓死不承认。应请唐督军、
陆巡阅使、谭、刘各督军，迅速进兵，谋讨奸憝，以救危亡。伏祈
我代总统及爱国诸公，一致主持，勿为奸人所朦蔽，不胜急切待命
之至。云南省议会及各界同叩。陷。

　　（《军政府公报》第卅二号，1917 年 12 月 10 日，"函
电"）

唐继尧托李烈钧为滇省代表参加
军事联合会议致孙中山电

（1917 年 11 月）

广州孙中山先生鉴：

申密。寒、个两电敬悉。承催就元帅职，敢不黾勉。唯川东合江、江津等处，虽迭获胜仗，而攻取重庆尚需时日。北虏之巢窟未清，即川人之视听未一。若遽行就职，恐转窒碍难行，稍俟时机，自当从命。军事联合会、政务委员会得公赞同，足收和衷共济之效，地点自以广州为宜。现已电托李协和为敝军代表，开会日期，请就近与各方商定，总以速成为妙。唐、岑、伍三公若能就政务委员，允孚物望。现亦电请到粤点。除通电西南各省，得复再行奉知外，先此敬闻。唐继尧。印。

（《云南档案史料》第一期，第 45 页）

唐继尧力主在粤成立军事联合会致孙中山
陆荣廷等征求各方意见电

（1917 年 11 月）

万急。广州孙中山先生，梧州陆巡阅使并转谭总司令、陈督军，莫代督军，贵阳刘督军，长沙程总司令均鉴：

密。川湘军事迭获胜利，西南局势日益发展。惟此后对内对外应行筹议者甚多，必有联合之机关，庶主张得以一致。力量既能雄厚，意见亦免纷歧。现各方均有组织军事联合会及府务委员会之议。继尧筹思再四，非此实不足巩固西南。即乞诸公合力赞同，选派军事代表组织会议。一面联电唐、岑、伍三公出任政务委员会。开会地点似以广州为适中，较能使两种会议克日成立，于军务政务始成统系，较之分途进行，用力少而收功自倍也。敝军现已托李协和先生为军事代表。尊处如何，乞即示知为祷。唐继尧。印。

唐继尧为组织军事联合会并告川战情况致孙中山、李烈钧电
（1917 年 11 月）

广州孙中山先生、李协和先生鉴：

　　义密。协公支电，拟组织军事联合会，并设政务委员会。拟约岑、唐、伍诸公南来筹商，组织一切办法，诚为必要之举。此间极表赞成。已加电敦促岑、唐、伍诸公也。我军在川胜利及战斗确情，迭据前方报告，赵、黄两军在隆昌、永川方面，已将周道刚所部全军、钟体道所部三师及秦北兵、棒匪，分路奋力击败，纷纷逃溃，并夺获枪弹无算。顾军又在荣县方面与敌激战，击毙敌兵多名，生擒四百余人。刘存厚所部之黄支队，已率全体倒戈降附。威远自井方面亦大获胜利。惟北军加入，敌势益张。东下取渝，猝难得手耳。弟刻已行次宣威，即当兼程前进，以振士气。再，四川宁远汉军，张午岚统领，已于东日通电宣布护法，计达览矣。继尧。印。

蒋作宾致孙中山电
（1917 年 12 月 1 日）

广州孙中山先生钧鉴：

段氏祸国，神人共愤，公等护法兴师，至深景仰。数年来，国势飘摇，民党根基不固，所以国家大法，屡遭蹂躏。此次进行，务祈贯澈初衷，对于约法、国会、总统、祸首诸问题，联合西南各省，一致主张，坚持到底。否则，暂时敷衍，终必纷争不已。公等明达，谅早见此，刍荛之言，聊供采纳。蒋作宾。东。印。

　　（《军政府公报》第卅一号，1917 年 12 月 5 日，"函电"）

附　蒋作宾致西南电

梧州陆巡阅使、谭总司令、云南唐总司令，四川黄、顾、庾、张各军长，广州孙中山转各镇守使、各师旅长均鉴：

　　段氏祸国，神人共愤，公等护法兴师，至深景仰。数年来，国势飘摇，民党根基不固，所以国家大法，屡遭蹂躏。此次进行，务祈贯澈初衷，对于约法、国会、总统、祸首诸问题，联合西南各省，一致主张，坚持到底，否则，暂时敷衍，终必纷争不已，公等明达，谅早见此。刍荛之言，聊供采纳。蒋作宾。东。印。

　　（《蒋作宾致西南电》，上海《民国日报》1917 年 12 月 11 日）

席正铭请拨款经营北事呈孙中山文
（1917 年 12 月 4 日）

　　经营北事，拟请饬令财政部发给内国公债壹拾万元，以作进行费用。大元帅鉴核。

参军席正铭谨呈

十二月四日（民国六年）

孙中山批：支川资五百元。孙文。

（《革命文献》第四十八辑，第 287 页）

顾品珍致孙中山等电

（1917 年 12 月 4 日）

万火急。毕节飞送行营唐督军并转叶军长、农军长、黄军长、卢师长、丁梯团长、郑司令，叙府赵总司令并飞转张军长，贵阳刘督军，广东非常国会孙大元帅并飞转陈督军及统理前敌各司令、唐少川先生、伍秩庸先生、章太炎先生、汪精卫先生、程、张、胡各总长、李协和军长、方师长，南宁陆巡阅使、谭督军，长沙谭组安先生，上海岑西林先生，江苏李督军，北京总统府军事处帅励峰先生并转蔡晓岚先生，云南〈？〉师长、昭通牛军长，除四川、湖南各省督军、省长、各都统、各省议会、各报馆钧鉴：

段祺瑞弁髦约法，迫走总统，胁迫国会，牵动地方，是非颠倒，诚民国之公敌，万世之罪人。周道刚、钟体道、刘存厚辈，利禄熏心，为虎作伥，不惜残民人以逞。品珍奉唐督命令，督师出征，协同川黔军，转战月余，本护民国之战，□□大利，逆兵将及十万，大半摧残，于月之四日，将重庆完全克服，吴、周两逆败走。现在义师四起，共赋同仇，川事指日可定。诸公匡时伟略，夙所钦敬，望时赐教言，俾免陨越。特此奉闻，详情内容续报。靖国军第一军总司令陆军第十四师师长顾品珍叩。支。印。

（《顾军长报告克服重庆电追录》，上海《民国日报》

1917 年 12 月 26 日）

刘督军致孙中山电

（1917 年 12 月 4 日）

孙中山先生鉴：

顷据顾军长品珍江电称：本军助攻重庆，由江口过江津后，左右翼于冬日午前十时先后占领白市驿、走马围，夺获敌人退管炮二尊、步枪多枝、子弹十余箱、辎重无算，现正向浮图关进攻等语。知注特闻。刘显世。支。印。

（《军政府公报》第卅二号，1917 年 12 月 10 日，"函电"）

援闽粤军陈总司令致孙中山电

（1917 年 12 月 4 日）

广州孙大元帅鉴：

炯明受任为攻闽粤军总司令，拨军二十营，编配出发，经于江日就职视事，谨此电闻。陈炯明叩。支。印。

（《军政府公报》第卅二号，1917 年 12 月 10 日，"函电"）

附　陈炯明致孙中山等电

（1917 年 12 月 4 日）

广州孙大元帅，南宁陆巡阅使、程总长、莫督军、李省长、林海军总司令、李军长、张、方两师长、林总司令、陈师长、各镇守使、各统领，兴宁沈总司令，惠州刘总办鉴：

炯明受任为攻闽粤军总司令，拨军二十营，编配出发，经于江日（三日）就职视事，谨此电闻。陈炯明叩。支。印。

（《粤军陈总司令就职》，上海《民国日报》1917 年
12 月 17 日）

湖北第三师长王安澜致孙中山电
（1917 年 12 月 4 日）

天津黎大总统，北京冯代总统，梧州陆巡阅使，广州孙大元帅、非常国会诸先生、讨闽陈总司令、莫督军、海军程总长、伍秩庸、李协和、胡汉民诸先生，上海岑西林、唐少川、谭祖庵、孙伯兰、谭石屏诸先生，天津刘省长，叙府唐元帅、罗将军，湖南谭联军总司令、程总司令、赵师长、陆师长、刘镇守使、林司令，四川刘军长、熊镇守使、章太炎先生，贵州刘督军，南京李督军，江西陈督军，荆州石师长，襄阳黎师长，各督军、省长，各联军司令，各师、旅长，各镇守使，各法团，各报馆均鉴：

民因［国］飘摇，于今六载，共和虽是，面目久非，袁项城施武力专制而洪宪发生，段祺瑞嗾督军团称兵而复辟变起，幸赖西南义师护法靖国，两熄帝制之凶焰，仅延共和于一线。讵段逆包藏祸心，盗窃政柄，外欺友邦，内激战祸。放总统于津门，诬议员为乱党。布爪牙于要津，召非法之参院。破坏统一，弁髦约法。通电挑拨，显分南北，以中华共有之国家，视为一部分之私产，驱国防之军旅，争私人之权利。灾□遍地，烽火连天，天下纷纷，何时而定。瓜分豆剖，国将不国，谁生厉阶，至于此极！乃者桂湘粤川滇黔各省联军乘胜长驱，一日千里，重庆、岳州旦夕可下，段阁虽经推倒，同恶仍属相济，阳藉调和之名，阴增军备之实。湖北为首义之区，形胜扼南北之要，所恨狐鼠凭陵，浸致国家沦胥。揆之桑梓，敬恭之心，万不敢不伸讨逆护

法之义。安澜等辛亥余生，久淡权利，洞观时变，无泪可挥。共和拥护，责在军人，一息尚存，安忍坐视。前经间关粤桂，大计密商，厉兵秣马，数月于兹。爰于十二月一日集合属部，誓师鄂豫之交，宣布独立，业于四日进据枣、随，与西南各省一致进行。负弩先驱，整旅北伐，会师武汉，直捣京畿，迎还总统，恢复约法，巩固国基，促成法治，以慰先烈在天之灵，而竟西南护法之志。人之爱国，谁不如我，中原豪杰，谅同此心，尚冀群策群力，同声致讨，力促和平，根本解决，务使共和真面目复表现于天下。迄时安澜等解甲归田，还我初服，耿耿此心，愿质天日。诸公硕画匡时，热忱爱国。谨布血忱，伫候明教。前湖北陆军第三师师长王安澜暨全体将校六百余人叩。支。

（《军政府公报》第卅五号，1917 年 12 月 20 日，"函电"；《湖北独立区域愈扩大》，上海《民国日报》1917 年 12 月 12 日）

刘督军致孙中山电
（1917 年 12 月 5 日）

孙中山先生鉴：

顷接王总司令文华支电称：顷得前方报告，我军大捷，黄角丫已攻下，现得各国领事电，吴光新、周道刚已离重庆，秩序由熊克武维持。请派官长一员往晤，俟商量就绪，再行入城。已派官长二员前往晤商，我军暂不入城。等语，特闻。刘显世。歌。印。

（《军政府公报》第卅二号，1917 年 12 月 10 日，"函电"）

龚振鹏等致孙中山电

（1917 年 12 月 5 日）

孙大元帅鉴：

　　帝制要犯孙毓筠匿居沪滨，假借护法讨贼名义，居心叵测，淆惑观听，谨缕陈事实于天下，明正厥辜。孙毓筠以浮薄纨绔，滥厕同盟，□面具以欺人，乘机缘而窃位，既遂其欺世盗名之计，益肆其希荣固宠之狂。窥袁氏之野心，谓冰山之足倚，幡然改节，媚兹一人，一意求容，遂不恤摧残同志。国事维持会之组织，民党八议员之逮捕，极离间倾陷之能，备爪牙腹心之寄。教猱升木，无毒不施。癸丑之役，凡民党计划，袁氏得以周悉无遗者，其间谍实毓筠任之。贪人败类，欲壑无餍，遂以叛党之技进而叛国，倡约法会议以亡约法，倡筹安会以覆共和，美新之文，劝进之表，尽人生之奇丑，居佐命之元勋，廉耻道丧，至斯而极。共和再造，叛逆是诛。乃匿迹津沽，冀逃显戮，值国家之多故，致捕缉之稍宽，毓筠狡计复生，野心未死，潜来沪滨，谬托输诚，扬言比附西南，一致讨贼，谋皖讨倪之文告，披露于报章，都督司令之头衔，喧传于人口。美名大义，居之不疑，举国蒙羞，万方腾笑。犹复散布流言，捏造皖北独立。皖北为振鹏等故乡，消息之来既详且迅，凡此谣诼，踪迹俱无，而因此讹言，遂致人民风鹤皆惊，叛督侦骑益密，同志为所陷害，居人为之不宁，影响吾皖全局，所关匪细。其造谣之意，具有种种阴谋，又闻遣代表遍谒西南当局，托词归诚，实为贼谍。近更与复辟要犯张镇芳、雷震春等信使往还，络绎于道，诡谋秘计，有非推测所能尽者。小人反复，无所不为，虽逆迹昭彰，奸谋断难尽信，而蜂虿有毒，后患急宜预防。用是缕数其罪，昭告天下，庶狐鼠因之敛迹，罔两无所遁形。一俟国难底定，法律修明，当拘之狴犴，立正刑章。俾国法不虚，叛人伏罪。共和幸甚，国人幸甚。龚振鹏、张汇滔、吴忠信。微。

（《军政府公报》第卅五号，1917 年 12 月 20 日，"函电"）

附　龚振鹏等致孙中山与西南各省通电
（1917 年 12 月 5 日）

广州非常国会孙大元帅，武鸣陆元帅，云南行营唐元帅并转西南各省督军、省长、师旅团长及诸同志、各报馆公鉴：

帝制要犯孙毓筠，匿居沪滨，假借护法讨贼名义，居心叵测，淆惑观听，谨缕陈事实于天下，明正厥辜。孙毓筠以浮薄纨绔，滥厕同盟，饰面具以欺人，乘因缘而窃位，既遂其欺世盗名之计，益肆其希荣慕宠之狂。窥袁氏之野心，谓冰山之足倚，幡然改节，媚兹一人，一意求容，遂不恤摧残同志。国事维持会之组织，民党八议员之逮捕，极离间倾陷之能，备爪牙腹心之寄。教猱升木，无毒不施。癸丑之役，凡民党计划，袁氏得以周悉无遗者，其间谍实毓筠任之。贪人败类，欲壑无餍，遂以叛党之技，进而叛国。倡约法会议以亡约法，倡筹安会以覆共和，美新之文，劝进之表，尽生人之奇丑，居佐命之元勋。廉耻道丧，至斯而极，共和之再造，叛逆是诛。乃匿影津沽，冀逃显戮，值国家之多故，致捕缉之稍宽，毓筠狡计复生，野心未死，潜来沪渎，谬托输诚，扬言比附西南，一致讨贼，谋皖讨倪之文告，披露于报章，都督司令之头衔，喧传于人口，美名大义，居之不疑，举国蒙羞，万方腾笑，犹复散布流言，捏造皖北独立。皖北为振鹏等故乡，消息之来既详且迅，凡此谣诼，踪影俱无，而因此讹言，遂致人民风鹤皆惊，叛督侦骑益密，同志为所陷害，居人为之不宁，影响吾皖全局，所关匪细。其造谣之意，具有种种阴谋。又闻遣派代表遍谒西南当局，托词归诚，实为贼谍。近更与复辟要犯张镇芳、雷震春等信使往还，络绎于道，诡谋密计，有非推测所能尽者。小人反覆，无所不为，虽逆迹暗〔昭〕彰，奸谋断难尽售，而蜂虿有毒，后患亟宜预防，用是谍数其罪，昭告天下。庶狐鼠因之敛迹，罔两无所遁形，一俟国难底定，法律修明，当拘之司败，立正刑章。俾国法不虚，叛人伏罪。共和幸甚，国人幸甚。龚振鹏、张汇滔、吴忠信。微。

（《龚振鹏等致西南电》，上海《民国日报》1917 年12 月 8 日）

王文华致孙中山等电
（1917 年 12 月 5 日）

万火急。南宁陆巡阅使，长沙联军谭总司令，广州莫代督军、陈督军、孙中山先生、伍秩庸、程玉堂、李协和、汪精卫诸先生，上海岑西林先生转唐少川、谭组庵先生钧鉴：

我军自十一月文日（十二）开动后，剧战至本月一日，复行总攻，连日胜利，于支晨（四号）完全克服重庆，吴光新、周道刚各率残部逃遁，现在追击中。文华已赴渝办理善后，特闻。黔军总司令王文华叩。歌。印。

（《攻克川渝之电文》，上海《民国日报》1917 年 12 月 18 日）

湖南巡防各营营长唐天寿、
田楚珩等致孙中山电
（1917 年 12 月 5 日）

孙中山先生鉴：

奉法不强，压民太甚，内乱无已，外侮必乘。所冀冯代总统开诚布公，以息两方之争，尤望各省长官，保境安民，勿铸九州之错。要知鹬蚌相竞，渔人在旁，民财俱竭，亡国可待。今日为国增兵，即他日为民增盗，今日为兵增饷，即他日为国增债。在诸公爱国出乎热忱，善后岂无良策。然以六年之间，四次改革，一人兆衅，万姓不宁，譬舟行大海，已风怒涛惊，尚无共济之心，安免沦胥之痛。至我湘省，首义激于一时，西南兵祸，连结数月。乃者北兵来省，蹂躏之惨，纸不忍宣。现省城秩序，虽幸稍复，而主持大政，端赖得人，前谭督延闿两次莅湘，军民爱戴，若回原任，就熟驾轻，另易生人，终非湘福。为此不揣愚狂，披沥相陈，仰恳大总统核准施行，并希各部、各省一致赞同，以维湘局，毋任惶悚待命之至。湖南□□□□□□各营营长唐天寿、田楚珩、向剑喜等仝叩。微。

（《军政府公报》第卅四号，1917 年 12 月 15 日，"函电"）

章太炎通电

（1917 年 12 月 5 日载）

广州非常国会孙大元帅、程总长、陈督军、林总司令、唐少川、汪精卫、李协和、胡汉民、黄子荫、张亚农诸先生，南宁陆巡阅使、金晓峰先生，行营谭总司令，衡州程总司令，上海谭石屏、蔡幼襄、孙伯兰、岑西林、伍秩庸诸先生及各报馆均鉴：

迭接非常国会与两粤湖南通电，皆严诛段氏，而曲贷冯酋，鄙人与诸同志，已电非常国会，请从一例。恐海内诸君子，未喻其由，今复重言申意。按冯国璋行事，于倪逆称兵则养寇中立，于张勋复辟则端坐视成。罪比段氏，初无末减，近复伪设参议院，逮捕非常国会议员，觎法蔑计出于自动，非段祺瑞所能诱胁，与黎公被迫屈法之事大殊矣。资格既失，而诸公犹称为冯代总统，乃于段祺瑞一人，遍加严责，是为轻首恶而重附凶。且冯氏不讨，则名义犹在，近者免职、褫勋之令无日不下。彼有黜陟之柄，我无征诛之名。抗兵攻击，将谓之何？抑以吴光新、傅良佐专属段氏部曲耶？而二人实受冯氏命令，不能以段氏私属视之。譬如两水合流，强分泾渭，理所不可。既认冯氏为代总统，而又与其命吏吴、傅相攻，是乃对抗颜行，自居叛逆。名不正则言不顺，言不顺则事不成，非此谓欤？或谓宽缓冯氏，所以怠其战心。此联冯倒段之说，尤为不揣事理。冯、段虽有小嫌，而阋墙御侮，人情之常。假令南军不起，冯、段或自相袭杀，所不可知。今南北构兵，已成事实，彼虽胸有芥蒂，而患难相同，焉肯自撤屏藩，以媚仇敌。纵使我军大捷，不得已蔽罪于一人，亦不过敷衍塞责耳。陈泰云：但有过于此者，更无其次。诸公明达，何苦为此掩耳盗铃之计耶。且冯果倒段，能与南方相安乎？爵位利禄之权，事事可以饵人而挑衅，彼时不堪其忿，则五次革命之事又生。今不为一劳永逸之谋，而贻他日以亟肆疲兵之祸，又岂所以对我军民也。若谓不讨冯氏，所以取悦直系军人，不使协以谋我。不思直系非尽冯氏死党，其间有志节皎然者。黄陂在任之日，亦尝申以恩纪，引为腹心。今以黎公复职为宗旨，名义至顺，直系亦岂有异图。何取委蛇谐媚，以反侧子待人为。谨按：冯氏调和西南之说，此皆报章传述政客诳言，按之事实，悉相违反，伪令具在，非可诬也。昔徐世昌阳言不附帝制，而实为佐命首功，此袁系人物之故智则言。今之冯氏，岂异于彼。而诸君子信其荧惑，不恤牺牲法律，屈抑名义以就之，无乃信虚言而忘事实，听游说而乱大谋乎？依上二者，以法则冯氏不可宽容，以势则冯段不能离间。直系有杖正之人引为同志可也，因直系而媚冯氏不可也。夫韩亡则子房奋节，秦帝则鲁连耻生。鄙人以为，冯氏若遂尸大位，吾辈当被发入夷，身为左衽，不能受彼叛魁统治。人之好义，岂异于我，应请国会、军界一律声讨，但有顺逆之分，焉论直之皖［皖之］异。谨披沥肝胆以告，愿诸君子勿弃刍荛。章炳麟叩。

（《章太炎力持正义之要电》，上海《民国日报》1917
年12月5日）

附 章太炎通电
（1917年12月7日）

广州非常国会孙大元帅、程总长、陈督军、林总司令、唐少川、汪
精卫、李协和、胡汉民、黄子荫、张亚农诸先生，南宁陆巡阅使、
金晓峰先生，行营谭总司令，衡州程总司令，上海谭石屏、蔡幼
襄、孙伯兰、岑西林、伍秩庸诸先生及各报馆钧鉴：

迭接非常国会与西粤湘南通电，皆严诛段氏而曲贷冯□，鄙
人与诸同志前已电非常国会，请从一例。恐海内诸君子未喻其
由，今复重言申意。按冯国璋行事，于倪逆称兵则养寇中立，于
张勋复辟则端坐事成。罪比段氏，初无末减。近复伪设参议院，
逮捕非常国会议员，斁□灭纪出于自动，非段祺瑞所□诱胁，与
黎公被迫屈法之事大殊矣。资格既失，而诸公尤称为冯代总统，
乃段祺瑞一人偏加严责，是为轻首恶而重附凶。且冯氏不讨，则
名义在。近者免职、褫勋之令无日不下。彼有黜陟之柄，我无证
〔征〕诛之名。抗兵攻击，将谓之何？抑以吴光新、傅良佐专属
段氏部曲耶？而二人实受冯氏命令，不能以段氏私属视之。譬如
两水合流，强分泾渭，理所不可。既认冯氏为代总统，而又与其
命吏吴、傅相攻，是乃对抗，顾行自居叛逆。名不正则言不顺，
言不顺则事不成，非此谓欤。或谓宽缓冯氏，所以怠其战心。此
联冯倒段之说，尤为不揣事理。冯段虽有小嫌而阋墙御侮人情之
常。假令南军不起，冯段自相袭杀所不可知，今南北构兵已成事
实，彼虽胸有芥蒂，而患难相同。焉有自撤屏藩以媚仇敌。纵使
我军大捷，不得已罪于一人，亦不过敷衍塞责耳。陈泰云：但有
过于此者，更无其次。诸公明达，何苦出此掩耳盗铃之计耶。且
果倒段能与南方相安乎？爵位利禄之权，事事可以饵人而挑衅，

彼时不堪其忿，则五次革命之事又生。今不为一劳永逸之谋，而他贻以殴肆疲兵之祸，又岂所以对我军民也。盖谓不讨冯氏所以取悦直系军人，不使协以谋我。不思直系非尽冯氏死党，其间志节皎然者，黄坡〔陂〕在位之日，亦常申以恩纪，引为腹心。今以黎公复职为宗旨，名义至顺，直系亦岂有异图，何取委蛇谄媚，以反例事待人为？谨按：冯氏调和南北之说，此皆报章传述政家诳言，按之事实违反。伪令具在，非可诬也。昔徐世昌阳言不附帝制，而实为助命首功，此袁系人物之故智则然，今之冯氏岂异于彼。而诸君子信其荧惑，而不恤牺牲法律，屈抑名义以就之，无乃信虚言而忘实事，听浮说而乱大谋乎？依上二者，以法则冯氏不可宽容，以势则冯段不能离间。直系有仗正之人引为同志可也，因直系而媚冯氏而不可也。夫韩亡则子房奋节，秦帝则鲁连耻生，鄙人以为冯氏若遂尸大位，吾辈当被发入夷，身为左衽，不能受彼叛奎统治。人之好义，岂异于我，应请国会、军界一律声讨，但有顺逆之分，焉论直皖之异，谨披沥肝胆以告，愿请诸君子勿弃刍荛。章炳麟叩。阳。

（《章太炎最近之通电》，《盛京时报》1917 年 12 月 13 日）

唐继尧致孙中山电
（1917 年 12 月 6 日）

孙中山先生鉴：

滇黔联军已于支日攻克重庆，吴光新、周道刚率所部离渝，我军即行入城，维持秩序，特电奉闻。继尧。鱼。印。

（《军政府公报》第卅二号，1917 年 12 月 10 日，"函电"）

张开儒通告班师回滇电
（1917 年 12 月 6 日）

黎大总统钧鉴：广州孙大元帅、非常国会、程总长、莫督军、李省长、伍秩庸、唐少川、李协和、陈竞存、胡展堂、汪精卫、徐固卿诸先生，南宁陆巡阅使，云南刘代督军，行营唐元帅、章太炎先生，并转前敌各总司令，各师、旅、团长，湖南护总司令、程总司令、马司令，襄阳黎镇守使，龙州龙督办，上海岑西林、孙伯兰先生，各省督军、省长、省议会、各镇守使、各师旅团、各报馆及全国父老昆弟均鉴：

窃自袁世凯帝制自为，摧残共和，滇军不忍见民国之亡，起兵讨之，转战来粤，备历艰辛，袁逆天诛，共和复活。滇军以帝孽本除，祸根犹存，故留驻广东，得机杀贼。不转瞬而督军团独立，丑虏复辟。开儒以为去岁起兵，未尽之责，从此可以补尽矣，故屡次请当充饷械，出师讨逆。乃事与愿违，徒托空谈，抚膺自问，愧汗无从。且滇军驻粤将近两载，食粤人之粮，践粤人之土，当此法坏国破，叛逆蜂起之时，滇军不能出一卒、杀一贼，实无颜以对吾百粤父老也。顷奉唐元帅转来陆巡阅使电开：现在段阁已倒，大局已易转机，前敌各军，将次停战议和，等因。是此时已无用兵之必要，开儒亦不忍再以重兵累吾粤父老，特此通电，班师回滇，一以减吾粤父老之负担，一以使此锋镝健儿得反故乡，与父老重话桑麻，共叙天伦。开儒亦得以早卸仔肩，养疴泉石，用补负国、负己之过，于愿足矣。班师在即，谨此布闻。张开儒率驻粤滇军第三师全体官长士兵叩。鱼。印。

（《北洋军阀史料·黎元洪卷》第四册，第 992 ~ 996 页）

程璧光通电

（1917 年 12 月 7 日）

万急。陆巡阅使、督军、省长，云南唐督军行营，云南刘代督军、田省长，贵阳刘督军，贵州王行营王总司令，长沙谭联军总司令，程总司令，孙中山先生、伍秩庸、唐少川、莫督军、李省长钧鉴：

海军协同滇、粤、桂各军，定于本日九时起，向沿海进发，特电奉闻。程璧光。虞。印。

（《广东海军向沿海进发通电》，长沙《大公报》1917 年 12 月 10 日）

唐继尧致孙中山电

（1917 年 12 月 8 日）

孙中山先生鉴：

段氏乱法，祸国殃民。继尧假道巴蜀，督军北指，将为护法起见，实不愿在蜀省用兵。乃刘存厚顽执地方主义，周道刚乐为北军效用，助桀为虐，称兵阻挠，梗我交通，断我给养，军行每多障碍，致泸州挫折，兵被牵缀，大局未能速平，私衷实多抱歉。兹幸滇黔联军血战经旬，会攻上渝，军声大振，特将最近捷报，撮要电闻，即祈核察。迭据顾军长品珍、王总司令文华电称：我军自十一月杪夜占领界石，进驻鹿角场，文辰已占领三百梯，随即猛攻黄角丫、彝江口，剧战五昼夜，歼敌四百余名；我军何旅长海清率兵于筱日将合江攻下，张纵队长率军于哿日攻克江津，黄角丫正在激战中，敌军伤亡八百余，我中央主力军左翼已进铜元局，右翼已迫真武山，歼敌千余，渝城大震。我军乘胜于卅日进攻铜罐驿，敌于下午退却，我军占据石柱铺，进攻白市驿，该处距渝城仅三十里，并分兵猛攻豸塞岗。东、冬两日，我军李旅长友勋已先后占领白胧驿、跳蹬岗、走马岗，夺获敌人退管炮二尊、步枪子弹十余驼、辎重无算，并添炮兵一连，会攻黄角丫。冬酉我军何旅长海清率周、蓝两团，分路进攻，已入老关口，夺获战利品无算，歼敌五百余。敌之交通已断，现正乘胜前进。支日，我军拂晓猛攻，已将敌人击退。本日西刻我军大捷，已攻下黄角丫，吴光新、周道刚率队离渝，渝城秩序暂由熊克武维持，现已派员接洽，俟晤商就绪后，即行入城各等语，除电令前敌各军安集商民，妥善融洽外，特电奉闻。唐继尧。庚。印。

　　（《军政府公报》第卅四号，1917 年 12 月 15 日，"函电"）

附　唐继尧报捷电
（1917 年 12 月 8 日）

十万火急。行营陆巡阅使，广东非常国会议员、孙中山先生、陈督军、莫代督军、李省长、程玉堂、李协和、伍秩庸、唐少川先生，张、方两师长，分送长沙谭总司令、程省长、钮总参谋，并转各司令，常德寇道尹，洪江周镇守使，琼州督办，分送上海岑云阶、谭组庵、蔡幼襄、孙伯兰诸先生，并转各报馆鉴：段氏乱法，祸国殃民，继尧假道巴蜀，督军北指，将为护法起见，实不愿在蜀用兵，乃刘存厚顽执地方主义，周道刚乐为北军效用，助桀为虐，称兵阻扰，梗我交通，断我给养，军行每多障碍，致泸州挫折，兵被牵缀，大局未能速平，私衷实多抱歉。兹幸滇黔联军，血战经旬，会攻上渝，军声大振。特将最近捷报，撮要电闻，即祈核察。选据顾军长品珍、王总司令文华电称：我军自十一月杪夜占领界石，进驻鹿角场，文晨已占领三百梯，随即猛攻黄角

〔丫〕、彝江口，剧战五昼夜，歼敌四百余名。我军何旅长海清，率兵于筱日将合江攻下，张纵队长率军于哿日攻克江津黄角〔丫〕，正在激战中，敌军伤亡八百余。我中央主力军左翼，已进铜元局，右翼已迫真武山，歼敌千余，渝城大震。我军乘胜于三十日进攻铜罐驿，敌于下午退却，我军占据石柱铺，进攻白市驿，该处距渝城三十里，并分兵攻豸塞岗。东、冬两日，我军李旅长友勋已先后占领白胧驿、跳登岗、走马岗，夺获敌人退管炮二尊，步枪子弹十余驮，辎重无算，并添炮兵一连，会攻黄角〔丫〕。冬酉，我军何旅长海清率周、蓝两团，分路进攻，已入老关口，夺获战利品无算，歼敌五百余，敌之交通已断，现正乘胜前进。支日，我军拂晓进攻，已将敌人击退，本日酉刻，我军大捷，已攻下黄角〔丫〕。吴光新、周道刚率队离渝，渝城秩序暂由熊克武维持，现已派员接洽，俟晤商就绪后，即行入城。各等语。除电令前敌各军，安集商民，妥善融洽外，特电奉闻。唐继尧。庚。印。

（《攻克川渝之电文》，上海《民国日报》1917 年 12月 18 日）

唐继尧致孙中山电
（1917 年 12 月 10 日）

孙中山先生鉴：

兹继尧处任命黄复生、卢师谛为西川靖国联军总、副司令，应请加电知照。继尧。蒸。印。

（《军政府公报》第卅三号，1917 年 12 月 12 日，"函电"）

靖国第一军总司令顾品珍致孙中山电
（1917 年 12 月 10 日）

孙大元帅钧鉴：

段祺瑞弁髦约法，迫逼总统，威胁国会，举动乖方，是非颠倒，为民国之公敌，万世之罪人。周道刚、钟体道、刘存厚辈，利禄熏心，为虎作伥，不惜残民以逞。品珍奉唐督命令，督师出征，协同川黔军，转战月余，托先烈之灵，战无不克，逆军将及十万，大半溃败，于月之四日，已将重庆完全收复，吴、周两逆逃遁。现在义师四起，共赋同仇，川事指日可定。诸公匡时伟略，夙所钦佩，望时锡教言，俾可遵循，特此奉闻，详情容续报。靖国第一军总司令、陆军第十师师长顾品珍叩。蒸。

（《军政府公报》第卅四号，1917 年 12 月 15 日，"函电"）

湖北靖国第一军总司令石星川致孙中山电
（1917 年 12 月 10 日）

孙大元帅鉴：

敝军于本月一日自主，业已通电。文曰：天祸中国，变乱频仍，大局倾颓，生民涂炭，谁秉国钧，至于此极。返原往事，言之痛心。自项城帝制自为，专以武力征服，所以天下骚然。滇黔伸义，树植风声，帝制复摧，共和恢复。袁氏失败，段祺瑞既为内阁，小民经此痛苦，望治之心甚殷。乃段施袁故智，百度更张，蔑法狗私，众难擢发。黎大总统独振乾纲，罢免本职，段虽下野，群帅称戈，图死灰之复燃，召复辟之奇趣。国会解散，总统被困，天下滔滔，几无所定。幸人心不死，元恶潜逃，段复乘机攫踞大位，天良如在，应改前愆。乃倒行逆施，兴波逐浪，川湘事起，战祸蔓延，天诱其衷，段复免职。近者天心厌乱大局望转圜之机，询谋佥同吾人享共和之福，不图冯国璋宗旨素抱和平政策，仍为武断，与段同恶相济，一致进行。通电具在，无可讳言，凡具热心，无不指发。湖北为首义之区，数年以还，变争迭起。忝总师干，惟以安全地方为职志，虽政见时有争执，星川等屡缄默不言。盖同室何忍斗争，国基不堪破坏，及段前立非法内阁，时犹复极力隐忍，冀促和平，今则调停均属空谈，大局险象环生。盖川湘滇黔桂五省各军云集，东下荆南。密迩邻封，何堪滋扰。彼既一误再误，我实忍无可忍，今为大局计、为桑梓计，已于十二月一日宣布独立，与西南各省一致行动，以巩固共和国基，恢复约法为目的。夫欲安大局，必清乱源，诸公明达匡时，蓄储宏略，闻鸡起舞，谅表同情，急不择言，敬候明教。等语。当时荆沙水线不通，恐未达到，特再奉闻。现在公安至荆水线业已修复，若有赐教，请迳电荆州为祷，湖北靖国第一军总司令石星川、副司令兼第一梯团司令朱兆熊、鄂副司令兼第三梯团司令刘佐离、总参谋长傅人杰、第二梯团司令胡廷佐、第四梯团司令孙国安暨全体将士同叩。蒸。印。

（《军政府公报》第卅五号，1917 年 12 月 20 日，"函电"）

湖南桃源县绅商学界代表
沙荣魁等致孙中山电
（1917 年 12 月 11 日）

孙大元帅钧鉴：

现任桃源县知事陈君镜尧，以硕学通儒，激于时局披靡，触发义愤，向湘西护国军助捐饷项，效力疆场。吾桃自军兴后，匪盗乘间滋扰，人民阽危，得该知事总摄军民两政，不匝月间，地方秩序大复，万众翕服，尊之如神。适闻调署通道，桃民怅惘，如失慈母，用特联名电恳，伏乞俯顺舆情，准即电咨湘长省及常德辰沅通道尹加委，并电饬陈君留任，以慰民望，不胜翘企待命之至。桃源县绅商学界代表、桃源沙坪警察所所长沙荣魁、金矿总理陈祥缦、人寿保险经理郭学章、俭学会刘开铨等全叩。真。

（《军政府公报》第卅四号，1917 年 12 月 15 日，"函电"）

四川靖国军总副司令黄复生、卢师谛致孙中山电

（1917 年 12 月 13 日）

孙大元帅钧鉴：

密。马日奉电令，委任复、谛为四川国民军总、副司令，当即率合同志积极进行。前因变更战略，改驻永宁。昨日来毕，面谒唐帅及太炎先生，商议要件，唐帅豁达大度，朗若日星，推诚相与，方针一致，当即议定更名为中华民国军政府四川靖国军，与滇黔荆襄各军联为一气，唐帅已有电达钧座，刻下渝下已久，吴、周窜逃，泸、叙恢复在即。川乱戡定，即可会师武汉，直抵燕云，扫除逆氛，以靖民国，复、缔[谛]庚日回永，戮力前敌，以后情形，当随时摘要报告，谨闻。四川靖国军总司令黄复生、副司令卢师谛叩。元。

（《军政府公报》第卅五号，1917 年 12 月 20 日，"函电"）

湖北靖国第一军总司令石星川致孙中山电

（1917 年 12 月 15 日）

孙大元帅钧鉴：

荆襄自主，卫国称兵，总揽戎机，全资人杰。黎公天才，夙娴韬略，久著虎威，辛亥誓师，金陵光复，嗣镇襄郡，七邑不惊，环顾鄂中，实为巨擘。星川等谨公举黎公天才为湖北靖国联军总司令，除驰电襄阳外，特以奉闻。湖北靖国军第一军总司令石星川、副司令朱兆熊暨全体官兵同叩。咸。

（《军政府公报》第卅六号，1917 年 12 月 24 日，“函电”）

湖北靖国联军总司令黎天才致孙中山电

（1917 年 12 月 16 日）

孙大元帅钧鉴：

自徐州会议叛督称兵，天津立盟，奸雄逞志，倡复辟而威胁元首，背约法而解散国会，种种非法，天人共愤。是以南滇举义，问罪兴师，粤桂川湘群起响应，兵连祸结，半载于兹。方冀戎首悔心，祸阶渐弭，而乃怙恶不悛，专权自恣，妄图为虎作伥，虽狐埋狐搰而不惜，继则驱狼入室，权奸盗功以自固。遣吴入蜀声震巴峡之猿，以傅督湘魂断衡阳之雁。旌旗所至，闾里为墟。哀我小民，无辜罹此。幸而天厌恶满，北军溃散，伪湘督闻风鼠窜，伪司令惧罪狼奔，克复三湘，势将入鄂。今鄂省靖国第一军总司令石星川痛念桑梓之邦沦为战争之地，首倡自主，通电各方，天才奉电之余，誓同生死。伏念天才自民国起义，身在戎行，复金陵于浃辰，援鄂渚于午夜，由光复以迄于今，计已六载。几更裘葛，屡遇风潮，然皆镇静自戒，安堵如故。诚以疮痍未复，涂炭何堪？往者帝制发生，南军迭起，鹫垣危于累卵，襄水净无织尘，天才不敏，各与有力焉。原期改弦更张，日求上理，孰料江河日下，政治日非，扩势力于个人，肆凶残于同类，本是同根，相煎太急，偶一回首，辄为伤心，前者欲言而不能言，今则欲忍而不能忍。用是励我将士，整我甲兵。已于十二月十六日勉应公举为湖北靖国联军总司令之职，宣告自主，与西南各军一致进行，愿著祖生之鞭，共击陶公之楫。凡我同志，鉴此苦衷，协心同力，共相援助，他日大功告竣，俾共和真相复现于我亚东大陆，则吾国幸甚，吾民幸甚。诸公热心救国，务希共济时艰，临电神驰，伫候明教。湖北靖国联军总司令黎天才、联军总参谋丁荫昶、联军总参议杜邦俊、湖北第二军总司令张联升、副司令李寅宾、参谋长陆始图、东路司令由犹龙、西路司令兼第一梯团司令颜从务、参谋长杜德晖、第二梯团司令廖源森、第三梯团司令孙建屏、第四梯团司令赵荣华、补充梯团司令张定国、曾忠枢、田之秀、炮兵司令梁正昌暨全体官兵等同叩。铣。

（《军政府公报》第卅六号，1917 年 12 月 24 日，"函电"）

莫代督等致孙中山电

（1917 年 12 月 16 日）

孙中山先生鉴：

顷接龙济光电，称已就两广巡阅使职，并派队分道巡视。等语。当经邀集海陆军警各军官会议，金谓龙氏承受段内阁伪令，破坏大局，已属悖谬，又复派队分道而来，显系扰乱治安，行同寇盗。我粤海陆军警务当严阵以待，如遇有龙军入境，应勒令缴械，若不肯缴械，即以土匪论，一律剿办，案经议决，希本省军警一体遵照办理，并恳四省一致对待为盼，希各道尹、各县知事一律出示宣布，俾使商民周知。莫荣新、李耀汉、程璧光、李烈钧、陈炯明叩。铣。印。

（《军政府公报》第卅五号，1917 年 12 月 20 日，"函电"）

谭总司令浩明等致孙中山电

（1917 年 12 月 16 日）

万急。孙中山先生鉴：

昨接龙济光通电，在琼州宣布就两广巡阅使职，又奉陆巡阅使盐电，略谓龙济光既已宣布就职，嗣后各事均由新任办理，并声明任内并无组织机关开支经费各等因。查段氏此次违法乱政，我两广早经宣布自主，不受非法命令，故前此任命龙济光为两广巡阅使时，曾经通电，证明其为构乱举动，不能承认。此时段氏即未罢免，命令已归无效，况今日段既罢职，更无可以承认之理由。浩明等早日以来迭奉陆巡阅使电令，知苏直鄂赣宁四〔五〕督军要约请和，而冯代总统迭电亦有停战以待大局解决之言，方谓恢复和平，同趋正轨，乃龙济光忽于此时，贸然宣言就职。龙氏本不足道，惟停战期间，而忽然有此，三军闻耗，怒发指天。对于龙济光就职两广巡阅使之事决不承认，特再声明，全国父老，共闻此言。湘粤桂联军总司令、广西督军谭浩明、广东第一军总司令马济、第二军总司令林虎、第三军总司令沈鸿英、广西第一军总司令韦荣昌、第二军总司令林俊廷、第三军总司令陆裕光、湘军总司令程潜、师长赵恒惕、旅长林修梅、陈嘉佑、零陵镇守使刘建藩。铣。印。

（《军政府公报》第卅五号，1917 年 12 月 20 日，"函电"）

附　湘粤桂联军否认龙济光通电

（1917 年 12 月 16 日）

万急。南宁陆巡阅使钧鉴：李省长、广西各局、各镇守使、各道尹、各水陆警察厅、各县知事、各正副司令、各关监督、局长、商会，广州莫督军、李省长、程总长、伍秩庸、唐少川、孙中山、吴莲伯、王儒堂、胡汉民、汪精卫、李协和先生，盐运使、财政厅、高等审检厅、海防办事所、江防司令、虎门要塞司令，广东各局、各镇守使、师旅长，上海岑西林、谭组庵先生，各省督军、省长、各护军使、各镇守使、各师旅长、各省议会、各报馆鉴：

昨接龙济光通电，在琼州宣布就两广巡阅使职。又奉陆巡阅使盐电，略谓龙济光既已宣布就职，嗣后各事，均由新任办理，并声明任内并无组织机关，开支经费各等因。查此次段氏违法乱政，我两广早经宣布自主，不受非法命令，故前此任命龙济光为两广巡阅使时，曾经通电，证明其为构乱举动，不能承认。此时段氏即未罢免，命令已归无效，况今日段既罢职，更无可以承认之理由。浩明等早日以来，迭奉陆巡阅使电令，知苏直鄂赣四督军要约请和，而冯代总统迭电，亦有停战以待大局解决之言。方谓恢复和平，同趋正轨，乃龙济光忽于此时，贸然宣言就职。龙氏本不足道，惟停战期间，而忽然有此，三军闻耗，怒发指天。对于龙济光就职两广巡阅使之事，决不承认，特再声明，全国父老，共闻此言。湘粤桂联军总司令、广西督军谭浩明、广东第一军总司令马济、第二军总司令林虎、第三军总司令沈鸿英、广西第一军总司令韦荣昌、第二军总司令林俊廷、第三军总司令陆裕光、湘军总司令程潜、师长赵恒惕、旅长林修梅、陈嘉祐、零陵镇守使刘建藩。铣。印。

（《湘粤桂联军否认龙济光通电》，上海《民国日报》
1917 年 12 月 27 日）

广西军界黄培桂等致孙中山电

（1917 年 12 月 16 日）

孙中山先生鉴：

顷奉莫督军、李省长咸电，谨悉。龙济光自认非法之命令，甘受其愚，牵掣南方，影响全局，凡有血性，无不发指。培桂等亟应尊崇自主，一致进行，非法之举，死不承认。伏维我帅挽回国难，群黎钦仰。敢请始终同负击楫为怀，幸勿谦辞以争一体，并望督军、省长卓志宏谋，共予维持，大局幸甚。黄培桂、余炳忠、陈树勋、梁致广、唐朝绳、李立廷、郭尚贞、唐启渭、廖大声、张韶、李奎汉，并由培桂率军官全体叩。谏。印。

（《军政府公报》第卅五号，1917 年 12 月 20 日，"函电"）

李烈钧致孙中山电

（1917 年 12 月 16 日）

中山先生鉴：

莫、李二公咸电敬悉。西南主义，烈钧扶义驰驱，所为者法，凡关于一切非法命令行为，均非愿闻。正不论人之贤与不贤，事之当与不当也。李烈钧叩。铣。

（《军政府公报》第卅五号，1917 年 12 月 20 日，"函电"）

王升平等致孙中山等电

（1917 年 12 月 18 日）

孙大元帅，程总长，督军，李军长，张、方两师长，陈竞存，邹海滨，吴景濂诸公鉴：

课［？］日督队进攻铁场、长安两处，鏖战□昼夜，两处均已占据克复，克日进攻五华、兴宁，谨电奉闻。军政府潮梅军第一枝队长王升平、张镇□等同叩。巧。

（《军政府讨潮之捷电》，长沙《大公报》1917 年 12 月 10 日）

李烈钧致孙中山电
（1917 年 12 月 18 日）

孙中山先生鉴：

逆贼李厚基，倡乱叛法，罪恶昭著，犹不自悔悟，扰害粤疆。顷复密遣爪牙，妄逞凶锋，行刺靖国第六军方军长声涛。似此顽恶不悛，尤宜及早剪除。烈钧不才，为国为友两难辞责，准于即日协同海军督师讨伐，誓扫毒氛而清妖孽。倚马待发，特电奉闻。李烈钧。巧。印。

（《军政府公报》第卅五号，1917 年 12 月 20 日，"函电"）

川北总司令王奇致孙中山电
（1917 年 12 月 18 日）

孙大元帅鉴：

川民苦战祸久矣。推原祸始，实由政府处置不良，故使川滇黔军自为鹬蚌，战事久延，雠仇愈结愈深。长此相持，坐令西南困惫，野心家乘而利用之，岂仅阋墙之患，抑非民国之福。川军官佐，曷少哲人，然或碍于私交，或囿于统系，或迫于众势，或泥于夙嫌，以是数因，遂演战剧，虚糜财帑，抛掷生灵。清夜思维，实深惭悚。奇等自移驻合川，尝以息战宁人，陈说督军，卒不见报。顷复据探自永川回称，督军不知所往，全军无主，何由指挥。用集所部军官会议，佥以宁民莫如息战，停战唯有附南，大致〔势〕所趋，众心一致。且为便利指挥主客军队起见，推奇任北路总司令之职，自愧德薄，治军无状，本拟乘时引退，藉明心迹，乃以全军期责，不能遽卸仔肩。奇等皆以为川与滇黔之战争，今昔不同，昔为省界之争，今为南北之战，省界之争咎在政府，南北之战祸在北军。现今段氏现已免职，北军又复出境，川军苟一致向南，滇黔何事图川。奇等为大局计，为川局计，请自今日始谨率所部与南方各省一致进行，至对于川军各师，素有同袍之谊，进□忠言，奇等之责也。倘以奇等之言为是，共表同情，奇等愿奉以归军府，权利之私非所敢计，尚冀南省各司令互相携挈，消除夙怨，联络感情，无任切盼，谨此电闻，伫侯覆示。北路总司令官王奇、梯团长王秋璋、王中、聂文光、参赞官罗炜、郭延、王镜澈、支队长彭志经、张旬、张鼎、张琨、乐九成、文道心，游击司令朱璧彩，暨军官佐全体叩。巧。印。

（《军政府公报》第卅八号，1918 年 1 月 4 日，"函电"）

附　川军王旅长宣布向南电

天津黎大总统，北京冯副总统，广东孙大元帅、非常国会会议，南宁陆元帅、长沙谭督军、程省长，荆州襄阳黎、石两司令，南京李督军，南昌陈督军，武昌王督军，天津曹督军，太原阎督军，宁波蒋、周两司令，贵阳刘督军，毕节唐总司令，成都刘总司令、省议会，内江钟师长，康康〔？〕陈护使，宁远张屯殖使，重庆顾军长、王总司令、熊镇守使、石司令，上海杨沧白先生、唐少川先

生、岑西林先生、伍秩庸先生、李协和先生、柏烈武先生并转各报
馆均鉴：

川民苦战祸久矣，推原祸始，实由政府处置不善，故使川滇
黔军自为鹬蚌，战愈久愈烈，仇愈结愈深。长此相持，坐令西南
困城，野心家将乘势而利用之，岂惟川民之祸，抑非民国之福。
川军官佐，何少哲人，然或碍于私交，或囿于统系，或迫于众
势，或泥于夙嫌，以是数因，遂酿战剧，虚糜财币，抛掷生灵，
清夜思维，实深渐悚。祎等自移驻合川，尝以息战宁民，陈说督
军，卒不见报。顷复据探自永川报称，督军不知所往，其军无
主，何由指挥。用集所部军官会议，金以宁民莫如息战，息战惟
有附南，大势所趋，众心一致。且为便利指挥、收容军队起见，
推祎任北路总司令之职，谬自棉薄，治军无状，本拟乘时引退，
以明心迹，乃以全军责望，不能遂卸仔肩。祎等窃以为，川与滇
黔之战争，今昔不同，昔为省界之争，今为南北之战，省界之
争，咎在政府，南北之战，祸由北军。现在段氏既已退职，北军
又复出境，川军苟一致向南，滇黔何事图川。祎等为大局计，为
川局计，请自今日始，谨率所部军队，与南方各省一致进行。至
对于川军各师，素有同袍之谊，进尽忠言，祎等之责也。倘以祎
等之言为是，共表同情，祎等愿奉以治军。至权利之私，非所敢
计，尚望南省各司令，亟相提挈，消除夙怨，联络感情，无任切
祷。谨此电闻，伫盼复示。北路总司令官王祎，梯团长王秉璋、
王□中、聂文光，参赞官罗济、郭廷、王镜澈，支队长彭志九乐
成肇明张张徐瑶鼎道心①，游击司令朱璧彩暨军官佐全体叩。巧。
印。

（《滇川黔靖国军发展中之要电》，上海《民国日报》
1918 年 1 月 9 日）

---

① 此数人不清。——编者

方师长声涛致孙中山电

(1917 年 12 月 18 日)

孙中山先生鉴：

声涛正在率师征闽，不意作［昨］晚七时为匪袭击，幸伤轻微，易就平复。仍当努力杀贼，以遂救国之志，深恐道路流传失实，特用奉告，藉慰系念。方声涛。巧。

（《军政府公报》第卅五号，1917 年 12 月 20 日，"函电"）

湖北刘公等致孙中山电

(1917 年 12 月 19 日)

孙中山先生鉴：

国运多艰，丑类迭出，袁毒已熄，段祸复职［炽］，国蠹民蠹，继继绳绳，破坏法纪，干冒天下之大不韪，人民同痤，天神共愤。公猥以不才，每忆共和之缔造，原以法律为要，约法之不存，国将焉附。今虽丁艰在籍，自不能不国尔忘家，公尔忘私，是以墨经［绖］从戎，在所不避。幸我同志会襄阳，黎总司令辅臣已于铣日会同宣布逆贼罪状，通电自主，统帅鄂北数万义师，刻期北伐，以为我南方义军之先驱。辅臣公，老同志也，刻在武昌，忠肝义胆，有耳咸闻，此次联军出师，不至总统复职、国会招集、约法恢复、逆党扫除、共和巩固，绝不能罢兵。大义当前，曷敢多让。诸君子为国柱石，励精国治，必有良谋，用敢披沥腹心，敬候明教，无任迫切。刘公、丁荫昶、杜邦俊同叩。皓。

（《军政府公报》第卅九号，1918 年 1 月 10 日，"函电"）

南京李督军致孙中山电
（1917 年 12 月 20 日）

孙中山先生鉴：

寒电敬悉。敝处代表抵粤，荷蒙优待，深感厚意。承示各节，正言庄论，钦佩尤殷。辱承勉励，纯虽不敏，谨当恪循初旨，贯澈始终，藉冀稍裨时局。专此复谢，李纯。哿。

（《军政府公报》第卅六号，1917 年 12 月 24 日，"函电"）

湘西护国军张总司令致孙中山电
（1917 年 12 月 20 日）

孙中山先生鉴：

民国建立，历时六稔。国会破坏，由一而再，宪法无从产出，约法亦且荡然，武力横行，过于专制，国将不国，遑言共和。此次西南举义，原为国会问题，戈操同室，痛岂忍言。惟吾南北军人，虽互戕无限生命，当局者倘能反省内疚，毅然决然复向共和轨道，将临时参议院立即取消，同时颁布明令，召集国会，以为诚意议和之表示，其余一切条件，均付国会议决施行，俾昭大公，自能迅速解决。乃停战议和已将匝月，外交手腕施之国内，种种争议，卒无所成，徒懈我军之心，而厚彼敌之备，公等远瞩高瞻，此理谅在洞鉴。窃谓北京政府既不立下召集国会之令，是无诚意议和，已可概见，我军即当继续前进，以决胜负为唯一之策，若迁延时日，既已大苦吾民，反为外人借口。济虽不肖，良用殷忧，特恳公等一致主张，通令前敌兵士从速作战，免误事机。济部已开赴湘鄂边境，济准即日亲往指挥，以从各省义师之后，介胄在身，伫盼明教。湘西护国军总司令张学济叩。
号。印。

（《军政府公报》第卅七号，1917 年 12 月 29 日，"函
电"）

莫代督等致孙中山电
（1917 年 12 月 21 日）

孙中山先生鉴：

溯自政变以来，督军团阻兵安忍，联军进逼京畿，祸首麇集天
津。其所为号召之名义则干涉宪法、解散国会也，其所为祸国殃民
之结果，则复辟一星期，独立费数千万也。其时西南各省对于中央
始终服从，虽在宣告自主以后，仅以文电相忠告，整饬一省内部之
纪纲，听候中央政府之解决，未尝调一兵遣一将以启战端，而祸吾
民。西南诸将士非懦怯也，所以委曲求全，守相忍为国之训，有为
爱重和平，保持统一也。乃段氏窃柄，倒行逆施，国会未复，更召
集非法之参议院，祸首未诛，乃倾全国之武力以临西南，于是吴光
新入川，傅良佐援湘，李厚基、莫擎宇图粤，战端一开，民生骚
然，谁为祸首？谁为乱阶？言之痛心，闻者切齿。西南义师迫于护
法之大义，因而为防卫之战争，非有攻取之野心。故一经李秀督调
停之提议，即为和平之协商。顾西南虽有渴望和平之诚意，中央尚
屡试其煽动内乱之阴谋，撤消解散国会及召集临时参议院之明令既
迟迟未下，擅改国会组织选举法之逆谋复进行不已。近又命各总司
令率兵南下，岳州之驻防未撤而吴光新复整军以攻渝，潮汕之割据
甫平而龙济光更分道而扰粤，措施若此，威信尽失，调停者因之而
灰心，倡乱者因之而黩武，此荣新等所为叹息痛恨者也。倘不根本
消弭，万一战端再开，则谁为乱首，谁为厉阶，公论所判，无所逃
罪。敢掬腹心，敬告全国。莫荣新、程璧光、李烈钧、陈炯明及海

陆联合军全体将士同叩。马。印。

（《军政府公报》第卅六号，1917 年 12 月 24 日，"函
电"）

四川石总指挥官致孙中山电
（1917 年 12 月 21 日）

孙大元帅鉴：

我军匝旬迭刻重庆、泸州，周、吴既走，钟师挫败，王旅独
立，倾向西南。倘得刘、钟效顺，川中局势即就敉平，亟恳东出师
旅，助援荆汉，以图北伐。青阳兹特代表部曲敬推唐总司令为川滇
黔联军总司令，刘督军为川滇黔副司令，鞠旅东出，誓清朔土。青
阳力虽弩骀，亦应勉尽驱策，用图薄效，谨电奉陈，伏冀鉴察。黔
游击军总指挥官石青阳叩。马。

（《军政府公报》第卅九号，1918 年 1 月 10 日，"函
电"）

南昌陈督军致孙中山电
（1917 年 12 月 22 日）

孙中山先生鉴：

寒电、个〈电〉奉敬悉。李、白两代表，蒙公指教，并承奖
饬逾恒，至为感谢。时局扰攘，国敝民穷，长此不休，势必同归于
尽。光远息事宁人之见，端为灿烂中华免抱陆沉之叹。我公手造民
国，重爱和平，必有转圜之策，委曲求全，俾息争端，同遵正轨，
是所切祷者也。陈光远。养。

（《军政府公报》第卅六号，1917 年 12 月 24 日，"函

电"；《李陈两督与孙中山往来要电》，上海《民国日报》1918 年 1 月 7 日）

贵州刘督军致孙中山电
（1917 年 12 月 22 日）

孙中山先生鉴：

号电悉。戴公原系滇黔联军总司令，川军若加入联军范围，则统筹指挥，愈利进行，世极赞同。至副司令不惟骈枝，转于军事进行诸多滞碍，断不宜设，请即作罢为要。显世。养。

（《军政府公报》第卅八号，1918 年 1 月 4 日，"函电"）

李纯致孙中山书
（1917 年 12 月 23 日载）

中山先生伟鉴：

夙仰山斗，久切钦迟，瞻拜莫由，引以为恨。我公创造共和，与民更始，功成身退，美媲唐虞。而政局覆翻，国家多难，尤赖维持匡救，益佩孤诣苦心。每于南来人事，辄询动静，遥候起居。惟以时局蜩螗，忧伤多病，江海暌隔，鸿使犹疏，耿耿此心，钦钦在抱。兹特派本署高等顾问李廷玉，代表诚悃，敬谒崇阶，尚祈进而教之，俾该员等面承伟教。谨书诸绅，纯以得聆利国福民之良谟，临楮曷胜欣幸盼祷之致。专此，祗颂

曼福，诸维

澄察，不宣

李纯　拜启

（《附李督军致孙大元帅书》，上海《民国日报》1917 年 12 月 23 日）

孙洪伊致孙中山书

（1917 年 12 月 23 日载）

中山先生钧鉴：

段氏叛国，李秀山、陈秀峰两督军对于义军极表同意。段氏迭下命令，催陈督由萍乡援湘、赣南窥粤。往返数十电，陈督皆不为动，援助义军，厥功甚伟，而其中赞襄帷幄，李君式丞之力为多，白君醒亚在李督幕中，亦多所赞助。现二君代表宁赣赴粤，商榷大局，望先生推诚接洽，加以优礼。李、陈两督主张调和之法，与西南一致（下略）。

孙洪伊上

（《附孙洪伊先生至孙大元帅书》，上海《民国日报》1917 年 12 月 23 日）

湘西胡招抚使致孙中山电

（1917 年 12 月 23 日）

孙大元帅鉴：

天祸中夏，盗憎主人。等约法如弁髦，视共和若仇寇。国祚岌岌，不绝如缕。幸滇桂举义，湘粤兴师，傅氏遂以潜逃，吴逆旋即败退，时易伺而难再得，势能战乃可言和。今敌焰虽挫而来轸方艰，按兵不动坐失时机，瑛窃以为未可。夫衡潭溃卒尚回湘中，西上吴军早思东窜，江汉之间一夕数惊，坐使溃烂何异遗痈。此其一。湘省克复，敌始言和。然调停之声日腾，而南下之师未已，伺隙以逞，毫无诚意，苟无预防，实堕阴算。此其二。共和肇造，际兹六稔。中更祸乱，颠覆者再，推原祸始，实以南北势力未得平衡，强为调停，适以酿乱。一误于辛亥，再误于丙辰，覆辙匪遥，奚容再蹈。此其三。北来势力恢拓南中，驻防及于岳州，鄂省为其心腹，得失之机，在此一举。苟非力征经营，势必滋蔓难图，亡羊补牢，今犹未晚。此其四。瑛以忧患余生，习知狡伪，预稔段氏之隐暗，为未雨之谋。北方武人类多相识，爰在首都偕杜挠东君与冯旅长玉祥相共提携，暗事联络，旋驰沪上晤柏文蔚、褚辅成、彭允彝、常恒方诸君子，慎密协议。原拟发难于南，响应于北。湘南独立，微服来辰。乃与张、谢诸公振臂互呼，思效尺寸，以补大计。奈辰沉险阁不利戎车，虽树风声，无济实功，耿耿余怀，遑敢宁处。兹时从诸君子后，随张、谢两公援桴执戈，兼程疾走，冀为荆襄之犄角，进窥武汉之全功。现谢副司令已抵新安，瑛与张总司令养日出发。临电神驰，毋任翘企。湘西招抚使胡瑛叩。漾。印。

（《军政府公报》第卅七号，1917 年 12 月 29 日，"函电"）

唐继尧致孙中山电

（1917 年 12 月 23 日）

孙中山先生鉴：

我军前攻重庆，力战兼旬，幸于本月四日克渝，周、吴逃走。嗣接冯代总统宥、青各电，切盼和平，当即转饬前敌各军，停止前进。乃川军周道刚、钟体道等一面由永川进逼重庆，一面由荣昌进攻泸州，刘存厚等又由建〔犍〕为屏山力攻叙府，进逼绥江。我军忍无可忍，不得已乃竭力反攻，以图自卫。近据赵军长又新电称，泸州方面敌军有六团之多，已于十九午后四时被我军全行击溃，计夺获大炮七门、机关枪三挺、枪枝千余、子弹六百余箱，泸城秩序完全恢复。又据顾军长品珍电称，敌军主力集中永川，经我军于廿二日攻克永城，敌向荣昌方面溃退各等语。查川军熊镇守使以同袍义侣，早已加入联军，此外如夏之时、石青长〔阳〕、张煦、黄复生、卢师谛、丁泽熙、郑英各军，均经先后与我军一致行动，滇川黔军队现已合为三省联军。乃周道刚、刘存厚、钟体道等犹倚赖吴逆抗我戎行，自吴逆败后率队东下，沿途被击，缴械纷逃，川军一师残部已在合州哗溃，三师屡经败创，已不成军。惟刘存厚所部较多，然已均无斗志，果能幡然变计，与我军戮力同心，则继尧初衷原无在蜀省用兵之意，如仍反顺效逆，惟有令三省联军以共弃之。除饬前敌各军仍遵前令停止进行静候解决外，特此电闻，敬乞垂察。唐继尧。漾。印。

（《军政府公报》第卅八号，1918 年 1 月 4 日，"函电"）

贵州刘督军致孙中山电
（1917 年 12 月 23 日）

孙中山先生鉴：

熊镇守使马电，宣布川军加入滇黔联军，推举冀公为滇川黔联军总司令等语。冀公原系滇黔联军总司令，现在川军加入联军，愈便统筹指挥，进行必更灵活，世极赞同，切恳冀公毅力担任，积极进行。至副司令既嫌骈枝且碍军事，世曾于养日通电赞成联络指挥，声明以川军加入联军电，其声请作罢，万恳不必再议、赘设为要。显世。漾。叩。

（《军政府公报》第卅八号，1918 年 1 月 4 日，"函电"）

孙总长由沪致孙中山电
（1917 年 12 月 23 日）

广州孙大元帅、国会非常会议、伍秩庸先生、唐少川先生、莫代督军、程海军总长、林海军总司令、李协和总司令、陈竞存总司令、方、张两师长，南宁陆巡阅使，长沙谭联军总司令、程总司令、赵师长、刘镇守使、林旅长，云南唐联军总司令、章太炎先生、刘代督军，贵阳刘督军，重庆顾军长、王军长、熊镇守使，荆州石师长、朱旅长、胡团长，襄阳黎师长，并转各军长、各司令均鉴：

　　段氏坏法罔民，阻兵构乱，民国既覆，共和以亡。幸海军首义兴师，滇湘黔桂粤鄂诸军大张挞伐，维约法、复国会，迭有宣言，大义炳若日星，信誓坚于金石，四海遄听，上天鉴临。今段氏退职，冯代总统自操政柄，凡我国民同声颂戴。方谓蠹法之奸既去，则护法之责稍轻，戢武消兵，共观新政。不意翘首以待，倏逾三旬，冯氏乃一方主战，一方言和，冀以恫喝虚声，使诸公俯首就范。且既拒绝主要之国会，而又日为磋商条件之调停，是明明欲以各省或各人私利为饵易诸公护法之初心，狡猾小术，妄测贤豪，彼其心目中视我义军诸将为何如人也。窃维吾国自共和建设以来，一时强固政府、中央集权诸说纷起于国中，梦想英雄政治而蔑视国民政治，崇信一人政治而毁弃议院政治，权奸因而利用，盗国者乃接踵以起。袁氏然，段氏亦然，今冯氏又然。夫不有国会焉有约法，不有约法焉有民国，某为总统一专制皇帝也，某为总理又一专制皇帝也，假共和之名行武断之实，我国民所公有之国家，为权奸私有也久矣，岂必待改号称尊，而后谓之倾覆民国也哉。然使吾国之当权者果有不世出之英雄，则虽挟有一人专政之野心而有宏图远识，足以发扬国光，增长国力，吾民亦复何求。今袁氏段氏何如，冯氏何如，继冯段而起者又何如。环顾当代，求一威略武力足以统一全国者，渺不可得，任人而不任法，我国民之为此说者当亦知其术之穷矣。共和政治者，国民政治也，共和立宪政治者，议院政治也，使不承认议院政治，是即根本不承认共和，而彼之所谓英雄，所谓一人，实无不与议院政治为敌，而为共和之障碍。故人或以我国无中心人物为国家忧，而伊窃以我国无中心人物为国家幸。使我国民晓然于人治之不可恃而法治之不容已，则民国基础于以大定，真正共和乃有实现之一日也。夫不复国会即破坏约法，蔑弃约法即破坏民国，段氏冯氏亦复何择，尚望诸公坚定护法，拒绝和议，□我余勇竟一篑未竟之功，忍痛须臾，为一劳永逸之计。仰伊更有进者，国本未固，叛党犹在，罢兵言和，漫言服从，以彼段孽复仇之心，冯代总统猜忌之隐，凡属异己必渐翦除，中央之命令朝颁，诸将之兵柄夕解，共和保障毁灭以尽，诸公纵不自为谋，宁不为国家计乎。民国存亡，争此一发，临电不胜惶悚。孙洪伊叩。漾。

（《军政府公报》第卅八号，1918年1月4日，“函电”；又见《孙洪伊君主张护法反对议和电》，上海《民国日报》1917年12月24日）

湘桂粤联军谭总司令致孙中山电

（1917年12月24日）

段氏窃柄，戕贼共和，威劫元首，解散国会；倪、张济恶，川湘构兵，外侮自招，大命几绝。湘粤桂滇黔荆襄各义旗前后继起，拥护国法，共麾天戈，以挽狂流，以救国本。浩明膺湘粤桂三省军民之托，执殳前驱，以伸大义。原由傅良佐助段肆虐，谋动干戈，逼压湘南，图覆桂粤。三军之士，为国自卫，死无所逃，用是击楫湘流，扬旌衡岳，忍痛茹苦，扫此逆氛，十荡九攻，一月三捷。方期义胜足以止戈，乃傅潜逃后，苏鄂四省雅意调停，陆巡阅使严约三军，代总统期以七月，谓将导之法律，恢复和平。浩明等待罪长沙，静候后命，只以岳州为川湘门户，要求撤兵，以表诚意。故匝月以来，敛手蹋足，屏息以待，其希望和平至意，谅足告无罪于国人。乃迁延至今，不特无和平诚意表示，而岳州一方，日夕增兵，挖沟筑垒，备战益急。倪军则假导过赣为攻取湘中之谣，龙济光有在琼就职为袭击粤边之计，尤［犹］且颁布伪命以帝孽段芝贵长陆军，以罢职之段祺瑞复为参战督办，曹锟为第一路司令，张怀芝为第二路司令，率师南下，实行其征服西南之策。而总统府来电，方谓代总统恒主和平，凡此命令之意，皆不得已行为，幸无惊惶等语。是段氏罢职仅去其名，河间言和难行其实。既不惜糜烂吾民以求武力解决，则我辈为家为国自不得不捐弃顶踵，以图保障共和。兹特通告我全国父老兄弟，凡自今以后，倘有战事发生，当然有尸其咎者，浩不学，不知死生，不顾势利，中更不别南北，惟既同为共和国民，则断不容有武力专制之魔孽发其间，以造成亡国之奴隶。区区此心，幸共照察。方今俄、德媾和，战祸将延。我国柄政者稍念天时、人事之交迫，则亦应戢其自残之毒，全为御侮之谋。彼昏不知以反其道，故吾辈视此蟊贼一日不去，即无外患亦必为亡国。人而苟欲图存，其亦必有以处此矣。谭浩明、程潜、韦荣昌、林俊廷、马济、陆裕光、赵恒惕、刘建藩、林修梅同叩。敬。

（《军政府公报》第卅八号，1918 年 1 月 4 日，"函电"）

附　联军全体将领致各省电
（1918 年 1 月 4 日载）

万急。北京冯代总统、天津黎大总统、南宁陆巡阅使钧鉴：上海岑西林、谭组庵先生，广西李省长，广东莫督军、李省长、程总长、孙中山、李协和、唐少川、伍秩庸、吴莲伯、王儒堂先生，云南刘代督，行营唐督军，贵阳刘督军，重庆行营王总司令，重庆熊镇守使，荆州石总司令，襄阳黎联军总司令，各省督军、省长、各镇守使、各护军使，各省议会、国会议员、教育会、商会、各报馆鉴：

段氏窃柄，戕贼共和，威劫元首，解散国会；倪张济恶，川湘构兵，外侮自招，大命几绝。湘粤桂滇黔荆襄各义旅前后继起，拥护国法，共麾天戈，冀挽狂流，以救国本。浩明膺湘粤桂三省军民之托，执役前驱，以伸大义。原由傅良佐助段肆虐，谋动干戈，逼压湘南，图覆桂粤。三军之士，卫国自卫，死无所逃，用是击楫湘流，扬旌衡岳，忍痛茹苦，摧此逆氛，十荡九攻，一月三捷。方期义胜足以止戈。乃傅氏逃后，苏鄂四督雅意调停，陆巡使严约三军，代总统期以七日，谓将导之法律，恢复和平。浩明等待罪长沙，静候后命，只以岳州为川湘门户，要约撤兵，以表诚意。故匝月以来，敛手踢足，屏息以待，其希望和平至意，谅足告无罪于国人。乃迁延至今，不特无和平诚意表示，而岳州一方，日夕增兵，挖沟筑垒，备战益急。倪军则有假道过赣，攻取湘中之谣，龙氏则有在琼就职，为袭击粤边之计，尤［犹］且颁布伪命，以帝孽段芝贵长陆军、以罢职之段祺瑞为参战督办、曹锟为第一路总司令、张怀芝为第二路司令，率师南下，实行其征服西南之策。而总统府中来电，方谓代总统意主和平，凡此命令之意，皆不得已行为，幸毋惊惶等语。是段氏罢职仅去其名，河间言和难行其实，既不惜糜烂吾民，以求武力之解决，则吾辈为家为国自不得不捐弃顶踵，以图保障共和。兹特通告我全国父老兄弟，凡自今以后，倘有战事发生，当必有尸其咎者，浩明不学，不知死生，不顾势利，且更不别南北，惟既为共和国民，则断不容有武力专制之魔孽发生其间，以造成亡国之奴隶。区区此心，幸共照察。方今俄德媾和，战祸将延，我国柄政者苟稍念天时、人事之交迫，则亦应戢其自残之毒，同为御侮之谋。彼昏不知乃反其道，故吾辈视此蟊贼一日不去，即无外患亦必亡国。人而苟欲图存，其亦必有以处此矣。谭浩明、程潜、韦荣昌、林俊廷、马济、陆裕光、赵恒惕、刘建藩、林修梅同叩。敬。（二十四日印）

　　（《联军全体将领致各省电》，上海《民国日报》1918
年1月4日）

湖北靖国第一军石总司令致孙中山电
（1917 年 12 月 25 日）

孙大元帅鉴：

　　内乱未平，外交荆棘，折冲樽俎，端赖鸿材。伍秩老学行誉望，中外同钦，外交总代表一席更非秩老莫属，川已专电推举，望公等一致敦促，藉支危局。临电神驰，无任盼祷。石星川叩。有。

（《军政府公报》第卅七号，1917 年 12 月 29 日，"函电"）

南京李督军致孙中山电
（1917 年 12 月 27 日）

孙中山先生鉴：

敬电奉悉。维持大局，同此苦心，粤海相望，实深钦仰。近日事实乃出意表，其先既无所闻，及已发见，亦曾沥诚上陈，冀尽忠告。两路出兵，迭经力争，然总因调人诚信未孚，以致难收效果，惶愧无地。幸近中央已宣布停战命令，似有转圜。现国家大势仍属危迫，非力求和平不足以挽危局而御外侮。我公手造民国，中外同钦，解决国内之争，固在法律，然亦恃大力，始足使四万万国民出水火而登衽席也。临电神驰，不尽所怀。李纯。沁。

（《军政府公报》第卅七号，1917 年 12 月 29 日，"函电"；观《李陈两督与孙中山往来要电》；上海《民国日报》1918 年 1 月 7 日）

唐继尧致孙中山电
（1917 年 12 月 28 日）

孙中山先生鉴：

密。锦公筱电，周公养、漾电敬悉。数月来，川局不宁，殊为进行之梗，今锦帆诸君子力摧危难，扶义而起，西南局势为之增重。此后同仇敌忾，益利进行，惟滇黔川三省军事行动关联复杂，非有统一计划，未易收指臂相维之效，或转滋飞牒离间之害。设联军总司令以总其成，固势所应尔，但职责綦重，负荷维艰。继尧已承推毂，自惭陋劣，知弗克胜。顾念国难频仍，不遑宁息，诸公既以平难相责，继尧岂敢畏葸，敬援当仁之成训，藉明临难之决心，定于本日就川黔滇靖国联军总司令之职。伏望赐我箴言，匡职不及。至副司令一职，亦事所宜有，鄙意仍照锦公原议，请周公担任为祷。继尧叩。俭。印。

（《军政府公报》第卅九号，1918 年 1 月 10 日，"函电"）

湖北靖国第一军石总司令等致孙中山电
（1917 年 12 月 28 日）

宥日接王督占元准北京国务院转奉冯代总统布告，内言外患孔殷，宜息内讧，并云陆巡宪、唐督军、谭联帅均有遵饬所属各军停止进争之表示，陆巡宪又有劝告桂粤取消自主之宣言等语，谅邀诸公省览。星川等聆悉之余，靡知所从。伏念荆襄此次为靖国护法而自主，原与西南一致行动，且曾经公推谭公为湘粤桂鄂四省联军总司令，即经电告，想俱在洞鉴之中。诸公国家柱石，对此重大问题成竹在胸，定有持平办法。但大局前途究应如何着手解决，敝军理应协同动作，自未敢擅行歧异，尚希不遗在远，示知大计，俾便有所遵循。临电神驰，伫候明教。石星川、朱兆熊叩。俭。印。

（《军政府公报》第卅八号，1918 年 1 月 4 日，"函电"）

章秘书长由唐行营来电
（1917 年 12 月 29 日载）

孙大元帅转李协和先生鉴：

巧电知悉。慷慨誓师，志清海宇，以公威名而辅以海军之同德、闽人之内应，破贼必矣。定闽以还，吾浙亦望兄援助，壶浆载道，争迓旌旗，谨为浙人先表欢迎也。章炳麟。

（《军政府公报》第卅七号，1917 年 12 月 29 日，"函电"）

孙总长、徐代理秘书长等由沪致孙中山电

（1917 年 12 月 30 日）

大元帅钧鉴：

此次义师戮力护法，热忱伟绩，天下同钦，天辅共和，所向有功。吾民方庆，以为可以复法治、底和平，乃昨日停战之令含混敷衍，毫无诚意，仍是冯氏青电所云，利用停战之名腾出时间，以筹军备之故智。夫以理言之，义师之起在于护法，护法之效在于恢复旧国会，不以此为停战条件，无异取消义师之目的；以势言之，北京伪言停战，而主战计划着着进行，现曹、张等仍陆续运兵南下，沪、皖、杭各军亦密计攻宁，军械借款又复成立。今李、陈各督方期与西南协力护法，万折不挠，若以一纸停战空文而吾辈遽行罢兵，适中敌谋。今所亟者，应速提出条件：（一）恢复旧国会；（二）北京当局宣言守法。此两项办到，始实行停战，再协议其他条件，否则，姑息言和，失千载一时之机，贻再次战乱之祸。且冯、段挟中央以临，诸将罢兵而后渐次剪除，良可寒心。临电迫切，伏祈垂察。孙洪伊、徐谦、汪兆铭、温世霖、张书元、何畏、王法勤、彭介石、季素、李永声、张继、谢远涵、牟琳、李宗黄、陈嘉会、丁仁杰、戴传贤、刘成禺、居正。卅。

（《军政府公报》第卅八号，1918 年 1 月 4 日，"函电"）

莫代督致孙中山电

（1917 年 12 月 31 日）

　　龙济光入寇雷州，应即派兵讨伐。兹暂派沈总司令鸿英为讨龙第一军总司令，即日出发，仍用护国第三军关防，所有高、雷、钦、廉等处军队，均归该总司令调遣，除令委外，希各饬属一体查照。荣新叩。督。卅一。印。

　　（《军政府公报》第卅八号，1918 年 1 月 4 日，"函电"）

讨龙第一军沈总司令致孙中山电

（1917 年 12 月 31 日）

　　卅日奉莫督军状，委任鸿英为讨龙军第一军总司令，遵于本日就职。当整率师干，誓灭逆贼，以靖妖氛。谨电奉闻，伫候明教。鸿英叩。卅一。印。

　　（《军政府公报》第卅八号，1918 年 1 月 4 日，"函电"）

南京李督军致孙中山电

（1917 年 12 月 31 日）

孙中山先生鉴：

　　阳和布淑，庶汇咸熙，群推赞化之功，共仰调元之力。谨驰电贺，载颂春禧。李纯。卅一。叩。

（《军政府公报》第卅八号，1918 年 1 月 4 日，"函电"）

湘军总司令程潜等致孙中山电
（1917 年 12 月 31 日）

孙中山先生鉴：

　　唐督军个电颂悉。西南联合会原以联合西南各省意见，对于大局为一致之主张，以西林德望崇隆，海内倾仰，举以为联合会议总代表，专任议和事宜，俾免分歧而归划一。潜等极表赞同。当此国步迍邅，想西林廑怀时局，笃念西南，毅力热忱，定肯出为担任。临电迫切，无任神驰。程潜、赵恒惕、刘建藩、林修梅叩。卅一。印。

　　（《军政府公报》第卅九号，1918 年 1 月 10 日，"函电"）

陆荣廷致孙中山电
（1917 年 12 月 31 日）

孙中山先生鉴：

　　石、黎两公俭电悉。各省义师，原为护法，段院既倒，四督出作调人，荣廷爱重和平，夙心卫国。迭准前途来电，雅意殷拳，时局艰虞，复何忍国内再滋纷扰。不得不勉竭棉薄，出任调停。是以有会商前敌停战，及忠告各省罢兵，并劝桂粤取消自主之电。比来往返蹉〔磋〕商，迄无端绪，群情疑惑，枝节横生。廷方解职，此间冀得闭门养病，调融无术，徒切杞忧，所有战守事宜，此间不敢遥制。尚希诸公协商办理，共维大局，宏济艰难，至所切盼。荣廷。世。

（《军政府公报》第卅九号，1918 年 1 月 10 日，"函
电"；《陆干卿致孙中山要电》，上海《民国日报》1918
年 1 月 17 日）

湘军总司令程潜等致孙中山电
（1917 年 12 月 31 日）

孙中山先生鉴：

　　潜等本日电陈冯代总统，文曰：奉到停战命令，足征明哲刚
断，匪独具息事宁人之苦衷，实表现护法救民之真意。德音遥递，
无任钦服。惟是邪正不能两立，是非万难混淆。此次坏法乱常，兴
戎酿祸，段祺瑞实为罪魁，当其逆焰鸱张，把持专断，我大总统高
拱白宫，为凶横之势力所包围，虽深恶痛绝而莫由制止。幸我西南
义旅翦其羽翼，失其爪牙，我代总统亦不忍国内长此纷争，特颁明
令免其国务总理之职，人心为之一快。且苏鄂赣三省督军不忍战事
延长，慨然出任调停，斡旋大局。潜等方以元凶既黜，举凡善后、
法律诸问题，俱可从长计议。但有顺逆之争，毫无南北之见，无如
庆父不除，鲁难未已。迄者刘存厚尚披猖于四川，龙济光复跳果
[梁] 于两粤，段芝贵原系李氏家奴、洪宪鹰犬，令长陆军，不特
贻害全国，抑且腾笑友邦。加以段祺瑞实为大逆不道，见弃国人，
正宜待罪刑司，束身悔过。乃犹怙恶不悛，复出为参战督办，对内
则行卖国之私，对外则实行军械借款。摧残正义之主张，前途之险
何可胜言。至于长江三督军砥柱中流，力扶正义，全国人民方深倚
赖，何劳曹张分兵南犯，以行其假道伐虢、其意在虞之毒计。讵以
钧座之明而肯出此，然知之者则深慨我总统犹陷于群小劫制之中，
不知者或以为阳假停战之名，阴行缓兵之计，公将何以大白于天
下？方今国力日衰，火寸民生憔悴，外患之急切于燃眉，窃以为我
代总统宜整饬纪纲，严明赏罚，速图根本之解决。保障约法，回复

国会，纲维既举，泯梦自消，凡有血气，谁不感颂。若犹忍受群小之挟制，徒事枝节之敷衍，恐难奏根本廓清之效。伏冀毅然颁布明令，昭示两段罪状，置之重典，以谢国人。即或哀矜勿喜，不忍加诛，亦当屏诸四夷，不与同中国，庶足以平全国之心，而伸国人之气。若虑骄兵悍将逼近京畿，则潜等以护国为天职，死无所悔，惟有厉兵秣马，誓扑此獠，为共和除蟊贼，即为我代总统伸威权。临电迫切，不胜悚惶待命之至。等语。国贼不除，后患未已，诸公深识远谋，当早见及，伏祈一致主张，扫清障碍，庶能还我共和，保持大局。谨电奉闻，伫俟赐教。程潜、赵恒惕、刘建藩、林修梅叩。卅一。

（《军政府公报》第卅九号，1918 年 1 月 10 日，"函电"）

英美法各埠粤侨梁少文等致孙中山电
（1917 年 12 月）

孙大元帅钧鉴：

张师长开儒威望素著，热忱毅力，保障东南。莅粤两年，感情极洽。盖自帝制祸起，移师入粤，义旗所指，民国重光。于功赏则谦退未遑，于公义则奔趋恐后，此昔之保卫共和功也。驻守大小北江，萑苻绝迹，军纪风化，冠于一时。前月险状还［环?］生，内部俶扰，尤独通电中外，责任自陈，遂使淫威不能兴，野心无所逞，手拯危局，民庆来苏，此现之力维秩序也。广州为南洋锁钥，与德宣战之后，国防所重〔任〕贵有精兵，本百炼之滇军，扩远征之政策，则将来之扬我国徽者，尤有是赖。少文等爱戴既切，方以责难之义，属望贤者。何期昨读通电，竟欲班师，凡我粤民，罔之所措。夫时方多难，尤赖干城，粤民固不容师长是离，即师长亦未忍舍我粤民而去。万恳勿萌退志，勿负初心，并恳我巡帅及诸公俯念地方，特予挽留，俾资匡济。大局幸甚。临电不胜屏营待命之至。英、美、法各埠粤商梁少文、李文枢、黄国藩、黄楚民、吴纪舜、黄纪堂、李舜琴、黄夔石、黄可澄、周宏毅、张星池、梅国贞、刘星翘、汤思合等一千一百七十六人同叩。

（《军政府公报》第卅七号，1917年12月29日，"函电"）

马幼伯陈述云南政局及严密党务意见书
（1917年）

中山先生钧鉴：

民国不幸，变乱频仍。彼群小方且拥权固势，舞弊营私，弃约法如敝履，视民党为仇雠，置国家人民于不顾。凡此者，皆强权所在，万难以法理空争也。且也道德之堕，政治之污，民风之坏，已达极点，无一非北派军阀官僚阴蓄而成之。狐狸〔埋〕狐撰，致演出今日之怪象，势已不可收拾。况隐伏于他日之祸根，更不知伊于胡底。此诚危急存亡之秋，正吾党尝胆卧薪，不容偷安之日也。幸我公仗义而出，邀集铁血同志，在粤组织临时政府，救扶既亡之民国，名正言顺，万众倾心，将见风行草偃，当不仅西南半璧已耳。惟是六年以来，荆棘满地，民不聊生，亿兆痛苦，莫可言状，无怪氓氓蚩蚩，动訾民党，谓革命为多事，甚有饱受痛苦，并忿甚于前清等情。想当初革命之目的，未必如是，迄今百未达其一二，今国家危如累卵，人民莫所适从。推原其故，虽由于旧官僚之拥权，亦由于民党之无健全对抗强力耳。强力云何，兵权是也。尝思民党几次举义，均借重于他人之固有兵力，无论成事与失败，终成他人之势力，而民党毕竟空空洞洞，一无立足之所，此皆吾党经过之前车也。今日者，乱局也。法理二字，以之治世可也，以之平乱，则断乎不能。是必从强力着手，乃可推翻帝制余孽。

故窃以为此次政府成立，拟请筹备饷械，组织民军。查各省民党中之健全分子，须十年来始终不变其志者，以命令委之，饬其就该省募练民军，军团师团旅团，视其人之才具，亦不必限于陆军出身，与所在之名望定之。此在血性爱国男子，一奉明令，其必自筹饷械，竭力进行，将来训成劲旅，散在各省，为吾党挤〔犄〕角声势，调往前敌，即为民党强大兵力，胜则节节进行，败亦有各省根据，万不至再蹈前辙也。骧僻处滇边，负性愚直，凭此心志，坚定不移，问已问人，差堪自信。故昔从克强、觉生、天民诸君奔走，出入生死，冒险连年，种种牺牲，皆所不计。癸丑失败，滇事中辍，伏隐至今，无日不望民党再作最后之挣扎，负起救国之肩责。兹者滇中志士，正如锥在囊中，跃跃欲试。如上所陈，倘蒙采纳，尚希明令早颁。骧虽驽骀，愿承备半数饷械，招集健儿，组成一军，以供驱策，祸福生死，心所不计。料他省如骧者，正不乏人，并请查之。属在同盟，谨贡区区，是否合宜，不胜待命之至。

再启者：近虽有主不党之说者，盖见党人动作，无非为个人权利起见，而能为利国福民者，寥寥无几。此五年来，党之流弊既如此，可无讳言，而不党之说，又未免矫枉过正，持之太急。讵知党非为害，人心为害也。诚能力挽其弊，矫正人心，得真实爱国之士，主持党社（在前国民党之组织，因欲其选举上占优越地步，凡入党者毫不限制，予投机分子以利用，谋个人权利，以致党员虽多，极形复杂。今后组织，应宜严加限制，务使其成为健全巩固之党，则将来本党主义，或可实现，国家前途，庶可有望焉），何不党可转移人心？方今政令纷缤，既失信用，道德沦亡，若再无良好张大之党会出现，以维持道德人心，吾恐中国之亡，非亡于党，实亡于人心也。可不惧哉。曩先生首统南北，崇德报功，奔走之士，逐渐表扬，中国人心，为之一变。爱国志士，方且引领而望，以为国家更始，正气当伸。不图袁氏执政，邪气弥增，志士之死者死、隐者隐，要皆帝国余毒，有以致之。中国数千年来，帝制相沿，在上者，惟求其下之人，自私自利，不问国家；而在下者，亦遂安于自谋，更不知国家社会为何物。有志之士，屈死于帝国者，不知凡几。今民国虽建，余毒尚深，权利所在，趋之若鹜。

（《革命文献》第四十八辑，第 163～165 页）

马骧等请表彰黄毓英致孙中山函
（1917 年）

逸仙先生尊鉴：

　　滇南万里，莫接高标，成德所流，足慰怀想。上年袁氏僭为帝制，几陷中华，滇中痛念前劳，以先生数十年手创之烈，不忍竟坏于残贼之一人，首建义旗，庆天之麻，大事遂集。是虽武夫有庸，而芳泽所及，实早沦浃于人心。不然，以彼势力之雄，以我人财之乏，断无奏功如是之捷速也。探本思源，佩仰曷极。兹有恳者：辛亥光复，滇南举义，实以东川黄君子和为其首功，盖未发难之时，非子和奔走倡导，则各地鲜知同盟真像。同志殊少，当发难之初，非子和阴结各军于先，则仓卒将至无人应命。定发难之策，非子和决之当机，则难免迁延误事。反正既定，绝口不言功，且自居下僚，以为不争权利者倡。至于攘抢之际，则力排群议，而举蔡公为督，俾滇省获安，而西南数省皆赖以镇静无哗，其识力尤为卓迈。迄援黔援蜀，子和皆以身先，急邻灾害之义，亦为常人所不及。故其殁也，蔡公及同事诸先达，极力褒扬，既范金铸像，以示崇仰；复酌群言议谥，以酬美德。此皆礼体之当然，而无媚谀之过举。然而推校行事，子和实为中华民国之公人，非滇南一隅可得而私有者。用是援据法令，要请特奖。乃中央不深悉其情，而往者又为帝制隐跃之时，对于革命人物，颇恐抑之不及，故辄拘牵文例，不蒙照准。今袁氏既毙，共和复生，先生之烈，因而重显，而辛亥之役，如子和者，甚不可听其没于一隅，以遏有开必先之美。中华民国，先生实为工宰，如子和辈，又先生之手足，此而不光，将谁与厉。兹将子和事实别纸附陈，敬乞衡鉴，转之中央，特予追叙，准于立功、出身地方，建立专祠；并将事实宣付史馆，用以昭示百代，共之国人。倘赖鼎力，得邀施行，则同人感戴大德，直无涯涘矣。同人等与子和情切交深，而又详悉其事，故敢公言进诸先生。事状彰彰，非有一毫之私加于其间也。肃此，敬承

道安，伏维

垂督，不具

马骧、黄永社、邓泰中、赵世铭、赵伸、蒋光亮、马为麟、李植生、杨蓁、王秉钧、李修家、禄国藩

（《革命文献》第四十八辑，第165～166页）

田桐为对德绝交问题上孙中山书

（1917年□月14日）

中山先生大鉴：

此次对德问题，桐持极端反对态度，与先生意见相同者甚多。先生《中国存亡问题》未出版以前，桐为外交商榷会主稿宣言亦不谋而合。惟目下政界状态，不如从前，段总理力量较薄，欲自维持而复艰于维持，而各大小政群起逐鹿之观念。桐以为外交还外交，内政还内政，不必因外交问题，将段击毙。如其然也，挂民党招牌者起而逐鹿，必将民党局面弄坏。吾党正当目的，不但不能达到，先生与少川信用地位，两有损失，将来着手殊难，不如听当局之自为处置，随图将来，未识先生有何训令。如其有也，或电或函，略一表示于民友会、益友社、丙辰俱乐部、政余俱乐部，在活动中诸团体，俾得吾党于政治以外，得有实业社会之活动，是所切祷。专此，即叩大安

田桐顿首　十四

展堂、执信二兄统此。

（《革命文献》第四十九辑，第 33～34 页）

马幼伯报告云南唐继尧对
护法之态度致孙中山函
（1917 年）

中山先生钧鉴：

　　滇中此次政变，当局主张，极为复杂，类多趋重统一，冀北方之协济，各报论调，亦惟马首是瞻，致一般无识之徒，又惑于权利，以附和之，几并唐氏之假护法而亦消灭之也。及吕君到来，约集同人妥议后，各分头运动，极力鼓吹。于是报界从同，舆论渐转，而当局亦似觉悟，阴惧吾党反对之，略示趋向，稍就范围，迁延月余，始授意倾向，乃有昨日之电请。然默查心迹，对于钧府，仍是不即不离，究难得其真确之表示。然则此后之进行，防间尤不容稍疏，加以政学系及北系陆续来滇，暗中蛊惑，图谋破坏，消长之机，关系全在此时。窃以吾党于此际，惟有施最精密之运动，最敏活之手腕，一面急进，一面防间，庶或有济。否则千变万化，将并党务亦难进行，害莫甚焉。

　　窃以国事纠纷，至今为极，处处谋和，乃处处伏有乱机。南北局势，动关吾党命脉，然终必以武汉为解决之重心，此尽人知之而不能行。夫大事业，无根据即无发展，请自今统筹全局，渐植根株，期以三年，必操胜算。尝以护法以来，徒劳心力，桂实为绝大之障碍，兹欲达其最初之目的，始终非攻桂不可。惟滇、蒙、蜀之影响，力难他顾，对于粤约，徒呼负负，在野同人，均怀愤恨。（民国六年）

（《革命文献》第五十辑，第 276～277 页）

张百麟为生活困难拟离沪入川致孙中山函

（1917～1918 年间）

中山先生钧鉴：

　　昨由丁景良兄转述钧谕，谓入川一节，俟电询川中同人，有无必要再定，自应遵办（初意尚拟川电来约始去，因在沪坐困，故亟欲离沪）。惟麟之拟往川粤，窃以为于公务不无裨益，而私人生计，且因之解决，较诸坐困沪上，扰累知己，实大相悬殊。盖麟之生活，全恃笔墨，当兹乱世，谋生之路，常与自重之念冲突。既不能枉道求活，复卖文而无地，闭门守拙，事蓄迫人，时呼将伯，亦多歉仄，惟有设法离沪，始能亟图自存。先生若以入川为宜，须俟川电再定，则乞惠予养母之资，暂维持寒天之生活。否则惠予百元，俾得赴粤谋生，俟川中电后，再行前往。凤承关爱，故敢琐陈，一息尚存，酬知报德之心，固与时俱进也。专此，敬请

均安，并乞

示复

张百麟谨上

（《革命文献》第四十八辑，第 345 页）

张百麟拟经营闽事致孙中山函

（1917～1918 年间）

中山先生钧鉴：

　　前由丁景良兄手送交四十元，极感。麟由粤返沪，由沪入闽，本为大局起见，且欲乘机有所树立。嗣因姚氏（原电觉生亲览，曾与姚部接洽）以停战之说，先探苏赣两督意旨，回电均含有听命北庭意味。姚遂不敢妄动。其间原动数人愤极，乃从军队联络，

欲竟前功。麟之在沪迟延，不欲畏难中止者，因经营迄今，从未牺牲金钱，而共事者复确有活动之把握，一旦放弃，殊属可惜。前此由闽到沪者三人，现已有二人返闽，将来或催促（一部分）军队内应，或收拾一部分军队，以待义军，必有几分成效可睹。惟久困沪上，又不忍以生计累我先生，幸子超、季龙，均有方面可以容纳。麟到粤且可俟闽中确息，速赴事机，以应竞存。拟请惠赐百元，俾得布署就道，感激实非浅鲜。谨肃寸函，敬请

道安

张百麟谨上

（《革命文献》第四十八辑，第 346 页）

张百麟因病请接济致孙中山函

（1917～1918 年间）

中山先生钧鉴：

敬呈者：顷奉任状，令为军府参议，拜命之下，惭感交萦。麟昔绾疆符，既乏匡时之绩，近逢国变，未陈定乱之书，乃蒙先生不遗故旧，任参末议。惟有据半解一知，随时贡献，图报厚遇于万一耳。昨闻政躬偶病，系念颇殷，天相吉人，必占无药矣，翘首军辕，未尝不神驰左右也。麟沪上穷居，报国无术，徒凭函电，聊尽联络疏通之责，或于伯兰处代笔之劳，或于民国报作言论之助，晨夕劳形，乏长足道。屡闻广州政况，不禁愤慨唏嘘。吾辈自辛亥以还，次第失去地盘，致吾先时伟人，少所凭藉，而有怀莫展，抚今追昔，抱歉良多。今后奋勉以图，一致前进，或能为泰山河海之一助也。先生领袖群英，智超当世，尚希有以教之。兹有请者，麟近患脑病，急于求医，而穷无余力，惟有坐困。凤承解衣推食，久已铭感于心，窃念先生为国尽力，以至于病，麟果何心，何忍以私事相扰。兹不获已，敢乞先生垂念历年附翼之情，惠济二三百元，度过寒冬，一

息尚存，仍供驱策，报国酬知之日，固甚长也。肃此，敬请

钧安，伏乞

垂鉴

张百麟谨启

杨虎、席正铭各蒙厚赐，均甚感激。苟有机会，必得当以报也。

（《革命文献》第四十八辑，第 346 ~ 347 页）

唐继尧为章太炎来滇复孙中山密电
（1917 年□月 16 日）

广东孙中山先生鉴：

申密。元电敬悉。伏处边陲，未亲光霁，自惭丰蔀，闻教情殷。蒙派太炎先生远道来临，金碧生辉，欢感无似，除饬沿途妥为招待外，谨拥彗俟门，望聆筹策。继尧叩。铣。印。

唐继尧批语：译发后，连原电抄登报，仍缴。

（《云南档案史料》第一期，第 43 页）

唐继尧为任命黄复生、卢师谛职务
问题致孙中山密电
（1917 年）

广东孙中山先生鉴：

申密。前据叙府赵司令钟奇电，请委卢师谛为四川靖国军第一师长，丁厚堂为四川靖国军第一梯团长，当即照委，旋由尊处任命黄复生、卢师谛为四川国民军长。复由此间转达知照在案。兹据黄、卢两人皓电称：顷奉大元帅灰电，任命复生、师谛为四川国民军长。重蒙推诚指导，感愧曷胜。惟三省联军，统受我公节制，本

军称谓，未便独歧，恳电商军府另名饬遵，俾归划一等语。特为转陈，即请核饬该员等遵照。继尧叩。□。印。

（《云南档案史料》第一期，第 46 页）

张于浔致孙中山电
（1918 年 1 月 1 日）

孙大元帅钧鉴：

春到五羊，光昭万象，天方昏岁，人庆履端。当日行东陆之晨，值公在南疆之岁，阳春有脚，乾为转而坤为旋，乐事赏心，旧是除而新是布，毋任瞻依，谨电驰贺。于浔叩。东。

（《军政府公报》第卅八号，1918 年 1 月 4 日，"函电"）

伍旅长毓瑞致孙中山电
（1918 年 1 月 1 日）

孙大元帅鉴：

谨贺新年，并祝勋福。伍旅长毓瑞叩。东。

（《军政府公报》第卅八号，1918 年 1 月 4 日，"函电"）

唐继尧致孙中山电
（1918 年 1 月 2 日）

孙中山先生鉴：

顷呈冯代总统电曰：段祺瑞专权玩法，举国哗然，代总统不欲以一人之故，以失百姓之欢，独伸乾断，罢其权任，并迭令休兵，以纾国难。全国上下咸颂代总统公正仁明，以为非法内阁既经更迭，此后政事当可循法治常轨，而国家大政或有刷新之机。故西南护法诸省亦皆相戒敛兵，静候解决。乃旬月以来，前内阁违法诸端未闻纠正，而政府措置有足令全国惊疑者，敢为代总统陈之。剖读代总统致陆巡阅使支电，言芝泉不欲以一身为众矢之的，夫全国何以集矢于芝泉，代总统亦尝默求其故乎？自再造共和，国会确定，有出而推翻国体者，即为大逆不道之人，段芝泉、梁士诒、朱启钤辈朝夕劝进，贻误国家，使项城亦身死名裂，天下戮笑，段芝贵等转得法外逍遥，首义诸省迭请惩办罪逆以谢天下。乃段祺瑞营私植党，曲庇叛徒，举国皇皇，知帝孽未除，乱机终伏。今祸首尚未伏辜，而先以段芝贵长陆军。此全国之大惑不解者一也。保护国家，维持统一，凡栖息于国内者，人同此心，若以德绳，谁敢不服。乃段祺瑞袭专制余威，欲以力征经营，命傅良佐入湘，派吴光新入川，兵连祸结，扰攘半年。代总统既力主和平，宁赣诸督复苦心调停，西南诸省渐有宁息之机。乃北京近日复命将出师，日筹战备，曹、张诸人派兵南下，则云防鄂赣匪徒，陆、参两部密令进兵，则云徇刘、周电请。此全国之大惑不解者二也。民国四年，中日交涉，日人第五号条款欲箝制我国自由购械之权，袁世凯以死力争之，卒成悬案。国人虽愤袁氏之外交失败，而不能不谅其尚留此一线生机，乃段祺瑞竟与某国订军械借款合同，致激全国之公愤，前□宁赣两督质问，而段祺瑞含混答复，不足以昭示国人。乃近闻此项合同已在北京签字。此全国之大惑不解者三也。我国既对德奥宣战，应一致进行，惟段祺瑞日以挑拨内患为心，岂复能出一兵以御外侮。乃今复任为参战督办，密令其把持兵柄，锄异己以酿内讧。此全国之大惑不解者四也。代总统既洞察段祺瑞为众矢之的，毅然免其职务，以维国是而顺舆情，不意政府近日所为，乃变本而加甚，恐非代总统息事宁人之旨，亦无以慰海内喁喁望治之心。继尧愚昧，未能仰测高深，伏乞代总统开布公诚，宣示全国，庶以消人民之疑虑，而维国家之治理。迫切陈词，不胜悚惶待命之至。云南督军兼省长唐继尧叩。冬。等语，特闻。唐继尧。冬。印。

（《军政府公报》第四十号，1918 年 1 月 16 日，"函电"）

唐继尧为刘存厚、钟体道附义并非诚
意复孙中山密电
（1918 年 1 月 2 日）

广东孙中山先生钧鉴：

申密。巧电祗悉。林君所称刘、钟均愿附义，如果出于诚心，川事自易收拾。惟近接锦帆来电，刘、钟方奉北京伪令，反攻重庆，恐彼终无悔祸之心。此间力主联川，以冀进筹全局。但川局未定，窒碍尚多。以后进行如何，自当随时电达尊处。致林君电已照转。知注并及。继尧叩。冬。印。

（《云南档案史料》第一期，第 51 页）

王士珍致孙中山电
（1918 年 1 月 3 日载）

（前略）南北不宜自分畛域，致蹈危亡。现在外患方殷，宜息内争。我公海内重望，务恳设法维持。

（《北京政府一片敷衍电》，上海《民国日报》1918
年 1 月 1 日）

川北前卫司令李汝舟致孙中山电
（1918 年 1 月 3 日）

孙大元帅鉴：

汝舟于十二月艳日奉靖国军川北扬总司令委任舟为川北前卫司令，遵即就职，率队进攻遂宁，卅一日将龙麓驿完全占领，冬日会同五师吕纵队长、王团长等猛攻遂城，激战约一日夜，敌军不支，我军江日午后四钟已将遂城完全克复，所有城中安宁秩序，会同五师官长尽力维持，现已渐次恢复，请释锦注。靖国军川北前卫司令官李汝舟叩。江。印。

（《军政府公报》第四十号，1918 年 1 月 16 日，"函电"）

上海孙洪伊等请联络长江三督电
（1918 年 1 月 3 日）

广州孙大元帅，国会非常会议诸公，云南行营唐元帅，南宁陆元帅，长沙谭联军总司令，贵州刘督军，广州程总长、伍总长、莫督军，暨前敌海军将士均鉴：

公等为国勤劳，民国新运，系于公等，敬祝公等健康。当兹履端之始，窃愿公等作新民国，一切更始，勿求目前之暂安，而贻将来之后患。北京停战非诚，况段援助毒龙侵粤，实属民国大慝。苏赣鄂三督表同情于护法，幸速联络，一致进行，克竟全功。孙洪伊、徐谦、居正。

（《革命文献》第五十辑，第 248～249 页）

湖北黎联军总司令致孙中山电
（1918 年 1 月 5 日）

孙大元帅钧鉴：

来电敬悉。林、张、胡三君奉钧令起兵湘西，曷胜欣佩，常、澧与鄂唇齿相依，谨遵电示，互相提携。遥望粤云，无任神驰，并希时赐教言为祷。黎天才叩。歌。

（《军政府公报》第卅九号，1918年1月10日，"函电"）

四川靖国军招讨司令陈凤石致孙中山电
（1918年1月6日）

孙大元帅钧鉴：

吾国陷于无政府之状，往者已数月矣。自共和肇造，六年于兹，集权中央，迭经政变，推原祸始，北洋系三字，实为厉阶。袁氏何以称帝，倪嗣冲等何以胁总统而散国会，张勋何以复辟，段祺瑞等又何以窥湘蜀而图西南，缘若辈之阴谋，酿今兹之大乱。事后追维，有不得不叹息痛恨于北洋系之误国殃民者。今者段氏去矣，乃临去之前一日，尤复致皖直两派督军正密铣电一通，沪报朗载，诸公亦既先睹矣。查原电词旨，霸气凌人，谓北洋即国家，视南省为仇敌，一人临去，因之牵动全局，召亡之媒，根本既差，一切皆谬，生心害政，责有攸归。此后南人苟不亟急以卫国者自卫，更有何术可以图存。凤石一介书生，爱国如命，有志投笔，无路请缨，爰于六年十二月十四号暂就天竹县治设靖国军招讨司令部，宣言独立，一俟部署就绪，决意随西南首义诸君子后，以与伪政府相周旋。同此主义者，皆吾与也，背此主义者，皆吾敌也。惟是周祸方兴，鲁难未已，北征初赋，西顾堪虞，欲结齿唇之好，必除肘腋之忧，此则本部万不得已之计，迫于大义而无可如何者也。究应如何设法，以弭内讧而策进行。谨布区区，伫候明教。四川靖国军招讨司令陈凤石叩。鱼。印。

（《军政府公报》第四十六号，1918年2月11日，"函电"）

附　陈凤石独立通电

（1918 年 1 月 6 日）

云南靖国军唐总司令，贵阳刘督军，广州孙大元帅，南宁陆巡阅使，长沙谭督军，上海岑云阶、李协和、唐少川、杨沧白诸先生，重庆四川靖国各电［？］熊总司令转顾、赵、黄三军长、王总司令鉴：

吾国陷于无政府之状，往者已数月矣。自共和肇造，六年于兹，集权中央，迭经政变，推原祸始，北洋系三字，实为厉阶。袁氏何以称帝，倪嗣冲等何以胁总统而散国会，张勋何以复辟，段祺瑞等又何以窥湘蜀而图西南，缘若辈之阴谋，酿今兹之大乱。事后追维，有不得不叹息痛恨于北洋系之误国殃民者。今者段氏去矣，乃临去之前一日，犹复致皖直两派督军正密铣电一通，沪报朗载，诸公亦既先睹矣。查原电词旨，霸气凌人，谓北洋即国家，视南省为仇敌，一人临去，因之牵动全局，召亡之媒，根本既差，一切皆谬，生心害政，责有攸归。此后南人苟不亟急以卫国者自卫，更有何术可以图存。凤石一介书生，爱国如命，有志投笔，无路请缨，爰于六年十二月十四日号暂就天竹县治设靖国军招讨司令部，宣言独立，一俟部署就绪，决意随西南首义诸君子后，以与伪政府相周旋。同此主义者，皆吾与也，背此主义者，皆吾敌也。惟是周祸方兴，鲁难未已，北征初赋，西顾堪虞，欲结齿唇之好，必除肘腋之忧，此则本部万不得已之计，迫于大义而无可如何者也。究应如何设法，以弭内讧而策进行，谨布区区，伫候明教。迩因梁垫电线中断，通电遂迟，合并声明，诸希原鉴。四川靖国军招讨司令陈凤石叩。鱼。印。

（《四川靖国军发展要电》，上海《民国日报》1918年 1 月 29 日）

二十二省旅沪绅商致西南电

（1918 年 1 月 6 日载）

广州孙大元帅、非常国会、唐少川、伍秩庸先生、莫督军、李总司令、张、方两师长、陈总司令、李镇守使，南宁陆巡阅使、钮总参谋，梧州陈督军，长沙谭联军总司令、赵师长，泸州行营唐督军、章太炎先生，贵阳刘督军，荆州石总司令，襄阳黎总司令，重庆顾军长、王军长、各义军师旅团长钧鉴：

此次义军崛起，均以拥护约法、保障国会、惩办祸首为标目，乃段祺瑞战败去职，叛党尚据要津，国会仍无恢复之望。段氏复充参战督办，假名对外，独揽兵权，军械借款、币制借款仍由梁士诒、梁启超继续进行，卖国阴谋尚未中止。段芝贵出长陆军，仍令曹、张进兵于鄂赣，龙逆挑战于粤中，动员增兵，战备益急。苏赣两督，效忠民国，持正调和，亦大受攻击，加兵相逼。冯氏停战布告，复不问约法，不提国会，伪言和平，以欺天下，延长战祸，罪有攸归。义军勉以护法自矢，必能贯澈始终，求遂初志。否则，暂图苟安，将来必同归于尽。国民历年牺牲生命财产，任诸公从事改革，为求真正共和耳。若此次不清乱源，国家之祸正未有艾，既非诸公谋国之本心，亦非国民所希望于诸公者也。务望努力，共竟前功。临电悚惶，不知所云。二十二省旅沪绅商张侠夫、黄英武、陈定国、吴邦杰、王之干、孙慎斋、何邦彦、赵克敏、王文杰、吴道南、李乐三、何明修、赵慕尧、方诚齐、余之瀚、褚汉章、张廷辉、孙守愚等五百四十八人同叩。

（《二十二省旅沪绅商致西南电》，上海《民国日报》1918 年 1 月 6 日）

附　旅沪二十二省绅商张侠夫等致孙中山电
（1918 年 1 月 16 日载）

广州孙大元帅、非常国会鉴：

此次义师崛起，均以拥护约法、保障国会、惩办祸首为标目，乃段祺瑞战败去职，叛党尚据要津，国会仍无恢复之望。段氏复充参战督办，假名对外，独揽兵权、军械借款、币制借款仍由梁士诒、梁启超继续进行，卖国阴谋尚未中止。段芝贵长陆军，仍令曹、张进兵于鄂赣，龙逆挑战于粤中，动员增兵，备战益急。苏赣两督，效忠民国，持正调和，亦大受攻击，加兵相逼。冯氏停战布告，复不问约法，不提国会，伪言和平，以欺天下，延长战祸，罪有攸归，义军勉以谨〔护〕法自矢，必能贯澈始终，求遂初志。否则，暂图苟安，将来必同归于尽，国民历年牺牲生命财产，任诸公从事改革，为求真正共和耳。若此次不清乱源，国家之祸正未有艾，既非诸公图谋之本心，亦非国民所希望于诸公者也。所望努力，共竟前功，临电悚惶，不知所云。二十二省旅沪绅商张侠夫、黄英武、陈定国、吴邦杰、王之干、孙慎斋、何彦邦、赵克敏、吴道南、李乐三、何明修、赵慕尧、方诚齐、余之翰、褚汉章、张廷辉、孙守愚等五百四十八人同叩。

（《军政府公报》第四十号，1918 年 1 月 16 日，"函电"）

湖北前第八师第十五旅旅长关龙致孙中山电
（1918 年 1 月 7 日）

孙大元帅鉴：

段氏专横，题分南北，称兵搆乱，乃祸民国。龙蒿目时艰，未可宁处，召集旧部，奉前湖北第八师师长季公雨霖命令，在襄阳下游图谋义举，已于前月一日攻克仙镇，组织湖北靖国军，遥合天溆各部，听季公指挥，修我戈矛，共靖国难，会师武汉，努力前驱。前湖北八师十五旅旅长关龙叩。阳。

（《军政府公报》第四十一号，1918年1月21日，"函电"）

靖国招讨军司令官兼川东宣慰使夏之时致孙中山电

（1918年1月7日）

孙大元帅鉴：

国步艰难，群魔构祸，张仆段起，蹂躏国法。而西南自主，护法兴师，军兴以来，越半年矣。昨接转广东来电，谓和议难成，仍将直捣燕幽，捧诵之余，曷胜雀跃。盖段内阁虽去，旧约法不存，日言停战，终是养痈，以言乎湘，王、范逃而岳易下，以言乎蜀，周、吴走而刘、钟难存。夫天下大势已趋于南，及今不图，终必坐失北庭党系。袁氏以来，日夕以摧残南方，不使发展为主旨，直缘燕京为满清二百余年积权之区，社鼠城狐不废旧习，若不乘势大张挞伐，扫氛擒渠，恐诸公手造共和之国家，终非久安而能长治。之时无状，本年回蜀，蒙唐帅委任招讨并川东宣慰使，窃天下兴亡，匹夫有责，勉提义旅，用助西南，前后各情，曾通电在案。兹再克复合江，进迫□隆，执锐柄坚，长驱西上。自黔军取渝以后，熊军已复川北元顺潼，滇军复下川南之□纳，钟窜资中，刘困锦城，槛兽釜鱼，夫何能斗？为今之计，欲图一劳永逸，惟有直起急追，川中一隅，自可荡平，责在时等，义无旁贷。惟违法北庭，共和害马，万勿与中途迁就，留为祸国根株。闽粤出舰队以援津沽，湘桂简饶健以键武汉，滇黔则经抵荆襄，川东则旁收秦晋，长江万里，并驾中原，燕赵豫齐，传檄可定。使河北必落镇，不敢再蹂南方，约法、国会同时复活，庶几庄严灿烂之中华，永固国基，不致再沦，而后乃为诸公之幸。之时谬领偏师，誓歼群丑，亲提桴鼓，再立军门，秣马厉兵，精诚贯日，枕戈以待，伫候教言。至嘱推唐继尧总司令，已如电办理，谨闻。靖国招讨军司令官兼川东宣慰使夏之时叩。阳。

　　（《军政府公报》第四十一号，1918 年 1 月 21 日，"函电"）

鄂民党请西南援鄂攻岳通电
（1918 年 1 月 7 日）

广西陆巡阅使、陈督军、李省长，广东孙大元帅、国会非常会议、程总长、莫督军、李省长、林海军总司令、李总司令、方军长、张师长、陈总司令、伍秩庸、唐少川、吴莲伯、蓝秀豪先生、鄂藉国会议员，长沙谭联军总司令、程总司令、赵师长、刘镇守使、陆师长及各师旅团长、各统领、湘西张总司令、李督办、贵阳刘督军、王总司令、云南刘代督军、由省长并转行营唐总司令、章太炎先生、赵军长、顾军长、黄军长，重庆熊镇守使、颜司令，河南王总司令、襄阳黎联军总司令及各师旅团长，荆州石总司令、唐副司令、各师旅团长，枣阳王司令，上海岑西林、孙伯兰、张溥泉、蒋尊簋先生，湘鄂粤桂滇黔川各省议会，上海、天津、北京、广州、汉口各报馆、各团体均鉴：

　　叛督称兵，竟危国本，西南义旅，乃有护法之宣言，数月于兹，尚难解决。鄂军愤慨，亦勉以荆襄之众，与西南一致，为国前驱。良以约法者，国家命脉所关，断不能一日使其失效。故护法之师，非至约法恢复不能止也。顷据道路传言，停战言和后，有王占元以湖北为局部之争，竟向西南义军及北京政府，请求由其自行处分，是欲摧残吾鄂，控制西南，诡谋祸心，昭然若揭。顾非护法，鄂人何争，舍鄂言和，所和何事？况鄂为西南之门户，亦起义之旧邦，无鄂则西南数省失其重心，更岂有言和之基础。且停战之后，曹锟何以有犯随枣之师，王占元何以有攻荆襄之令。西来穷寇，尚据彝陵，南望强虏，犹留武岳，实逼处此，利在速攻，岳州一下，势若建瓴，庶武汉会师之初衷，乃能贯彻，从此天心悔过，敌人自觉其非，则约法重光，国基无恙，放牛归马，正自有朝，又何所庸其汲汲。否则陷敌人停战整军之谋，后患必无纪极，岂但鄂人之不幸，抑亦西南失策之尤者。兹荆襄之众，自知无法不能立国，非战不可图存，秣马励兵，已非一日，誓言犹在，到底坚持，并冀诸公力拒非诚意之调和，始终以护法为此次兴师之本旨。则国家之灵，实或赖之，敢贡区区，尚希鉴察。吴崑、胡祖舜、韩玉宸、彭汉遗、刘成禺、白逾桓、刘英、张汉、胡宗佐、周之瀚、梁钟汉、詹大悲、胡石庵、张承□、丁复、吴醒汉、高尚志、邓玉麟、曾尚武、黄申芗、王文锦、熊炳焜、唐牺支、熊瑞莱、熊继贞、吴明浩、黎诚、杨荄树、谢石钦、梅宝玑、苏成章、鲁鱼、潘唐时、王守愚同叩。阳。

（《鄂民党请西南援鄂攻岳通电》，上海《民国日报》1918 年 1 月 22 日）

吴崑等致孙中山电
（1918 年 1 月 8 日）

孙大元帅钧鉴：

叛督称兵，竟危国本，西南义旅，乃有护法之宣定［言］，数月于兹，迄难解决。鄂军愤慨，亦免以荆襄之众，与西南一致，为国前驱。诚以约法为国家命脉所关，断不能一日使其失效。故护法之师，非约法恢复不能废止也。顷据道路传言，停战议和，王占元以湖北为局部之争执，向西南义军及北京政府请求，由其自行处分，是欲摧残吾鄂，控制西南，诡谋祸心，昭然若揭。鄂为西南之门户，亦起义之旧邦，无鄂则西南数省失其中心，更岂有言和之基础，且停战之后，曹、张何以有犯随枣之师，占元何以有攻荆襄之令。西来□□，尚据□□，南望北虏，犹留武岳，实逼处此，利在速攻，岳州一下，势若建瓴，庶武汉会师之初衷乃能贯彻。从此天心悔祸，敌人自觉其危，则约法重光，国基无恙，放牛归马，正自有期，又何所用其争战。否则陷敌人停战整军之谋，后患必无纪极，岂但鄂人之不幸，亦西南失策之尤者。兹荆襄之师，自知无法不能立国，非战不可图存，秣马励兵，已非一日，言犹在耳，到底坚持，并冀诸公力拒非诚意之调和，始终以护法为此次兴师之本旨。则国家之灵，实式赖之。敢贡区区，尚希鉴察。吴崑、胡祖舜、韩玉宸、刘英、杨时杰、白逾桓、张汉、彭汉遗、胡宗佑、周之翰、詹大悲、梁钟汉、熊臻菜、胡渤菴、季雨霖、吴醒汉、邓玉麟、高尚志、熊继贞、苏成章、谢石钦、梅实儿、鲁鱼、杨树芬、曾尚武、黄申芗、关龙、熊秉坤、唐牺支、王文锦、丁复、方子樵、张承□、黎诚、潘康时、王守愚仝叩。庚。

（《军政府公报》第四十二号，1918 年 1 月 26 日，"函电"）

西北靖国军总司令卢占魁致孙中山电
（1918 年 1 月 8 日）

孙大元帅钧鉴：

数奉函电，谅达崇阶。本军起义之始，魁即招合六军，勉以大义，所以士卒尽抱愤忾，同赋敌仇，臂使指挥，竞先恐后，故连战连捷，北军胆裂。只缘邮电交阻，未能详为奉闻，而当道狐狸又从而掩抑之，于是消息益形滞塞，而钧筹宏策，愈不得聆其梗概矣。然当国奸顽工施诡计，国事之根本解决断难慨允，是以本军进取不敢少懈，西击东攻，常策毅励，惟期作援冀北，少裨大局而已。近来道途谣传，有借本军名义进渎左右者，或且甚事招摇，统希俯察拒绝，庶免遗误。今特派正式代表刘百泉君趋谒钧座及蓝经略麾下，即恳俯授方略，遥赐提携，不胜感盼之至。肃此奉闻。西北靖国军总司令卢占魁叩。齐。

（《军政府公报》第四十四号，1918 年 2 月 4 日，"函电"）

唐继尧致孙中山电

（1918 年 1 月 10 日）

孙中山先生鉴：

前因非法内阁违法酿乱，贻祸国家，滇黔兴师，以为约法保障。讵川军搆怨，致起兵端，阋墙之祸，殊非初志。适借外债紧迫，国事多艰，代总统乃首先罢黜违法之人，毅然有改弦更张之意，并迭颁电令，切盼和平。遵即转饬前敌各军，停止进行，静候解决。嗣接南京李督军电，调查停战区域及日期，亦谕饬遵办，备达备查。又接成都省议会电，约停战各派代表择地蹉［磋］商，并经复电赞成。乃此方力筹解决之方，而川军反着着进逼，被本军吕纵队查得川军训令一纸，内开：本军计划以一月二日为开始攻泸日期，四日□总□击，东路徐司令届时讨攻永川，使攻泸容，敦祖成勋固守□犍，备敌反攻，并训豫先进袭永宁之别动队，届时动作，□路队亦由遂宁届时相机向合川进攻，以收齐一之效等语。查代总统已有和平布告，而川军复准备作战，实属有意违抗，擅启兵端，正拟电请代总统严令停止间，乃川军于本月二日实行攻击，本军忍无可忍，避无可避，当赴前敌，猛力反攻。现据各军报称，熊总司令克武所部已将顺庆、遂宁、渠万一带敌军击退，王总司令斌菓所部已将梁山、大足一带敌军击退，顾军长品珍所部已将永川、荣昌、隆昌敌军击退，赵军长又新所部已将泸州方面敌军击退。计川东、川北、川南三面略已肃清，如刘存厚等仍无悔祸之心，再开战衅，惟有督饬川滇黔三省联军，协力平乱，以维大局而靖地方，除电陈代总统外，特此电闻，尚乞鉴察。唐继尧。蒸。印。

（《军政府公报》第四十一号，1918 年 1 月 21 日，"函电"）

覃振请慰勉湘西护法军致孙中山电
（1918 年 1 月 10 日）

广州孙大元帅钧鉴：

湘西各军如能一致援鄂，颇增战力，务请即酌电转达张溶川、周蔚生、田凤丹三总司令，慰劳劝嘉，勉以大义。要情俟续闻，复电请用李执中处乾密。振叩。通讯处：常德厘金总寨。

（《革命文献》第五十辑，第 68 页）

唐继尧就川滇黔靖国联军总司令电
（1918 年 1 月 10 日载）

急。上海岑西林先生，南宁陆巡阅使，柳州陈督军，广东孙中山、伍秩庸、唐少川、李协和、程玉堂先生、程督军、李省长、张、方两师长，长沙谭联军总司令、程总司令，襄阳黎联军总司令、石总司令均鉴：

义密。锦公养电，廒公养、漾电敬悉。数月来，川局不宁，颇为进行之梗，今锦帆诸君子，纾难扶义，翘企西南，局势为之增重，此后同仇敌忾，益利进行。惟滇黔川三省军事行动，关键复杂，非有统一计划，未易收指臂维持之效，或转滋骈枝不交之害，设联军总司令，以总其成，固势所应尔，但职责既重，责荷维艰，继尧猥承推毂，自惭陋劣，难膺重任。顾念国难方殷，不遑憩息，诸公既以道义相勉，继尧敢以临难自诿，敬援当仁之成训，藉明临难之决心，爰于本日勉就川滇黔靖国联军总司令之职。伏望赐我箴言，匡其不及。继尧叩。印。

（《唐督就川滇黔靖国联军总司令电》，上海《民国日报》1918 年 1 月 10 日）

唐继尧致孙中山电
（1918 年 1 月 11 日）

孙中山先生鉴：

兹派王参议季抚赴粤面陈一切，到时请赐接洽为祷。唐继尧。真。

（《军政府公报》第四十号，1918 年 1 月 16 日，"函电"）

章秘书长由四川致孙中山电
（1918 年 1 月 11 日）

孙大元帅钧鉴：

密。昨午克抵渝城，刘存厚顽梗抗命，至今未悟，靖国联军决意声讨，□□进抵至离成都三百里地，平定当不在远，川中人心多归熊镇守使，其军实亦较前大有增加。川定、尚有余力东下，知注谨闻。章炳麟、郭同叩。真。

（《军政府公报》第四十号，1918 年 1 月 16 日，"函电"）

黎联军总司令致孙中山电

（1918 年 1 月 11 日）

孙大元帅钧鉴：

中央诈言停战，仍调重兵纷纷进逼，迭经天才电告在案。现在随县一路，除曹琨［锟？］傅队外，尚有第八混成旅兵队绎续前来，已于灰日进占县镇。又瑙［？］南阳新野一路豫军，勾结赵□华匪，踞老河口，直窥襄樊。似此违法背约，狡诈显然，李、陈、王三督不能委为不理，恳请西南各路一致质诘。衅自彼开，天才惟有严阵以待，万难再忍，特电飞告，并请应援。黎天才叩。真。

（《军政府公报》第四十号，1918 年 1 月 16 日，
"函电"）

唐继尧致孙中山电

（1918 年 1 月 11 日）

孙中山先生鉴：

勘电奉悉种切。北方言和并无诚意，特缓我师，乘间图南，此间早已窥破，始终一致主张，积极进行。惟以川中逆军尚未悉数荡平，猝难东下。现据熊、马、赵、王之军报告，迭战获胜，以川东、川南、川北略已次第肃清，一俟川局少定，即当东出夔门，为荆襄策应也。特电奉闻。唐继尧叩。真。印。

（《军政府公报》第四十一号，1918 年 1 月 21 日，
"函电"）

附　唐继尧以川中尚未荡平逆军为词延缓
东下援鄂复孙中山密电
（1918 年 1 月 11 日）

广东孙中山先生鉴：

申密。勘电青日始达，备悉种切。北方言和并无诚意，特缓我师，乘间图南。此间早日窥破，故始终一致主张，积极进行。惟以川中逆军尚未悉数荡平，猝难东下。现据熊、顾、赵、王各方报告，迭战获胜，川东、川南、川北略已次第肃清，一俟川局稍定，即可东出夔门，为荆襄策应矣。特电奉闻。唐继尧叩。真。印。

（《云南档案史料》第一期，第 51 页）

颜德基等致孙中山电
（1918 年 1 月 11 日）

上海分送法界协平里三号杨沧白《民国日报》转广州孙大元帅钧鉴：

据本军行军司令曾炳文、总指挥郑启和灰电称：我军在川北蓬安前方三十里之望风凹死战六日，节节进逼，抵距顺庆三十里之龙门场，于佳日直逼城下，敌军第三师出小西门，向蓬溪方向退却，获械弹甚多。正追击间，石青阳所部汤子模军间道入城，我军以一部分驻城，余队搜索前进，现正联络各友军进取成都，计日可下。仰恳时赐方略，俾得遵循。四川靖国军司令颜德基、陈炳堃叩。尤。印。

（《四川靖国军发展要电》，上海《民国日报》1918
年 1 月 29 日；《军政府公报》第四十六号，1918 年 2 月
11 日，"函电"）

湖北靖国第一军总司令石星川
等致孙中山电

（1918 年 1 月 12 日）

孙中山先生均鉴：

鄂督蒸电内开：连日土匪蜂起，占元责在保民，不日派队出发，师行所至，幸勿误会，等语。又奉谭联帅转到鄂督鱼电，词意正复与前电相同。兹复据确探报称，中央对于西南仍以武力解决，三千万练币借款业于本月八日签就，且作战计划大为变易，拟对岳州暂取守势，已将驻岳劲旅调向监利、潜江进发，移武汉之弱兵以驻岳州，藉释西南之疑。刻第二、第十八两师及卢旅各旅所部，业由沔阳分向潜江、监利前进，刻先头业已抵监利之上车湾，并令吴光新、朱廷灿由宜昌东下夹击。此对荆州攻击之计划也。第二师师长吴佩孚已抵孝感。此外又有两混成旅，总司令为曹琨〔锟〕，分两路进窥襄阳，一由孝感趋钟祥，一由广水向随彼，并联合南阳防军，直趋襄樊，其先头已至随县。此对襄阳攻击之计划也。一俟荆襄攻下，再联合宜襄部队，取道湘西，同岳州北军进窥长沙各等情，报告前来。证以各方情报，均复相同。窃思中央此次对付西南，阳为调和，以老我师，阴实进兵，以乘我隙。鄂督复假剿匪为名，于停战期内，□行派兵压迫荆襄，荆襄不保，西南之危，瞻念前途，不胜愤慨。星川等已电谭联帅、黎总司令，请示机宜，并饬所部极力备战外，尚乞各方面勿为和议所误，时机紧迫，伫候明教，勿任逼切。石星川、唐克明、朱兆熊叩。文。

（《军政府公报》第四十一号，1918 年 1 月 21 日，"函电"）

谭联军总司令致孙中山电
（1918 年 1 月 13 日）

孙中山先生钧鉴：

　　黎总司令真电敬悉。敌竟违约开衅，实堪痛恨，浩明已通告全军，并另电李、王、陈三督，严词诘责，并已准备攻岳，共扫妖氛，决不令敌得逞，并祈诸公一致主张，严电诘责为祷。浩明。元。

　　（《军政府公报》第四十号，1918 年 1 月 16 日，"函电"）

丁复致孙中山电
（1918 年 1 月 13 日）

孙大元帅钧鉴：

　　复奉命回鄂，与各军共策进行，已一致主战，整军待发。石公处代达钧意，深表同情，拟俟张使西来再商。电闻。丁复叩。元。

　　（《军政府公报》第四十一号，1918 年 1 月 21 日，"函电"）

黎联军总司令致孙中山电
（1918 年 1 月 13 日）

孙中山先生鉴：

　　王督勾通赵逆荣苕，任为征襄总司令，大张布告，并勾连猪澠军队，由老河口一路直逼襄樊，经天才派张支队长定国率步炮两营迎头痛击，于真日开始攻击，追至太平店，敌人大队集中仙人渡，文日张支队长分两路进攻，轰毙敌兵三百余人、官长数人，敌始溃散，我军即占领仙人渡，夺得枪数百枝、大炮一尊、机关枪一架，现又派颜司令指挥向老河口进攻，克日可下。所有连日攻克太平店、仙人渡情形合先电达。黎天才叩。元。印。

（《军政府公报》第四十一号，1918 年 1 月 21 日，"函电"）

谭浩明宣布北政府罪状通电

（1918 年 1 月 13 日）

万急。各省督军、省长，归化、张家口、热河各都统，龙华、宁夏各护军使，各司令、师旅长、镇守使，各省议会，各报馆，南宁陆巡阅使，广州程总长、李军长、陈总司令、唐少川、伍秩庸、孙中山先生，上海岑西林、谭组庵先生，南京陆朗斋将军，重庆熊镇守使、王总司令同鉴：

自停战议起，浩明抑搴旗之锋，下止戈之令，旁皇五旬，延颈屏息，以待解决。区区希望和平苦心，应足告无罪于天下，乃政府虽颁停战布告，而求其弭战之事实，不特茫如捕风，乃竟适得其反。夫以段祺瑞之专横，明知为护法义军所不容，而甫解政权，复握兵柄。段芝贵之嗜利无耻，见摈于满清之舆论，乃手掌民国之陆军。其他如龙济光之贫贱，乃复以巡阅两广。刘成厚之反复，乃竟以督军四川。不恤人言，悍然为此，岂独无和平真意，是直与义师宣战，与调人宣战，与民国宣战而已。浩明护法兴师，早已弃捐顶踵，宁有所惧，而不敢争之以兵。然犹痛切指陈，再三警告，冀政府有万一之觉悟，以弭战祸于无形，而包藏祸心，□然充耳。顷得黎师长天才蒸电，闻现有曹琨〔锟〕兵一团，进攻枣阳之王安澜军，业被突破，其前军已抵吴家店，距樊城仅隔数十里，襄阳甚为危急。同时又接真电开，谓随县一路，除曹军外，又有第八混成旅继续前来，已于灰日（十日）进占唐县镇，又由南阳新野一路豫军，勾结赵荣华，占据老河口，直窥樊襄，违约开衅，天才惟有严阵以待各等语。查曹、张两督奉令南下，止于皖豫，昭彰耳目，行□皆知。荆襄自主，与西南一致护法，亦早为国人所共谅，政府既以和平为标帜，自宜一律停止军事行动，以示大信于国人，今乃衅端自开，阴谋毕露，和平绝望，诚可大哀。倘由是而牵动全局，糜烂吾民，中外具瞻，罪名有属，浩明何足惜，愿我全国父老子弟共鉴之。浩明。元（十三日）。印。

（《谭联帅通电宣布北政府罪状》，上海《民国日报》1918 年 1 月 24 日）

潮梅镇守使刘志陆、道尹吕一夔
欢迎孙中山电
（1918 年 1 月 17 日）

广州军政府孙中山先生钧鉴：

群逆弄兵，国会中断，公倡护法，率舰南旋，数月以来，艰劳备至，民国命脉，赖以苟延，毅力热诚，同深感佩。兹闻援闽义声所传，万民欣跃，师行何日，乞电示知，俾便欢迎，藉表诚悃。刘志陆、吕一夔叩。霰。印。

（《军政府公报》第四十一号，1918 年 1 月 21 日，"函电"）

征闽靖国军总指挥李烈钧致孙中山电
（1918 年 1 月 17 日）

孙中山先生钧鉴：

密。迭闻诸公说论，爱国家而兼顾地方，重团体而轻视个人，同志相助，惟义是从，曷胜钦仰。现在叛逆披靡，义师云起，大局固极可为，只得始终做去，烈钧现赴前敌，相距渐远，扶轮国手，惟望群公，有责匹夫，勉尽天职。至滇黔川全权代表，除贵州全权代表刘君燧昌已到粤，当与接洽外，滇川两省并望速派代表，共策进行，钧非敢卸责，道远实难兼顾耳。谨电奉闻，伫候明教。烈钧叩。筱。印。

（《军政府公报》第四十二号，1918 年 1 月 26 日，"函电"）

靖国联军滇军第二路司令杨春芳
致孙中山电
（1918 年 1 月 18 日）

孙中山先生鉴：

窃以约法失效，大本动摇，国会摧残，群情愤激，于是西南崛起，义讨同声，草铘驶行，英雄奋发。今则权奸任逸，国法难彰，段逆虽倒，国会未复，自非挞伐以大呼，难见共和之真象。芳一介武夫，粗知护法，乃率旧部，统领健儿，已于寒日在雷波县境宣布独立，高揭自主之旌旗，脱离非法之政府，励兵秣马，愿执鞭干以追随，待旦枕戈，更闻鸡声而起舞。芳本籍隶川南，产诸蜀省，只知论其法与不法，而遑问其川与不川，苟非拥护约法之人，皆当认为仇敌，若纳诸正轨，环球以内，则尽依法息争，何分畛域。今兹起义，不达恢复旧有国会之目的不止，伏望诸公坚持到底，共策进行，则大局幸甚。临电迫切，不知所云。靖国联军滇军第二路司令杨春芳等叩。巧。

（《军政府公报》第四十三号，1918 年 1 月 30 日，"函电"）

征闽靖国军总指挥李烈钧致孙中山电
（1918 年 1 月 19 日）

孙中山先生钧鉴：

密。冀公真、寒电均敬悉。中央阳托言和，阴修战备，张曹南下，违约殃民，乃不惜结连逆党，进寇襄樊，迹其行为，已归下乘。我西南各省，以护法为职志，法之蟊贼，誓在必诛。现黎公已着手迎剿，冀公又力为举援，攻岳征闽，亦预备分头进取，总期大张义旗，歼此害马，使义军势力日益发展，则言战言和，均不失为优势。冀公此举实为扼要之图，不世之功也，无任钦祷。烈钧叩。皓。

（《军政府公报》第四十二号，1918 年 1 月 26 日，
"函电"）

进步党留日支部通电
（1918 年 1 月 19 日）

北京冯代总统，广东孙大元帅，南宁陆巡阅使，云南唐督军，南京李督军，湖南谭联军总司令，广东莫代督军、海军程总长、援闽李总司令，贵州刘督军，粤军陈总司令，上海岑西林先生、孙伯兰先生，广东伍秩庸先生、唐少川先生，衡阳刘镇守使，汕头刘镇守使，重庆熊镇守使，各报馆钧鉴：

民国之亡，凡二度矣。前有袁氏之称帝，后有清室之复辟，推原祸始，皆自解散国会召之。国会不存，约法焉托，约法云亡，民国何依。滇黔之师，垂声称于无穷，以国会得恢复也。衡阳倡义，与滇黔等耳。以护法起，设不护法而止，即办到惩办祸首，解段、龙之伪职，撤川岳之北兵，究与民国根本之图何关？义师未起，而

国已亡，义师起后，而国仍亡，师出何功，出师之初旨何在？居今日而言议和，非将国会恢复，直无置喙之余地。雄亚原进步党一份子，进步党员，固民国大好男儿也，同负爱国之热衷，岂甘民国之丧亡。前者本党理事梁启超、汤化龙，求便一己之私图，曾与解散国会之逆谋，近者汤化龙欲顺潮流之趋向，又有恢复国会之主张，狐埋狐撸，唯利是归。视国家如儿戏，以本党为机械，既违反本党之党纲，即失有理事之资格。雄亚为个人良心计，为本党名誉计，均不应不有如此之表示。国家兴亡，匹夫有责，亚亦犹人，敢自菲薄，爰献刍言，用希公鉴。中华民国进步党留日支部长刘雄亚叩。皓。

（《进步党留日支部通电》，上海《民国日报》1918年1月29日）

谭浩明等揭露段祺瑞等迫李纯去职望
国人图正当防卫电
（1918年1月19日）

万急。北京冯代总统、天津黎大总统钧鉴：国务院王总理，南宁陆巡阅使，各省督军、省长、归化厅、热河各都统，龙华各护军使，各司令，各师旅长，各镇守使，川行营唐联军总司令，重庆熊镇守使、王总司令，襄阳黎总司令，荆州石总司令，上海岑西林、谭组庵先生，南京陆朗斋先生，广东程总长、李军长、陈总司令、唐少川、伍秩庸、孙中山先生，各省议会、各报馆鉴：

顷据南京李督军筱电，大旨谓和平无望，战祸再开，大局固难收拾。纯亦不能反覆矛盾，自丧人格，惟求一去以谢国人。已电陈中央，自求罢免等语。得电，不胜骇异，两月以来，李督军哓音屠口，企望和平，凡有人心，靡不共谅。乃段党把持政柄，决心主战，不独异己者欲铲除净尽，即主张调停之人，亦竟不能相容，必多方逼迫，去之惟恐不速。而李督以主持正义、慎重人格之故，亦遂不得已，出于辞职。夫李督非有一兵一矢之加遗也，不过蒿目时艰，排解纷难。而其获罪，乃至于是。是不啻宣告全国曰：予决以武力征服全国，以实行其一党私人统治海内之政策。违法黩武，将以为所欲为。敢有倡议调停者，必锄而去之，其恣睢暴戾，怙恶不悛，为何如者？浩明元日通电，以两段复握重柄，命龙、刘分扰粤、蜀，种种设施，非不知全国人之必抵死力争，直明明与义师宣战，与调人宣战，与全国宣战而已。岂尚以为过激之言乎？昨者围攻荆襄，战争已启，兹则李督又迫而辞职，浩明之言固已证实矣，和平固已绝望矣。护法初心，宁有所惧，一息尚存，誓贯终始。独是中流砥柱，端赖贤豪，国脉所存，厥惟民意。吾望李督军毅力坚持，不挠不屈，吾尤望全国同胞，出最后之决心，图正当之防卫，则民国其庶几尚有一线之望乎？垂涕告哀，希维公鉴。谭浩明、程潜、马继、韦荣昌、林玉廷、陆裕光、赵恒惕、刘建藩、林修梅同叩。皓。

（《北洋军阀史料·黎元洪卷》第二册，第 19～24页）

王天纵等公推黎天才为鄂豫联军总司令电
（1918 年 1 月 20 日）

天津黎大总统、北京冯代总统、广东孙大元帅、武鸣陆巡阅使、云南唐督军、长沙谭联帅、非常国会、李步军统领、张敬舆先生、程海军总长、莫代督军、李省长、李燮和、陈炯明、唐少川、伍秩庸、蓝秀豪诸先生、方师长、张师长、章太炎先生、重庆熊镇守使、贵阳刘督军、程总司令、各总司令、钮总参谋、南京李督军、镇守使、浦口冯旅长、南昌陈督军、荆州石总司令、朱师长、襄阳转枣阳王总司令、汉口孙尧卿、吴畏三先生、上海岑云阶、孙伯兰、蒋伯器、蒋雨岩先生、湘阴金小峰、西安郭司令、常德李督办、青海张总司令、公安湘西胡招抚使、各省、各省议会、各商会、各报馆均鉴：

权奸违法，酿成兵戈，建元七载，迄无虚日，诸公仗义，不约而同。湖北靖国联军总司令黎公天才，护法救国，极佩热诚，士饱马腾，汉帜生色。天纵等从诸公后，誓师豫中，业由各路司令，公推黎公为鄂豫靖国联军总司令，以谋提揭，而利进行。谨闻。河南靖国军总司令王天纵、副司令唐克明、总参谋蒋政源，暨第一路司令马文德、第二路司令詹乐雅、第三路司令詹宪章、第四路司令张治公、第五路司令张金桂、第六路司令申麟甲、第七路司令魏玉川、第八路司令李魁元、第九路司令丁全忠、第一游击司令陈超常、第二游击司令胡定邦、第三游击司令刘安国、第四游击司令韩子刚、第五游击司令刘庆云、第六游击司令张屏、第七游击司令彭芳龄、第八游击司令彭梦龄、第九游击司令乔世杰、第十游击司令廉①治国、第十一游击司令蔡天春、第十二游击司令李玉定、第十三游击司令杨来发同叩。皙。

（《北洋军阀史料·黎元洪卷》第二册，第 25～29 页）

周则范致孙中山电

（1918 年 1 月 20 日）

孙大元帅鉴：

咸电敬悉。蒙派秘书劳军，至深欣怅，到时当自欢接。窃惟此次护法军兴，吾湘实当冲要，稍有不慎，危祸堪虞，既切桑梓，敢不奋励。伪令停战，藉以缓师，复增重兵，奸谋久露。旅团营云集

---

① 原电码为 1670，对应字为"廉"，疑误。暂系于此。——编者

常德，现已开赴澧丁一带，会师荆沙，夹攻宜昌，直扼武汉。想丑虏胆落，一致成擒也。护法救国，天职所在，驰驱沙场，则范夙愿，请赐明训，顺候麾福。周则范叩。哿。

（《军政府公报》第四十二号，1918 年 1 月 26 日，
"函电"；《护法要人最近要电一束》，上海《民国日报》
1918 年 2 月 1 日）

广东代督莫荣新等致孙中山电
（1918 年 1 月 20 日）

孙中山先生鉴：

中华民国护法各省联合条例前经各军往返电商，一致赞成，兹查照本条例第七条、第八条之规定，会商护法各省督军、省长及各军总司令署名宣布，并于本月二十日联合署名宣布，自此各省、各军同负护法之责任，群策群力，共图根本之解决。北京所组织非法政府，实为人民之公敌，荣新等一息尚存，惟当本铁血之精神，作法律之后盾，矫平内乱以图国基，驱除祸首以张法治，是则各省、各军联合之初志，抑亦全国人民所希望者也。原条例附录如下：

中华民国护法各省联合条例

护法各省为拥护约法、保障国会、征讨祸首、勘定内乱，以巩固统一之基础，促进宪法之成立，组织护法各省联合会议，更因时势上绝对之要求，与护法各省最后之决心，订兹条例，共信守之。

第一章　联合会议

第一条　联合会议以左（下）列各代表组织之。

一　由护法六省自主政府及海军所派出者各一人，但未完全自主省分之护法各军及各战区之联合军，经联合会议承认者得各派代表一人；

二　民国元老由前项所列派出代表，各机关公推者无定额。

第二条　联合会议所在地暂定广州，但得依便宜迁移之。

第三条　联合会议之组织条例另定之。

第二章　联合公约

第四条　凡加入护法各省联合者，有不能脱离之义务。

第五条　护法各省及各地方之护法各军，非得联合会议之许可，不得募集外债或与外人订立以土地、矿山、公产作抵之契约，但发生在本条例宣布以前者，得报告联合会议核准之。

第六条　护法各地方及各战区之联合军，非有联合会议之议决，不得为停战之宣告或和平条例之提出。

第三章　附款

第七条　本条例宣布之日，护法各省举行宣誓式，以保证其效力。

第八条　本条例由左（下）列及继续加入护法各省依次署名宣布。

第九条　本条例于约法效力完全回复后，经联合会议之决议废止之。

莫荣新、李耀汉、李烈钧、陈炯明、谭浩明、陈炳琨、唐继尧、刘显世、程璧光、林葆怿、程潜、黎天才［锟］、熊克武等同叩。号。

（《军政府公报》第四十三号，1918 年 1 月 30 日，"函电"）

湘西援鄂总司令田应诏、副司令胡学伸
致孙中山电

（1918 年 1 月 20 日）

孙中山先生鉴：

王、曹窥鄂，和议中梗，狡计诡谋，神州共愤。应诏、学伸治军廿年，素以卫国爱民为天职，值此楚氛方炽之秋，应尽披发缨冠之义，特秉承谭联军总司令命令，亲率湘西健儿，星夜北进，总期荆襄名城不落虏手，河洛誓师，速定中原。诸公同仇敌忾，殊程同归，尚望杀敌是求，不为和议所误，倚马陈词，不尽区区。湘西援鄂总司令田应诏、副司令胡学伸叩。号。印。

（《军政府公报》第四十三号，1918 年 1 月 30 日，"函电"）

贵州督军刘显世致孙中山函
（1918 年 1 月 21 日载）

中山先生座右：

斗望凫钦，关河远阻，顾瞻时局，倍切心仪。我公识贯古今，最宏胞与，视国事如家事，以先知觉后知，海外知名，江东独步，勋载盟府，佩仰曷胜。显世忝绾疆符，德薄能鲜，心知有国，罔识其他。迩来国步多艰，枭雄窃柄，川湘难作，南北纠纷，差幸百粤首倡义声，群豪共倾肝胆，当年盟主卷土重来，登高一呼，众山皆应，风声所播，川湘渐平。此后会猎中原，南风岂必不竞；收拾残局，东海不复扬尘。所愿声气常通，畛域胥化，庶免主将歧异，牵制良多，群豪应共提携，大局终趋统一，导百川而归海，合一炉以铸金，责在高明，愿随鞭弭。兹遣小儿燧昌偕同参谋严培俊赴粤代达黔情，藉联声气，特嘱上谒铃辕，敬聆钧海，倘蒙垂询，便示周行，不胜感幸之至。专肃，敬颂

勋祺

刘显世拜上

（《军政府公报》第四十一号，1918 年 1 月 21 日，"函电"；《孙大元帅与各要人最近往来电》，上海《民国日报》1918 年 1 月 26 日）

唐继虞致孙中山电

（1918 年 1 月 22 日）

孙中山先生鉴：

鱼电悉。前派赴川委员邓、黄、张、温四人已遵命各发四川护照一纸，并由本部酌送旅费，不日当可成行矣。张左臣电已照转。谨复。唐继虞叩。养。

（《军政府公报》第四十三号，1918 年 1 月 30 日，"函电"）

湘西援鄂军第二路总司令田应诏致孙中山电

（1918 年 1 月 22 日）

孙大元帅鉴：

应诏奉湘粤桂联军总司令谭委为湘西援鄂军第二路总司令，材轻任重，深惧弗胜，亟盼时赐明教，俾有遵循，特此电闻。湘西援鄂军第二路总司令田应诏叩。祃。印。

（《军政府公报》第四十三号，1918 年 1 月 30 日，"函电"）

贵州督军刘显世致孙中山电

（1918 年 1 月 22 日）

孙中山先生鉴：

顷得长沙谭月波督军转到南京李督军洽电，略谓平和无望，纯不能反复矛盾，致丧人格，已自求罢免等语。国家不幸，纲纪荡然，黩武相煎，覆亡可待。李督军关怀大局，苦心调维，□[瘏]口哓音，万方钦敬。孰意段等曾不悔祸，呼战之声愈高，凡有主张和平，期免糜烂大局者，必欲锄之而后快，以致李督同抱悲观，遂萌退志，时局如斯，可为痛哭。在段党既决心主战，近日尚复阴谋以龙制粤桂，以刘制滇黔，并出全力以攻荆襄，复百计排挤力主和平之李督，是战祸迁延，生灵涂炭，自有负其责者，全国人民今而后知破坏大局和平谁归矣。所幸李督军始终坚忍，我国人力挽横流，相与谋正当解决之策，庶国家尚有一线生机，人民不至长沦苦海，世虽不敏，愿竭棉力以随诸公之后，披诚沥告，尚祈鉴言[詧]。贵州督军刘显世叩。养。

（《军政府公报》第四十四号，1918年2月4日，"函电"）

秦广礼通电

（1918年1月22日载）

广东孙大元帅钧鉴，并电转非常国会诸先生、陆干老、唐冀庚元帅、伍秩庸、唐少川、孙伯兰、程玉堂、王儒堂、胡展堂各总长，谭月波、谭组菴、莫代督、刘显思[世]、刘存厚各督军，林悦卿、陈炯明、李协和、黎天才、石星川各总司令，汪精卫、黄子阴先生，邓天乙、刘奇瑶各招讨使，吴哀灵、李国定各宣慰使，章秘书长，各报馆均鉴：

溯自国会解散，元首被逐，段逆窃国，甚于亡袁。诸公兴师护法，提兵问罪，大义炳日星，信誓坚金石。正期扫清宇内，忽来调和之请，阳布和议，阴备战事。权奸祸国，谬援不溯既往之条，废法言和，妄假息事宁人之语。复以非法参院改定大法，更借叛逆督军反对国会。近者用两段、使挛龙、攻荆襄、取岳州，重兵南下，逆军四出，司马昭之心，路人皆知。千乞明张挞伐，直犁幽燕，成一箦未竟之功，作一劳永逸之计。礼虽愚弱，愿与关外健儿，执干戈以追随诸大君子之后也。黑龙江招讨使秦广礼叩。

（《秦广礼之通电》，上海《民国日报》1918 年 1 月
22 日）

附　黑龙江招讨使秦广礼致大元帅电
（1918 年 2 月 4 日载）

孙大元帅均鉴：

溯自国会解散，元首被逐，段逆窃国，甚于亡袁。诸公兴师护法，提兵问罪，大义炳日星，信誓坚金石。正期扫清宇内，忽来调和之请，阳布和议，阴备战事。权奸祸国，谬援不溯既往之条，废法言和，妄假息事宁人之语。复以非法参院改定大法，更借叛逆督军反对国会。近者用两段、使孽龙、攻荆襄、取岳州，重兵南下，逆军四出，司马昭之心，路人皆知。千乞明张挞伐，直犁幽燕，成一箦未竟之功，作一劳永逸之计。礼虽愚弱，愿与关外健儿，执干戈以追随诸大君之子后也。黑龙江招讨使秦广礼叩。印。

（《军政府公报》第四十四号，1918 年 2 月 4 日，"函
电"）

程潜攻岳通电
（1918 年 1 月 22 日）

北京冯代总统钧鉴，除山东、直隶、安徽督军、省长并转省议会、商会、各报馆、各镇守使、各司令、师旅，南宁陆巡阅使，毕节唐联军总司令，长沙谭联军总司令，南京李督军，武昌王督军，江西陈督军，贵阳刘督军，重庆熊总司令，广东莫督军、程

总长、陈总司令、李军长并转伍总代表、孙中山先生，荆州石总司令，襄阳黎总司令，上海岑西林先生、谭组庵先生并转各报馆均鉴：

窃以义师之兴，本为护国，苟可得已，何必穷兵。前者师次长沙，李、王、陈诸督军，首倡调和，代总统亦宣示明令，罢免段氏。潜以为天心既有悔祸之机，公理或有伸张之望，按兵不动，静候解决。乃磋商累月，变端屡起，段氏虽倒，而其腹心爪牙奔走运动，悍然主战，调兵转饷，汲汲不遑。未几而段氏复任为参战督办，段芝贵长陆军，曹、张分兵南下，搆龙扰粤，纵刘殃川，虽于其时下停战命令，其结果反至为段氏利用，懈我军心。潜早知庆父不去，鲁难未已，但本意为护国救民，不忍战祸延长，使吾民重受目前之痛苦。且念代总统主持于上，长江三督调停于中，或有一线之转圜，得达和平之希望，踌躇审顾，职此之由。不图逆焰枭张，阴谋暴露，皖鲁之师，竞出苏赣，直鲁之众，进规襄樊。连日接到荆襄报告，北来诸军，已进扼唐县，蹂躏枣阳。吴光新收集溃卒，由宜陵东下，鄂军纷纷调发，来攻荆州。虽王督军极力斡旋，信使不绝，然已陷入四面包围之中，势成连云，不能自拔，遂使代总统煌煌停战明令，置若罔闻，李、陈诸督军调和苦衷，付之流水。是诚何心，敢冒不韪。且彼辈不惟违抗代总统停战之命令而已，直欲遂推翻政局、使段祺瑞独揽大权之计划；不惟漠视调和之说而已，并乃仇视李、陈诸督军不肯附和，欲一并剪除之以为快。潜抚心忧国，渴望和平，当逐傅周时，乘胜东下。本可席卷岳州，直趋武汉，一闻和议，便尔顿兵，两月以还，披肝沥胆，商榷解决之办法，积电盈尺，而我以诚往，彼以诈应，战端再起，衅自谁开，全国自有公论。若犹误于虚伪调和之说，缓我挞伐问罪之师，则时局收拾愈难，生民痛苦愈甚，和平之望，更不可期，耿耿此心，夙夜不寐。用是协同桂军，即日进击岳州，以破段派之奸谋，而伸天下之公愤。乌乎！人之欲善，谁不如我，凡在禹域之内，不少同志之仇，尚望共起击之。戎装待发，敢布腹心，愿闻明教。程潜叩。祃

（二十二日）。

（《湘军程总司令要电三则》，上海《民国日报》1918年2月3日）

湖北靖国第一军总司令唐克明致孙中山电
（1918 年 1 月 24 日）

孙中山先生鉴：

　　西南诸公兴师靖乱，克复间关，荆襄协助，石黎两君举兵响应。满拟荆州据长江上游，形势所在，决无蹉挫之虞。讵骄将不服主命，竟致溃陷荆沙，前敌司令石星川顾此艰难，心灰气沮，既不愿再图恢复，而朱师长兆熊又不愿与闻善后。克明以此项发端本属原动，倘一败涂地，负咎滋深，且湖北军队仅此一线之延，若竟任其四散，将永无回复之日。况兵无统属，即足为害地方，揆诸为国为民之初衷，益复无以自解，因即集合将士，退保江南，行文通电仍领前总司令名义，此乃中〈？〉公民不能见谅，而□□将士复群以大义相责，坚请克明继任湖北靖国第一军总司令。克明自顾庸愚，难胜大任，然事已至此，又觉责无可逃，用是共坚信誓，勉行就职，所望西南主事诸公，海内明达，指示机宜，以便遵循而挽危局。临电惶悚，无任待命之至。唐克明。敬。

（《军政府公报》第四十四号，1918 年 2 月 4 日，"函电"）

援闽粤军陈总司令致孙中山电
（1918 年 1 月 24 日）

孙大元帅钧鉴：

接秀山督军寒、筱两电，为和战计，以去就争，语重心长，令人感悚。方今大局险危，群情惶骇，中流砥柱，力挽狂澜，将为李公是赖。乃逆党阴谋，群相煽逼，必使调人难安其位。居心叵测，如见肺肝，若遽逊辞，适坠奸计。士君子身系安危，举足轻重，万望李公为国努力，毋以少不忍而乱大谋，仍请诸公一致坚留，庶共伸正义而维危局。国事幸甚。陈炯明叩。敬。

（《军政府公报》第四十二号，1918 年 1 月 26 日，"函电"）

附　陈炯明请坚留李纯通电
（1918 年 1 月 24 日）

广州孙大元帅、国会非常会议、伍秩庸先生、程总长、林总司令、莫督军、李省长、李军长、张师长，香山唐少川先生，南京李督军，南宁陆巡阅使，长沙谭联军总司令、程总司令、赵师长、刘镇守使、林旅长暨各军总司令，荆州石总司令，襄阳黎总司令、王总司令，重庆熊总司令，毕节唐总司令、章太炎先生，贵州刘督军，上海岑西林、谭组庵、柏烈武、孙伯兰诸先生鉴：

接秀山督军寒、筱两电，为和战计，以去就争，语重心长，令人感悚。方今大局险危，群情惶骇，中流砥柱，力挽狂澜，将惟李公是赖。乃逆党阴谋，群情煽逼，必使调人难安其位。居心叵测，如见肺肝，若遽逊辞，适坠奸计。士君子身系安危，举足轻重，万望李公为国努力，毋以小不忍而乱大谋，仍请诸公一致坚留，庶共伸正义而维危局，国事幸甚。陈炯明叩。敬。

（《陈炯明请坚留李纯通电》，上海《民国日报》1918 年 2 月 4 日）

湖北靖国第一军总司令石星川等致孙中山电
（1918 年 1 月 24 日）

孙中山先生鉴：

　　星川、克明此次响应西南，宣布自主，原为屏蔽川湘，控制北敌。惟是兵力薄弱，全赖友军援助。自停战议和，西南停止进兵。王逆占元当此时期竟违背信约，与吴光新围攻荆沙，友军远隔，苦难救应。星川与克明激励将士，苦战数日，卒以力不能支，退保江南，主持无术，罪何可言。然此身尚存，决不与丑类共戴天日，现在公安集合四千余众，共矢同心，誓不歼除丑类不止。诸公为国兴师，荆沙既失，实阻川湘进兵之路，所望共此宗旨，一致申讨，以救鄂人而维大局。迫切呼吁，伏维鉴察，并候明示。石星川、唐克明叩。敬。印。

　　（《军政府公报》第四十五号，1918 年 2 月 8 日，"函电"）

王安澜就靖国司令职电
（1918 年 1 月 25 日）

天津黎大总统，武鸣陆巡阅使，广州孙大元帅、海军程总长、莫督军、非常国会吴、王两议长、长沙谭湘桂粤鄂联军总司令、程总司令，云南唐滇黔联军总司令，重庆熊川军总司令，讨闽李总司令，讨龙陈总司令，张、方两军〔师〕长，上海岑西林、谭组庵、伍秩庸、唐少川、孙伯兰、蓝秀豪诸先生，云南章太炎先生，南京李督军，江西陈督军，南阳王总司令，岳州前敌陆、刘、马、赵、韦各总司令，湘西李督办、胡、王两司令，天津刘浩春先生，汉口孙尧卿、谭石屏、詹大悲、邓炳山、胡石庵诸先生，公安唐总司令、何副司令，各督军、省长、各师旅长、镇守使，各团体、口汉[汉口]《大汉报》转各报馆均鉴：

安澜倡义枣随，响应西南，护法愚忱，天日共鉴。近因荆襄紧急，敌氛日恶，星夜兼道，会师荆门，而张司令定国、梁司令钟汉、刘司令英等，愤敌氛之尚炽，谋军事之统一，再四以湖北靖国第二联军总司令相推举，大敌当前，固辞不获。谨〈?〉一月二十五日在荆门宣布就职，誓率义师首恢荆宜，负弩先驱，会师北伐。谨电奉闻，伫候明教。湖北靖国第二联军总司令王安澜叩。有。印。

（《王安澜就靖国司令职电》，上海《民国日报》1918年2月16日）

援闽粤军总司令陈炯明致孙中山电

（1918年1月25日）

孙大元帅鉴：

天祸民国，降此鞠凶，阅时六稔，变乱三遘。自袁氏殒命，共和再睹，炯明拟闭门养亲，修吾初服。不意群凶谋逆，破纪坏法，解散国会，胁迫总统，酿成复辟，非法内阁接踵而起，宇内鼎沸。维时炯明适在上海，追随我公亲奉舰队南下，号召讨贼。数月以来，会不忏悔，反率其丑类，反对和议，以图一逞。不惜举国民党艰难搆造之民国，供其牺牲。长此以往，奸宄[宄]盈廷，厮养秉政，何以为国。炯明救亡志切，疾恶性成，此次出师援闽，承吾粤父老属望之殷，我大元帅责勉之切，日初督军寄托之重，邦人诸友驰电敦促，既受逾量之奖借，必图相当之报称，现正提师东出，为国讨贼，为民除害，谨与首义同事诸公约曰：自民国创建，奸回窃位，屡图倾覆国祚，重苦吾民，今日非有誓守约法，恢复国会，确立共和之保证者，炯明虽刀折矢尽，誓不还顾，宁裹马革之尸，断不与败法逆竖同戴天日。师行在即，谨布区区，伫候教言，俾匡不逮。炯明叩。径。

（《军政府公报》第四十三号，1918 年 1 月 30 日，"函电"）

湘粤桂联军总司令谭浩明致孙中山电
（1918 年 1 月 25 日）

孙中山先生鉴：

此间洽日接襄荆告急之电，石师已被冲等情。将士以逆军欺人太甚，愤恨已极，万不获已，遂于漾日拂晓向岳州开始攻击。迭接前方报告，韦总司令军已突过新靠敌军防地，程总司令军已击破托灟敌军，追至乌江桥，贲旅长一路亦击破敌军，夺获大炮三尊，占领要隘数处，现均在激战中，已有破竹之势，特此捷闻。浩明。径。印。

（《军政府公报》第四十三号，1918 年 1 月 30 日，"函电"）

湘粤桂联军总司令谭浩明致孙中山电
（1918 年 1 月 26 日）

孙中山先生鉴：

石、唐两公敬电敬悉。荆襄自主，响应西南，以四面受敌之区，丁国事阽危之会，毅然决然起义护法，凡有人心，靡不共仰。浩明视师湘中，得此友军，义声益张，以地势之关系，尤感扶助之谊，迭经宣言，患难一体，誓贯终始，有死不渝。兹者北军违约夹攻，以数倍之众、交通之便击我荆沙。此间以道远之故，援应稍迟，竟至失陷，曷胜疚忄。而石、唐、朱诸公以一当百，腹背受敌，犹能保全四千余众，退守湘边，士气强坚，誓图恢复，毅力尤为可佩。一时胜败何足论，要俟最后五分钟耳，尚祈勉励将士，重整旌旗，会合援军，分道讨逆，此间攻岳之军节节得手，旦晚可下，护法护国在此一举，固不仅复我荆沙故物，声讨一二逆贼而已，并祈各省诸公同时并举，用集大勋，无任盼祷。浩明。宥。

（《军政府公报》第四十三号，1918 年 1 月 30 日，"函电"）

湘粤桂联军总司令谭浩明等致孙中山电

（1918 年 1 月 26 日载）

孙中山先生鉴：

顷接南京李督军筱电，大旨谓和平无望，战祸再开，大局益难收拾，纯亦不能反复矛盾，自丧人格，惟求一去，以谢国人，已电陈中央，自求罢免等语。得电不胜骇叹，两月以来，李督军哓音□〔瘏〕口，企望和平，凡有人心，靡不共谅。乃段党把持政柄，决心主战，不独异己者欲铲除净尽，即主张停调之人，亦竟不能相容，必多方逼迫，去之惟恐不速。而李督以主持正义、爱重人格之故，亦遂不得不出于辞职。夫李督非有一兵一矢之加遗也，不过蒿目时艰，排解纷难。而其获罪，乃至是不啻宣告全国曰，予决以武力征服全国，以实行其一党私利，统治海内之政策。违法黩武，将以为所欲为取。有倡议调停者必锄而去之，其恣睢暴戾，怙恶不悛为何如者？浩明元日通电，谓两段复握兵柄，命龙、刘分扰粤、蜀，种种设施，非不知全国人之必抵死力争，直明明与义师宣战，与调人宣战，与全国宣战而已，或尚以为过激之言乎？昨者猛攻荆襄，战端已启，兹则李督又迫而辞职，浩明之言固已证实，知和平固已绝望矣。护法初心，宁有所惧，一息尚存，誓贯始终。独是中流砥柱，端赖贤哲，国脉所存，厥惟民意。吾望李督军毅力坚持，不挠不屈，尤望全国同胞，出最后之决心，图正当之防卫，则民国庶几尚有一线之望也。垂泣告陈，希维公鉴。谭浩明、马济、韦荣昌、林俊廷、陆裕光、赵恒惕、刘建藩、林修梅同叩。浩。印。

（《军政府公报》第四十二号，1918 年 1 月 26 日，"函电"）

唐继虞致孙中山电

（1918 年 1 月 26 日）

孙中山先生鉴：

东电敬悉。乙丙之乱，震荡悲骇，天佐民国，幸告成功，追维曩昔，储用滋悖。念艰难之缔造，伤国本之飘摇，感兹纪念，弥切奋兴，承谕奖勖，深愧不逮。除照转行营及分电前敌各将领，共相劝勉外，特电奉复，藉纾廑注。唐继虞叩。寝。

（《军政府公报》第四十五号，1918 年 2 月 8 日，"函电"）

川北招讨使石青阳致孙中山电

（1918 年 1 月 26 日载）

孙大元帅鉴：

顷接本军第九路前敌指挥官汤子模自顺庆鱼电称：我军今晨由李渡进攻顺庆，激战四小时，始将敌军击溃。我军奋勇前进，于午前九时，将顺庆城完全占领，敌军纷向南部方面逃走，我军乘胜追袭，毙敌甚众，夺获枪枝子弹无算。又据五路指挥官陈鸿图报称：鸿图于六号拂晓，约同汤指挥会攻队竹街，敌众不支，逃向城中固守，九时并力合击，始将顺庆城完全克复各等语。查顺庆形势天险，三面沿江，为川北要冲，成都门户，此次逆军恃众固守，并培筑工事，意图疲我军力，分遣逆众，欲为牵制。幸该指挥戎机素谙，御众有方，乃克重挫逆氛，歼此大敌，继此次进攻成都，奠清西土，以拯我川民之命，斯国家之福也。惟当兵燹之后，建设为先，不加鞭策，曷遵行止，尚乞时赐教言，救匡不逮，临电悚惶，毋任祷切。石青阳叩。

（《军政府公报》第四十一号，1918 年 1 月 21 日，"函电"；《孙大元帅与各要人最近往来电》，上海《民国日报》1918 年 1 月 26 日）

黎联军总司令致孙中山电
（1918 年 1 月 26 日载）

孙中山先生鉴：

我军占领仙人渡后，复经天才派颜司令率领大队向老河口进攻，顷据前方报告，我军养日已将老河口攻下，毙敌二百余人，夺获开花炮二尊，机关枪两架，敌已退驻□□，我军遂乘胜占领老河口。现拟会师荆州，协攻宜昌，进取武汉。知关廑注，谨电驰闻。黎天才叩。

（《军政府公报》第四十二号，1918 年 1 月 26 日，"函电"）

唐继尧自毕节行营致孙中山电
（1918 年 1 月 27 日）

广州孙中山先生鉴：

申密。个电敬悉，请俟正式债券造成后，即就近交由香港富记解幼山查收为荷。继尧。庶［?］。

（《革命文献》第五十辑，第278页）

湘西护国军总司令张学济致孙中山电
（1918年1月27日）

孙大元帅鉴：

日前荆州失陷，一由石军单薄，一由本军未奉明令开战，至深内疚。现本军已奉联帅命令速赴救援，业于沁日开拔，计艳日即可抵战线攻击，已约同石军由公安包抄，王镇守使正雅亦同日由安复出发，当不难克复矣。尚望诸公一致急进，誓扫逆氛，时锡南针，以资遵守。湘西护国军总司令张学济叩。沁。

（《军政府公报》第四十四号，1918年2月4日，"函电"）

湘西护国军右翼司令胡瑛致孙中山电
（1918年1月27日）

孙大元帅钧鉴：

前奉熊秉三先生来电，嘱退监利一带之兵，当已由张总司令、谢副司令联名复电，并钞电谭联帅、王子春督军在案。张、谢两公亲自调停，并令瑛飞驰塔津市驿，相机办理退兵事宜，倘北军无理相逼，则不得不予以扼抗。十三日晚瑛抵塔市，北军进攻监利、陈圻，我军已经退却，而北军于两日前后渡江，猛攻塔市驻军。战端既开，猝不可止。敌军于当夜凑小轮七只，更来进攻，登岸数次，均被击退，毙敌数十名，夺获枪械数件，敌军大炮遥攻，连日不息，我军昼夜血战，惟期自固。自十七日午前九时北军悉锐［?］

以小轮十余艘，机关枪队近击猛攻，瑛亲自临战线，觉众寡异数，势已不支，回营调军，预备补充。适闻上游一带被外轮暗载敌军调强炮攻击之耗，遂下令放弃阵地，分两路依山退却，由华容路至石首七十余里之南县暂驻，所部各军就此集合，以待后命。此役以千里［?］之余众，抗数倍之敌，行战六昼夜，因外舰牵制，不得不暂行退却。敌军亦已退驻监利下游之朱河，我军此战伤官长四名，兵士二十余名，幸无重大损失，堪慰厪念。惟我军既允退兵之后，敌军无理相逼，尽烧塔市市街，且利用外舰干与战事，实外交上之特例。是非曲折［直?］，当有所在。二十日已将战情略呈张总司令参电奉告。现闻有敌军侦探到处散布谣言，摇动人心，特此据实电闻，伏乞亮察。湘西护国军右翼司令胡瑛叩。感。

（《军政府公报》第四十五号，1918 年 2 月 8 日，"函电"）

贵州督军刘显世致孙中山电
（1918 年 1 月 28 日）

孙中山先生鉴：

冬电奉悉，承示转饬黔军前敌将领并王总司令互相提挈各节，当照电饬遵矣，特复。显世。俭。

（《军政府公报》第四十四号，1918 年 2 月 4 日，"函电"）

湘粤桂联军总司令谭浩明致孙中山电
（1918 年 1 月 28 日）

孙中山先生鉴：

前线于养日开始进攻，连日据各军报告，程总司令、赵师长、林旅长所部连日攻克托霸、乌江桥、涧口各要隘，陈总司令、贡旅长攻克新墙等，节节得手，毙敌夺械无算。现据韦总司令荣昌、马总司令济感、亥电称，宥日攻破湘塘口、鹿角等处，乘胜直追，已于感日戌时亲督部队击克岳城，夺获枪炮子弹不计其数，敌兵溃退，纵火焚劫，并毁子弹，现正分途放火，并严密布置等语，特闻。谭浩明。勘午。印。

（《军政府公报》第四十四号，1918年2月4日，"函电"）

湘西护国军总司令张学济致孙中山电
（1918年1月28日）

孙大元帅钧鉴：

咸电敬悉。济军援鄂，迭次鏖战，歼敌颇多，因石军退保江南，济又难以独进，现济已电请谭联帅饬各军克日赴援，一俟援师渐集，仍当慷慨渡江，努力杀贼。承派员劳军，愧不敢当，李君到时，自当妥慎接待，谨先鸣谢。护国军湘西总司令张学济叩。勘。

（《军政府公报》第四十五号，1918年2月8日，"函电"）

韦总司令荣昌致孙中山电
（1918年1月28日）

孙中山先生鉴：

南北和议无效，战端复开，漾日（廿三）我联军开始实行攻击。查北敌自长沙败退后，即在长岳铁路之中心破塘口地方设法防御，该处前河后山，形势优胜，且停战月余，敌得以从事作工，筑台挖濠，布置极为周密。因此处距岳州咫尺，故敌以重兵数千人扼守其间，并放飞机随时巡探我军情形，该处在左为新墙，崇山峻岭，右为鹿角，大海汪洋。此两处敌均扎重兵，与正面破塘口成犄角之势。荣昌担任正面战线，先派所部王副司令赞勋率两营扼守鹿角，联络正面兼顾河道，并派黄副司令文藻率三营专向新墙方面，与贲旅所部协力攻击，荣昌亲督陆副司令长胜并王维全、李苏华等五营猛攻正面，因我军战地平坦，敌人居高临下，故连战四昼夜，我军迄未越雷地一步。至宥（廿六）晚三更，王维全一营始由左侧董城偷渡袭攻，击破敌之防御线，毙敌无数，破塘口之敌同时摇动，陆副司令等营乘势猛击，故各兵多奋勇冲锋过河，敌即溃退。复由新墙方面齐力夹攻，敌势更不支，纷向岳州退走，荣昌再督所部节节紧追，沿途夺获枪炮、辎重、马匹及军用物品甚多。感日（廿七）自晨追至午，我部先将岳州完全收复，湘粤各军陆续集合，荣昌亲督后队，亦于是日申刻乃驻岳城维持一切，并一面饬所部向铁道直下追击，务祈早绝妖氛，以定大局。计此次荣昌所部夺获野、山、速射各色大炮八门，各色枪数百枝，各色炮弹五百余箱，各项辎重军品物不计其数。此我军进占岳阳大获胜利之大概情形也。至孽龙暗受伪职，出兵扰粤，沈公等奉令督师挞伐，麾旗所指，定奏肤功，希特电示，并请沈公等将我军进占岳阳各情传知前敌各将兵，以壮士气而励军心。嗣后此间战情，再当随时奉闻。韦荣昌呈叩。总司令韦自岳阳军次。勘。印。

（《军政府公报》第四十六号，1918 年 2 月 11 日，"函电"）

靖国军川北总司令官杨宝民致孙中山电

（1918 年 1 月 30 日载）

孙大元帅鉴：

　　顷据本军参谋长兼临时指挥李树华、前卫司令李汝舟报告，本军于一月六号与五师吕纵队会攻遂宁，午前六钟开始战斗，五师彭团长攻斧□阵正面大坂桥、观音桥一带，王团长由左侧绕越敌人后方，午后三钟占领船山坡、南罢寺一带高地，本军乘胜向右侧面助攻，敌已不支。本军三支队王营攀梯越城，猛烈射击，夺获敌人快枪五十余枝，军用品无算，敌军两支队完全向乐至方面溃散，午后六钟遂占领全城。此次克复，全赖五师，纵队长吕超决心刚果，计划周详，彭团长远耀、王团长维刚督率士兵奋勇激战，兼以本军临时指挥李树华藉隶巫邑，地势熟悉，与五师官长又系同学，故能和衷共济，补助成攻，仅以一日之力，克此名城。且五师此次募兵，军风两纪异常严明，所经之地歌声载道，诚出征军队未有之状也。现本军暂驻遂宁，以后进行方略，尚仵明教。靖国军川北总司令官杨宝民叩。印。

（《军政府公报》第四十三号，1918 年 1 月 30 日，"函电"）

援闽粤军总司令陈炯明致孙中山电
（1918 年 1 月 30 日）

孙大元帅钧鉴：

艳日抵汕，地方平靖，居民欢洽，特电奉闻。炯明。陷。印。

（《军政府公报》第四十四号，1918 年 2 月 4 日，"函电"）

财政总长廖仲恺为拨支国会经费呈孙中山文
（1918 年 1 月 31 日）

为据情申请咨照国会从速召集事：案据广东省议会一月三十一

日函开：日昨奉大元帅面谕，召集省会解决国会经费问题，经于本月二十八日开会议决，由防务经费项下拨支国会正式会议经费五十万元，除咨请本省行政长官执行外，相应备函报告大部存查，并请转呈大元帅咨照国会，从速召集，实纫公谊等因。据此，理合呈请察核，咨照国会，从速召集，实为德便。谨呈

大元帅钧座

代理财政总长廖仲恺（财政总长印，财政部印）

中华民国七年一月三十一日

（《革命文献》第四十九辑，第 342～343 页）

援闽粤军总司令陈炯明致孙中山电
（1918 年 1 月 31 日）

孙大元帅鉴：

密。迭接月波来电，距跃三百，岳州既下，义帜益张，扫荡寇氛，在此一举。承促提师援闽，刻经如命进驻潮州，会同协公克日进行，如有教言，请迳电潮安粤军行营为盼。陈炯明。卅一。叩。

（《军政府公报》第四十四号，1918 年 2 月 4 日，

"函电"）

附　陈炯明致孙中山等电
（1918 年 1 月 31 日）

广东孙大元帅、国会非常会议、莫督军、伍秩庸先生、程总长、海军林总司令、李军长，香山唐少川先生，南京陆巡阅使，长沙谭联军总司令、程总司令、赵师长、刘镇守使、林旅长、陆总司令、韦总司令、马总司令，荆州石总司令、襄阳黎总司令、王总司令，南京李督军，重庆熊总司令，毕节唐联军总司令、章太炎

先生，贵阳刘督军，上海岑西林、谭组安、谭石屏、柏烈武、孙伯诸先生鉴：

　　成密。迭奉月公捷电，距跃三百。岳州既下，义军益张，扫荡寇氛，在此一举。承促提师援闽，刻径如命，进驻潮州，会同协公，克日进行。如有教言，请径电潮粤军行营为盼。陈炯明叩。卅一。印。

　　　　（《陈炯明进驻潮州密电》，《护法运动》，第 621 ~ 622 页）

南京督军李纯致孙中山电
（1918 年 1 月 31 日）

孙中山先生鉴：

　　宇内战已两月矣，比以荆襄之故，重起战端，愧无徙薪之谋，恐成燎原之势，调人惟当引咎，不敢再赞一词。然而国家兴亡，匹夫有责，调人固国家一分子，国家今日兴亡之机可谓间不容发矣。姑就调人之地位，试进最后之忠言，为我四万万同胞一请命焉。夫古今变乱之亟，中外交迫之险，未有甚于民国之历史，而急于今日之局势者也。言战言和皆非得已，顾战有战之目的，何以策全，何以善后，和有和之范围，孰为先决，孰为结果，要必以国家为前提，以人民公意为从违，然后能得根本解决。否则，战固足以取亡，和亦不过敷衍一时之计，而来车之覆辙仍将复循前轨。今言和已两月矣，文电往还，迄无要领，居间者方从事接洽，而当局者已发令进攻。今战祸又重开矣，北逐荆襄独立之师，南进岳州防御之地，变生仓卒，势多牵连，诘其原因，皆非本愿，双方有词可执，而调人无策可施矣。虽然求何以为和之故不得，求何以为战之故亦不得，波诡云谲，地暗天昏，驯至大陆化龙蛇之场，而渔人获鹬蚌之利，纷纭混沌以亡其国，而国民茫然不知所由，岂不重可哀哉。

今诚何力能使不战，抑又何心忍听不和，然今之为此言者，固非调人言和之所表示也。荆襄已矣，岳州亦已矣。南军已有电声明，严勒所部，勿再前进，此故战和一关键也。请为拟订简单之要约，先各停战双方限日提出一定条件，明白宣布，通告国人，必如此而后和，苟不如此，则必使吾四民之颠沛流离者，吾三军之士冒锋镝、糜血肉者，知吾死焉亡焉。果何所为而至此，则亦甘心瞑目而无怨，而所提条件果为国也，为民也，为一人权利之私也，乃至非法非理无而所为也，亦使四万万民确知其是非曲直之所在。其可和也，无论何等条件，或以法理为去取，或视民意为从违，上之可推中央主持，下之可听舆论评断，乃至特开会议，别设机关，果有尊法理重民意之诚心，何患无解决纠纷之道。且可进而共谋国是，确立政本，永禁挟武力以供内争，自可抑遏乱萌，长享和平之幸福；其不可和也，则以堂堂之阵，正正之旗，兴问罪之师，而讨国人之公敌，其孰敢抗而孰敢议其非。今日之言尽此矣，盖欲一明战和真相耳。如以和为是，请各赐电言和，即联同申请中央立颁停战之令，统兵者亦各敛兵以待，静候公决。决而不服至于用兵，则讨公敌也。各督军自有天职，义不容辞。若以战为是，亦请各赐电言战，苟有不能不战之故，亦何敢违，但以混沌莫名之状而至倾覆我国家，涂炭我生民，既依违之不忍，复挽救之无从。纯惟有披发入山，不问世事，不敢负此巨任，坐视沦胥。明知多言获罪，而忧国愚诚难安缄默，时机迫矣，存亡呼吸之际，急何择言，言不尽意，天日在上，自矢靡他，知我罪我，非所计也。伏愿当局英贤、在野明哲共抒伟略，破此沈冥，存亡只有两途，是非决于一语，馨香祷祝，惟在是耳。拟将以上办法胪陈我大总统，倘荷省纳，必有转圜。迫切哀鸣，敬候明教。李纯。卅一。

（《军政府公报》第四十七号，1918 年 2 月 15 日，"函电"）

章秘书长太炎由重庆致孙中山电

（1918 年 1 月 31 日）

孙大元帅钧鉴：

　　兹得报告，知冯国璋踉跄南行后二日，岳州克敌，胜算将定。而某窃以为犹有可虑，盖南北战争本由解散国会、迫胁总统而起，此事造意于段党，而决议实在冯国璋。当国璋在江苏督军任内，庆祝生辰，召集倪嗣冲、靳云鹏及各省代表等共定此策，事实昭著，非可厚诬。复辟变起，段逆乘机窃据总理，派王克敏、靳云鹏至宁，促冯北上就职，冯犹责段担保黄陂永不复职，始允入京，不数日而黄陂一再遇刺，是冯、段合谋造乱之事，无可掩饰者也。南方抗议既起，段主以武力征服，冯乃虚言调和，实则派吴光新入川，傅良佐督湘，以至逮捕国会议员，别设临时参议院。此等大逆不道之举，段固从中主张，冯岂绝无判决？不然手握重兵，外多厚援，而谓受人迫胁，有是理乎？及吴、傅两逆相继溃散，冯欲独揽大权，故乘机到〔倒〕段，而以私人王士珍为继任者。南方诸帅以为冯真有悔过之心，与言调和停战，以待解决。而冯复派曹、张南下，增兵岳州，围攻荆襄，任龙济光扰粤，刘存厚乱蜀，种种阴谋反覆，皆在段氏退职以后，犹得委罪他人，以为藏身之地乎。近见南人自卫之心益坚，军势因而益壮，竟于一月廿六日晚携印潜行出京，既至蚌埠，又被截回。此中容有萧墙之变，固难断定，但念首鼠两端，又生鬼蜮，自知失势，复以宁人息事为言。我南方诸将帅或见其穷蹙，以为不妨迁就，则不免再坠术中。盖夫差存越于会稽，魏武纵备于许下，项王失沛于鸿门，终见反噬，追悔无及，况并名义而与之哉。自岳州克举，丑虏败窜，全部形势，已在目中。若不乘此进据武汉，恐死灰有复燃之势，蔓草有难图之忧，江汉中枢，既非我有，南方形势，终未完全。夫卧榻之旁，不容他人鼾睡。则宜以进取武汉为第一步。冯国璋行为非法，举国皆知，今又带印潜逃，擅离职守，中途被截，匍匐还都，与亡将溃兵何异。则宜以不承认代理总统为第二步。形势既得，名号复襬，然后按法措施，奠安主治。唯南方群帅所欲为耳。盖兵家贵乎机权，法士依于名义，是以前此对冯或姑与委蛇，或极端反抗，持论虽异，聊以相成。今者退让已穷，义可归一。若犹多方瞻顾，则是暴师数月，战血盈城，只为冯国璋一人作，而于护法何与焉。然此非独将帅之任也，元勋归田，缙绅在野，同负维持民国、保障南人之责。所愿共秉至公，为民请命，官位不能饵，财赂不能贪，外患迫压之虚言不能欺，南北共济之誓词不能感［惑？］，智勇兼济，则去此凶逆，真如摧枯拉朽耳。某等陈此概论，盖已再三，诸公当仁不让，夫岂后我，今当言论现实之时，是故重竭区区，飞电以告，望诸公留意焉。章炳麟、郭同叩。卅一。印。

　　（《军政府公报》第五十号，1918 年 2 月 28 日，"函电"）

附　章太炎等通电
（1918 年 1 月 31 日）

广东非常国会、孙大元帅、莫督军、伍秩庸、唐少川、汪精卫、胡展堂诸先生并转陆巡阅使、程玉堂总长、李协和司令，毕节唐元帅，贵阳刘督军、王电轮军长，长沙谭联军总司令、程总司令、钮参谋长、金晓峰、李小垣两先生，汉口孙尧卿、蔡幼襄转黎、石两总司令，上海谭石屏、孙伯兰、岑云阶、褚慧僧、郭复初、张友仁诸先生钧鉴：

　　得报告，冯国璋踉跄南行后二日，岳州克敌，胜算将定。而某等窃为犹有可虑，盖南北战争本由解散国会、废黜总统而起，此事造意于段党，而决议实在冯国璋。当国璋在江苏督军任时，庆祝生辰，召集倪嗣冲、靳云鹏及各省代表等，共定此策，事实昭著，非可厚诬。复辟变起，段逆乘机窃据总理，派王克敏、靳云鹏至宁，促冯北上就职，冯犹责段担任黄陂永不复位，始允入京，不数日而黄陂一再遇刺，是冯段合谋造乱之事，无可推诿者也。南方抗议既起，段主以武力征服，冯乃虚言调和，实则派吴光新入川，命傅良佐督湘，以至解散国会议会，别设临时参议院。此等大逆不道之举，段固从中主张，冯岂绝无判决？不然手握重兵，外多厚援，而谓受人迫胁，有是理乎。及吴、傅两逆相继溃败，冯欲独握大权，乘机排段，而以私人王士珍为继任者。南方诸帅以冯真有悔过之心，兴言调和停战，以待解决。而冯复派曹、张南下，增兵岳州，围攻荆襄，任龙济光扰粤，刘存厚乱蜀，种种阴谋反覆，皆在段氏退职以后，是犹得委罪他人，以为藏身之地欤。近见南人自卫之心益坚，军势因以益壮，竟于一月二十六日晚携印潜行出京，闻至蚌埠又被截回。此中容有萧墙之变，固难断定，但恐首鼠两端，又生鬼蜮，自知失势，复以宁人息事为言。我两方诸将帅或见其穷蹙，以为不妨迁就，则不免再堕术中。盖夫差存越于会稽，魏武纵备于许下，项王失汉于鸿门，终见反噬，追悔靡及，况并名义而与之哉。自岳州克举，丑虏溃窜，全部形势，已在目中，若不乘此进据武汉，则死灰有复燃之势，蔓草有难图之忧，江汉中枢，既非我有，南方形势，终未完全。夫卧榻之旁，不容他人鼾睡，则宜以进取武汉为第一步。冯国璋行为非法，举国皆知，今又带印潜逃，擅离职守，中途被截，匍匐还都，亡将溃兵，则宜以不承认代理总统为第二步。形势既得，名号复褫，然后按法措施，奠安主极。惟南方群帅所欲为耳。盖兵家贵乎机权，法士侵于名义，是以前者对冯或姑与委蛇，或极端反抗，持论虽异，聊以相成。今者孤口已穷，义可归一。若犹多方瞻顾，则是暴师数月，战血盈城，只为冯国璋一人作伥，而于护法何与焉。然此非独将帅之任也，元勋归田，缙绅在野，同负维持民国、保障南人之责。所愿共秉至公，为民先觉，官位不能饵，财赂不能启，外患迫急之虚言不能欺，南北共济之誓词不能惑，智勇兼济，则去此凶逆，真如摧枯拉朽耳。某等陈此概论，盖已再三，诸公当仁不让，夫岂后我，今当言论现实之

时，是故竭区区，飞电以告，望诸公留意焉。章炳麟、郭同。三十一。印

（《章太炎等痛斥冯氏电》，上海《民国日报》1918
年 2 月 22 日）

护国第二军总司令林虎致孙中山电
（1918 年 2 月 1 日）

孙中山先生鉴：

我军右翼自克服恩平后，乘胜向阳江追蹑。时左翼苏团长亦攻破大沟北惯之敌，军次阳江城外。世日魏司令所部从海道登陆至北惯，遂联合围攻阳城，逆军欲死守待援，作三线防御，沿城布置炮步各兵为一线，次于顿本、北塔、东山等高地方强固之防御工事，每山置炮两尊，以机关枪掩护为一线，复于炮兵阵地外设散兵壕、梅花哼，以步兵及机关枪守之。其防御上之设施极为完固。我军以团长苏世安率所部附炮兵第二连、机关枪第一连，攻城北迤西一带，团长黄任寰率所部附炮兵第一连，攻城之东隅，帮统陈德鹏率所部及独立炮连机关枪攻城北，魏司令攻城南迤西一带，卅日午后七时乘夜进逼，敌人即以机关枪急行扫射，炮亦连续猛轰，我军接近敌阵，始一致射击，剧战一夜，连夺敌阵十余处，敌军渐向第二线败退。三十一日上午敌人出火尤猛，我军官兵负伤颇重，翟营长枪透要部，官兵益形愤激，得尺进尺，又以炮集注射击，遂将东山一带敌炮歼灭。午后二时据陈副司令报告，敌人仍横强抵抗，我现策励官兵，拼命急进，本日务将北山、塔山一带敌阵占领等语。午后八时一团一、三两营登白牛岭北塔山，距敌百余米达，血战各部均肉薄相持，二月一日下午七时，据苏团长报告，我军已将城外敌阵完全占领，其阵地一带敌人横尸体遍野等语。八时午据陈副司令德春报告，我军八时已将阳城

完全克服，逆军向电白方面逃窜，现正加兵追击，是役苏团长夺获退管炮三尊，黄团长、陈邦统所部及机关枪第一连各得一尊，计共六尊，机关枪、步枪及子弹甚多，魏司令现亦率队出追等语。合再电详。林虎呈。东午。

（《军政府公报》第四十四号，1918年2月4日，"函电"）

吴议长致孙中山电
（1918年2月1日）

孙大元帅鉴：

民国肇造以来，迭经丧乱，推厥原因，端在法纪陵夷。国会胁于武力，不获举其职责。去岁叛督称兵，国本摇动，国会同人不忍使艰难缔造之民国破坏于少数不法武人之手，航海南来，举行非常会议于粤东，赖海军舰队、西南将帅人民一致拥护，枕戈北向，誓不与叛法乱国者共戴一天，义师所至，如汤沃雪，胜败之数无待著龟。第民国主权在于人民，国会同人受人民之付托，职权所在，未容久旷，方今北廷假藉名号，干宪作乱，罔知忌惮。国会同人以为非常会议原属变例，值此护法区域日见扩张，凡诸根本之解决，多属国会之职权，准据院法，国会本有自行集会之权，爰拟召集两院同人，依法集会广东，将时局重要问题次第解决。彼时北方既无名号可借，友邦必不予承认，土崩鱼烂，旦夕可期。粤中省议会诸君子有见于此，爰于月之二十九日开临时会，全体议决由粤省库筹垫国会经费五十万元，指定的款，自二月起支，分五个月拨讫，业已咨达粤省政府在案。贵省军民长官、各界人士，护法靖乱，见义勇为，毅力热忱，宁让粤省专美。尚望各就目下本省财力所及，协同筹垫，张［将］来由国库如数拨还，并恳旅沪诸巨公多方设法，力予维持。国会经费无虞匮乏，则诸公护法之功将与民国同垂无极。再，集会日期拟假定为四月八日，所陈筹垫经费及开会日期各节，如荷赞同，即请迅赐教覆，毋任企祷。吴景濂。东。

（《军政府公报》第四十五号，1918 年 2 月 8 日，"函电"）

杨熙绩致孙中山电
（1918 年 2 月 1 日）

孙大元帅钧鉴：

林伯轩司令之前卫李善波、李饮三已将来凤、施南、鹤峰占领，敌军全数退守野山关外，谨闻。杨熙绩叩。东。

（《军政府公报》第四十五号，1918 年 2 月 8 日，"函电"）

唐继尧自毕节行营陈述对川事
意见致孙中山电
（1918 年 2 月 2 日）

广州孙中山先生鉴：

申密。巧电祗悉，林君所称刘、钟均愿附义，如果出于诚心，川事自易收拾。惟近接锦帆来电，刘、钟方奉北京伪令，反攻重庆。恐彼终无悔祸之心。川间力主闻［?］川，以冀进筹全局。但川局未定，窒碍尚多，以后进行如何，自当随时电达尊处。致林君电已照转，知注并及。继尧叩。冬。印。

（《革命文献》第五十辑，第 278 页）

军政府援鄂军总司令蔡济民等致孙中山电
（1918 年 2 月 3 日）

孙大元帅钧鉴：

我军于本年一月一日进据施南、利川、咸丰、来凤等县，一俟施鹤各属完全收复，即整率东下，会师武汉，总期扫清叛逆，恢复约法，坚持到底，永奠共和。济民等不敏，愿执鞭策以随其后，并希不时指示机宜为祷。军政府援鄂军总司令蔡济民、副司令牟鸿勋、参赞兼秘书长张祝南、参谋长陈家瑞、参谋刘惠钦、第一支队长孙锡光、利川知事兼总兵官胡恩溥叩。江。

（《军政府公报》第四十八号，1918 年 2 月 18 日，"函电"）

附　蔡济民等通电
（1918 年 2 月 3 日）

广东非常国会、孙大元帅、各部总次长，广西陆元帅，云南唐元帅，湖南谭联帅，重庆熊镇守使、石司令，绥定颜司令，襄阳黎司令，荆州石司令，粤桂湘滇黔各督军、省长转各司令、各师旅团长，汉口《大汉报》，上海《民国日报》转各报馆均鉴：

敝军于本年一月一日，进据施南、利川、咸丰、来凤等县，一俟施鹤各属完全收复，即整率东下，会师武汉，总期扫清叛逆，恢复约法，坚持到底，永奠共和。济民等不敏，愿执鞭策以随其后，并希不时指示机宜为祷。军政府援鄂军总司令蔡济民、副司令牟鸿勋、参赞兼秘书长张祝南、参谋长陈家瑞、参谋刘惠钦、第一支队长孙锡光、利川知事兼总执官胡恩溥叩。江。（按：此电由利川发，经宜昌扣留，兹从友人处觅得，爰亟登出。）

（《鄂省又有义军崛起》，上海《民国日报》1918 年 2
月 5 日）

程潜攻克岳州致孙中山等电
（1918 年 2 月 3 日载）

湘粤桂黔滇各督军暨孙中山、岑西林、程玉堂、唐少川、李协和诸
公及各报馆均鉴：

　　此次用兵岳州，并非不顾停战命令，实因中央将石、黎两靖国
军认为土匪，派兵攻击，已将荆襄用力占领。破坏和局之咎，中央
应负此责，且石、黎两师，经加入西南靖国军，西军自应视为同
气，今无端将其击破，衅开自鄂，本司令决难袖手。是用会师岳
州，将北军阵线完全击破，遂于本日占领岳州，特恐中央颠倒是
非，外间不明真相，特电声明，即希公鉴。湘军总司令程潜等同。

　　（《湘军程总司令要电三则》，上海《民国日报》1918
年 2 月 3 日）

王文华自贵阳陈述国事意见致孙中山电
（1918 年 2 月 4 日）

广州孙大元帅钧鉴：

　　殿密。华因军事多故，未能常陈一切。现在大局日变，徐、
段、冯、王合为一气，势将危及民国根本，南方似应贯通精神，一
致准备，谋绍述民国之法。对外一层，尤为切要，借款购械等事，
非有统一机关，不能提挈进行。军政府成立已久，尚有貌合神离
者，就远方观察之，似尚鲜统一实力之效。祈我公与国会诸公，善
为疏通械括，委曲迁就，俾握实力居奇货者，无所藉口，以促进

行。盖中国目前局势，实力所在，未必为智识完全之人。故新国家之组成，往往受其牵制，不能如吾人之理想，只好徐徐引之入新政治之轨道。我公高瞻远瞩，精敏透澈，当早察及。辱承知遇，披沥以闻，不知当否。再，钧府发行公债票，华拟提领百万或数十万；在川行使，以充军饷，可否？祈酌。如蒙允准，请交敝亲刘刚吾君设法寄黔为祷，并盼复示。文华叩。支。印。

（《革命文献》第五十辑，第278～279页）

湘西援鄂第一路总司令田应诏、第二路
总司令周则范致孙中山电
（1918年2月4日载）

孙大元帅鉴：

自冯代总统停战令下，李、陈、王各督力主和议，诏等屯兵湘阳，专待解决。近则曹琨［锟］进攻襄樊，吴光新袭取荆沙，节节侵扰，逼我湘边，抗命背约，祸国殃民，凡我同仇忍无可忍，□率精锐，誓驱丑类。窃东邻伺隙，正邦人尝胆卧薪之时，国基方新，岂我辈燃箕煮豆之日，挥涕誓师，原非得已。愿我同袍共鉴斯忱。湘西援鄂第一路总司令田应诏、第二路总司令周则范叩。宾［?］。印。

《军政府公报》第四十四号，1918年2月4日，"函电"）

护国第二军总司令林虎致孙中山电
（1918年2月4日载）

孙中山先生鉴：

据陈副司令德春报呈，本军会合魏军于三十日午后七时围攻阳

城，逆军深沟高垒，抵死顽抗，我军肉薄猛攻，连夺阵地十数处，今晨八时阳城完全克复，夺炮械甚多，敌由东门逃窜，现正追击中，详情续报等语。除陈副司令商承魏厅长妥筹阳城善后，并挑精锐奋迅追击外，合肃电闻。林虎呈叩。

（《军政府公报》第四十四号，1918年2月4日，"函电"）

四川靖国军酉秀黔彭总司令王安富
致孙中山电
（1918年2月4日）①

孙大元帅钧鉴：

权奸弄柄，违背约法，倾倒国会，挟权怙恶，和议不成，政府如斯，海内共弃。安富不才，现经酉秀黔彭四县官绅共推为靖国军总司令，已于二月十一日宣布就职，袍泽相关，理合电闻，即希指示方略，共策进行，是所盼祷。四川靖国军酉秀黔彭总司令王安富叩。支。

（《军政府公报》第四十九号，1918年2月23日，"函电"）

彭邦栋报告赴湘劳军经过及桂系在
湘之专横致孙中山函
（1918年2月5日）

大元帅鉴：

---

① 按电文中"支"日推断，电文应在2月4日。但从电文内容看，电文发出应在2月11日之后，如"支"是指旧历正月初四，则电文时间应为2月14日。暂存疑。——编者

栋奉使无状，前函已详。久欲赴程、赵军，前因火车为马慎堂占领，莫能搭载。昨初一日始得与游击司令参谋长刘重同行，得晤程总司令颂云（潜）、赵师长炎武 [午?]（恒惕）、林旅长修梅，（刘使建藩驻通城，去此太远未遇）奉上钧缄，三君均极端表示欢迎。因电局均系谭军管理，未便电谢惠赐，拟专缄奉复云云。此次湘军将士，对于广桂各军，因抢枪械、夺马匹（军士手中枪，军官坐下马，有被抢去者），大有不满意处，即程、赵亦愤愤不平。现为大局上虽极力调和维持，而心理上实愿军府发展势力，以稍伸郁气。又大兵本可直攻武汉，而或以张怀芝出赣相挠，故事实上尤甚愿军府速攻闽，以牵赣师也。赵于前日，程于本日，均被谭电召回，据言为解决西路问题。盖谭于西路，已穷于应付，故转有须于湖南军官也。栋于此节，曾进言主张维持，颂云深以为然，然刻下会议究竟何如，容日电来再为报告也。又劳军一节，程、林均未多说，惟赵师长言，大元帅何不稍颁赏物，以励将士。栋答大元帅本命栋采办猪、酒约银万元，因联帅已经谢绝，故对于湘军士亦未敢将来云。栋盘旋营中数日，上下士兵，对于大元帅莫不各具一种信仰钦敬之意。炎武 [午?] 前语并非戏谈，实足代表一般军人心理，荣于得大元帅之赏赐也。若下次再派人时，最好各赏徽章一面，上级官团长以上金质，中下级银质，兵士铜质，较他物优也。又，前次龙璋先生，本在某公司代借南票万元，以备犒赏，旋因谭谢绝，故此款亦已退还。又，内国公债收据，栋虽领有三百纸，因谭处不能交涉，未便开局劝办，虽曾派人劝办，亦未发生效力，曾与颂云言，亦有承应，但事权不属，亦终成空言而已，并闻。余容另呈。谨此，肃禀

钧安

彭邦栋呈
二月五日

孙中山批：看过拟复。

（《革命文献》第五十辑，第68~69页）

陆军总长张开儒就职致孙中山电

（1918 年 2 月 6 日）

天津黎大总统，广州孙大元帅、国会非常会议、莫督军、李省长、程海军总长、林总司令、伍外交总长、唐财政总长、李参谋总长、胡展堂、徐固卿、蓝秀豪、蒋伯器诸先生、李镇守使、林总司令、陈师长、方军长、魏厅长，汕头刘镇守使、陈总司令，南宁陆巡阅使、李省长，长沙谭联军总司令、程总司令、赵师长、刘镇守使、林旅长、马总司令，公安唐总司令，襄阳黎联军总司令、陆总司令、韦总司令、王总司令，南京李督军，南昌陈督军，毕节唐元帅并转前敌顾、赵、黄、叶、庚各军长，重庆熊总司令，章太炎先生并转王总司令、吕旅长，云南刘代督军、由省长，贵阳刘督军，上海岑西林、谭组庵、谭石屏、孙伯兰、柏烈武、汪精卫、温钦甫诸先生，各省省议会，起义各将校，各报馆均鉴：

窃开儒前奉孙大元帅令开：特任张开儒为中华民国军政府陆军总长，等因。奉此，现又准国会非常会议函开：敬启者，本会议于昨日开谈话会，推定议员刘芷芬、陈家鼎、焦易堂、纳图谟、谢持等五君为本会代表，敦请先生速就陆军总长职，希赐接洽等由。准此。窃开儒以锋镝之余，谬膺非常之选，资浅望薄，曷克胜此，本应请辞，以避贤路。惟默察近日敌焰日张，国事日非，若长存徘徊观望之心，势必贻不可收拾之祸，谨于本日上午十时在广州宣布就职，并于同时起用陆军总长印。除呈报孙大元帅暨函复国会外，谨此电闻，务恳时赐教言，用匡不逮。开儒尤有言者：当国会非常会议选出各部总长时，除海军将领首先宣言拥护国会、拥护约法、服从军政府命令外，其余或因他方面任有要务，未克来粤就职，故多由次长代行其职权，或因事实上不能率然宣布就职，以免妨害进行。开儒之迟迟就职，致失国人厚望之心，复增一己放弃责任之咎，抚膺自忖，惭感交并。从此宣言就职以后，愿竭意志，以与诸公拥护此千钧一发之国会，使民意有所寄托，共和有所附丽，回复约法之效力。使大盗伏诛，民物入轨，服从大元帅之明令，使起义各省之军事、内政、外交，收一致进行之效，并所以尊重国会产生之机关及法人，庶所谓护法者始有标准。否则舍国会而言护法，何殊恶醉强酒，缘木求鱼，焉可得哉。故开儒尤愿与邦人君子速谋开正式国会，组织正式政府，作正当之解决，则澄清海宇、统一民国，可立而待。临电引领，伫候明教。张开儒叩。鱼。印。

（《军政府公报》第四十六号，1918年2月11日，"函电"）

徐朗西等由沪致孙中山电

（1918年2月7日）

孙大元帅钧鉴：

顷据陕西来电，混成团长胡景翼、骑兵团长曹世英，已于一月宥日晚，以军政府陕西靖国军名义，在渭北宣告讨逆，先后占领三原、翰县等处，不日会同杨振彪、刘锡麟、耿直等军，进取西安，谨此奉陈。徐朗西、寇遐、李含芳、王鸿宾叩。阳。

（《军政府公报》第四十七号，1918年2月15日，"函电"）

附 徐朗西等报告陕西靖国军占领
三原致孙中山电

（1918年2月7日）

大元帅钧鉴：

陕西骑兵团长曹世英、混成团长胡景翼，于一月宥晚在渭北以军政府陕西靖国军名义，宣告讨逆，占领三原、翰县等处，不日会同耿直、刘〈?〉麟、杨振彪等军进攻西安。谨闻。徐朗西、寇遐、李含芳、王鸣［鸿］宾、周愚夫、刘治洲叩。阳。

（《革命文献》第五十辑，第 342～343 页）

粤军陈总司令炯明致孙中山电
（1918 年 2 月 7 日）

孙大元帅鉴：

莫督军歌电敬悉。转译云老江电，甚佩荩筹。惟李督卅一电，此间亦未奉到，未由得悉。此次李督勉作调人，痡口哓音，昭感天地。倘卅一电所陈果不戾于我诸义师公同之旨向，自可筹议，促进和平，早息兵争，人同此心。一俟奉到，当再电商也。炯明。阳。印。

（《护法要人之和平主张》，上海《民国日报》1918年 2 月 24 日）

张陆军总长就职呈文
（1918 年 2 月 8 日载）

呈。为呈复事：窃开儒前奉大元帅令开：特任张开儒为军政府陆军总长此令，等因；现又准国会非常会议函开：敬启者，本会议于昨日开谈话会，推定议员刘芷芬、陈家鼎、焦易堂、纳谟图、谢持五君为本会代表，敦请先生速就陆军总长职，希赐接洽等由。准此。窃开儒以庸驽之资，谬荷非常之选，抚膺自忖，悚感兼深，本应请辞，以让贤路。惟默察敌氛日张，大局日非，若长存徘徊观望之心，势必成横决奔溃之祸。谨于本月六日上午十时至八旗会馆滇军第五军办事处行就职式，并于同时起用陆军总长印。第开儒资浅望薄，学回翦陋，曷克胜此重任，不过聊尽区区爱国护法之心而已。俟大局底定，仍恳我大元帅续简贤能接任，免坠陨越，则要职不致滥竽，而国事亦可日望起色，庶锋镝残躯得以息影长林，而驾时之士亦可乘此建树勋猷。临呈悚感，寸心九逝。谨呈

大元帅孙

陆军总长张开儒谨呈

（《军政府公报》第四十五号，1918 年 2 月 8 日，"公文"）

湘粤桂联军总司令谭浩明致孙中山电

（1918 年 2 月 8 日）

孙中山先生鉴：

南京李督军卅一电庚日始悉。自护法兴师以来，李督军即倡言调和，历时三月，且经议政，主持益力。其希望和平之苦心，夷险不渝，良深佩仰。浩明目击时艰，不忍令民国亡于非法，不得已而用兵，甚至不得已而再用兵，而区区之心，希望和平解决，固始终不稍移易。故至长沙而即止，至岳州而再止，迭经通电宣言，此心足告无罪，而亦全国人民之所共谅者也。兹李督军于主战伪令发表之后重申调和之议，顾全大局，人同此心，苟得根本解决，更复何求。浩明极度赞同，一俟取消主战之令，即当依据法理，提出适当条件，俾大局易于解决，并望各省护法诸公，海内爱国人士，一致主持大局，幸甚。谭浩明。庚。印。

（《军政府公报》第四十七号，1918 年 2 月 15 日，"函电"）

湖北靖国军第一军总司令唐克明致孙中山电
（1918 年 2 月 9 日）

万急。广州孙大元帅钧鉴：

顷奉东电，奖勉有加，感激无任。职军前经败挫，人人愤慨，卧薪尝胆，志切复仇。前日敌兵逼近，将士争先抵抗，奋勇异常，当夜血战，始终不衰。现与敌军对峙，一俟援军齐到，即当前进猛攻。承示北虏三路进兵之计，克明早已闻知，望我公及陆、谭诸公善为规划，破此奸谋，并乞时示方略，以便遵行为荷。唐克明叩。佳。印。

（《军政府公报》第四十八号，1918 年 2 月 18 日，"函电"）

湖北靖国军第一军总司令唐克明致孙中山电
（1918 年 2 月 9 日）

孙大元帅钧鉴：

伪督王占元以袁氏马弁，膺民国封疆，目不识丁，胸无点墨，据鄂数载，罪恶滔天。黎、石两司令独主荆襄，顾全大局，赦其既往，予以自新，贷其一死，俾彼就范。其于传檄誓师之文不作发奸攻讦之语。乃王逆为虎作伥，反复无常，扰乱民国，贻害三楚，倘不揭其罪状，恐再坠其术中。克明痛定思痛，忍无可忍，敢以王逆十大罪状暴白于天下。辛亥起义以后，湖北教育稍见兴化，然规模尚在简陋。讵料王逆不事扶持，反加摧残，提拨公款，饱其私囊，所有学校徒存空名，本省教育屏斥殆尽。客夏中央令王逆考取学生，咨送西洋游学，彼乃朝令报名，夕即停止，高才之生致令向隅，私人之儿滥招填补。现在子弟荒芜，败弃荡然，自愚愚民，言之伤心。其罪一。湖北迭经兵燹，土匪焚炽，人民凋残，几不能生，噢咻抚息，端资吏治。查王逆所派知事，皆由贿赂得来，凡在州县，搜刮无遗，勒捐罚款，哭声载道。即如谈县知事张长佑违法贪赃，曾经县绅杨春膏、池炳灵等控诉于平政院，院令王逆将该知事撤差拘讯，王逆抗令不耳，偏加袒护，使该知事续任。谈县如此，他县可知，是何异纵盗残民，率兽食人。其罪二。犹动更时令，中交两行虽京内兑现，而湖北方面尚未执行，以顾钱局之基本，借中友行之金融，藉为调剂，钱币主动，王逆乃串通局长高氏，滥发纸币数千万，从中提拨现银，出入盘剥，自以币价低落，财政紊乱，商务萧索，十室九空。其罪三。当前清时代，凡文武官吏在原籍尚不敢彰明较著购置产业，王逆以一介贫贱小卒，官鄂数年，公然出其所有贪赃，在汉口广购地皮及屋宇房产，约值银六百余万。倚官家势力，夺小民财产。脂膏已尽，囊橐自肥。其罪四。军民两府人员在汉宿娼聚赌，酒池肉林，几无虚日。王逆身为督军且兼省长，不惟不禁止惩戒，且强纳扬州妓女小麴子作妾，以为之倡。帷薄不修，中冓腾丑。流风所播，民俗为污。其罪五。武昌原有军队保卫地方，本无负重。王逆乃大加募兵，星罗棋布，一心为变。更复减省防团，倡议招募山东秦陇军队，旋又将此军队编练第十一师，再次招募北方军队以充省防团，湖北现虽有第一十团，乃并实之仇敌，既不补足完全，又不发给枪炮，足见该逆对于西南久蓄异志，故不恤排斥鄂军，暗布爪牙。其罪六。省议会议员詹大悲、梁钟汉当然恢复资格，出席兼旬，佥无异议。旋因议长问题发生，詹有当选之望，王逆欲副段氏意旨及汤化龙之委托，横加干涉，取消詹名，违背法律，谬叛民国章程，早有所见。其罪七。对德宣战问题，自系中央职权，王逆通谋段氏，联结倪贼，以地方之官干中央之政，盘据都门月余不返，对于鄂省国会议员之贤明者，诌媚不动，继以恐吓，恐吓不动，继以挟制，威逼元首解散国会，赞同复辟，欲盖弥彰。其罪八。湘省独立，粤桂兴师驱逐傅贼，克复长沙，滇黔既下，重庆、荆襄即时义起。王逆闻此大惊，诡计顿生，阳托调和，阴为沮挠。西南将帅至诚待人，黎、石两公不事伪诈，曾于王逆电称业经派员赴粤实行调和，并荆襄方面暂不进攻，网开三面，遂如其约。乃王逆口蜜腹剑，背信弃盟，潜使朱灿、王懋赏、纪金山等与曹琨〔锟〕、吴光新之兵，各路夹击，袭取荆襄，窥向湘西，长驱直入，意在陷长沙、岳州于危地，破西南之大局。苏赣二督为其所卖，大湖南北竟为所欺。其罪九。武昌为天下中枢，西南咽喉，王逆苟诚心调和，竭力排解，势力之强，胜于苏赣。乃外而暗引北军，集重武汉，内而赶铸枪炮，资助敌人，尽武汉一省之财力，充北方贼子之军需，欲以汉阳兵厂之枪弹，压服六省讨逆之义士。权握南疆，派编北洋，天地不容，人神共愤。其罪十。凡在天下，靡不均知，其余隐恶私奸、诡谋秽德，罄竹难书，更仆难数。两粤将士愤勇，既克岳州，将攻武昌，克明虽败北之将，不足言战，敢觍颜整率士卒，誓复荆沙，歼灭北丑，指日可待。总之，武昌一日不下，则西南大局一日不安，王逆一日不死，则克明之胸一日不释，伏冀诸公按罪据法，勿使漏网，务须食其肉而寝其皮，庶足以寒逆胆而靖妖氛，无任心香，祷祝之至。唐克明叩。佳。印。

（《军政府公报》第五十号，1918 年 2 月 28 日，"函电"）

张陆军总长呈孙中山文
（1918 年 2 月 10 日）

呈。为呈报事：窃本部组织伊始，一切事宜均待筹划，特采军政府各部组织条例第三条之规定，先由部令委孙天霖、段定元、王灿章、张舰安、李月秋、秦天枢、曹铭等七员为本部筹办员。一俟稍有头绪，即当分别呈请大元帅任命，第属于委任阶级者，仍由本部直接委任，以清权限而专责成，除将孙天霖等发给令委外，理合

呈报大元帅查核备案，谨呈

大元帅孙

　　　　　　陆军总长张开儒谨呈　七年二月十日

　　（《军政府公报》第五十号，1918年2月28日，
"公文"）

陈炯明为闽事致孙中山电
（1918年2月11日）

孙大元帅鉴：

　　曹叔实所商闽事，极为赞成。惟绌于费，请迳汇千元往沪。俟叔实归，会同姜雅亭前往办理。炯明叩。尤。

　　　　　　　　（《革命文献》第五十辑，第201页）

广东高雷护法讨龙军指挥覃吉等
致孙中山电
（1918年2月11日载）

广州孙大元帅钧鉴：

　　自癸丑之役龙逆济光攫踞粤督，首先散我陆军，招彼流丐充数，日思拥兵自卫，剥削吾民脂膏，强暴以逞，涂毒粤民。吾人处于淫威之下，备受其祸，低首下心，至今元气未复。此仇不共戴天，是龙逆一日不死，粤人实未尝忘之。迨至放逐琼岛，犹不悔过自新。此次复敢称兵入寇，希图死灰复燃，推其野心，不出两端，一则侵扰高雷，欲以牵制粤军北伐；一则遣其死党四出运动，意以金钱勾结绿林为彼助虐。此等伎俩，有识者早知。龙逆命运将绝于俄顷，不足以有为同志等悯。吾粤之受祸，忿龙逆之毒谋，生死以

之，势难并立，天职所在，责无旁贷。爰是集合退伍同志，组织护法军，倡义高雷。及知牛岭一带为军事上重要之地，我军屯驻于此，为我粤军夹攻声援，卒以截击胜敌，斩逆夺械，挫彼逆势，前经将截击情形电报在案。讵本月十九日复有龙逆死党符次权，私向我军运动助逆，许以重酬，以图煽惑，幸我军人素明大义，不但毫不为动，当时并将符逆次权捆报讯据，直认奉龙命运动不讳，经即提验枪决并枭逆首，解送沈司令部在案。当以本军原受陆军教育，分明顺逆，不为利诱，堪称明义，除由本部分别奖励外，理合通报，俾吾粤军界同袍、绿林豪客一致为粤除害。对于龙逆死党之运动，毋蒙其惑，并杀无赦，务使逆党一无所施其毒，莫大幸焉。谨此电达。广东高雷护法讨龙军指挥覃吉、李龙、郭鸿彪、陈鹤年同叩。

（《军政府公报》第四十六号，1918 年 2 月 11 日，"函电"）

莫代督军荣新致孙中山电
（1918 年 2 月 11 日）

孙中山先生鉴：

南京李督军卅一电、谭联军总司令庚电均敬悉。窃维粤省宣言自主，义在护法，即至不得已而用兵，每一瞻念前途，此心未尝不中夜耿耿。故自湘难初平，调和议起，粤即遵约，首先罢兵，未发者不逾粤畿，已发者止于湘境。使非荆襄受迫大甚，同兹急难，将士激昂，则数月以还，驻湘粤军始终未越防线一步，岳州之役虽不自我开衅，然吾何辜，身膏锋镝，抚衷自责，已深抱不安。窃幸李督顾念时艰，坚持毅力，于战令发表之初，重申调和之议，而谭联帅亦有勒兵不进，切望和平之宣言。顾全大局，诸公既具同情，息事宁人，宁非荣新素愿。中央果能表示和平诚意，大局即不难得根本解决，但遂护法初衷，此外宁存他望，而斡旋大力，还以望之诸公。荣新谨严勒部众，以待后命，想海内明达爱国诸公必有以教我也。荣新叩。真。印。

（《军政府公报》第四十七号，1918 年 2 月 15 日，"函电"）

川北招讨使石青阳致孙中山电
（1918 年 2 月 12 日）

孙大元帅钧鉴：

据前敌报称：十号拂晓，我军与友军约分三路会攻太镇，我周团一营、周团二营及殷营、顾营担任中路，由哨楼口进攻，第五师刘营同我军三团司令部萧、陈两指挥担任左翼，由羊西镇进攻，靖国军招讨司令萧所部同我军周团三营担任右翼，由睹阳山进攻，剧烈射击，至十一号午后，敌人始纷纷向射洪方面退窜，板镇为我军完全占领，敌人死伤甚众，生擒亦多，现正乘胜跟追，窥取射洪，即与攻潼川之兵会攻中江，特此奉闻。石青阳叩。文。印。

（《军政府公报》第五十一号，1918 年 3 月 4 日，"函电"）

陈炯明致孙中山等电
（1918 年 2 月 13 日）

广州孙大元帅、莫督军、李省长、各机关、各报馆鉴：

本日午后二时十七分本埠地震，居民颇有损伤，房室倒塌不少，刻下市面安堵如常，知注特闻。陈炯明叩。元。印。

（《广东公报》第 1689 号，1918 年 2 月 22 日）

湖北靖国军第一军总司令石星川等
致孙中山电
（1918 年 2 月 14 日）

孙大元帅钧鉴：

真日夜半，逆军吕团长率领所部全军分两路来袭，幸我军前哨探悉尚早，飞足回报，当即派遣军队迎头痛击，逆军殊悍，鏖战两昼夜，始稍退却，我军乘胜追击至虎渡口，逆军溃亡过半，余众退守沙市。计是役生擒敌军营长一名，连长一名，兵士百余名，夺获过山炮一尊，机关炮一尊，步枪二百余枝，子弹无数。俟再部署一切，指日会湘川滇黔各友军进攻沙市，誓必光复旧物，歼除丑虏，以壮我西南声势，而慰诸公期望之殷，秣马厉兵，待机即发。知关锦注，特此奉闻，并候明教。石星川、唐克明叩。寒。印。

（《军政府公报》第四十九号，1918 年 2 月 23 日，"函电"）

援闽粤军总司令陈炯明致孙中山电
（1918 年 2 月 14 日）

孙大元帅钧鉴：

成密。日公寒电截获冯致龙参［三？］电，内云：现在宣战既已决心，安有返汗之余地。曹琨［锟］歌电准于六日由保定启程南下，张敬尧阳电克日督队兼程赴岳等语。是北派仍欲以武力鞭笞天下，已无疑义。现据前敌称报，敌军因刘使奉命讨龙，调军返省，希图乘虚来攻，各处要塞近见增兵。又于咸日黄旦方面有敌军一连越界侦察，谏日平县属白头地方有敌军两连方进图袭击，为我军击退，幸不获进。李逆必奉密命再寇我疆，已露端倪。惟炯明自提师驻扎潮汕，责在援闽，本宜克日前进，义无反顾，乃迭奉莫、谭、岑诸公各电，均以统筹全局，暂取守势为词。炯明切爱和平，何忍一意孤行，致挠大计，遂以严阵以待，两旬于兹，迄未差发，军心郁愤已极，若遇内犯，势难终遏。万一衅由彼开，则兵连祸结，咎有所归。炯明随诸公之后，志在护法，非欲穷兵，天日昭昭，此心可质，仍望时锡箴规，俾得奉循，毋任企祷。陈炯明叩。寒。印。

（《军政府公报》第四十九号，1918 年 2 月 23 日，"函电"）

唐继尧致孙中山电
（1918 年 2 月 15 日载）

孙中山先生鉴：

前接黎、石两司令电告曹、张进攻情形，此间原以全力定川，即行令兵东下。近闻荆襄战事甚为激烈，已饬□总司令先拨驻扎夔、万队伍，下趋宜昌，以牵敌势，此间并酌派部队继续进发，特此奉闻。唐继尧。印。

（《军政府公报》第四十七号，1918 年 2 月 15 日，"函电"）

湘粤桂联军总司令谭浩明致孙中山电
（1918 年 2 月 15 日载）

孙中山先生鉴：

东电敬悉。岳阳为湘省门户，北方欲监制湘省，经营战场，数载于兹，坚垒深沟，负嵎自固，攻取之势本不易言，所赖前敌诸将士敌忾同仇，奋死冲击，五日剧战，遂下坚城。此皆逆虏凶残，上苍震怒，故褫其魄。浩明敢贪天功辱贺，实增惭感，现闻彼方计划分三路进兵，战祸延长，势难中止。然彼挟以力服人之旨，当我仗义护法之师，天下人心既共知曲直之所在，则此间亦惟厉兵秣马，以待决最后之胜负耳。谨此复谢。浩明。唐［？］。印。

（《军政府公报》第四十七号，1918 年 2 月 15 日，"函电"）

湖北靖国军联军总司令黎天才致孙中山电
（1918 年 2 月 15 日）

孙大元帅钧鉴：

接太炎先生文电，敬悉联合会议和代表一职。天才愚昧，窃谓此次西南兴师，系法律上争执，非欲利上冲突，主张此志，金石不移，仗义前往，有进无退。若亟欲以议和为务，必至画虎不成，贻患将来。有辛亥之和议，始有癸丑、丙辰之战事，有丙辰之和议，始有今日之战事。前车可鉴，言之心悸。且护法与违法，靖国与乱国，是不两立者也。为法用兵，法伸则已，为国动众，国定则止。否则我西南举义诸同人，虽牺牲身命，散溃财产，必求达到最初之目的，庶护法靖国不成虚言。我义师之举动，乃如清天白日，予人以共见，倘模棱两可，多所瞻循，或虎头蛇尾，自相矛盾，塞将士之锐气，挫师旅之雄威，则靖国适以亡国，护法反以灭法。行见豺狼当道，择肥而食，我辈无立足之地，是使我国人无复生之日，祸更大也。天才军人，罔知忌讳，自募襄城，再接再厉，秣马厉兵，誓捣贼巢。况才储力伟高出天才万万者乎。天才不禁馨香祷祝，临电神驰，延企为祷。湖北靖国联军总司令黎天才叩。删。印。

（《军政府公报》第五十四号，1918 年 3 月 12 日，
"函电"；又见《黎天才再接再厉》，上海《民国日报》
1918 年 3 月 20 日）

川北招讨使石青阳致孙中山电
（1918 年 2 月 16 日）

孙大元帅钧鉴：

据前敌报称，我军真日占领大和镇后，乘胜跟追，敌军望风逃
窜。元日我军遂将射洪完全占领，敌军分两路退遁，一向中江，一
向潼崖，抵死扼守。现派周团防守射洪，以图进取，特此奉闻。青
阳叩。铣。印。

（《军政府公报》第五十一号，1918 年 3 月 4 日，
"函电"）

川军第一师师长徐孝刚、第三师师长
钟体道等致孙中山电
（1918 年 2 月 17 日）

孙大元帅钧鉴：

辛亥以还，世靡有定，新国精神，全归泡影。而祸变相寻，每
每影响川局，人民时罹水深火热之痛，西南同深煮豆燃萁之悲。其
实护法主张莫非一致，徒以双方事机间多舛误，畛域之见遂以日
深，言念及此，良为浩叹。今幸靖国各军煌煌宣言，川事由川人自
主，决无侵犯之心，刘督军卅一通电，亦愿牺牲名位，推让贤能，
是双方已得事理之平允，宜共结辅车之势。熊公锦帆功在民国，望
重西南，维持川局，深费苦心，刚等素以拥护共和、保障约法为主

旨，自当推戴，用主川军。自通电之日起，即与靖国各军一致进行，皇天后土，共鉴此心，所有以后一切事宜，伫候明教。谨此电闻。川军一、三师师长徐孝刚、钟体道，参谋长张秉升、唐廷牧，旅长刘夸、陈能芳、张鹏舞、吴震、陈湘，团长唐式道、王鸣中、聂文光、萧常德、潘文华、赵润森、何畴、李昌权、唐义承、江受益，一师梯团长邱华玉同叩。筱。印。

（《军政府公报》第五十号，1918 年 2 月 28 日，"函电"）

川北招讨使石青阳致孙中山电
（1918 年 2 月 17 日）

孙大元帅钧鉴：

刘存厚气馁势穷，数电请和，本年一月内有向绀怀君，不忍川祸延长，自愿出为调人。青阳以存厚悔罪来归，宽其既往，苟可息事宁人，不妨屈法相就，因认定向君为议和代表，由向电询同意，得令到省，即与存厚接洽一切。随由存厚派出敖、吴两人代表到顺庆，向君同行至太和镇，向先回顺陈说情形，随即转太镇邀请敖、吴两君，不期与刘部江防司令张邦本相遇，询知底蕴，捕为逆党，立将向君押赴太镇，乱刑致毙，剐碎骨肉，甚至启其心肝，惨绝人道。向君情怀倜傥，桑梓情殷，倏遭惨酷，万庶悲痛。查两军交战使其中，代表被戕，横逾左衽，曾电刘诘责，置之不理，用此通告，幸共罪焉。窃我军与刘部战时，稍一不慎，为所擒获，或毙亡者，概以洋油煎焚，臭焰蒸腾，尤属惨无天日。乃铣日检查邮信，得彼部一缄，中有简州之役，实因北系得手，黎、石败溃，中央又任刘督兼国军一十师师长，就二师编充，川军奇壮，稍有希望，故有此捷。刘禹九已得师长，誓入叙城等语。据此观察，中央电日日言和而致力如此，宁有丝毫诚心耶？并此上闻。青阳叩。筱。印。

（《军政府公报》第五十一号，1918 年 3 月 4 日，“函电”）

附 石青阳关于川局之要电
（1918 年 2 月 17 日）

广东孙大元帅，毕节唐联军总司令，贵阳刘联军总司令，云南刘代督军、唐参谋长，自流井赵军长，泸州叶、黄军长，内江顾军长，叙府赵总司令并转长宁何总司令，永宁卢副司令，遂宁但司令、吕纵队长、杨总司令并转安山袁司令、李司令，梁山转大竹陈司令，重庆熊总司令、黄总司令、夏司令、朱、宋参谋长、章太炎先生鉴：

刘存厚气馁势逼，数电请和，本年一月内有向绀怀君，不忍川祸延长，自愿出为调人。青阳以存厚悔罪，宽其既往，苟可息事宁人，不妨屈法相就，遂认定向君为议和代表，由向电询同意，得覆，到省晋谒存厚，接洽一切。随由存厚派出敖、吴两人代表到顺，向君同行至太和镇，向先回顺陈说情形，复又转太镇邀请敖、吴两君，不期与刘部江防司令张邦本相遇，询知底蕴，遽触逆鳞，竟将向君押赴太镇乱刀戮毙，剐破骨肉，甚至啖其心肝，惨绝人道。向君情怀倜傥，桑梓情殷，倏遭惨酷，万庶悲痛。查两军交战，使在其中，代表被戕，横逾左衽，曾电刘存厚诘责，置之不理，用此通告，幸共罪焉。至我军与刘部战时，稍一不慎，为所擒获，或毙命者，概以洋油和烧，光焰四澈，尤属惨无天日。再，铣日检查邮信得成都一缄，中有简州之胜仗，因北军得手，黎、石败溃，中央又任刘督兼国军二十师师长，就二师编充川军，将士稍有希望，故有此捷。刘禹九已得师长，誓克叙城等语。据此观察，中央虽日日言和而举动如此，宁有私［丝］毫诚心？并此上闻。青阳叩。筱。印。

（《石青阳关于川局之要电》，上海《民国日报》1918
年 3 月 5 日）

湖南省议会致孙中山电

（1918 年 2 月 18 日载）

孙中山先生鉴：

祺瑞违法专政，恃武力压制西南，傅良佐等甘心为虎作伥，吾
湘志士愤兴义师，桂粤联军同声致讨。乃彼犹不自悔悟，悉率进
攻，浃旬之间，北方军队麇集吾湘者将达十万。其始至也，农工悉
被掳充挑夫，即商人、文士亦多勒令转输，暴命横施，伤亡过半。
其驻扎各县也，则妇女之遁于山间者，亦搜索而尽其奸淫，凡民之
逃于荒野者，亦尽迫而夺其财物，其迁徙不及惨遭淫杀者，更无论
矣。及其战败而将遁也，则更纵火抢劫，或先劫后焚，到处廛市为
墟，衡山、岳阳受祸尤烈。盖其将领之统帅有［？］方，不为民害
者百不一二，以此北军残酷情状，迭经各处人民陈愬，又经本会议
员调查确系实情，思之堕泪。本会忝为全省代表，所有民间疾苦，
除据情实报外，理应据实宣言，谨电告哀，希维垂鉴。湖南省议会
叩。印。

（《军政府公报》第四十八号，1918 年 2 月 18 日，
"函电"）

援闽粤军总司令陈炯明就潮梅军事
督办职致孙中山电

（1918 年 2 月 18 日）

孙大元帅钧鉴：

炯明师次潮汕，适刘镇守使奉调讨龙，奉队返省，莫督军深以惠潮梅三属毗连赣闽，关系重要，谬以事权相假，当以援闽任重，既辞镇守使之责。复奉电商，暂设督办机关，三属治安完全付托，再辞不获。炯明爱乡，义无可卸，只得勉为兼摄，力维治安，谨于皓日就职视事，仍一面积极援闽，共达护法戡乱之目的。谨此电闻。陈炯明叩。巧。印。

（《军政府公报》第五十号，1918年2月28日，"函电"）

湘西李督办等誓师通电
（1918年2月19日载）

天津黎大总统，北京冯代总统、广西陆巡阅使、李省长、广东非常国会、孙中山先生、海军程总长、伍秩庸、唐少川先生、莫代督军、李、沈、陈、方各总司令、云南行营联军总司令、滇黔军各总司令、章太炎先生、长沙谭联军总司令、程、韦、马、陆、林各总司令、赵师长、刘镇守使、贲、林两旅长，四川熊、王、顾总司令，上海岑云阶、孙伯兰、谭组庵先生，各同志、各省督军、省长、各师旅长、各司令、省议会、各报馆均鉴：

自冯代总统停战令下，李、陈、王各督复力主和议，书等顿兵湘隅，静待解决。近则曹锟进攻襄樊，吴光新袭取荆沙，节节侵扰，逼我湘边，抵命背约，祸国殃民，凡我同仇，忍无可忍，爰率精锐，誓驱丑类。窃念强邻伺隙，正邦人尝胆卧薪之时，国务方新，岂我辈燃箕煮豆之日，挥涕誓师，原非得已，愿我同袍，共鉴斯忱。湘西援鄂军第一路总司令李书城、第二路总司令田应语［诏］、第三路总司令周则范同叩。

（《湘西义军大举援荆记》，上海《民国日报》1918年2月19日）

湖北靖国军第一军总司令唐克明致孙中山电
（1918 年 2 月 19 日）

孙大元帅钧鉴：

寒电敬悉。西南时势日益发展，足见大义所在，民心斯归，仁者之师无往不克，瞻望前途，曷胜欣幸。敝处经湘军毅力维持，军气颇振，现因双方停战之时，筹维大局计划，尚祈随时指示为荷。唐克明叩。效。印。

（《军政府公报》第五十号，1918 年 2 月 28 日，"函电"）

四川靖国军总司令黄复生等致孙中山电
（1918 年 2 月 19 日）

孙大元帅钧鉴：

吾蜀不幸，数遭兵祸，自昔迄今，将届一载。溯厥致祸之由，实以刘存厚、张澜二逆为之罪魁，附和非法政府，与我义军相仇，迭经忠告，充耳罔闻。旬余以来，我滇川黔联军声罪致讨，所向克捷，逆势穷蹙，坐踞川西，而一、三各师亦多与义军接洽，表示一致。该逆自知获罪川人，无以自解，乃于三十一日通电，愿将川中军政交付熊总司令，释甲归田，以息战祸。我联军方面素重信义，尤望和平，遂分饬停战，促其解职，乃于巧日接刘、张等致滇川黔各军将领铣电，称已通电，表示向南。录转全文，不胜诧异，细察该电文义，既曰通电各省，则滇川黔亦行省之一，何以不统列各将帅于通电之中，而必另电录转全文，则是有此通电与否，尚不可知。是其欺饰诡诞，应不承认者一。至督军团造乱，段氏攘政，元首幽废，又复不待国会之通过，自称继任，已为约法所不许，西南委曲求全，暂认为代总统，而该逆等通电独认为大总统，而于我大元帅及各联军，皆抹煞一切，不肯承认，对于北省视之甚重，对于西南则弃而不顾。是其居心叵测，应不承认者二。刘逆文曰：自愿解兵，且已经一、三各师通电推戴熊总司令。乃墨渖未干，忽以非法政府所委任之督军、省长名义，宣布自食前言，进退失据。是则恋栈无耻，应不承认者三。西南兴师，固属护法，而法之所以破坏，实由段氏嗾使叛督解散国会、废置总统、改组参院而来。乃该电但混言拥护约法，而于非法政府毫无严正之弹词，于护法真谛毫无具体之宣言。是其模棱两可，应不承认者四。护国之役，创自西南，段祺瑞嫉人有功，蓄意破坏，遂挑拨罗、刘，激成变乱。及唐帅伸义靖国，已迭电表示并非省界问题，而大元帅孙公尤数遣信使，只欲约法回复效力而已。是联军所抱宗旨，早已大白于天下，乃该逆通电，竟谓以前战争实系省界猜嫌，于南北之向背，无服从反对之可言，川滇问题不能牵入南北等语。是不惟厚诬联军以切近之争持，且似于南北之外，久有可以容足者，是非湮没，强辞夺理。是其不明大义，应不承认者五。西南本无穷兵黩武之意，固在恢复约法效力而止，而非法政府必欲以武力铲除异己，在明白顺逆者，定毅然与非法政府脱离关系。乃该电谓中央对于和战又复毫无一定，似若深惜非法政府之非积极主战也者，人心未死，情见乎辞，证诸该逆往事，有一言之求和，必有一次之受攻。是其意图缓兵，应不承认者六。一、三各师旅长刘湘、陈能芳等，及混成旅刘成勋等，早已与联军接洽，及刘逆三十一日通电辞职后，又联电推请熊总司令接任，以维川局，至今未尝变易。乃刘、张两逆铣日通电，竟拉入刘湘、陈能芳等，列名其中，词旨狂背，已驳如上，与刘湘、陈能芳等筱日通电诚伪昭然有别，显系未得同意。签名捏诬，应不承认者七。综上各端，荒诞已极，罪骈异于诛心，事皆可以征实。至其糜烂桑梓，流毒全蜀，哀鸿载道，城市为墟，尤可谓拔西山之竹书罪无穷，决东海之水洗恶靡尽者矣。复生等痛心国难，志安川局，对于该逆仁至义尽，乃始则发兵抗顺，继则势屈求退，终则觍颜宣布，阅核其辞，不即加以力辟，实为西南义军之耻。用是披露奸谋，以为蜀民请命，俾知该逆恶积祸盈，理屈词穷，藉以警天下之残民以逞者。敬布腹心，质诸天日。四川靖国军总司令黄复生、副司令卢师谛，川北招讨使石青阳同叩。效。印。

（《军政府公报》第五十五号，1918 年 3 月 13 日，"函电"）

川军总司令熊克武致孙中山电
（1918 年 2 月 20 日）

孙大元帅钧鉴：

川局纠纷，将届一载，海内义师渴望解决之日久矣。今幸我滇川黔联军藉国家威灵，师直气壮，所向有功，敌势穷蹙，久困川西。迭奉联军总司令及友军文电敦促，以为拨乱之机粗具端倪，尤宜躬赴前方，相机处理。克武悯黔蜀民之痛苦，又应大局之希望，责任所在，不敢放弃。兹定于本月二十一日亲赴川北督策进行，俾能短期解决，以副西南群帅之望，所有本总司令部留守事宜委任参谋长全际唐代行拆。一面电联军总司令即日启节赴渝，以规大计。自维鲁钝，时虞陨越，矢兹忠诚，鞠躬尽瘁，所望时赐机宜，以匡不敏，驰电奉闻，毋任惶悚。熊克武叩。号。印。

（《军政府公报》第五十一号，1918 年 3 月 4 日，"函电"）

附　熊克武通电
（1918 年 2 月 20 日）

〔重庆来电云〕万火急。唐联军总司令、刘督军、陆巡阅使、陈总司令，分送孙中山先生、莫督军、程总长、伍秩庸、唐少川先生、李协和总司令，上海岑西林、谭组庵先生，岳州谭联帅、程总司令，公安石、唐总司令，葵州黎联军总司令并转蔡总司令，分送川滇黔各军总司令、师旅团长均鉴：

川局纠纷，将届一载，海内义师渴望解决之日久矣。今幸我滇川黔联军总司令及各友军文电敦促，以为拨乱之机粗具端倪，允宜躬赴前方向机处理。克武体念蜀民之痛苦，外应大局之希望，责任所在，不敢暇逸。兹定于本月二十一日亲赴川北督策进行，俾能短期解决，以副西南群帅之望。所有本总司令部留守事宜，委任参谋长余际唐代拆代行。一面电请联军总司令即日启节赴渝，以规大计。自维塞弩，时虞陨越，谨以忠诚，鞠躬尽瘁，所望时赐机宜，以匡不敏，驰电奉闻，无任惶悚。熊克武叩。号（廿日）。印。

（《熊克武亲赴川北之通电》，上海《民国日报》1918年3月5日）

陈炯明决定迎击来自闽省之敌军致孙中山等电
（1918年2月20日）

孙大元帅……①鉴：

成密。日公效电敬悉，当经勉励各军，相机防剿。近据确实探报，张作霖委潘作藩招兵一团助闽，已有六百名于谏日由秦皇岛出发。又据前敌报告，大埔属桃源堡发现北兵一营，有趋攻淞口之势。似此情形，实迫处此，炯明亦已准备迎击，以观其后。先此电闻。炯明叩。哿。印。（民国七年二月二十日，汕头来电）

（《革命文献》第五十辑，第201～202页）

---

① 原文如此。——编者

陈炯明赞成讨伐龙济光致孙中山等电
（1918 年 2 月 20 日）

孙大元帅……①鉴：

　　成密。干老歌电，允出任军事，我护法各军，仰仗声威，益当奋励，欣幸何如。麻电指陈各节，注重屠龙，堪为痛切。此间以刘使他调，敌人每欲乘虚而入，非严为防范，潮汕将再陷危境，益坠西南大局之忧。现在粤桂既已会师讨龙，一方两公在省又共筹策，蠢尔小丑，不难荡平，如兵力再有不敷，炯明当即分点助剿，以除内患。炯明叩。哿。印。（民国七年二月二十日，汕头来电）

（《革命文献》第五十辑，第 202 页）

许崇智自潮州报告招集民军征闽致孙中山电
（1918 年 2 月 20 日）

广州孙大元帅鉴：

　　定密。本月检阅到潮，各营均属可用。惟此间现可招集民军二营，枪枝完备，子弹每枝得三百左右。官兵倾向军府，愿随智部征闽。智以兵力愈厚，效果更宏，又入闽后，饷糈智可担任，不过目前伙食应用，无从筹借。又以实州兴化一带，尚须派人分往，略为接济。可否请汇五六千元来潮，以应急需，而资发展。无任感激，伏候训示。回电请致潮州援闽粤军第二支队司令部。崇智叩。哿。（民国七年二月二十日，潮州来电）

（《革命文献》第五十辑，第 202 页）

---

①　原文如此。——编者

孙洪伊等陈述军政府对桂军
应取之态度致孙中山电

（1918 年 2 月 20 日）

广州军政府仲恺、展堂、精卫、季陶诸兄，并转光〔先〕生鉴：

报传粤中又发生督军问题，远隔莫明真相。惟观推举之电，仍出自李，于龙祸颇同臭味。莫为桂军之较良者，苟能敛其骄气，尚宜示以诚心，使之共□□护法，就我范围。军府蒸蒸日上，此时对莫宜予维持，以收桂人之心，而甽孽龙之□□□可取傍观态度，或致桂军心灰，向北求和，转害大局。尚祈先生察纳，力为消甽，盼示复。洪伊、介石、人杰、震麟、谦同。印。

（《革命文献》第四十九辑，第 136～137 页）

黎天才反对非法借款之通电

（1918 年 2 月 20 日）

广东孙大元帅、莫督军、程总长、李总司令、唐少川、伍秩庸先生，毕节唐联帅，南宁陆巡帅，长沙谭联帅，岳州程总司令，云南刘代督军、田代省长，贵阳刘督军，重庆熊总司令转颜司令、章太炎先生，上海岑西林、孙伯兰先生均鉴：

顷接夔州王君长沙转来四川靖国军颜司令巧电，述岑西林先生真电：冯国璋私借军械、币制两种外债，约共五千万，印刷局亦供抵押等因。窃冯氏滥借外债，抵抗义军，不顾我国将来破产之痛，国民此后奴隶之苦，是一举而断送我锦绣河山，宰割我亿万同胞，凡藉中国者，莫不宜同心戮力，誓死力争。况我西南倡义以及各省爱国诸巨公，自应当机立断，提倡前导，一面联名电请驻京各国公使停止交款，一面飞电通告前敌将士猛进。国之存亡，人人有责，千钧一发，稍纵即逝，引领为劳，伫候明教。湖北靖国军联军总司令黎天才叩。号。印。

（《黎天才反对非法借款之通电》，上海《民国日报》
1918 年 3 月 4 日）

四川省议会议员请任命熊克武为四川
督军、杨庶堪为四川省长致孙中山电
（1918 年 2 月 20 日）

孙大元帅钧鉴：

窃惟民国二年，四川军政两界长官专权，荼毒生灵，达于极点。其时熊克武、杨庶堪供职渝城，不忍坐视，义旗所振，阖境景从，虽事机未遂，亡命江湖，然公道在人，时闻歌颂，思藉其力，巩固民权，盼望有年，末由遂愿。今幸刘存厚、张澜一败涂地，相继出亡，物有所归，应宜重职权，特披沥肝胆，上达聪听，恳即任命熊克武为四川督军，杨庶堪为四川省长，以慰民心，藉息争竞，如蒙爱允，并恳迅速首途，克日就职。临电悚惶，静俟后命。四川议员刘杨、胡素民、谢昭义、伍少白、沈镂、刘云槐、杨重岳、刘凤池、黎道济、简咸、王仲贤、文化祥、谢从鉴、游詠炽、傅晖宣、谢盛堂、吴希曾、邹宗鲁、徐明林、宋嵩勋、王瑞祯、徐师政、高裕文、陈开峻、王丕治、张承烈、罗志模、廖泽宽、方于彬、伍鋆、范灼膏、冉君谷、周光表、黄万里、王志仁、苏哥元、辜如荣、游定安、彭泽久、袁显仁、严晴霄、曾子玉、田良贞、廖瀚、陈秉堃、张子樑、陈宗绪、郭藩城、王南棠、郭祚昌、景昌道、周烈光、鄢泽民、金相、谢联辅、杨有成、薛仲良、郭崇渠、郭湘、李克珠。号。印。

（《军政府公报》第五十六号，1918 年 3 月 14 日，
"函电"）

吕超等致孙中山电

（1918 年 2 月 20 日）

孙大元帅鉴：

我军已于哿日完全克复成都，刘、张潜逃，城内秩序安靖如常，特先电闻。四川陆军第五师第一纵队司令官吕超、团长向传义、彭远耀、喻培棣、王维纲叩。哿。

（《克复成都之要电》，上海《民国日报》1918 年 3 月 5 日；《军政府公报》第四十九号，1918 年 2 月 23 日，"函电"）

援闽粤军第四支队正司令官洪兆麟
呈孙中山文

（1918 年 2 月 21 日）

呈为呈报事：窃司令于本月四日由石龙拔队，于八日抵汕，月之二十日奉援闽粤军总司令陈任命为援闽粤军第四支队正司令官。伏念司令滥竽行伍虽已有年，而一介武夫未娴韬略，骤膺重寄，覆疏堪虞，闻命之下，固辞不许，迫得勉竭驽骀，上酬知遇。谨于本月二十一日就任援闽粤军第四支队正司令官之职，惟有遇事就近禀承总司令训示，祗遵办理，仍乞大元帅随时训示，以便有所遵循，庶免陨越。合将司令受任及组织司令部成立日期报告，伏乞察核备案施行，除分别呈咨外，谨呈

大元帅孙

援闽粤军第四支队正司令官洪兆麟谨呈

中华民国七年二月二十一日

（《军政府公报》第五十一号，1918 年 3 月 4 日，"公文"）

许崇智、吴忠信为夏述唐部众愿归粤军
指挥致孙中山电
（1918 年 2 月 22 日）

急。孙大元帅钧鉴：

定密。哿电计达，所部各营日间即陆续开赴前线，现夏述唐在汕，部众反对，多数离夏愿附粤军，内有二营从信，已构编为粤军第三十一、二营，信为统领，归智第二支队统辖。惟新收军队，欠饷须清，装具须补，出发须费，言非二万元不办，总部一时款绌，未能应付。据探报敌军增加，已压粤境，似有反攻之势，尤须赶速进行，万乞速汇二万元或先汇万元来潮，俾资办理，另函详。崇智、忠信叩。养。印。（民国七年二月二十二日，潮州来电）

（《革命文献》第五十辑，第 202～203 页）

陈炯明致孙中山、莫荣新等电
（1918 年 2 月 22 日）

广州分送大元帅鉴、莫督军鉴、石龙田统领览：

现据钟军需长呈称：军府卫队李安邦在救［保］安、深峻［圳］一带招募民军，实于粤军防地有碍，曾经邓参谋长面请大元帅取销，已蒙允准。现又接李司令咨开：于本月十四日成立团部，并将来咨寄呈请示等情。查李安邦不遵军府停止，擅设团部，妄行咨会，殊属荒谬，务请大元帅勒令取销，毋许滋事。以后如敢再用咨渎总司令，惟有饬属拿办，以维军府威信。炯明叩。养。印。

（《广东公报》第 1692 号，1918 年 2 月 26 日）

军政府陕西靖国军司令曹世英
等致孙中山电

（1918 年 2 月 23 日载）

孙大元帅钧鉴：

天祸中华，群凶搆难，国会解散，约法无灵，民怨沸腾，南中自主。乃陕督陈树藩首先附逆，津门、徐州无会不与，甘作倪、段之螟蛉，实为共和之蟊贼。纵兵殃民，驱民作匪，财政则囊括百万，地方则盗贼四起，秩序既已紊乱，蹂躏日形不堪，数厥罪恶，罄竹难书。世英、景翼等忝绾军符，义愤填膺，远鉴政府之违法祸国，近痛陈逆之恣睢暴戾，爰于一月二十五日高搴义旗，进据三原，陈师河北，直逼西安，为西北特树风声，我［？］与东南遥相策应，为民请命，为法请灵，身以许国，罔恤其他，敢布血忱，企候明教。军政府陕西靖国军司令曹世英、胡景翼暨全体军官同叩。

（《军政府公报》第四十九号，1918 年 2 月 23 日，"函电"）

内政部请设大理院呈

（1918 年 2 月 23 日载）

呈为筹设大理院及选举大理院长恳咨请国会提议组织恭呈仰祈钧鉴事：窃维司法机关原为保护人民而设，使设置未臻完善，即不足以实践保护之责任，而贯彻法治之精神。查司法机关有三审四级之别，其最高终审机关设于中央，惟是今日之中央政府既以非法罔民，失其威信，各省相继独立自主。当此中央与护法各省关系断绝之秋，人民遇民刑诉讼事件，无最高终审机关为之处理，在押人犯有久困囹圄法外受刑者，有含冤茹痛末由申诉者，以护法之人，行护法之地，丁护法之时，而转令人民失其法律之保障，为政不仁，莫此为甚。故欲期克尽保护人民之责任，为人民谋享受法律保护之幸福，舍从速设立最高终审机关之大理院，其道无由。考大理院之组织，文明各国各有不同，我国今日宪法犹未成立，应根据何种方法为组织大理院之标准，此诚非片言所能解决。惟准情察势，我国既称共和，自无妨采取共和先进国之成例，查美国大理院长由国会组织选举，我国现在既无成例可为依据，似宜鉴时势之要求，采邻邦之法制。拟请钧座咨请国会即行提议组织大理院并选举院长，庶人民无不伸之公理，国家具法治之规模，所有拟请咨由国会提议设立大理院并选举院长缘由是否有当，理合备文呈请察核，训示施行，谨呈

大元帅钧鉴

（《军政府公报》第四十九号，1918 年 2 月 23 日，"公文"）

内政部请撤销省长司法权呈

（1918 年 2 月 23 日载）

呈为拟请撤销各省区长官监督司法命令扶植司法独立仰祈钧鉴事：窃维近世立宪国家，立法、司法、行政三权分立，不相侵越，所以昭法治之精神，非徒袭文明之名号也。民国成立以还，司法之权属诸法院，司法、行政隶于中央，约法具存，粲然可考。自袁氏专政，梁启超任司法总长，以暴力干涉国会，使立法机关失其监督政府之能力，复以监督司法之权授诸各省省长，使行政兼理司法，于是司法前途遂不堪言。嗣共和恢复，以为此项弊政，苟非丧心病狂决无尤而效之者，乃前司法总长张耀曾仰承段祺瑞意旨，仍举监督各地司法行政之权委诸各省区长官，

法界哗然，指为显违约法上司法独立之规定，迭经国会提案质问，乃悍然不顾，置若罔闻，颟顸官僚殊堪痛恨。今军政府以护法大义号召全国，既与非法政府断绝关系，自宜与民更始，一反其悖谬之所为，非法政府前颁各省区长官监督司法之伪令当然无复存之理，拟请钧座特下明令，撤销各省区长官监督司法成案，庶巩固司法独立之基础，而发扬民国约法之精神。所有拟请撤销各省区长官监督司法缘由是否有当，理合备文呈请察核训示施行。谨呈

大元帅钧鉴

（《军政府公报》第四十九号，1918 年 2 月 23 日，"公文"）

石青扬取道陕西北伐通电

（1918 年 2 月 22 日）

广州孙大元帅、非常国会、莫督军、程总长、伍秩庸、李协和、唐少川、张开儒、方韵松、陈竞存、谢慧生、杨沧白先生，武鸣陆巡阅使，长沙谭联军总司令、陈总司令，上海孙伯兰、岑西林、谭组庵先生均鉴：

川难纠缠，至稽北伐，以兄弟阋墙之杞忧，致国家根本大计于不顾，中夜傍徨，抚膺叹惜。兹幸川战行将结束，青扬不敢稍存攘权夺利之私，乘机攫取禄位，希冀苟安目前，亟愿请缨，提师北上，以无负爱国护法之旨。窃本军起义綦南，迭获名城大都，如重庆、合川、铜梁、璧山、顺庆、潼川、射洪、太镇等处，均经激战，动涉旬月，此自军府德孚所届，岂复有劳苦之足言。今兹检阅军力，可有一师一旅，胥能奋斗无前，身经百战，全体将领慷慨请愿，急欲北征，仗此制敌，庶或有济，顷已决计以一旅镇守川北，以一师规取汉中，不渡黄河誓不再返，一俟整

理就绪，即当进行，至时再为通告，尚希不吝明教，指示方略，俾有遵循，不胜企幸。青扬叩。养。（按：此为二月二十三日电，经月始达）

（上海《民国日报》1918 年 3 月 30 日，"公电"）

黔军总司令部致孙中山电
（1918 年 2 月 24 日）

孙中山先生钧鉴：

顷据报，袁队祖铭电称：我军占领乐至后，刘、张两逆以二、三两师二十营反攻，我军苦战三昼夜，势几不支。后李袁队长率部剧战，敌乃大溃，我军乘胜追击，遂于巧日占领简州，皓日率部穷追及敌于茶店子，敌虽据险固守，终为我军击破，向灌县方面退去，刘、张逆亦于是日潜逃，我军遂于哿日抵距成都五里之玄市口，准马日入城等语，谨此电闻。黔军总司令部叩。敬。印。

（《军政府公报》第五十二号，1918 年 3 月 5 日，"函
电"）

四川省议会致孙中山电
（1918 年 2 月 24 日）

孙大元帅钧鉴：

川民久苦兵祸，今幸战事结束，督军刘存厚、省长张澜相率逃去，川局无主，务祈俯顺舆情，任命熊克武为四川督军，杨庶堪为四川省长，分担责任，以救险危，不胜翘盼。四川省议会叩。敬。印。

（《军政府公报》第五十三号，1918 年 3 月 9 日，"函
电"；《川议会与孙中山往来要电》，上海《民国日报》
1918 年 3 月 18 日）

贵阳刘督军显世致孙中山电
（1918 年 2 月 24 日）

孙中山先生鉴：

冯旅长寒电，沈痛恳击，慷慨激昂，凡有人心能不感动。显世
夙爱和平，心无畛域，岂乐于内争。一年以来有所见白，几无日不
以靖内御外为言。况自德俄媾和以来，外力日形逼迫，同载漏舟之
中，宁忍倡言主战。此次兴兵，不过促当道之猛省，□大局于和
平，故闻长江三督之调和，即按兵以俟大局之解决，乃主战诸公，
自蓄秘图，挟持元首，以致有南北意见，停战无效。兹者冯旅长以
北方将领痛陈利害，为公为私，为南为北，当可瞭然，国危如此，
奚堪再战，自速其亡，凡我同泽，以国亡为耻，当感于冯旅长之言
者，尚祈各方停战，促成和局，国家前途，庶几有豸。黔督军刘显
世叩。敬。印。

（《军政府公报》第五十四号，1918 年 3 月 12 日，
"函电"）

四川靖国各军总司令熊克武致孙中山电
（1918 年 2 月 25 日）

孙大元帅钧鉴：

顷据第一纵队长吕超及团长车传义、彭远耀、喻培棣、王维缉
等哿电称：我军已于哿日完全克复成都，刘存厚、张澜潜逃，成都

秩序安靖如常等语，谨电奉闻。四川靖国各军总司令熊克武叩。有。印。

（《军政府公报》第五十三号，1918 年 3 月 9 日，"函电"）

陈炯明为护法各省联合会议条例
致孙中山电
（1918 年 2 月 25 日）

孙大元帅钧鉴：

竞密。敬电奉悉。当唐、伍、程、吴、齐电到时，炯明细绎其中条例，仍不过联合会议之变相，深为诧异，业向襄勤说明鄙怀，请转递钧座。已曾致电精卫兄，表示反对之意，想蒙鉴及。现在桂系有此变相，岂肯承其用意，可劝伍、唐就职，并恳钧座坚持到底，冀收民意最后之胜利而已。炯明叩。径。（民国七年二月二十六日汕头来电）

（《革命文献》第四十九辑，第 137 页）

唐继尧通电
（1918 年 2 月 25 日）

岳州谭联军总司令、程总司令、刘镇守使、林旅长，公安石、唐总司令，夔州黎联军总司令，南宁陆巡阅使、陈总司令，广州孙大元帅、莫督军、程玉堂、唐少川、伍廷芳、胡汉民、汪精卫先生、李总指挥、张、方两先生，分送滇黔川各军总司令、军、师、旅长钧鉴：

据本军吕司令超哿电称：我军已于哿日完全克复成都，刘存厚、张澜潜逃，城内秩序安静如常等语。查四川全省肃清，刘、张逃遁，军民各政不可无人主持，前重庆镇守使熊克武有功民国，声望夙昭，以之兼任四川督军、省长两职，实足以维川局而翕群情，除电令即日就职，谨以电闻。唐继尧。有。印。

（《唐联帅推熊锦帆督川电》，上海《民国日报》1918年3月7日）

许崇智为滇军夏述唐部归编粤军事
致孙中山电

（1918 年 2 月 26 日）

万急。孙大元帅钧鉴：

佳密。苛〔哿〕电度已呈达，柏营迭经崇智遵奉陈总司令训令劝回，并代保安全，自昨至今，又经滇军周参谋气锐派朱元岳、钱嘉示二人三次到营疏通，该营全体官兵当面严拒，答以我等情义既尽于前，现在关系断绝，誓死不回，君等亦万不可再来等语。是该营已决心无挽回余地，本军对于友轩亦已仁至义尽。惟念大敌当前，国贼未讨，滇粤两军既系同泽同袍，自应两无猜忌，况现在情形，急宜出发，设以小事而彼此均受牵制，既误戎机，即妨大局。又该营不但誓死不回，且愿效死前敌。智等出发，虽言不与同行，渠等已宣言必随其后，拒之不行，弃之则又不忍。再四思维，拟请我大元帅与李总指挥商榷，将该两营改变为大元帅府亲军或先锋营，仍以吴君忠信为统领，即日随同智部出发，彼此均系拥护大元帅军队。如此办理，准情酌理，自不至再有嫌疑，亦可免□□诸患。是否有当，立候电复。再，本日周气锐面称：伍旅长及吴、万两团长奉李总指挥有电称，如劝不回，即以武力解决，并云该军已下动员令等语。智比答以我军有保全地方之责，如以暴力压迫，不顾大局，本支队自当尽力维持。旋周君复自转圜，

刻下相安无事。崇智叩。宥。印。（民国七年二月二十八日，潮州来电）

（《革命文献》第五十辑，第 203～204 页）

四川陆军第五师游击军司令官邹有章
致孙中山电
（1918 年 2 月 26 日）

孙大元帅钧鉴：

段氏违法，摧残国会，刘逆抗踞，变乱频仍，转战数月，流血千里，幸天厌祸，刘、张潜逃，川中余孽不难扫净，乃段党盘踞中央，犹形抗拒，曹、张拥兵自卫，甘作爪牙，鄂事不宁，终贻后患，有章忝列戎行，自惭鄙陋，率师北伐，愿为前驱，秣马枕戈，誓廓妖雾，一劳永逸，在此一举，诸公明达，幸垂教焉。四川陆军第五师游击军司令官邹有章叩。宥。印。

（《军政府公报》第五十七号，1918 年 3 月 16 日，"函电"）

海军总司令林葆怿致孙中山电
（1918 年 2 月 27 日）

孙大元帅钧鉴：

自叛督称兵，政局纷扰，西南志士，共奋义师，我海军总长程公璧光首先南下，与舰队诸将士戮力同心，宣言护法，率舰抵粤，一致进行，半载以来，艰苦备尝，勋劳卓著，方期武汉会师，挽回危局，孰意昊天不吊，夺我元勋，于二月十六日晚八时因公外出，突被敌人指使凶徒狙击殒命。程公为国捐躯，凡有血气者，莫不痛愤遗憾，时局未平，此志岂容少懈，自应统率我军，振旆待发，追随诸公之后，以继程公未竟之功。特此电告，惟希公鉴。海军舰队总司令林葆怿叩。沁。印。

（《军政府公报》第五十一号，1918 年 3 月 4 日，"函电"）

援闽粤军总司令兼潮梅军事督办陈炯明
吊程总长致孙中山电

（1918 年 2 月 27 日）

孙大元帅钧鉴：

宥电惊悉。海军总长程公首义南来，功高望重，为全国柱石，亦吾粤长城，乃所志未竟，遽遇变害，哀悼何极。现拟集合同人在汕先开会追悼，仍切望林公鼎力继志维持，与诸公从严缉变，以竟前勋而破奸谋，在昔玄衡被刺，裴度奋兴，来歙虽亡，禄遵终起，惟诸公其图之。炯明叩。感。印。

（《军政府公报》第五十一号，1918 年 3 月 4 日，"函电"）

唐继尧致孙中山电

（1918 年 2 月 27 日）

孙中山先生鉴：

真电悉。远承慰勉，感佩极深。现已克复成都，川局大定，善后一切，正与锦帆筹商，尚乞时颁教言，以匡不逮。继尧叩。感。印。

（《军政府公报》第五十三号，1918 年 3 月 9 日，"函电"）

湖南省议会吊程总长电
（1918 年 2 月 27 日）

孙大元帅、莫督军、林海军总司令均鉴：

玉堂总长遇害，噩耗传来，全湘悲愤，务乞严缉逆党，藉慰忠魂，尤望诸公戮力同心，继承遗志，不胜切祷。湘省议会叩。感。印。

（《军政府公报》第六十号，1918 年 3 月 20 日，"函电"）

孙洪伊为陕西军事致孙中山等电
（1918 年 2 月 27 日载）

广州孙大元帅、国会非常会议、伍秩庸先生、唐少川先生、莫代督军、程海军总长、林海军总司令、李协和总司令、陈竞存总司令、方、张两师长，南宁陆巡阅使，长沙谭联军总司令、程总司令、赵师长、刘镇守使、林旅长，云南唐联军总司令、刘代督军、章太炎先生，贵阳刘督军，重庆顾军长、王军长、熊镇守使均鉴：

义军飙举，南北景从，鄂皖誓师，崤函嗣响，山倾钟应，士气激昂。陕西靖国军司令曹世英、胡景翼等义旗高揭，远播声威，现已收复长安，旌旗东指。惟陕省僻在西北，声援较远，辛亥之役，亦以地势所限，未能与东南各省联络进行，此次护法精神本属一致，尚希诸公互为提携，指臂相依，共襄大举，形势虽殊，存亡所共，无衣可诵，披发有邻，临电殷殷，诸维鉴察。孙洪伊叩。

（《孙洪伊为陕西军事致西南电》，上海《民国日报》
1918 年 2 月 27 日）

曹亚伯通电
（1918 年 2 月 27 日载）

广州孙大元帅、非常国会，西南各省前敌总司令，南京李秀山
督军，南昌陈秀峰督军，武穴冯玉祥司令，上海孙伯兰先生、
柏烈武、徐朗西、郭泰祺、陈友仁诸先生及各省商会，各报馆
均鉴：

北京非法政府诸人，皆卖国罪魁。北方将士，不愿兄弟阋墙，
冯、段等卖国技穷，指日有伏诛之势，今又籍口外交祸迫，恐吓西
南。殊不知外交紧急即彼恶政府所造成，恶政府不除，外交将愈陷
于穷境。或谓外交紧急，亟宜速自罢战。亚伯以为外交紧急，更宜
速去内奸，群奸早灭，民国其昌。望全国义师，愤发为雄，贯澈始
终，勿为当局卖国奴及一般阴谋政客之诱言所惑，是所切盼。曹亚
伯叩。

（《曹亚伯主战之通电》，上海《民国日报》1918 年 2
月 27 日）

陆荣廷致孙中山电
（1918 年 2 月 28 日）

孙中山先生鉴：

宥电敬悉。海军总长程公玉堂首倡大义，功在国家，不期
所志未竟，遂遭奸人暗害，闻耗之下，不胜悼痛。现当龙逆未

除，北敌方张之际，海军关系极为重要，公推林总司令主持海军，廷极赞同，即希林总司令极力维持为祷。程公丧事，希莫督军妥为照料，并严缉凶手，务获究办，以慰人心。荣廷。勘。印。

（《军政府公报》第五十二号，1918 年 3 月 5 日，"函电"）

附　陆荣廷哀悼程总长电
（1918 年 2 月 28 日）

孙中山先生钧鉴：

宥电敬悉。海军总长程公玉堂首倡大义，功在国家，不期所志未竟，遂遭奸人暗算，闻耗之下，何胜悼痛，现当龙逆未除，北敌方张之际，海军关系极为重要，公推林总司令主持海军，廷极赞同，即希林总司令极力维持为祷。程公丧事，希莫督军妥为照料，并严缉凶手究办，以慰人心。荣廷。勘。印。

（《哭我总长程玉堂》，上海《民国日报》1918 年 3 月 12 日）

湖北护国军总司令李书城致孙中山电
（1918 年 2 月 28 日）

非常国会孙大元帅钧鉴：

城猥以菲材，被推为湖北护国军总司令，急乱相投，惊惶万状。伏念吾鄂扼中枢形势，癸丑以来，逆党据之，临以骄悍之兵，贪酷之吏，虐厉残暴，则川谷流丹，搜刮焚毁，则山林成赤，洎乎丁巳，丛师兴戎，西南树义，吾荆州士旅始振臂一呼，同申义愤，以凋残之众，当重兵之冲，秣马整师，斗志弥厉。不料元戎匿迹，师徒溃散，遂失名城，荆山暗色，维时白、何诸公收集残溃，以就唐副司令于公安，救病扶伤，再抗大敌，唐公力竭心瘁，攻守俱困，遂走施鹤。鄂中同袍，猥以书城待罪湘西，衔命至鄂，相率来归，城何人斯，敢辱推戴，只以阳夏鼙鼓，大功未竟，三楚父老久困倒悬，每思维桑之义，兼怀报国之忧，终夜彷徨，战衣欲湿。当此三军乏主，大敌在前，本应勉从众议，力效前驱，惟书城奉命督办湘西防务，兼领援军，受事以来，心力交瘁，建树毫无，倘复旁兼，立形折疏，转恐不知者恐城有利其众之心，则区区苦衷，难以自白。刻下鄂军将士，同告愤勉，愿临前敌，以雪前耻，环甲陈情，迫不获已。故城暂出维持，以免溃裂，仍恳谭联帅另简贤能，接收该军，俾释重责。诸公谊切同舟，关怀鄂事，用陈颠末，乞赐教之。李书城叩。勘。印。

（《军政府公报》第五十四号，1918 年 3 月 12 日，"函电"）

成桄等吊程总长致孙中山电
（1918 年 2 月 28 日）

孙中山先生钧鉴：

惊闻程公玉堂遭贼狙击，痛何可喻。程公义勇磅礴，力护共和，邦国之桢，民之良式。风雨如晦，顿失鸣鸡，天不慭遗，国人安仰，谨电陈吊，用表悼忱。成桄、伍毓瑞同叩。勘。印。

（《军政府公报》第五十二号，1918 年 3 月 5 日，"函电"；《哭我总长程玉堂》，上海《民国日报》1918 年 3 月 12 日）

湖北靖国联军总司令黎天才催西南
各军早日会师武汉通电

（1918 年 2 月 28 日）

孙大元帅钧鉴：

接谭联帅漾、敬两电，逆派受我军惩创，老羞成怒，曹、张两逆军已抵蒲圻，不日将有剧战。查曹、张本乱法罪魁，盘踞要津，骄横无状，此次南下，意在倾彼全力尽注一掷，以图克服岳州，固守武汉，以扼义师北进之路。我西南诸军亟应早伸天讨，歼兹丑类。惟在彼既积极进兵，在我亦应增援。前此川滇黔军不能并出者，以有刘逆为之梗耳，今川局既就敉平，下游亦日见疏通，凡我义军，务望早日出师，双方夹击，俾敌首尾不能相应。曩岁川滇之战，曹、张仅以身免，今率大军来援，势必闻风丧胆，岳州巩固，取武汉何啻探囊，千古良机，在此一时。若旷日持久，万一岳州或有意外，不惟武汉难争，即荆宜亦恐难图。午夜焦思，杞忧殊甚，用恳我西南诸公及统兵各将领含辛忍苦，早日会师。事机万变，幸勿迁延。天才愚直，罔识大计，只期达我靖国护法之目的，一俟大局稍定，即行解甲归农，敢布腹心，伫候明教。黎天才。俭。印。

（《军政府公报》第五十九号，1918 年 3 月 19 日，"函电"）

四川靖国军招讨司令陈凤石通报
祃日占领成都电

（1918 年 2 月 28 日）

孙大元帅钧鉴：

顷接敝部刘团长报告：刘、张两逆皓日潜逃，敝军已于祃日偕余司令完全占领成都，并分兵追击刘逆溃军，一俟敌氛扫平，部署就绪，即当躬率全师，随西南各军之后，直捣幽燕，荡平北虏，不斩楼兰，誓不生还。陈凤石叩。俭。印。

（《军政府公报》第六十一号，1918年3月23日，"函电"）

龙璋报告湘中军政情形致孙中山函
（1918年2月28日）

孙大元帅麾下：

久未奉书问讯，然精神所注，盖无日不驰系于左右也。近接各处报书，谨悉粤中军政近情，深以为慰。此次督军叛国，群逆啸凶，赖公振臂一呼，西南诸省应声而起。方今虽未能深予膺惩，不克即收护法讨逆之效，然使中外人士，晓然于吾民护国之大义，俾宵小反侧之徒，懔然于民意之不可违，国宪之不可犯者，则公倡义之力也。璋以庸驽无状，复因衰病侵寻，既不能追随左右，效指臂之力，又不能揭竿斩木，以为义师声援，终日促斗室，穷愁苦思，每每感愤，则神志立为昏愦，中心愧恨，如何可言。覃君振自粤返湘，适傅、王先后出走，长沙已复原状，感抱热肠，颇欲就湘桂间澈底疏通意见，终已未得一当。刻已遄归常德，不遑欲与闻此间政事。当时璋以病不能兴，仅与面晤数次，不及相与协同奔走，至今犹以为恨也。先是北军败，湘军首入长沙城，各界议举督军、省长，而程君潜出示陆干老前电，推重谭君浩明，遂推程君潜为省长。嗣以桂军方面，略有间言，因复辞职，而有暂不举督军、省长，别立三厅，分任各事之举。现谭君浩明司令驻节长垣，湘省首义诸人，如程君潜、赵君恒惕、刘君建藩、林君修梅，在督师赴岳前敌，与桂军划分防线，协同作战。刻北军已退出蒲圻，两军若猛力攻取，三日即可直抵武昌城下。此间作战计划，又复易攻为守，不肯急于求进。其意想不外乎武昌地方，易取难守，又恐孤军深入，贻意外之失败也。湘西方面，几于别一天地，追原其故，其一、基于张君学济、田君应诏、王君正雅、周君则范、卿君衡诸首领，地丑德齐，莫能相尚。其二、因谭月波首领，应付亦稍失宜，骤委李君书城为湘西防务督办，而各方意见益深。又因周君则范与张君学济，双方所部，微有违言，周遂联李倾张，通于谭司令，遂有李书城为援鄂军第一路、田应诏第二路、周则范第三路之委任，而置张学济、王正雅、卿衡于不问。于是张、王、卿诸人，亦微有此厚彼薄之感。现湘西军之概数，有荆沙溃军之一部，与李书城接洽，由何君成浚为之组合，尚无成样，其数约千人。李之固有军队二百余人，张学济所部四千余人，田应诏千余人，周则范二千人，王正雅、卿衡各数百人，皆驻扎澧州津市及鄂省之公安间。近复有桂军数营，即林俊廷所部者，驻扎常德。湘西方面，南北军自荆沙失败后，无复战事。此湘西现状之大概也。正谊社自军兴以来，严守沉静态度，迩来各方面之有力者，颇欲假为利器，以运用之。然璋及社中同人，以为此次战争，社中分子，虽有多数参预其事，然在精神上殊未占特殊实力。假手他人，而为勉强之动作，非徒无益，而又害之。且政党之作用，其大者根本上须能实行其政策，手段上又以在和平潮流中，运动选举，运用议会。今则皆非其时，造次图功，实自取败亡之道。故近来虽有以活动相劝勉者，同人皆以婉言谢之。公主张召集正式国会，此自根本要图。虽刻下战争方剧，咄嗟之间，不易取足法定人数，然努力为之，终必有达到目的之一日也。为今之计，战事乃相机应付，完全为事实问题，难可逆料。其余以法律言，须国会早足法数，根本既立，即成效随之。以政治言，则党务亦为要图，其法不外先将中坚分子，为第一步之结合，意见则化除之，权利则互让之，重要同志，咸负责就职，以新中外之观感。中心既定，然以次收来，其渐疏渐远者，成为纯一强固之团体，而返乎民国元年之旧，乃得与桂联并进，而西南一致之明效可期。盖吾党之精神，如水在地中，无远弗届。惟频年以来，因种种之误会，意见歧出，而交谊益疏，党略亦因之失败，此可为长太息也。若我公时从此处留意，以道德相风尚，行见扫荡逆巢，大张法纪，为期且不远矣。一得之愚，诚不足以尘秽视听，然默念我公期许之厚，国民痛楚之深，刍荛之献，终不能已。是非得失，企候呈裁。恭叩伟安

龙璋顿首谨启　二月二十八号

孙中山批：着秘书拟函奖慰，并属时时将湘中情形详报。

（《革命文献》第五十辑，第 69～71 页）

国会非常会议为程总长璧光国
葬荣典咨复孙中山文

（1918 年 3 月 1 日）

为咨明事：海军总长程璧光于二月二十六日午后八时半被奸人暗杀身故，本会议员林森等全体提议，应依国葬法举行国葬典礼，案于三月一日开大会公议，同日准咨优议荣典一件，事同前因，并案议决。金以海军总长程璧光当北京政府非法解散国会之前，早已洞烛其奸，翩然南下，号召各舰队合力护法，迨后两粤宣布自主，遂偕林总司令率各舰队来粤，与西南护法各省一致行动，实有殊勋于国家。现正出师讨逆之际，遽遭惨害，凡我护法同人，得此噩耗，同深痛悼。查国葬法第一条：中华民国人民有殊勋于国家者，身故后经大总统咨请国会同意，或国会之议决，准予举行国葬典礼等因，当经出席全体议员赞成，故海军总长程璧光准予依照国葬法举行国葬典礼，相应咨复，即希查照，公布施行可也。此咨大元帅

国会非常会议
中华民国七年三月一日

（《军政府公报》第五十一号，1918 年 3 月 4 日，"咨文"）

贵阳王文华致孙中山电
（1918 年 3 月 1 日）

孙大元帅钧鉴：

　　□密。我军现已攻入成都，刘、张潜逃，俟川军确实归顺后，华即赴川，率所部袁、林两师东下，特闻。文华叩。东。印。

　　（《军政府公报》第五十六号，1918 年 3 月 14 日，"函电"）

附　黔军总司令王文华致孙中山电
（1918 年 3 月 1 日）

孙大元帅钧鉴：

　　毅密。我军已攻入成都，刘、张潜逃，川军确实归顺，文华赴川率所部袁、林两师长东下，特闻。王文华叩，东。印。

　　（《川滇黔联军东下援鄂之要电》，上海《民国日报》1918 年 3 月 24 日）

唐继尧述将出师援鄂致孙中山电
（1918 年 3 月 1 日）

孙中山先生……①鉴：

　　成密。尧顷接颂倘［？］两电，又由日公转来复林先生马、艳

---

　　①　原文如此。——编者

两电，敬悉。和议现已绝望，荆鄂战事即在目前，此间亟应出师，互相策应。前因川中战事牵制，师出无期，现刘逆溃散，成都收复，四川全境次第肃清，拟划拨靖国联军第一军东下援鄂。继尧亦定于本月上旬由毕节行进驻渝城，筹商大计。敬以电达，乞赐教言。唐继尧。东。（民国七年三月一日自毕节发）

（《革命文献》第五十辑，第 280 页）

湘粤桂联军总司令谭浩明致孙中山电
（1918 年 3 月 1 日）

孙中山先生鉴：

据前线报告：感日午后，敌军分路来犯，正在战斗中等语。战事再启，良抱痛心，除飞令各军迎头痛击外，特此痛告，战情续闻。浩明。东。印。

（《军政府公报》第五十四号，1918 年 3 月 12 日，"函电"）

内政总长孙洪伊等吊程总长致孙中山电
（1918 年 3 月 1 日）

孙大元帅钧鉴：

宥电敬悉。程公遇害，昊天不吊，丧我元勋，属在同人，曷胜痛悼。所冀罪人早获，以慰英灵，将士一心，完成大业。临电悲愤，不尽欲言。孙洪伊、居正、丁仁杰同叩。东。印。

（《军政府公报》第五十三号，1918 年 3 月 9 日，"函电"）

湘粤桂联军总司令谭浩明致孙中山电
（1918 年 3 月 1 日）

孙大元帅钧鉴：

　　近来迭据岳州前方报告，敌军于上月二十七日下午四时由旗店方面，又十八日下午十一时由羊楼峒方面，先后分途猛攻我军防地，冲锋数次，均被我军击退等情，不胜愤慨。窃自荆襄被攻，和议中梗，我军以敌军背约怀诈逞强，用兵岳阳，良非得已。然仍表示退让，不侵鄂境一步，虽北方迭布讨伐、褫职、夺官等伪令，张敬尧有强迫我军退出岳州之电，而浩明切怀和平之念，一刻未忘。正一面容纳赣督继续言和之议，由岑西林先生转告西南，相商提出条件，以期纳诸正轨，并一面严饬所部静候解决。是浩明区区息争之意，贯彻终始，天日可鉴。讵段派武人怙恶不悛，劫制元首，排斥主和阁员，引受军械借款，横布伪令，特赦罪魁，别组国会，分遣悍将，肆毒南方，突于犹豫期间，实行攻击。迹其逞凶黩武，不惜以国家为孤注一掷，以遂彼党阴谋。我军实逼处此，忍无可忍，除饬将士合力堵御外，合行电闻。此后兵连祸结，责有攸归。在浩明德薄能鲜，不能达护法之志，以致重苦吾民，此则中夜拊心太息痛恨而不能自已者，惟诸公谅而教之，幸甚。浩明。东。印。

　　（《军政府公报》第五十四号，1918 年 3 月 12 日，"函电"）

湘粤军联军总司令谭浩明致孙中山电
（1918 年 3 月 2 日）

孙大元帅钧鉴：

奉读诸公宥电，惊悉程公玉堂突遭狙击，痛念奚极。敬维此次讨逆护法，惟程公统率海军，首树立义旗。近日各省义军迭奏肤功，方期海陆大举，迅扫逆氛，何图叛党穷噬，遽撄此变。凡我护法同志，能不同声痛惜？应请莫督军严缉凶手，尽法惩治，以雪公愤而慰忠魂，并请诸公发起开会追悼，并公推起草员撰具程公起义事实，以便他日追叙大勋，聊表同袍崇拜予报之诚，以垂诸万古，立我模范，使程公精神永存寰宇，则虽死犹生也。浩明、永建同叩。冬。印。

（《军政府公报》第五十四号，1918 年 3 月 12 日，"函电"）

靖国川南民军总司令何绍培请率师
北征致孙中山电

（1918 年 3 月 2 日）

孙大元帅钧鉴：

吾蜀不幸，群奸构兵，大好河山，几归沦亡。诸公奉国家之威灵，申罪致讨，天戈所指，群丑风披，不旬月间，西南奠定。惟是西南虽平，幽燕未捣，吾侪矢志民国，始终不渝，断不能因一部分之安，坐失进攻之机，国贼不除，法何云护。绍培赋性愚直，只知有国不识其他，用敢上陈诸公，速定大计，克日北伐，国家存亡，在此一举。诸公护法卫民，当表同意，绍培不敏，敢率所部，随诸公之后，如荷赞许，乞即电复。靖国川南民军总司令何绍培叩。冬。印。

（《军政府公报》第六十号，1918 年 3 月 20 日，"函电"）

内政总长孙洪伊由沪致孙中山电

（1918 年 3 月 2 日）

孙大元帅钧鉴：

　　惊闻段氏近以俄德兵入境之说，恫嚇西南，并闻有人以外患紧迫，急谋调和，且似有牺牲旧国会之意。夫外患之来，实恶劣政府所招，此而不革，不亡何待。故外患愈迫，而根本改革愈不容缓。现在北方前敌诸将确已有继冯旅而起之势，即主战之曹、张，亦已倾向和议，果南方坚持旧国会之主张，不难使之承认，大局速定，已不在远，此后必无极大战争，南中复何所畏？国会亡则中国亡矣。望诸公努力主张。尤望滇湘坚持，恐数日内或有向南方提出议和条件之事，祈勿为所摇惑。孙洪伊。冬。

　　（《军政府公报》第五十三号，1918 年 3 月 9 日，"函电"）

陈炯明请派海军梭巡惠属沿海
致孙中山电

（1918 年 3 月 2 日）

大元帅鉴：

　　成密。倾探得蔡春华为李逆主谋，在港联龙，运动闽敌舰，胁迫汕头，希图驻潮各军受运动而内溃，并于碣石、淡水希图偷运，图惠消息的确。查汕头靠海，一有敌军胁迫，防务均摇，非有海军助守，实难防患意外。惠属海〈？〉歧出，随处可偷渡，应有军舰梭巡，方免疏虞。督办自兼任以来，惧有疏失，派探设防，罔敢或懈。务请诸公俯念惠潮梅防务重要，敌人乘虚暗渡，在所当防，毋专着眼于高雷。一有疏失，全局皆坏，除派兵严防外，请即准分派

海军来汕驻守，兼派军舰一艘梭巡惠属沿海。无任祷盼，伫候赐覆。炯明叩。冬。（民国七年三月二日，汕头来电）

（《革命文献》第五十辑，第 204 页）

陈炯明报告粤军扩充情形及
请款致孙中山电
（1918 年 3 月 3 日）

孙大元帅鉴：

钧座向患无兵，炯明则患无饷，今粤军扩至三十余营，军费一切总计，月需二十余万，有财厅定案内九万可抵，余拟追加，碍难允准。炯明到汕，措施未定，心力交瘁，务请设法筹措，斟酌拨用，报命之日，当不在远。陈炯明。江。印。（民国七年三月三日，汕头来电）

（《革命文献》第五十辑，第 204 页）

陈炯明为收编范营事致孙中山电
（1918 年 3 月 3 日）

大元帅鉴：

竞密。奉勘电，范营本系陈梯芬旧部，丙辰由明带出，枪枝自备，刘综庆到惠换陈委范，范亦旧人，尚可用。前经来请改编，炯明以名义在刘，须盼督军交涉，碍难办理。现仍留惠，分别占□，无庸更张，因□军太多，饷无所出故也。炯明叩。江。印。（民国七年三月三日，汕头来电）

（《革命文献》第五十辑，第 205 页）

湘粤桂联军总司令谭浩明致孙中山电
（1918 年 3 月 3 日）

孙大元帅钧鉴：

　　唐公东电敬悉。先拨靖国第一军东下，并即日启节进驻渝城，邋听之余，莫名欣忭，声威远播，逆胆先寒，前敌将士闻而弥奋，所望星夜东下，以便会师，奠定中原，澄清政治，在此一举。想天佑民国，必能早告成功也。敝处迭致冀公敬、宥、有、冬各电收入否？靖国第一军何时由何处出发，计划若何，并乞示复。浩明叩。江。印。

　　（《军政府公报》第五十四号，1918 年 3 月 12 日，"函电"）

程总司令潜致孙中山电
（1918 年 3 月 3 日）

孙中山先生鉴：

　　我军既克岳阳，倘追奔逐北，鄂城汉水间未必非辙迹之所不及也。徒以国难之方殷，祸至之何极，民生凋敝，商旅绝途，恻然心伤，不能自已。因忆衡永兴义以来，时间半载，逐敌数百里，人民荡析离居，田园庐舍都成灰烬。敌人则又非深仇夙怨，若敌国外患之不两立，特以一二弄权立国者，窟宅中枢，愚民以逞。于是□其祖宗邱墓之心，遂荷戈南来，以无耻而捐躯，致乃相属于道，呜呼，何其酷也。潜窃有见于此，以故对于敌军将士，一致欢欣，倍加优遇。又以湘鄂一家，原无干犯之野心，元首虽远陷变中，命令不能自由，有事人皆奔走其间，以息事宁人相号召，潜独何心而敢立异，因即按兵以待。讵曹琨［锟］、张敬尧辈迫逼元首下讨伐令，王总理相继去职，长江三督亦复横被责难，君子道消，群奸并进，举国伤之，不可究竟。推兹痛与汝偕，亡之无日，一息尚存，能不忍痛须臾，为国自效。然犹冀其有几微之转机也，则亦强为制止，待其自新。乃自昨二十七日曹锟、张敬尧自新店羊楼峒方面举兵相犯，近且益剧，我军忍无可忍，爰陈师旅，誓与主战助恶之罪魁以兵戎相见，至一切克依法律为从违而复已。举凡国中义旅，受命亲爱之昆弟，愿共起杀贼，其有被淫威所迫自拔来归者，潜决开城相与，不次擢用，咸与维新之意。谨驰电昭告国人，以晓然于此次用曲直之所在。天下之大，匹夫有责，蝮蛇螫手，壮士腕断，愿国人其急图之。程潜谨布。江。印。

（《军政府公报》第五十四号，1918 年 3 月 12 日，"函电"）

广东莫代督军荣新之通电
（1918 年 3 月 3 日）

孙中山先生鉴：

顷接沪电文如下，曰：闻财政部拟延期赔款，暂将三年公债四千八百万元六厘息偿完中交两行政府欠款，本年一月起，每年抽签还本两次，五年还完。号称照票面价格出售，不折不扣，而六折不足之中交两行钞票，可以购买。票面只定万元、千元两种。首限普通商人，无力购买且亦并不发行。向例六厘或八厘有折有扣之公债，由公债局发卖，分途劝募，始得成数。今六厘不折之公债，全由两行包揽，惟恐外间觊觎分购。夫政府所欠两行之款，内容诡秘，从未经国会及他机关查问。今骤利用延期赔款数千万元，一举偿之，显有阴谋，兹姑不论。只以发行公债情形计之，彼辈可以不足三千万元之现款，换得五年还清本息六千余万之债利。所谓现款，一可由两行欺蒙捏注，无从察知。尤奇妙者，发行公债，名为

抬高票价，而彼辈转利用票价之落，从中操纵，以票易券，其于欺
谩，尤为显然。赔款之得延期，乃至不惜国家所已供之牺牲，及将
来议和后之缪辖，稍一设想，不寒而慄。且延期特延期五年，五年
后仍当还付，政府如未泯天良，稍有人心，此款正宜用之生产方
面。不宜用之消耗方面。今不特消耗，又从而侵蚀，而侵蚀之法又
迥非寻常无忌惮之人所敢出，国家创巨痛深，仅乃得之数千万元
巨款，仅足供数四贪吏市侩之婪索朋分，似此胆大妄为，目无法
纪，此而不讨，何以为国。方今政府浊乱，人不乐生，任此魑魅
横行，不见舆论所在，我西南仗义护国，理应痛切通告国人，责
令政府取消此项公债条例。延期赔款如何支用，将来须有法案交
国会通过，始能有效。祈速联衔通电全国省议会、商会及各界、
各报馆，一致反对为要等因。查北京伪政府财政部现行此项公债
条例延期赔款，实属胆大妄为，目无法纪，非全国反对不可，拟
敦请伍秩老主稿领衔，就近拍发，如荷赞成，即祈赐覆。荣新叩。
江。印。

　　　（《军政府公报》第五十七号，1918 年 3 月 16 日，
"函电"）

援闽粤军总司令兼潮梅军务督办陈炯明追
悼程总长致孙中山电
（1918 年 3 月 4 日）

孙大元帅钧鉴：

　　本日会同成司令、伍旅长、吕道尹、镇署刘参谋长在汕头开
会，追悼程公玉堂，滇粤两军暨商学各界到者万人，哀感异常，均
誓继志杀贼，以报程公。谨此电闻。炯明。支。印。

　　　（《军政府公报》第五十三号，1918 年 3 月 9 日，"函
电"）

附　陈炯明吊电

（1918 年 3 月 4 日）

大元帅、国会非常会议、莫督军、李省长、林总司令、李总指挥、省议会、各报馆均鉴：

本日会同成司令、伍旅长、吕道尹、镇署刘参谋长在汕头开会，追悼程公玉堂，滇粤两军暨商学各界，到者万人，哀感异常，均认继志杀贼，以报程公。谨为电闻。炯明。支。

（《哭我总长程玉堂》，上海《民国日报》1918 年 3 月 12 日）

陈炯明为和议绝望将出师征闽致孙中山电

（1918 年 3 月 4 日）

孙大元帅鉴：

成密。陆干老宥日两电，一以爱国热诚，冀感当局；一以和平希望，筹策对付。老成谋国，钦佩曷极。炯明师次闽边，旋因和议，整兵以待。今既绝望，自当激励三军，追随诸公之后，为国杀贼。仍望时赐南针，俾免陨越。炯明叩。（民国七年三月四日，汕头来电）

（《革命文献》第五十辑，第 205～206 页）

贵阳刘督军显世之通电

（1918 年 3 月 4 日）

孙中山先生鉴：

诸公宥电，谭联军总司令、钮总参谋冬电均奉悉。程公玉堂首倡大义，功在天壤，旌麾所指，全国响应，毒遭凶变，悲痛曷胜。诸公所示缉凶严惩、开会追悼、撰具事实，以表崇拜哀忱各节，实为最要之举，恳在粤诸公先即就近兴办，以慰英灵。林总司令护法讨逆，热忱夙著，公推主持海军，以竟程公之志，世极赞成，恳请林总司令即日宣布就职，以定人心，是为至祷。刘显世。支。印。

（《军政府公报》第五十七号，1918 年 3 月 16 日，"函电"）

大元帅府副官兼粤军第四支队
中校参谋尹骥致孙中山函
（1918 年 3 月 5 日载）

大元帅钧鉴：

敬禀者：窃骥猥以菲才，谬承知遇，初膺副官要职。虽奔走两月，实无补于时艰，继蒙委任湖南特务委员，将近成行。适值援闽粤军成立，军政府得此根据，懦夫亦闻风而起，故止湘行，随罗参军翼群同时投归粤军效力，蒙陈总司令委充第五统领部教练官，月初全部开抵汕头，粤军重行组织，复蒙陈总司令调升援闽粤军第四支队司令部中校谋兼充第五统领部少校副官，现已将军实筹备完善，日内即行出发。第自愧学浅材疏，深虞陨越，惟有矢勤矢慎，补助洪司令兆麟，奋勇从公，力歼逆党，上以达我大元帅维法护国之苦衷，下以酬陈总司令倚畀之殊遇，仍望俯加鞭策，俾驽骀得勉效驰驱，实无任感激待命之至。肃此，祗叩

崇安，伏乞垂鉴

　　　　大元帅府副官兼粤军第四支队中校参谋尹骥谨呈

（《军政府公报》第五十二号，1918 年 3 月 5 日，"函电"）

广东莫代督军荣新致孙中山电

（1918 年 3 月 5 日）

孙中山先生鉴：

　　窃自政变以来，吾粤护法之师不得已而迫切出战，又不得已而隐忍停战以待和者屡矣。长沙之役，潮汕之役，岳州之役，无不忍痛迁就，曲予优容。盖以国家元气未复，外患日亟，阋墙之祸，两败俱伤，相期双方当轴各自返省，弃嫌修好，罢兵息民，其所以爱护国家、保全大局之苦心，当为天下所共谅。乃段派武人，竟无悔祸之心，而暴戾恣睢，专横愈甚，其处心积虑，仇视义师，荼毒西南固矣。而海内明达国家之士，一言主和，即遭忌嫉，多方箝制，以缄其口。上自元首，下至士卒，内而总揆百官，外而群督诸将，使皆不敢存一宁息之心，不专一及调停之议，充其祸谋，虽举国家以为牺牲，悉人民以膏锋镝，亦所不惜。故军械借款明知于国家不利，不顾也；特赦罪魁明知于国体抵触，不顾也；别组国会违背约法，强宣战令荼毒生灵，不顾也；警电遥传，今且分遣悍将进攻岳阳，夫岳鄂绾毂中原，战衅一开，牵动大局，分裂立见，亦明知之而不顾也。不畏天命，不恤人言，不顾国家，不爱吾民，而徒逞其武力，以求一战，以遂其一派之野心，是不徒与西南之义师战，直与全国之公民战耳。荣新待罪粤疆，救国心切，再四苦心忠告，终不见纳，相迫日亟，忍无可忍，亦惟有矢此坚贞，竭其绵薄，以报国人。至若曲直是非，自有公论，亦非荣新所能自私者也。谨布区区，伏维鉴察，临电不胜叹慨。莫荣新叩。歌。印。

　　（《军政府公报》第五十四号，1918 年 3 月 12 日，"函电"）

湘粤桂联军总司令谭浩明致孙中山电

（1918 年 3 月 5 日）

孙中山先生鉴：

读莫督江电，深为骇异。王克敏紊乱金融，私借巨款，已属罪大恶极，复敢觊觎延期赔款，以公债之名，行侵吞之实，肥私祸国，宁有心肝。查交行在民国五六年间，屡向政府要索欠款，只声称二千万上下，并无正式公文可据。而中行未兑现之票额，至去年六月止仅九百余万，今忽藉口于偿还中交两行欠款，而发行五千万之公债，阴谋毒计，不攻自明。且延期赔款并非国家一种收入，若以对德宣战，一时腾挪之外债，移充二三国蠹之私囊，此而不讨，于义谓何。即请秩老主稿，通告全国，务必使中途取销此项条例，一切待由国会解决，否则我军护法，戡暴为先，誓当扑灭此等卖国贼。又，来电有云三年公债，恐系七年公债之误，并请查明。谭浩明。微。印。

（《军政府公报》第五十六号，1918 年 3 月 14 日，"函电"）

四川劳军使李国定致孙中山电

（1918 年 3 月 5 日）

孙大元帅、国会非常会议同人均鉴：

国定二次回川，与川中将领相约宣布护法自主，即同组织四川靖国军。刘、陈退后，国定驻兵叙城，国定为第二军者，意以第一军推让刘军，殊刘迫于形势，未克宣布，退军嘉定，通电护法。刘、张出走，川事解决，新选参院议员杨肇基以旧部军队二十营，在新津改组四川靖国军第一军，从前计划幸成事实，将催三四以上等军相继成立，且兵力愈厚则国基愈固，歼灭妖氛，指顾间事。杨军来电，竭诚向南，除电覆外，特此电闻。李国定叩。微。印。

（《军政府公报》第五十七号，1918 年 3 月 16 日，"函电"；《护法要人要电汇志》，上海《民国日报》1918年 3 月 25 日）

唐继尧因冯旅长玉祥寒电复行表示
南北各应息兵意见电

（1918 年 3 月 5 日）

孙中山先生鉴：

本月支日接冯旅长寒电，言词慷慨，读者动心。窃念此次西南各省宣言护法，所拥护者国本，而非以争政权，所指斥者坏法之段祺瑞一人，而于北方军人无与。故自段祺瑞免职，各省即相约罢兵，乃段因个人权位之私，造北洋团体之说，挑南北之恶感，酿湘蜀之战争，以致苏赣方力主调停，而天津会议乃极端主战；元首方颁和平布告，而曹、张复南下称兵。继尧以兵衅一开，必难收拾，迭电呼吁，迄无效果。今主张和平之王总理、陈督军皆相继罢斥，而陕甘又传烽矣。试问主战诸人，有何不得已而用兵。前此湘蜀之战，抢攘经年，血溅满山，死骸枕野，流亡未集，满目疮痍，谁实为之而致于此。不意枪林弹雨又复集于湘鄂之间，吾民何辜，乃不容于民国。且北方用兵一次，则借款购械一次，丧国家之权威，增人民之负担，乃至朘人民之脂膏以购枪，而遂藉大帮之枪械以毒人民，此即冯旅长所谓视同胞为仇雠，以国家为孤注者也。夫以横暴之力征经营，即使能成子孙帝王万世之业，而元气凋丧，国岂能存。况潮流所趋，民意所向，虽有大乱，终不能摧，北方军人同此心理，亦岂能随一二人喜怒，以为此无意识之牺牲。尚冀立息兵端，稍延国脉，若必逞一人之意气以戕全国之生机，则国家兴亡，匹夫有责，无论南北，当共图之。唐继尧叩。微。印。

（《军政府公报》第六十二号，1918 年 3 月 25 日，"函电"）

孙洪伊致护法诸公之通电

（1918 年 3 月 5 日）

广州国会非常会议、孙大元帅、伍秩庸、唐少川先生、莫代督军、林海军总司令、李协和总司令、陈竞存总司令、方、张两师长，南宁陆巡阅使，长沙谭联军总司令、程总司令、赵师长、刘镇守使、林旅长，云南唐联军总司令、刘代督军、章太炎先生，贵阳刘督军，重庆熊镇守使、王总司令，成都石、吕两司令，襄阳黎师长，南京李督军，南昌陈督军，武昌王、范总司令，武穴冯旅长鉴：

自权奸当道，荡灭纪纲，国本阽危，时艰孔亟。我诸公护法兴师，用张挞伐，歼除政蠹，保障民权，大义昭彰，神人共鉴。近传有德兵入境之说，言者或谓外患急迫，宜息内争，而北京政府遂借资恫吓，欲使我轻弃护法主的，就彼范围。夫外患既已急迫，何不速复民意机关，与国民共此艰难。盖国家遇有非常事变，必先召集国会，共决大计，同负责任，此世界立宪国之通例也。今乃藉口外患，捐弃国会，任彼独夫政府，冀图有功，是外患未消，国本先拨［拔］。洪伊愚昧，窃所未喻。夫君主国家所以维系之者，在乎名分，民主国家所以维系之者，在乎法律，法一倾，则国无与立矣。我国自辛亥以后，跋扈军人，几半全国，使法一破而不复，更何术以持其后。民国二年，袁氏以雷霆万钧之力，逼散国会，事历三四年之久，然丙辰一役，不旬月间，卒使约法国会恢复旧观，天下乃晓然于法律之尊，立法机关之重。今以黄陂被胁，步军统领副署之一滑稽乱命，而强天下承认为有效，是直欺侮我国民，使数年拥护法律之功，隳于一旦，纲维溃决，内乱安有已时。墨西哥僻处美洲，分崩离析，国祚犹能仅存，而吾国在列强环伺之中，不幸蹈彼故辙，恐欲求如墨西哥亦不可得矣。此以法律言之，不能不恢复国会者一也。制定宪法、选举总统、承认内阁，三者皆国会之特权。国会不复，宪法制定无期，国本永难大定，正式内阁莫由成立。总统任满，无术选举，对内对外，国家必陷于无政府之危境。且北京当局无非强盗、诈骗一流，争权攘利，作奸犯科，诈财害民，卖国媚外，苟有以餍其个人一时之欲壑，无所不忍亦无所不敢。数月以来，种种罪恶，昭彰已为，从古所未有，非速有立法机关为之补救，国之沦亡，尚待外人之坚甲利兵哉。此以政治言之，不能不恢复国会者一也。我军倡义之信条，厥惟护法，息壤在彼，必无食言。使仅以军权政权之分配，遽尔罢兵，则以义始而以利终，何以自解于天下后世？况国会改选，段党挟其金钱武力以争议员，必能于议席占有多数，彼专狠阴毒之段氏，得所凭借，复掌大权，而立法机关与行政机关同恶相济，挟中央以临诸将，肆行报复，必无一人可以幸免。或以调京，或以褫职，甚至受囹圄之辱，膺斧钺之诛，袁氏已事，可为殷鉴。拒之则势逆而名不正，顺之则身亡而国亦危，血战经年，所赢得者只一人为刀俎我为鱼肉之结果，此岂诸公之始志哉。此以我义军之名誉利害言之，不能不恢复国会者又一也。夫用兵之难，远征为甚。彼得格勒与海参崴［崴］相距万里，仅恃一线铁路为运输，亲德敌德，俄人既未尽降服，雄视东亚，日本必又与争衡。前有劲敌，后有隐患，长驱深入，危险何如。拿破仑之覆辙，德人宁不虑此？德俄果真一致，边陲纷扰，诚所不免，若谓战场即移至吾国，岂短期三数月间之事。且吾国民亦思此外交局面何由造成，宣战之声去今未远，吾民虽善忘，想亦尚能记忆。彼恶劣政府方日求卖国自肥之不暇，载鬼一车，长夜冥行，尚望其折冲御侮乎。夫一致对外之说，袁世凯时代久矣，耳熟能详，卒亦何有丝毫效果，徒为奸人窃柄之资耳。要之，内政不理，外患必无抵御之策，且因外患愈急，内政之改革更不容稍缓须臾，使误听危言，率为让步，则倒持干戈，授人以柄，吾恐义师投戈之日，即民国属矿之时矣。临电迫切，不知所云，伏希鉴察。孙洪伊叩。歌。

（《孙洪伊致护法诸公之通电》，上海《民国日报》1918 年 3 月 6 日）

贵州督军刘显世致孙中山电
（1918 年 3 月 6 日）

广州孙中山先生鉴：

　　顷奉真电，转示致李督原电，语重心长，读之感佩。我公远瞩高瞻，提挈群豪，本护法之决心，求根本之解决。目前川湘已定，陕北会师，大功之成，当亦不远。显世勉从公后，努力国家，一切进行，尚希随时赐教，俾资筹划。临电无任翘企。刘显世。麻。印。

（《军政府公报》第五十三号，1918 年 3 月 9 日，"函电"）

广东莫代督军荣新致孙中山电
（1918 年 3 月 6 日）

孙中山先生鉴：

　　谭、钮两公冬电敬悉。程公为国捐躯，普天同愤，凡我同袍，悲悼尤深，月、惕两公所示各节，荣新深具同情。严缉凶手一层，早经通饬军警力悬重赏，严密查拿在案。至开会追悼及撰具程公起义事实，即请悦公发起主持一切，遴员起草，一面通电全国，俾国人得同尽哀悼之忱，以慰英灵而昭万古。荣新。麻。叩。

（《军政府公报》第五十三号，1918 年 3 月 9 日，"函电"）

唐继尧悼程总长赞成林总司令
主持海军致孙中山电
（1918 年 3 月 6 日）

孙中山先生鉴：

接读诸公宥电，惊悉程玉堂总长在海珠被刺淹逝，殊深痛悼。程公率海军将士保障西南，拥护共和，功在民国，乃竟死于奸人之手，实为国家惜之。现战端复启，国难方殷，兹公推林总司令继领海军，以完程公未竟之志，尚希力肩重任，共济时艰，并请诸公严缉凶手，立正典刑，以慰英灵而泄公愤，是为至祷。继尧。鱼。印。

（《军政府公报》第五十六号，1918 年 3 月 14 日，"函电"）

四川靖国军援鄂司令李善波致孙中山电
（1918 年 3 月 6 日）

孙大元帅钧鉴：

冯段祸国，薄海同仇，西南杰士，大声义讨，诸先生不惮舌敝唇焦，拔救国民，善波谬承垂教，一息尚存，何敢自懈。去冬复奉湘西第四路林总司令暨四川靖国军黄总司令委任斯职，因于二月十号由湘率队入秀墟，遂命支队长方汉俦于二月九号进据来凤，一俟义旅集中，即当进攻樾坞，会师武汉，尚恳时赐方略，免致陨越，不胜盼祷电复。四川靖国军援鄂司令李善波叩。鱼。印。

（《军政府公报》第五十六号，1918 年 3 月 14 日，
"函电"；《川滇黔联军东下援鄂之要电》，上海《民国日
报》1918 年 3 月 24 日）

贵阳刘督军显世之通电
（1918 年 3 月 6 日）

孙中山先生钧鉴：

莫督军江电、谭联军总司令微电并悉。伪政府私借外债，近复
利用赔款延期，藉口中交还欠，妄发公债，便其私图，实属罪恶多
端，法无可宥。两公电示，论列已详，即请秩老主稿，通告全国，
以阻奸谋为祷。显世。麻。印。

（《军政府公报》第五十七号，1918 年 3 月 16 日，
"函电"）

唐继尧致孙中山电
（1918 年 3 月 6 日）

孙中山先生鉴：

国家法治精神全在代议制度，自国会被非法解散，而吾国日陷
于杌棿之途。西南各省仗义护法，首以国会为重，对于非常国会无
不力任维持。兹接吴、王两议长文、东各电，具悉粤省议会已议决
由省库筹垫国会经费五十万元，滇省自宜量力赞助，除饬省署财厅
迅速筹措迳拨粤省外，尚乞诸公协同筹垫，俾国会经费不致支绌，
立法事务即时进行，实为盼祷。唐继尧。鱼。印。

（《军政府公报》第五十七号，1918 年 3 月 16 日，
"函电"）

重庆黄总司令复生悼程总长致孙中山电

（1918 年 3 月 7 日）

孙大元帅转程元帅家属鉴：

玉公率舰倡义，北人暴力不复南侵，各省闻风而兴，大局始有今日。昊天不吊，竟受凶残，噩耗传来，全军垂涕。念哲人既萎，知国步益艰，除托谢持叩灵展奠，谨鸣哀悯，临电泣然。中华民国军政府四川靖国军总司令黄复生率全体官佐士兵叩。阳。印。

（《军政府公报》第五十四号，1918 年 3 月 12 日，"函电"）

四川劳军使李国定致孙中山电

（1918 年 3 月 7 日）

国会非常会议、孙大元帅钧鉴：

国贼专横，假威盗柄，弁髦约法，蹂躏国会，赖我西南将帅出死力争，迭奏肤功，义声卓著。国定奉命西行，职司劳慰，鼓舞士气，起义川东，奔走蜀滇，往来战线，生命几濒于危，而志不敢稍杀者，誓非使元首复位，国会恢复，法律有效，丑类咸诛，铲锄伪政，还我自由，不足以偿大愿也。兹幸我蜀民军先后响应，会合滇黔义师，涤除障碍。现尚进攻省垣，附逆各军，势将殄灭，群奸叵测，多方播弄，究何害于义军。但川局虽渐底平，罪魁尚未授首，举首河朔，愤懑填胸，爰集富于军事学识经验同人，简选士卒三万，严加训练，准备出师。顷与诸将佐定决取道雍豫，直捣幽燕，犁庭扫穴，为国重光，在此一举。但欲除奸诛暴，宜却伪和，若稍中阴谋，则星火燎原，曷其有极。务望诸公坚持初志，达到国定与议员吴崑等在天津时主张十大条件之目的，以奠国基，作正本清源之谋，一劳永逸之计，俾共和若金汤之巩固，法律有神圣之尊严，民国前途实利赖焉。惟完全胜利在最后五分钟，公等幸勿稍疏机宜，国定亦不敢不告奋勉。国定学识才力固属谫陋，尚希时赐教言，匡我不逮，共策进行，延领为祷。四川劳军使李国定叩。虞。印。

（《军政府公报》第五十五号，1918 年 3 月 13 日，"函电"）

陈炯明为调拨伍毓瑞部事复孙中山电
（1918 年 3 月 7 日）

大元帅鉴：

竞密。歌电奉悉。协公调伍部一营，警备大队一营赴江门，韵松并无檄调。又程潜请调伍赴湘，协通电已答应，但未实行，伍亦不愿。炯明叩。虞。印。（民国七年三月七日，汕头来电）

（《革命文献》第五十辑，第 206 页）

许崇智为派副官赴闽及请款致孙中山电
（1918 年 3 月 7 日）

孙大元帅钧鉴：

佳密。智本日出发，前赴松口，现在本府副官孙卸戎、黄体荣诣府，请领款项，前往福州、兴化，万乞先行筹备二三千元，俾该员得速入闽，至为感盼。余函详。崇智叩。阳。（民国七年三月七日，潮州来电）

（《革命文献》第五十辑，第 206～207 页）

唐继尧致孙中山电

（1918 年 3 月 8 日）

孙中山先生鉴：

王克敏私借巨款，滥发公债，朘民卖国，罪不容诛。日公江电，此间尚未收到，兹接月公微电，藉悉大概情形，此事关系重要，即请秩老主稿，并指贱名，通电全国，抵死不能承认此项条件，至为盼祷。继尧。庚。印。

（《军政府公报》第五十六号，1918 年 3 月 14 日，"函电"）

贵阳刘督军显世承认国会经费
提交省议会议决电

（1918 年 3 月 8 日）

国会非常会议、孙中山先生均鉴：

自段氏弄权，国家神圣尊严之国会以非法解散，西南护法兴师，国会诸君子亦出险入艰，以护法为各方号召，当此大患未除，国会机关未回复以前，凡在护法当局对于现在非常国会地位，自当力任维持。昨接吴漱伯、王儒堂两先生有、东各电，具悉粤省议会已议决由省库筹垫国会经费五十万元，唐联军总司令鱼电亦已饬厅筹拨。黔省事同一律，自当竭力赞助。惟黔本艰窘，素恃京协，军兴以来，协款无从，军饷已拮据万状，然以护法为重，仍宜勉力筹措，拟虞日提交省议会。协议如何，容续奉闻。诸公热诚护法，并望协力筹垫，实深企祷。刘显世。庚。印。

（《军政府公报》第六十号，1918 年 3 月 20 日，"函电"）

吴议长景濂等致孙中山电

（1918 年 3 月 8 日）

孙大元帅鉴：

　　谭督军东电、程总司令江电、莫督军歌电均悉。业经于阳日覆督军电文曰：读各电不胜愤激，北军假平和美名，阴行压制西南之实，进攻荆襄，倪端毕露。西南将士于岳州收复后，鉴于国势陵替，力图挽救，采纳赣督之请，再提和议，实已堕彼彀中。在段系诸奸，无日不思兼并西南，以行其武人专制政策。昔之破坏法纪，绝无顾忌，今之穷兵黩武，不稍悔祸者何？莫非以国家为孤注，以扶植其私党之势力乎！且其不惮宣言，深以北洋军系破裂为虑，并谓自信非北洋军系不足以统一中国。凡此种种，直欲使共和政体之下，不有国会，不有宪法，人民时被屈于强将悍卒，而站于不宁之地，民国前途危险实甚。近者北方军人渐知觉悟，时有愤其出师无名，徒以怙祸者。以故武穴冯旅长宣言独立，宁赣两督军赓续言和。使彼稍有悔祸之心，则干戈不难立戢。乃竟不自引咎，又嗾其鹰犬益肆凶暴，大集中于江汉之间，以图一逞。使我护法之军不加警备，为彼所乘，则艰难缔造之民国，从此熄矣。我公夙爱和平，早为天下所共谅，须知人日决心谋我，实无调停之可言，务望督率前敌将士，克日进兵，以彼汉皋携贰之师，溃退之期，当在不远。诚虑停战既久，调和无效，适足瘳士戎而长寇雠，实为护法前途惜之。我公主持大计，成竹在胸，当为我国树百年不拔之基，能以护法相终始，民国幸甚。临电不胜翘企之至云云。谨以奉闻。吴景濂等叩。庚。

　　　　（《军政府公报》第五十六号，1918 年 3 月 14 日，
"函电"）

曹亚伯为外交争主权通电
（1918 年 3 月 8 日）

广州非常国会、孙大元帅，两粤各督军，长沙谭联军总司令及各总司令，四川唐联军总司令及各总司令，陕西靖国军各总司令，南京李秀山督军，南昌陈秀峰督军，武穴冯玉祥旅长，上海孙伯兰、温世霖、汪精卫、徐朗西、郭泰祺、陈友仁诸先生，重庆章太炎先生及全国各报馆、各商会、各教育会均鉴：

处置敌侨自有战时成例，且关系交战国主权，岂容他国干涉。兹闻外交总长陆徵祥，拟将敌侨交英人处置，丧权辱国，莫此为甚。凡我国民，务望一致反对，力保主权，民国幸甚。曹亚伯。庚。

（上海《民国日报》1918 年 3 月 9 日，"公电"）

横滨华侨俱乐部吊程总长致孙中山电
（1918 年 3 月 9 日载）

广州孙大元帅钧鉴：

惊闻程总长为国捐躯，不胜哀悼。横滨华侨俱乐部同人叩。

（《军政府公报》第五十三号，1918 年 3 月 9 日，"函电"）

广东惠州军务司令钟景棠呈孙中山文
（1918 年 3 月 9 日载）

为呈报事：案奉惠潮梅军务督办皓电开：惠州十属，地广防要，距潮辽远，所有设防、治盗各事宜，亟应设立惠州军务处，就近处理，特委景棠为该处司令，克日就职视事等因；又奉督办转到广东督军个电，饬景棠克日到差等因。奉此，景棠遵于本月二十五日就职视事，除将到差就职及启用关防日期，分呈督军、省长、督办外，理合具文，呈报钧座察核，俯准备案，谨呈

大元帅孙

广东惠州军务司令钟景棠谨呈

（《军政府公报》第五十三号，1918年3月9日，"公文"）

援闽粤军总司令兼潮梅军务
督办陈炯明致孙中山电
（1918年3月9日）

孙大元帅钧鉴：

月公文、日两电，日公歌电暨阳电转云老两电及鱼电均奉悉。岳阳战祸开自逆辈，蔑法黩武，以致糜烂大局，咎有攸归。吾人护法而战，前提在法，解决亦当以法。逆辈不知直壮曲馁，吾人复何所畏。月公调度有方，益以前敌将士用命，行当剪除大憝，以谢国人。炯明提师东出，迟而未进，无非本于和平之念，深愿宁人息事。李逆厚基极力备战，近且有反攻之势，想必暗受伪命，希图扰我粤疆，摇动我西南根本之地。炯明不武，亦惟有奉兹义愤，激励士卒，随诸公后，为国靖难，为法保障而已。炯明叩。佳。印。

（《军政府公报》第五十六号，1918年3月14日，"函电"）

唐继尧通告第三军军长庾恩旸被刺电
（1918 年 3 月 9 日）

孙中山先生鉴：

靖国联军第三军军长庾恩旸，突于本年二月十八号夜在毕节行营彼［被］刺殒命，当此事发生以前，该军长所用勤务中士李炳臣行踪诡秘，连夜不归。当经缉获严讯，据供称，籍隶四川顺庆，随侍庾军长，由昭郱至毕节，遇有川人王得标及不识姓名之数人，在茶肆与相结识。王等给以银圆，乘间探询总司令部重要人员及各军长官姓名、住址，详细告知。及庾军长被刺日，该中士亦夜出不归，现经派兵缉获，而王得标等已远飏。综合前后各供，实以逆敌主使，除通缉逃犯王得标等外，兹已将该中士李炳臣立予枪毙，以正典刑。查庾军长于辛亥改革，懋著勋劳，嗣随继尧北伐援黔，多资臂助，旋又随继尧回滇，任督署参谋长。护国之役，密参帷幄，功在国家，此次出师，复任第三军军长，驻师毕节，突遭此变，深堪痛惜，拟俟大局平定，再行呈请优恤，以慰英魂，特先电达。唐继尧。佳。印。

（《军政府公报》第五十九号，1918 年 3 月 19 日，"函电"）

湖北靖国联军总司令黎天才
通报克服归巴电
（1918 年 3 月 9 日）

孙大元帅钧鉴：

齐电计达左右。天才此次因荆沙不守，襄阳尚在，因思黔蜀势局，非占领长江上游，不足以资联络，再图大举。日前占领□山，益念归巴为必争之地，得之则上通川滇，下接荆宜，进退灵便。用特遣派丁团长攻归，杨团长围巴。敌军固守，我军奋斗，血战两昼夜，归、巴两县次第克复。是役也，我军阵亡连长一员，而敌军死伤甚众，夺获枪械无算。刻下敌军穷蹙尽逃，业已多派精旅，分途兜剿，一俟布置妥协，即行重整甲兵，东窥武汉。至宜昌方面，亦早派张、齐两支队绕道进攻，屡获捷报，似此荆沙敌军不难指日扫平。第音问久隔，各方情势多不明晓，望诸公将西南近况及一切进行事宜，详确见教，想鸿谋硕画，必能示我周行。引领遥望，无任盼祷。黎天才。佳。印。

（《军政府公报》第六十号，1918 年 3 月 20 日，"函电"）

陈炯明为联合会议与军政府
职权问题致孙中山等电

（1918 年 3 月 9 日）

大元帅、国会非常会议、伍公秩庸、唐公少川鉴：

粤密。秩老庚电奉悉。俄德媾和，外交急逼，非有统一机关，不能对外。秩老老成谋国，忧深虑远，钦仰曷极。惟对外统一机关，非建范于民意之上，无论武力如何强大，未推倒伪政府以前，外人必难承认。故军府与联合会议能构为一律固佳，否则，联合会议筑于武力之上，以之对内，军府筑于民意之中，以之对外，分途救国，并行不悖，义在共济，事无独专，未始非因势利导之举。秩老法理精湛，折冲推重，急图对外，恳诸民意，国会具在，中外环听。公欲救国，无事他求，炯明武夫，既言护法，当退处于民意之下，公频立于民意之上，自可鞭驰而驱使之。程公俭电，经以力所未遑为辞，当未立断。是在我公，前电披陈，谅邀察择，伏维赐教。炯明。佳。（民国七年三月九日汕头来电）

（《革命文献》第四十九辑，第 138 页）

四川靖国军援鄂第一路总司令王安富致孙中山电
（1918 年 3 月 9 日）

孙大元帅钧鉴：

敬电谨悉。现组织三支队，即日东下，以窥荆宜，与川湘会师，第一队准元日出发，请示机宜，并恳转电川滇黔湘鄂各军，免滋误会。安富叩。佳。印。

（《军政府公报》第六十号，1918 年 3 月 20 日，"函电"）

唐继尧致孙中山电
（1918 年 3 月 10 日）

孙中山先生鉴：

前得岳州战讯，当即电饬各军分兵应援，选接王总司令文华、黄总司令复生、赵军长又新、顾军长品珍、叶军长荃等先后电，请出师援鄂。已电总司令，叶军长先率所部克期东下，其王总司令所部之袁祖铭一师、顾、赵两军长所先派之田钟毂一混成旅，亦经饬令迅速编定，继续进发，特以奉闻。继尧。灰。印。

（《军政府公报》第五十六号，1918 年 3 月 14 日，"函电"）

附　唐继尧致孙中山电
（1918 年 3 月 10 日）

孙中山先生鉴：

前得岳州战讯，当即饬各军分兵应援。选接王总司令文华、黄总司令复生、赵军长又新、顾军长品珍、叶军长荃先后电，请出师援鄂。已电叶军长率所部克期东下，其王总司令所部之袁祖铭一师，顾赵两军长所先派之田钟毂三混成旅，亦经饬令迅速编令，继续进行。特以奉闻。继尧。灰。印。

　　　（《川滇黔联军东下援鄂之要电》，上海《民国日报》
　　1918 年 3 月 24 日）

陈炯明拟推胡汉民代表粤军参加
联合会议致孙中山电
（1918 年 3 月 10 日）

广州孙大元帅鉴：

　　莫督军通电，催派代表，大意谓一面□□□对付时局，并可筹议合并等情。若各省派到，彼已成立，粤军不派，无能摇动，转失发言、表决及各种权力。遽行电派，又未审钧示如何。炯明愚见，不如派人，以资操纵，且粤军既派代表，自与莫督立同等地位，免为所据。如属可行，当推展兄为粤军代表，乞速示遵。炯明。灰。印。（民国七年三月十日汕头来电）

　　　　　（《革命文献》第四十九辑，第 138～139 页）

安徽讨逆军通电
（1918 年 3 月 11 日）

北京冯总统、张敬舆先生、李步军统领，天津黎总统，各省督军、省长，各省议会，各护军使，各都统，各镇守使，各师旅长，上海岑西林、孙伯兰、王儒堂、谭组庵、冷遇秋、柏烈武、孙少侯、常藩侯、陈勤宣、方寰如、谢叔骞诸先生，广州伍秩庸、唐少川、汪精卫诸先生、国会非常会、孙大元帅、海军林总司令、李总指挥、陈粤军总司令、张、方两师长，武鸣陆巡阅使，南京李督军、王巡阅使、齐镇守使、南昌陈督军、刘旅长，九江吴镇守使，武穴冯旅长，陆朗斋将军，武昌王督军、王少甫、李星阁两师长、张勋臣督办，长沙谭联军总司令，岳州程总司令、赵师长、刘镇守使、林旅长，常德田总司令、王镇守使、张、周各司令、李帮办、胡招抚使，宜昌黎、石两司令，成都熊总司令，毕节唐元帅、章太炎先生，贵阳刘督军，烟台朱镇守使，海州白镇守使，徐州张总司令，寿州殷镇守使，宿迁陈旅长、安庆黄省长、马镇守使，安武军各路统领、各营长均鉴：

民国七年，祸乱三见，民生凋敝，国是飘摇，推本溯源，倪贼嗣冲实阶之厉。共和国家主权在民，人民不能直接行使主权，乃以寄诸国会。倪贼知民意不容，禄位难保，擅离职守，盘踞都门，买胁流氓摧贼国会，假团体之名行叛逆之实。罪一。破坏约法，背叛中央，宣言独立，驱逐元首，率彼丑类，犯阙称兵，奸律乱纪。罪二。政府推翻，演成复辟，亡国不恤，卖友求荣，犹复贼心不死，阻兵煽乱，天津会议再行开幕，挑南北之恶感，延战争之惨剧，障梗议和，荼毒生灵。罪三。皖省地瘠民贫，迭遭荒难，流离荡析，救死不暇，倪贼苛敛横征，吮膏吸髓，厚蓄兵力，拥护个人，军行所至，村社为墟，非法诛求，瓜蔓抄尽，皖山淮水，尸血为之高深，结网罗钳，足目为之重侧。哀我皖民，优秀者死于猜疑，谨愿者死于敲索。夫以张献忠之狞恶犹宽梓潼之人，李自成之凶残，尚爱道旁之树，以视倪贼草营人命，暴戾恣睢，犹觉天良未泯也。相如等忍死须臾，誓不返顾，水深火热，叹呼吁之无门，破釜沉舟，惟兵戎以相见。爰率全皖健儿陈师淮甸，分途进剿，为国蕲凶。至倪贼僚属皆吾同胞，若犹沉溺迷途，为虎作伥，既已认贼作父，难免取子毁巢，倘能弃恶来归，定当推诚相与。天日在上，信誓由中，邦人子人，幸垂鉴焉。安徽讨逆军西路司令岳相如，中路司令袁家声，南路司令王建方，梯团长吴明寿、薛宜民、廖传铭、程登荣，毕靖波、李厚生、姚铁鸣、陈亚东同叩。真。

（《安徽大起讨逆军》，上海《民国日报》1918 年 3
月 12 日）

湖北靖国联军总司令黎天才反对
冯国璋滥借外债之通电
（1918 年 3 月 11 日）

孙大元帅钧鉴：

顷接夔州王团长桢转来四川靖国军颜司令巧电，述岑西林先生
真电，冯国璋私借军械、币制两种外债，约共五千万，印刷局亦供
抵押等因。窃冯氏滥借外债，抵抗义军，不顾我国将来破产之痛，
国民此后奴隶之惨，是一举而断送我锦绣河山，宰割我百万同胞。
凡籍隶中国者，孰不宜同心协力，誓死力争。况我西南倡义，以及
各省爱国诸巨公，自应当机立断，提出反对，一面联同电请驻京各
国公使停止交款，一面飞檄通告前敌将士猛进，国之存亡，尽人有
责，千钧一发，稍纵即逝，引领为劳，立候明教。湖北靖国联军总
司令黎天才叩。真。印。

（《军政府公报》第五十八号，1918 年 3 月 18 日，
"函电"）

四川黄代省长复生复大元帅详
报何绍培反覆罪状电
（1918 年 3 月 11 日）

孙大元帅钧鉴：

养电敬悉。查何绍培系长宁人，首奉周道刚伪命，至泸密探，

经赵军长逮捕拘留于泸县，退却之际，乘间逃脱，窜匿长宁，招集匪徒，四出劫掠，且暗连吴逆杏熙，侵占平宋，旋经义军击溃，窜走兴文，据为巢穴。厥后刘、张逃遁，自知难宥有法，遂诡称川南民军总司令，擅发政令，任免官吏，南六各县蹂躏不堪，迭经该县人民联名呈请剿办。复生等以绍培既经洗心革面，宜即派员抚慰，宽其既往，准予自新。殊绍培首鼠两端，意存反复，胆敢闭城不纳，拒绝派员。复生等知其毫无悔过之心，乃循人民之请，派梯团长马杰率队驰赴该县，相机剿抚。甫抵县境，绍培竟请派队邀击，迎头猛攻，经我军苦战两日，始行击溃。今彼余孽不满一百，而骚扰乡间仍如畴昔，乃竟饰词隐罪，背信蒙电，不惟欺枉钧府，抑且污辱义军。现拟通电严缉，务获惩办，以为助逆者戒，是否有当，敬候钧裁。黄复生、卢师谛同叩。真。印。

　　（《军政府公报》第六十三号，1918 年 3 月 26 日，"函电"）

援闽粤军总司令兼潮梅军务督办
陈炯明之通电
（1918 年 3 月 12 日）

孙大元帅钧鉴：

　　莫公江电、谭公微电、刘公麻电、孙大元帅佳电均敬悉。伪政府为非法僭窃之机关，其一切举措悉为叛逆行为，我辈既已根本否认其存在，本不须随事批判其得失。至于附逆宵小藉名肥私之举，尤不止王某一人。七年公债一事，苟非尽力谋政治之根本改革，终难清净国民之病源，惟恐国民无知，受其愚弄，日公推秩老主稿，通电全国，一致反对之主张，实为救时要图，炯明极表同情，请列入贱名，并望随时以经过情形见示为祷。炯明叩。文。印。

　　（《军政府公报》第五十七号，1918 年 3 月 16 日，"函电"）

汕尾范分统锦堃致孙中山电
（1918 年 3 月 12 日）

孙大元帅钧鉴：

　　微日奉陈督办支电，探闻龙逆运动匪党，拟在碣石等处希图起事，仰速查拿等因。当派营副刘玉田探悉，汕尾旧共济防务公司系龙逆机关，即日真日督队围搜拿获罗燿林等十名、红白方旗一十八面、驳壳枪二枝、信函一件，内称所谋之事均在汕、碣方面着手，种种逆谋证据，昭然若揭。除将该犯等及证物另行解缴外，合先电陈，如何办理，乞示遵照。汕尾分统范锦堃叩。文。印。

　　　　（《军政府公报》第五十七号，1918 年 3 月 16 日，
　　"函电"）

吴议长景濂之通电
（1918 年 3 月 12 日）

孙大元帅鉴：

　　莫督军江电、谭联帅廿电、唐元帅庚电、刘督军麻电、孙大元帅佳电、陈总司令佳电均敬悉。北京财政部擅定七年内国公债条例，以延期赔款为抵押，以中交两行为包办，违法营私，罪状昭著，拟托伍秩老揸衔主稿，通电反对，景濂极表赞同，已请附列贱名。谭月公微电所云应交国会议决，诚为尊重约法之正论，除由国会非常会议提案反对俟议决后再行报告外，先此奉闻。吴景濂叩。文。印。

　　　　（《军政府公报》第五十七号，1918 年 3 月 16 日，
　　"函电"）

程总司令潜复孙中山电

（1918 年 3 月 12 日）

孙中山先生鉴：

接奉养电，于民国根本，国会关系，反复指陈，发人深省，循环浣诵，无任钦驰。西南义师之兴，本护法利民之目的，期以保存正式之国会，组织合法之政府。惟军事进行之中，形阻势隔，只能各因地势审察关系，竭全力以扫除仇法之逆军。盖恢复国会约法，必先将逆军扫除，最后之目的乃可达到，事实与精神原属一贯也。至或谓护法各军不能有充分尊重国会之表示，致有涣散之虞，似属过虑。先生德高望重，海内宗仰，凡我同人，谁不乐为赞助，尚希时赐教言，以资启沃，实为企祷。程潜叩。文。印。

（《军政府公报》第五十八号，1918 年 3 月 18 日，"函电"）

附　程颂云复孙中山电

（1918 年 3 月 12 日）

孙中山先生鉴：

接奉养电，于民国根本，国会关系，反复指陈，发人深省，循环浣诵，无任钦驰。西南义师之兴，本护法利民之目的，期以保存正式之国会，组织合法之政府。惟军事进行之中，形格势禁，只能各因地势，摒除关系，竭全力以扫除仇法之逆军。盖恢复国会约法，必先将逆军扫除，最后之目的乃可达到，事实与精神原属一贯也。至或谓护法各军，不能有充分尊重国会之表示，致有涣散之虞，似属过虑。先生德高望重，海内宗仰，凡我同人，谁不乐为赞助，尚希时赐教言，以资启沃，实为企祷。程潜叩。文。

（《护法要人要电汇志》，上海《民国日报》1918年3月25日）

四川熊督军克武吊程总长电
（1918年3月12日）

孙大元帅钧鉴：

克武甫抵成都，适奉刘督军支电，惊悉程公玉堂惨遭凶变，噩耗传来，怆痛欲绝。溯自叛督称兵，正气销沮，程公首倡大议〔义〕，决破奸谋，四事誓师，坚持到底，致为宵小所不容，惨忍断丧元良而不惜，稍有人心，无不发指。惟大元帅及莫、伍、吴、谭、钮诸公宥、冬各电敝处尚未奉到，被害情形虽不尽悉，而缉凶严惩、开会追悼及撰具起义事实等事，自系切要之图，并恳在粤诸公就近举办，克武届时当敬致挽词，以昭功迹而资观感。至海军为护法原动，林总司令尤凤具热忱，公推主持，允孚群望，应请林总司令即日宣布就职，以竟全功而策进行。临电陨涕，无任激切。克武叩。文。印。

（《军政府公报》第六十一号，1918年3月23日，"函电"）

代理内政总长居正呈孙中山文
（1918年3月13日载）

为呈请事：现据广东高等审判厅长赵荣勋呈报：日前接收厅务之际，该厅大小印信二颗，四处搜寻不获，是否遗失，抑由秦前任收存，经函秦前任负责查交，现在厅内文件均待厅印进行，今既搜寻未得，而秦前任何日查明移交，一时尚难预定，合将原日大小厅印式样各一纸，呈请暂行酌更字体，刊发备用，以资信守。一俟秦前任将原印移送过厅，再行呈明改用等情。据此，查该厅原有印信既于前厅长交代时遗失，自应由职部呈请颁发新印，以昭慎重。谨备文呈报钧座，请饬下印铸局，照刊大小印信两方，以便转发该厅启用，实为公便，谨呈

大元帅钧鉴

代理内政总长居正谨呈

（《军政府公报》第五十五号，1918 年 3 月 13 日，"公文"）

程总司令潜请林海军总司令担任撰述
程总长起义事实致孙中山电

（1918 年 3 月 13 日）

孙中山先生鉴：

日公麻电奉悉。程公捐躯，已蒙日公严饬军警缉拿凶手，所愿罪人斯得，以慰英灵，不胜翘企之至。撰述程公起义事实，拟请悦公主持，遴员撰具，潜极赞成。即请悦公慨然担任，使潜德幽光得以昭著于天壤，并请通电全国，举办追悼，俾得普伸哀悼之忱。程潜叩。元。印。

（《军政府公报》第五十九号，1918 年 3 月 19 日，"函电"）

程总司令潜承认国会经费电

（1918 年 3 月 13 日）

国会非常会议、孙大元帅均鉴：

冀公鱼电、如公庚电均奉悉。维持国会本属护法各省应尽之责，粤省议会既议决筹垫国会经费五十万元，自应由护法各省量力拨济，以免粤省独任其难。冀公已饬滇省筹拨，如公亦提交省议会协商拨济，足征顾全大局，人有同情，湘虽贫瘠，亦当勉竭棉薄，以从诸公之后。拟请月公即时饬湘财政厅量为拨济，无任企祷。程潜叩。元。印。

（《军政府公报》第六十号，1918 年 3 月 20 日，"函电"）

王文华陈述唐继尧之态度以
桂湘为转移致孙中山电
（1918 年 3 月 13 日）

孙大元帅钧鉴：

殿密。灰□两电奉悉。战事发生半载于兹矣，南方恐无统一机关，不能取得国际上之地位，以致对外交涉，不生效力。北方则利用参战机会，借款购械，抗拒义师，故我非有统一之机关，难收最终之胜利。钧电所见，极端赞成，拟即从事疏通，以副雅意。冀帅意旨，全视桂湘为转移。如果粤桂湘一致，此间当无所窃口。钧处对于各方面如能稍事委曲，互相融洽，以促此举之成功，尤所盼祷也。允赐债券，并祈催促赶印速发。王文华。元。（民国七年三月十三日自贵阳发）

（《革命文献》第五十辑，第 281 页）

贵阳刘督军显世致孙中山、孙内政总长电
（1918 年 3 月 14 日）

孙中山先生鉴：

歌电转示孙伯兰兄冬电敬悉。北方如动议言和，此间当坚持初议，请释远念，并请转电伯兰为祷。显世。寒。印。

（《军政府公报》第六十二号，1918 年 3 月 25 日，"函电"）

援闽粤军总司令兼潮梅军务督办陈炯明
请胡汉民任粤军代表通电
（1918 年 3 月 14 日）

孙大元帅钧鉴：

成密。接日初督军有电，以联合会议拟先举员协商进行，当兹大局日纷，内外交迫，联合会议组织在前，自宜赓续办理，且与合并改组一事，两不相妨。兹拟请胡展堂就近担任粤军代表。胡公通才伟略，必能协同诸公宏济艰难，早奠国基，非特粤军之荣，大局实利赖焉。陈炯明叩。寒。印。

（《军政府公报》第五十九号，1918 年 3 月 19 日，"函电"）

琼崖镇守使黄志桓等通告一致讨龙电
（1918 年 3 月 14 日）

孙中山先生钧鉴：

龙氏蔑法，祸粤连年，吾民何辜，时罹此惨，天良苟具，莫不兴悲，凡我国人，琼亦同愤。当兹高雷受害，城市为墟，两阳遭残，生灵几绝，桓、锴等慨钦廉之逼迫，虑兵祸之将连，矧龙逆未诛，剥肤病疾，丈夫立世，当抱同仇，伐逆讨奸，尤应负责。现蒙陆巡阅使、莫督军边隅轸念，令办团防，逆氛既厌乎天心，忾敌倍增夫士气。国民奋起，勇撼河上，应伍荷戈，云屯蚁集，遄征壮士已成四营，备战健儿犹盈屡万，宣言誓志百劫不移。约法一日未恢，固期共死，龙氏一日不灭，决不偷生，一致摅诚，同歼国贼，谨驰电告，伏候指教。琼崖镇守使钦廉团防督办黄志桓，钦防统领钦廉团防会办冯铭锴，琼崖镇守使署参谋长王道平，副官长黄培元，参谋长林相，秘书庞渊长、凌霄，团防续备队营长章梦瑞、吴光、黄彩章、刘世汉，民团统带朱锡坚、梁曲基、杨炳清、杨开先、李德馨，团保总局长李联绶同叩。盐。印。

（《军政府公报》第六十三号，1918 年 3 月 26 日，"函电"）

陆军总长张开儒等痛论时局之通电
（1918 年 3 月 14 日）

孙大元帅钧鉴：

窃自叛督称兵，约法扫地，大盗窃国，共和垂亡。滇军愤逆党之横暴，虑民命之将终，首倡大义，驰檄声讨。百粤象郡，翻然继起，义旗所指，四海景从。铁骑犀甲，谷量云屯，暗呜叱咤，山川震炫，杀贼之声，搏乎霄壤。而逆党亦复怙恶不悛，命厥丑类，横行中国，压我湖湘，扰我巴蜀，袭我宁浙，据我闽海。逆焰滔天，六合无晖，邪正相搏，是非弗明。忧时之士，咸知民国正统系乎国会，所以遄电召请，谋集南邦，于是海军霹雳一声，宣布独立，金鸡晓唱，天下皆白，大义昭苏，聋聩振兴。孙公冲霄拍汉，乘舰南来，豪杰蜂从，名流麇集，开非常会议于广州，使蹂躏殆尽都而不申之民意复有所附丽，设军政府于越王故郡，征珠江流域之众，使健儿飚举，联滇黔巴川之杰，雄风贯日。选开国总统为主帅，功高华拿，万流仰镜，就职之日，中外腾欢。而又躬吐握之风，猛将谋士争登龙门，含和大勇，一怒而天下惧。加以地居形胜，水陆交通，物产丰富，粮秣饶多，南连大海，运输便利，西枕藏缅，屏藩坚固，东控闽浙，包举金陵，北跨湘赣，势卷长江，进可战，退可守，诚天府之雄国也。得天时如此其正，得地利如此其险，宜乎长驾远驭，统一西南，以恢复东北矣。而肤功犹未齐奏，逆氛犹未尽扫，海宇犹未澄清者，宁非人事尚有未尽妥协者乎？春秋责备贤者，吾于西南当道不能无怨艾之词，假使西南当道，自军政府由国会产出之日始，即一致拥护，合力同行，则军事、外交、财政纵不能解决如流，当不至如今日之不可讳言，故军政府之养勇韬光，未尽发展，使逆党犹得纵横肆虐于齐鲁燕赵之间，致靖国护法之师未克尽扫逆氛，迅奏肤功，以奠民国者，非军政府及大元帅之不勇于克敌，更非非常会议之不善也，谁为为之，谁令致之，首义群雄当自省焉。如谓军政府不良，则请愿国会以改组之，可也。如谓当事者未称厥职，则弹劾以改选之，可也。如谓非常会议不适于会议常轨，则宜奋起直追，合力集资，速谋开正式国会，组织正式政府，以作正式之解决，则日月一出，朗照八方，魑魅遁藏，魍魉就擒矣。良以国会者，民意之所寄托，共和之所附丽，国会一日不开，则国基一日不固。而必舍国会以言治国而又厌国事之不治，舍国会以事讨逆而又怪逆焰之日张。舍本逐末，恶醉强酒，缘木求鱼，固不可得，灾害并至，宁能自免。某等以祸切肌肤，罔敢缄默，自兹以往，誓率所部，以拥护国会，拥护军政府，以图早日解决大计。诸公悲天悯人，爱护民国，如保赤子，当能授手援溺，合力猛进。彼徐逆虽老，贼心未死。二段双张、梁朱曲靳诸大盗，势必假复辟以窃国柄，抑或群逆先拥徐贼窃窃，然后散布党羽，盘踞要津，举我艰难缔造之共和民国，任意宰割。转瞬陆沉种灭，宁复忍言？今幸逆贼内部纷扰，自相攻击，宜乘其内乱以痛击之。矧岳城既下，蜀氛既清，秦陇义师连日蜂起，王天纵起兵洛阳，滇川黔军次第东下，会师武汉，可立而待。冯氏窃窃，贼心自虚，见我义师如火如荼，一日千里，锐不可当，于是私潜南下，碎首叛督，哀鸣求救，今则蛰居三海，挥泪煤山。而关东之张勋第二，又复兵犯天坛。遥瞻燕市，乱贼满城，乘此包围合击，斩草除根，永奠民国，在此一举。诸公志奋风云，气吞河岳，深望一致携手，早清寰宇，除海军将领首先通电拥护国会及军政府外，谨布区区，鹄候明教。张开儒、陈炯明、李福林同叩。寒。印。

　　（《军政府公报》第五十九号，1918 年 3 月 19 日，"函电"）

附　张开儒、陈炯明、李福林之通电
（1918 年 3 月 14 日）

天津黎大总统，广州孙大元帅、国会非常会议、省议会、莫督军、李省长、伍总长、海军林总司令、李军长、粤军林总司令、陈师长、魏厅长、胡展堂、徐固卿、戴季陶诸先生并转唐少川先生，南宁陆巡阅使、李省长，长沙谭联军总司令、程总司令、赵师长、刘镇守使、林旅长、陆总司令、韦总司令、马总司令，荆州石总司令、襄阳黎总司令、王总司令，南京李督军，南昌陈督军，毕节唐元帅并转前敌顾、赵、黄、叶各军长，重庆熊总司令并转王总司令、章太炎、黄复生先生，成都吕旅长，云南刘代督军、田省长，贵阳刘督军，上海岑西林、谭组庵、谭石屏、孙伯兰、柏烈武、汪精卫、温钦甫诸先生，各省省议会，各报馆均鉴：

　　窃自叛督称兵，约法扫地，大盗窃国，共和垂亡。滇军愤逆党之横暴，虑民命之将终，首倡大义，驰檄声讨。百粤象郡，翻然继起，义旗所指，四海景从。铁骑犀甲，谷量云屯，暗呜叱咤，山川震炫，杀贼之声，搏乎霄壤。而段党亦复怙恶不悛，命阙丑类，横行中国，压我潮湘，扰我巴蜀，袭我宁浙，据我闽海。逆焰滔天，六合无晖，邪正相搏，是非弗明。忧时之士，咸知民国正统系乎国会，所以通电召请，谋集南邦，于是海军霹雳一声，宣布独立，金鸡晓唱，天下皆白，大义昭苏，聋聩振兴。拥界挟调，孙公冲霄拍汉，乘舰南来，豪杰蜂从，名流麇集，开非常会议于广州，使蹂躏殆尽郁而不申之民意复有所附丽。设军政府于越王故郡，征珠江流域之众，健儿飙举，联滇黔巴川之杰，雄风贯日。选开国总统为主帅，功高华拿，万流仰镜，就职之日，中外腾欢。而又躬吐握之风，猛将谋士争登龙门，含和方勇，一怒而天下惧。加以地居形胜，水陆交通，物隆丰富，粮秣税多，南连入海，运输便利，西枕藏缅，屏藩坚固，东控闽浙，包举金陵，北跨湘赣，势卷长江，进可战，退可守，诚天府雄国也。得天时如此其正，得地利如此其险，宜乎长驾远驭，统一西南，以恢复东北矣。而肤功犹未齐奏，逆氛犹未尽扫，海宇犹未澄清者，宁非人事尚未有尽妥协者乎？春秋责备贤者，吾于西南当道不能无怨艾之词，假使西南当道，自军政府由国会产出之日始，即一致拥护，合力同行，则军事、外交、财政纵不能解决如流，当不致如今日之不可讳言。故军政府之养勇韬光未尽发展，使逆党犹得纵横肆虐于齐鲁燕赵之间，致靖国护法之师未克尽扫逆氛，迅奏肤功，以奠民国者，非军政府及大元帅之不勇于克敌，更非非常会议之不善也，谁为为之，孰令致之，首义群雄，当自省焉。如谓军政府不良则请愿国会以改组之，可也。如谓当事者未称阙职，则弹劾以改选之，可也。如谓非常会议不适于会议常轨，则宜奋起直追，合力集资，速谋开正式国会，组织正式政府，以作正式之解决，则日月一出，朗照八荒，魅魑遁藏，魍魉就擒矣。良以国会者，民意之所寄托，共和之所附丽，国会一日不开，则国基一日不固，如必舍国会以言治国，而又厌国之不治，舍国会以事讨逆，而又怪逆焰之日张，舍本逐末，恶醉强酒，缘木求鱼，固不可得，灾害并至，宁能自免。某等以祸切肌肤，罔敢缄默，愿自兹以往，誓率所部，以拥护国会，拥护军政府，以图早日解决大计。诸公悲天悯人，爱护民国，如保赤子，当能授手援溺，合力猛进。彼徐逆虽老，贼心未死，二段双张梁朱曲靳诸大盗，势必假复辟以窃我国柄，抑或群逆先拥徐贼篡窃，然后散布党羽，盘踞要津，举我艰难缔造之共和民国，任意宰割。转瞬陆沉种灭，宁复忍言？今幸逆贼内部纷抗，自相攻击，宜乘其乱以痛击之。刭岳城既下，蜀氛既清，秦陇义师，连日蜂起，王天纵起兵洛阳，川滇黔联军次第东下，会师武汉，可立而待。冯氏窃窃，贼心自虚，见我义师如火如荼，一日千里，锐不可当，于是私潜南下，碎首叛督，哀鸣求救。今则蛰居三海，挥泪煤山。而关东之张勋第二，又复兵犯天坛。遥瞻燕市，乱贼满城，乘此长围合击，斩草除根，永奠民国，在此一举。诸公志奋风云，气吞河岳，深望一致携手，早清寰宇。除海军将领首先通电拥护国会及军政府外，谨布区区，鹄候明教。张开儒、陈炯明、李福林同叩。寒。印。

（《拥护军政府之义声》，上海《民国日报》1918 年 3 月 24 日）

国会非常会议咨孙中山文
（1918 年 3 月 15 日）

为咨行事：查北京财政部擅定七年内国公债条例，募债四千八百万元，以延期赔款为抵押，偿还中国、交通两银行欠款。此案未经国会议决，情弊显然，经本会议员褚辅成等提议取销，经本会议于本月十五日二时开会议决，照原提案三条办法，全体一致赞成，除将议决全文另行缮送外，所有开会议决情形相应咨请查照，依法公布，此咨

大元帅

国会非常会议
中华民国七年三月十五日

（《军政府公报》第五十九号，1918 年 3 月 19 日，"咨文"）

杨庶堪询粤督莫荣新与军政府
争执盐税问题致孙中山电

（1918 年 3 月 15 日）

昨见莫督致岑唐电，略云军府因盐税问题，与督军争持甚烈，伍老力抑无效；近闻又将派遣滇军强行勒收，忍无可忍，万一有变，不能负责等语。唐已赴日，岑未复电，此与报载军府已收盐款及伍已就职，全不相符，请电示目前。兆铭今夜溯江行，电示请酌由夔渝转。莫永珊在粤，可善待之，令熊一致推戴军府，慧不日来川，事请其总代。堪时望先生谕导，当竭图并告介纫。庶堪。删。

（民国七年三月十五日上海来电）

（《革命文献》第四十九辑，第 139 页）

国会非常会议议长吴景濂等反对北京
财政部发行七年公债通电

（1918 年 3 月 16 日）

孙大元帅鉴：

北京财政部擅定七年内国公债条例，前经莫督军、唐联帅通电请由伍秩老领衔反对在案。查此案未经国会议决，实国□营私，本会议员褚辅成等于咸日提案，经本会议决三项：（一）北京财政部所定之民国七年内国公债条例即取销之；（二）中交两行或人民收受北京财政部所擅发之七年内国公债票概作无效；（三）通告各省民政长官所有应解赔款克日停解，妥实存储，非俟依法政府成立，经国会议决用途，不得擅动。除咨请军政府公布并通电全国暨北京公使团外，特此电达。国会非常会议议长吴景濂等叩。铣。

（《军政府公报》第五十九号，1918 年 3 月 19 日，
"函电"）

四川陆军第二师师长兼川北镇守使
石青阳通报占领射洪电
（1918 年 3 月 16 日）

孙大元帅钧鉴：

方前敌报称，我军真日占领太和镇后，乘胜前追，敌军望风逃窜。元日我军遂将射洪完全占领，敌分两路逃遁，一向仇江，一向潼川，拼死扼守，当派乔团防守，再派徐团进取。此闻。青阳叩。铣。印。

（《军政府公报》第六十一号，1918 年 3 月 23 日，
"函电"）

唐继尧为组织援军分出陕、鄂
问题复孙中山密电
（1918 年 3 月 16 日）

广东孙中山先生鉴：

申密。歌电悉。张作霖输队已据滦城，逆计北方政局不久当有巨变，民国基础，时时为若辈所动摇。西南各省非早定大计，常为此补苴罅漏之策，恐将来神州陆沉，同归于尽耳。此间现正组织援军，分出陕、鄂，黄复生、石青阳诸人，皆奋发请缨，殊可慰也。谨以奉闻。继尧叩。删。印。

（《云南档案史料》第一期，第 58 页）

援闽粤军总司令兼潮梅军务督办
陈炯明驳冯国璋阳电之通电

（1918 年 3 月 16 日）

孙大元帅钧鉴：

接冯河间阳日通电，词费二千余言，废理背法，情乖势蹙，虽莫可见其被迫苦境，然终难视为虚心坦怀之论也。夫国权唯一，国法唯一，窃权者死，乱法者罪，背乎此义，则国宪纠乱，国本动摇，覆亡灾祸，无可免者。故国政国法为国家是非之标准，判执政之善恶，惟视乎此。综观经年以来，国乱之源，始则段氏颠倒是非，继则冯氏抹杀是非，颠倒是非者当权，国人是非之心，犹易于触发，若抹杀是非者执柄，则国人良心之判断益昧。是以炯明读河间此电，既矜其愚弱，而不能不愤其窃权乱法、抹杀是非也。关于此事，章太言先生已屡持正论，炯明虽心许之，而因希望平和于万一，故不敢遽发极端之言。今者战令重下，曹、张诸逆合其暴力，攻我岳阳，闽之李逆，亦日事增兵，迫我潮梅。炯明军临大敌，虽筹战筹防日不暇给，而大义所关，不能终默，敢望我护法诸公积极主张，维国法之尊严，救国权之堕丧，合力一致，以拥护国会，为继绝扶危之标帜。不惟应力图护法各省之统一，尤应示被压迫之北方国民以趋向，诛颠倒是非者之罪，破抹杀是非者之奸，然后我护法救国之主旨，乃可为举国国民及世界友邦所共谅。现在闽境我军前线日受敌扰，炯明惟有督率三军努力杀贼，以报民国。临电切迫，言不尽意。陈炯明叩。铣。印。

（《军政府公报》第六十一号，1918 年 3 月 23 日，"函电"）

陈炯明请戴传贤留汕致孙中山电
（1918 年 3 月 18 日）

孙大元帅鉴：

存密。寒电奉悉，季公之电敬悉。此间人才甚乏，季陶兄留参机要，并可发挥本党真精神，号召全国，使日亲军府，尊重国会，较之军府自相号召，其力量大而速。且此间有土有民有兵，为革命发轫之地，凡属有能同志，均应萃而谕此，蹈实地做事，得寸则寸，自不必悬空构虚。炯明亲征在即，诸事尤须得人而理。不特季陶兄请留，即执信兄亦请其速来。现在岳州失势，龙逆披猖，大局变幻，正未可量，对日外交，别无所重，只以得武器当要务，成败利钝，专恃武力。忽此不图，必有其咎，愿主座特别注意。且粤军为军府势力之本，尤望维持，勿视为炯明一人之武器。炯明叩。祥〔？〕。（民国七年三月十八日，汕头来电）

（《革命文献》第五十辑，第 208 页）

代理内政总长居正呈孙中山文
（1918 年 3 月 18 日载）

为呈报事：案查广东各级审检厅业奉明令暂归职部监督指挥，所有各该厅职员自应大加整顿。兹查高等审判厅庭长王用中、余信芳、梅鹤章，推事黄榜标、陆培金、谭辛震、苏世熙、陈贞权，高等检察厅检察官廖鹤龄、李光、王焕等均已遵命概予免职。又查胡汝翼堪以代理高审厅民一庭庭长，杨廷昭、王恩溥代理推事，沈家俊代理候补推事，蔡承瀛代理民二庭推事暂行兼代庭长，卢文澜、李维坤代理推事，包廷杰代理刑一庭推事暂行兼代庭长，徐人骧代理推事，王序宾代理刑二庭庭长，陆杰、余尧代理推事，余嘉谟代

理学习推事，吴兆枚代理高检厅首席检查官，陈恭代理检察官，除分令转饬遵照外，理合备文呈请察核备案，实为公便，谨呈

大元帅钧鉴

代理内政总长居正

（《军政府公报》第五十八号，1918年3月18日，"函电"）

代理内政总长居正呈孙中山文
（1918年3月19日载）

为呈请事：案奉大元帅命令，司法、行政及筹备司法事务，暂由职部管理等因在案，自应遴选干员分别任用，藉资整顿。兹查有冯汝枬前充潮属法官，情形熟悉，堪以委署澄海地方审判厅长，拟请钧座俯准，发给任命状，以便转饬该员迅即驰往接事，是否有当，谨备文呈报，伏祈核示祗遵。谨呈

大元帅钧鉴

代理内政总长居正

（《军政府公报》第五十九号，1918年3月19日，"公文"）

唐继尧为任命援鄂军各路总司令等致孙中山电
（1918年3月19日）

孙中山先生鉴：

天厌我国，战事复见，现川局甫平，而陕鄂之祸又发，自应调兵赴援。前经计划出师援鄂，其出鄂之师已委派黄复生、叶荃、王文华、顾品珍为第一、第二、第三、第四各路总司令，又委石青阳

为援陕第一路总司令，业经分令整饬所部，克期出师，特电奉闻，请烦查照。唐继尧。皓。印。

（《军政府公报》第六十六号，1918 年 4 月 1 日，"函电"）

代理内政总长居正呈孙中山文
（1918 年 3 月 20 日载）

为呈请事：现据广东高等检察厅检察长林翔呈称：案查本厅检察长小印一颗，文曰：广东高等检察厅检察长，该印未准前张检察长仁普移交前来，理合具文，呈请钧部颁发，以便遵用等情。据此理合备文，呈报钧座，请饬下印铸局照刊石质小印一方，交由职部转发启用，实为公便，谨呈
大元帅钧鉴

代理内政总长居正

（《军政府公报》第六十号，1918 年 3 月 20 日，"公文"）

代理财政总长廖仲恺呈孙中山文
（1918 年 3 月 20 日载）

为呈请事：案奉大元帅第五十四号令，将广东盐税收归军政府，业经呈请委任监收专员前往中国银行监收盐税，复蒙大元帅委任吴铁城为盐税监收专员各在案。查两广盐运使为盐政专司，盐税收入自应统归该机关收管，随时以数目报部。此项盐税收入，每年中有旺淡之分，平均计算，每月收入之数，其三分之二约四十万有奇。现当度支奇绌之时，不得不先就各项最急之支出以为分配。查

国会经费每月需十万元，大元帅府经费每月需五万元，海军经费每月需十三万元，广东财政厅例拨还款每月需九万元，计共每月需三十七万元，其余悉数拨给前敌军饷。嗣后拟即照此预算，饬该盐运使向中国银行提取此项税款，除广东财政厅例拨还款及前敌军饷两项酌由该盐运使迳拨外，应候财政部令按月分别拨支，如逢淡月，收入缺少，应由该盐运使依照预算数目比例多寡，按成匀配。其所缺之数，着由旺收时期所赢税款如数补支，似此办法，则盐税管理无纷乱之虞，而经费支付有灵便之利，为此呈请大元帅指令两广盐运使、广东中国银行遵照办理。至盐税监收专员仍当随时前往广东中国银行稽查收解数目，以昭核实。谨呈

大元帅钧座

代理财政总长廖仲恺

（《军政府公报》第六十号，1918 年 3 月 20 日，"公文"）

参议院王副议长正廷、众议院吴议长景濂通告六月十二日开正式会议电

（1918 年 3 月 20 日）

孙大元帅鉴：

窃正廷、景濂等前发通电，谋开正式会议，仰承复电赞许，并允力为筹垫经费，毋任铭感。前经粤省议会议决，提拨粤库五十万元以充国会经费，现粤地方政府正交财政厅核议，而开会期迫，万难久待。兹从截留盐款中每月拨定十万元，其余不足之数，再由护法各省分别筹垫，当无不足之虑。本会议效日复行集议，决定依约法第二十条自行集会，定于六月十二日在粤举行正式开会。查去年六月十二日为北京政府解散国会之日，今定是日开会者，实为继续第二会期起见。凡贵省在籍议员，务请促其早日赴粤，俾得依期开

会，解决国事。兹复决定每人得先备旅费一百元，余数到粤后补发，此项旅费并祈代为垫支，感纫无既。参议院副议长王正廷、众议院长吴景濂同叩。号。印。

（《军政府公报》第六十一号，1918年3月23日，"函电"）

附　王正廷、吴景濂通电
（1918年3月20日）

急。广州孙大元帅、莫督军、李省长、滇军李协和总指挥、李印泉总司令、海军林总司令、伍秩庸、胡展堂诸先生，汕头陈总司令，梧州陆巡阅使，毕节唐联军总司令，贵州刘督军，长沙谭联军总司令、钮总参谋，岳州程总司令，成都熊督军，重庆章太炎先生，归州黎靖国军总司令，津市李总司令，上海岑西林、谭组庵、孙伯兰、柏烈武诸先生钧鉴：

窃景濂等前发通电，谋开正式国会，仰承覆电赞许，并允力为筹垫军费，毋任铭感。前经粤省议会议决提拨粤库五十万元以充国会经费，现粤地方政府正交财政厅核议，而开会期迫，万难久持。兹从盐款中每月拨定十万元，其余不足之数再由护法各省分别筹垫，当无不足之虑。本月效日，两院议员复行集议，决定依约法第二十条自行集会，定于六月十二日在粤举行正式开会，查去年六月十二日为北京政府解散国会之日，今定是日开会者，实为继续第二会期起见。凡贵省在籍议员，务请促其早日赴粤，俾得依期开会，解决国事。兹复决定每人得先借旅费一百元，余数到粤补发，此项旅费，并祈代为垫支，感级无既。参议院副议长王正廷、众议院议长吴景濂同叩。号。

（《致西南通电》，《盛京时报》1918年4月5日）

夏旅长述唐致孙中山决心攻闽电

（1918 年 3 月 20 日）

孙大元帅钧鉴：

　　群奸乱国，颠覆法纪，西南护法讨逆，志在救亡。闽寇方张，急待扑灭，粤滇两军驻节潮汕以来，感情益洽。本旅前经移驻樟树，杀贼决心矢诸天日，现已整饬部众，搜讨军实，即行开赴前线，待命攻击。自北虏再启战衅，诸将士异常奋励，誓当灭此朝食，不致劳我大元帅东顾之忧。所冀仰赖声威，闽疆早定，海畔父老重见日月，俾完革命未竟之功，以收一劳永逸之效，苟利国家，赴蹈汤火，义所不辞，后情当续电上闻，请纾廑念为祷。夏述唐叩。哿。印。

　　（《军政府公报》第六十三号，1918 年 3 月 26 日，"函电"）

附　夏述堂致孙中山电

（1918 年 3 月 20 日）

（汕头来电）孙大元帅鉴：

　　群奸乱国，颠覆法纪，西南护法讨逆，志在救亡。闽寇方张，粤滇两军自驻潮汕以来，感情益洽。本旅前经移驻漳树，杀贼决心矢诸天日。现已整饬部伍，搜讨军实，即行开赴前敌，待命攻击。自北虏再启战衅，诸将士异常奋励，誓当灭此朝食，不劳大元帅东顾之忧。所冀仰赖声威，闽疆早下，父老重见天日，俾完成革命未竟之功，以收一劳永逸之效，苟利国家，赴汤蹈火，义所不辞，后情当续上闻，请纾廑念为祷。夏述唐叩。哿。

（《援闽军情近讯》，上海《民国日报》1918 年 4 月
2 日）

陆荣廷致孙中山嘉奖李总指挥烈钧电
（1918 年 3 月 21 日）

孙中山先生鉴：

协公咸电悉。协公身临前敌，督师讨龙，为国除暴，义勇兼
至，曷胜倾佩，更期猛进，伫盼捷音。荣廷。马。印。

（《军政府公报》第六十三号，1918 年 3 月 26 日，
"函电"）

唐继尧为任命石青阳及支持熊克武
统筹川事等致孙中山电
（1918 年 3 月 21 日）

孙中山先生鉴：

中蜜［密］。元电奉悉。此次护法兴师，石青阳深资得力，尊
电任命为第二师长兼川北镇守使，甚属相宜。惟川事甫定，百端待
举，善后事宜，须筹具体办法。凡关于编制军队，出师陕、鄂，整
理财政，辑绥流亡等事，现正责成熊督统筹办理，将来在事出力人
员，自应妥为分配。当此军心未定之际，若先任命一二人，恐群起
竞争，川事即难收束。川局不靖，抢攘经年，其始皆由一二人权利
之私，遂致酿兹浩劫。川、粤相距辽远，恐我公未能尽悉内容。以
后关于川事用人，尚乞先行密商熊督，俾免窒碍。继尧为维持川局
计，故特电陈，尚希鉴照。唐继尧。马。印。（民国七年三月二十
一日自毕节发）

（《革命文献》第五十辑，第281~282页；《云南档案史料》第一期，第56页）

唐继尧建议南方速设机关召集国会
复孙中山密电
（1918年3月21日）

广东孙中山先生鉴：

申密。养电奉悉。名言谠论，极所钦崇。近闻俄德媾和，边庭颇有警耗，而北方乱谋日亟，亦恐有巨变发生。此时救济之方，惟有于南方速设机关，召集国会，以奠国基。昨于巧日通电西南各处，筹商办法，计已登鉴。我公如有卓见，尚乞随时示知。继尧。马。印。

（《云南档案史料》第一期，第58~59页）

四川靖国军总司令兼代省长
黄复生致孙中山电
（1918年3月21日）

孙大元帅钧鉴：

号日监利吴君发来电文，曰：黄复生先生转广州孙大元帅钧鉴：奉命回鄂与牟鸿勋、袁家瑞等分途组织，现计各部有众五千，一俟编制就绪，即由牟君总其成，开赴前敌，与川鄂各军一致讨逆，以伸大义，吴兆麟谨叩等语。特转陈。复生叩。马晨。印。

（《军政府公报》第六十五号，1918年3月29日，"函电"）

湖北靖国军联军总司令黎天才通告
委任王天纵为战时总指挥电
（1918 年 3 月 22 日）

孙大元帅钧鉴：

　　河南靖国军总司令王天纵全军于三月十三日抵稊，该军将士义勇热心，愿赴前敌，殄摧逆焰，当经委任该总司令为战时总指挥，即于十七日开赴前线，与我军一致攻守，合亟通告。黎天才叩。养。印。

　　（《军政府公报》第六十八号，1918 年 4 月 5 日，"函电"）

许崇智请国父命陈炯明下令
攻闽致孙中山电
（1918 年 3 月 22 日）

孙大元帅钧鉴：

　　佳密。智抵蕉后，迭请陈总司令速下攻击命令，因武杭两地敌兵甚单，取之殊不费力。惟总司令屡以各方面布置未周，饬暂防守待命。延至昨日，敌已增兵两营到武杭，拟分守岩前、下墉两要隘。该处倾向我军之南军，特来告警，倘再迁延，要隘与内应，或有意外之虞。今若乘敌军初到，地形未谙，势力未固，我军内应，犹可先发制人，尚不至一误再误。昨复电请总司令准智部进扎岩前下墉近地，图进攻之便利，未悉能否照行。智无论如何，必守服从之令。恳我大元帅以个人意思电致竞存、仲元，迅速攻闽，勿遏重任，致失时机，无任感激。崇智叩。祃。印。（民国七年三月二十二日，蕉岭来电）

　　（《革命文献》第五十辑，第 209 页）

四川陆军第二师师长兼川北镇守使石
青阳准备出师武汉通电

（1918 年 3 月 23 日）

孙大元帅钧鉴：

　　川难纠纷，致碍北伐，以兄弟阋墙之争，反置国家根本大计于不顾，中夜彷徨，抚应［膺］痛惜。兹幸川战行将结束，青阳不敢稍存攘权夺利之私，乘机攫取禄位，希冀苟安。目前愿请提师北讨，以无负靖国护法之旨。窃本军起义以来，迭获名城大郡，如重庆、合川、铜梁、璧山、顺庆、夔巫、射洪、太镇等处均经血战，动涉旬日，此皆军府德威所致，岂复有劳苦之足言。兹检点军力，约合得一师一旅，类皆身经百战，奋斗无前。今全体将领概愿急欲北征，以此制敌，庶或有济，顷已决计以一旅镇守川北，以一师规复汉中，不渡黄河，誓不返顾。一俟整理就绪，即当进行，至时再为通告。应有方略，尚希勿吝明教，俾有遵循，不胜企盼。青阳叩。漾。印。

　　（《军政府公报》第六十一号，1918 年 3 月 23 日，"函电"）

援闽粤军总司令兼潮梅军务督办陈炯明请
唐继尧速催前队赴鄂致孙中山电

（1918 年 3 月 23 日）

孙大元帅钧鉴：

　　陆老皓电、月公元、号两电、程公文电均敬悉。岳州小挫，陆老主张取守势，又请冀公派兵东下，会师击敌，极佩荩筹。月、楷二公智勇兼资，调度迅速，击退敌军，转败为胜，尤深佩纫，仍望冀公迅催队前驰，胁鄂敌不敢南向，更为盼切。炯明已督师应敌，交绥在即，战情如何，当再续报。炯明叩。梗。印。

（《军政府公报》第六十三号，1918 年 3 月 26 日，"函电"）

夏旅长述唐痛陈皖津两系奸谋祸国致孙中山电

（1918 年 3 月 24 日）

孙大元帅钧鉴：

　　经国以法，大政贵平，毁法尚力，实生大乱。方今北洋军队蹂躏民治，踞土跋扈，拥兵戮民，毒螫横吷，八表昏暗，弃耻灭义，奖乱崇奸。元首、国会悍然逼逐，川粤湘鄂嗾使相屠，尤复乱命四出，曲赦元凶。不能以真战拒护法之师，而以伪和蓄群奸之暴，不能以御侮救国家之难，而以内讧结不解之仇，扰乱经年，民不堪命。况又假名参战，独揽大权，重借外债，饮鸩如饴，要劫军械，辅虎以翼，人格扫地，国体无存。五季三韩覆辙具在，言念及此，可为痛心。夫立宪国家精神命脉寄诸国会，国会被迫解散，精神命脉索然俱尽，固不待外患之来，而国家危亡近在旦夕。如使国会存在，何能以媚外之参战借刀杀民，何能以卖国之借款延长内乱，有贼不讨，国将谁治。推原祸本，实肇于三数人，而其流毒乃殃及亿万众，此又可为垂泪痛哭者也。自德俄媾和，欧战风云移趋东亚，我国西北实当其冲，新疆险沃千里，素称完固，今邻敌东侵之师骤出，势成长驱，东省满蒙，藩篱尽撤，黄河南北，敌将鲸吞，凡属国民，披发缨冠，其何能已。顾救国之责，吾民对于私人政府已无望矣。是在吾民，刷去倚赖政府之谬见，抱定护法靖国之决心，排除国家政府之障碍，方可救国于万一。今皖津两系盘据中央，皖系捣乱有余，津系求治不足，倚以为治，难等河清。我西南护法讨逆，志在救亡，大义昭宣，共任艰巨，唐联帅东下鄂境，谭联帅进取岳阳，我军师直为壮，声势愈张，逆贼李厚基僭据八闽，阻兵拒顺，彼既苦民于水火，我乃临贼以刑惩，使贼稍免，可为太息。当此祸迫眉睫之时，非复河上逍遥之日可比，速宜平粤峤以援闽浙，取武汉以捣幽燕，内难既平，乃能对外。述唐关心危局，为国驰驱，昔曾仗义鲁豫，今复誓师粤海，赖诸将佐皆革命之英，奔走偕来，同伸义愤，整旅进发，军次樟东。现已会合友军，一致进行，直捣闽疆，取彼凶残，拯我士庶。如其逆贼未除，国法未复，述唐惟有率所部士卒与贼决死，以谢国人，皎皎此心，还期共谅。至于我护法诸公，志量恢弘，踊跃赴义，谊同袍泽，力挽危邦，瞻望麾旌，宁敢自后。当忍须臾之痛，以成不拔之基，保人格即以全国体，御外侮当先靖内讧，幸毋堕贼诡谋，贪一息之和平，贻无穷之隐患。国家存亡，在此一举，披甲待命，幸垂察焉。云南靖国第六军第九混成旅旅长夏述唐叩。敬。印。

（《军政府公报》第六十四号，1918 年 3 月 27 日，"函电"）

李烈钧复孙中山、陆荣廷电
（1918 年 3 月 24 日）

奉电辱承勉饰，自当奋图。子诚不悟，犯我粤边，妨碍大局，可惜可恨。会师讨伐，仰仗德威，收效当易。惟默察今日大势，国内纠纷尚无了时，敷衍迁就，为害殊甚。务望两公主持，迅商西南诸公，速立公共统筹之模范，为西南自立之基础，则钧等为民除害，马革裹尸，固所愿也。

（《李烈钧集》上册，第 340 页）

川边镇守使陈遐龄通电

（1918 年 3 月 24 日）

各省督军、唐总司令、岑西林、谭组安、汪精卫、孙伯兰、张镕西先生、陆巡阅使、陈督军、孙中山、伍秩庸、唐少川、陈竞存、李协和、李印泉先生，唐联军总司令、纽惕生先生、程总司令并转黎、石、唐各总司令、冯旅长、熊司令、但省长、吕司令鉴：

读唐总司令微日通电，西南各省宣告护法，非争权利，垂念死亡山积，满目疮痍，甚望休兵息民，以维国本，持议谆挚，毋任钦佩。窃自民国成立，六年于兹，人民无一日之安宁，政治尚有百端之待举，强邻伺处，不及豆剖瓜分者，欧战未息，得以偷安片刻耳。斯时如简练兵实，勤修内政，富强本根，或可树立，乃因一人之举措失宜，召众矢之交集，于是调停之说甫兴，而战争之剧遽烈，湘粤川鄂俱无宁晷，以致丧失有用之兵力，牺牲人民无数之生命财产。今者南北之见未融，复辟之师又起，深恐内讧不已，外侮交乘，亡国之祸将在此日，惟冀双方早日停战，言归于好。政治之不良，不难依据法理改弦更张，勿持意见，过事要求，毋持党固，过涉操切。南北健儿，俱称善战，亟宜养其精锐，毋再自相残破，以被外侮。各省财赋，近已剥肤及骨，更宜保其富厚，毋使虚糜，以备公用。国势现如病瘵，正赔补之不遑，群医方争投以消导之峻剂，其不毙何待。现藏蕃大股入寇，陷及察贡等处，藏都存亡莫卜，正急须派兵进援，川边枪弹既空，缺饷年余，量出计划，国防重要，敢不竭力□□。然内患不靖，国本安在，国脉奚存？临颖不胜徬徨祷祝之至，狂夫之言，尚希原鉴。川边镇守使陈遐龄叩。敬。

（上海《民国日报》1918 年 4 月 6 日，"公电"）

孙洪伊、汪兆铭等致护法军之通电

（1918 年 3 月 25 日载）

广州国会非常会议孙大元帅、伍秩庸总长、张藻林总长、胡展堂总长、莫代督军、林海军总司令、李协和总指挥、陈竞存司令、方韵松总司令，南宁陆巡阅使，长沙谭联军总司令、程总司令、赵师长、刘镇守使、林旅长，四川行营唐元帅并各军长，云南刘代督军，重庆章太炎先生，贵阳刘督军、王电轮军长，成都熊督军、黄代省长并转川军各司令，陕西靖国军胡、曹、郭各司令，宜昌靖国军黎总司令，南京李督军，南昌陈督军，武穴冯旅长均鉴：

岳州蹉跌，寇氛益张，推原其故，由于彼方决心在毁弃约法，剿灭西南。迹其诪张为幻，节节言和，节节备战。当长沙克服之后，则托言调和，以阻我攻岳，而剪我荆襄，寇我高雷，则着着进行。当岳州克服之后，又托言调和，以阻我攻鄂，而曹、张之师络绎南下，厚集兵力，以求一逞。岳州未陷则云非得岳州不得言和，岳州既陷，又云非得长沙不得言和，由此以推，势非两粤、云、贵全入彼手终无已时。要之，叛国之徒其视约法有如废纸，其视西南有如异类，其计至毒，其意至显。窃念义师建旆以来，分道出兵，所向无前，今虽偶挫，决不足以沮三军之气。且经此一挫，益使天下晓然于彼方之无诚意而调和之无望，众志既一，用力更专，尤望固结团体，速谋统一，内力既充，外侮自戢，则最后之胜利终当归于义师。谨布区区，尚希亮察。孙洪伊、汪兆铭、王正廷、谢远涵、周震麟、李素、田桐、吕复、汪彭年、易次乾、刘成禺、陈九韶、彭介石、赵世钰、万鸿图、丁仁杰同叩。

（《孙洪伊汪兆铭等致护法军之通电》，上海《民国日报》1918 年 3 月 25 日）

附　内政总长孙洪伊等揭破北洋派奸
谋祸国勖励西南义师通电

（1918 年 4 月 10 日载）

孙大元帅钧鉴：

　　岳州失败，寇气益张，推原其故，由于彼方决心在毁弃约法，剿灭西南，迹其诪张为幻，节节言和，节节备战。当长沙克复之后，则托言调和以阻我攻岳州，而剪我荆襄，寇我高雷，着着进行。当岳州克复之后，又托言调和以阻我攻鄂，而曹、张之师络绎南下，厚集兵力，以求一逞。岳州未得，则云非得岳州不得言和。岳州既得，又云非得长沙不得言和。由此以推，势非两粤云贵全入彼手，终无已时。要之，叛国之徒，其视约法已形废纸，其视西南已形异类，其计至毒，其意至显。窃念义师建旆以来，分道出兵，所向无前，今虽偶拙，决不足以阻三军之气，且经此一挫，益使天下晓然于彼方之无诚意，而调和之无望，众志既一，用力更专。尤望固结团体，速谋统一，内力既充，外侮自戢，则最后之胜利终当归于义师。谨布区区，尚希亮察。孙洪伊、汪兆铭、王正廷、谢远涵、田震麟、李素、易次乾、陈九韶、赵世钰、万鸿图、吕复、汪彭年、彭介石、刘成禹、田桐、丁仁杰叩。

　　（《军政府公报》第七十号，1918 年 4 月 10 日，"函电"）

易次乾报告各派活动情况致孙中山函

（1918 年 3 月 25 日）

中山先生鉴：

　　在粤备聆宏训，饱饫郇厨，欣感无量。频行诣别，适遇星期日，车驾出巡，未克聆教，深以为歉。此间同人固结如恒，足慰廑念。惟西林一派，谷、张、章、谭辈近颇持异论，谓事实上国会万难恢复，最终让步，留参议院，改选众议院，较易磋商。此等谬论，于法律事实，两无所可。不过彼派二三私人，欲藉此牺牲国会条件，以为攫取小权利地步。少川先生抵沪时，彼辈用包围政策，使无暇隙与同志接洽，群以此等谬说，日夕聒于少川之前，几为所惑。后经精卫先生及诸同志几经解释，始抉破其隐谋。总之，政治上之主张，尚有商量之余地，法律上之主张，万不容有迁就于其间，故结果可听令失败，而主义万无牺牲。年来吾党几经摧折，而独能卓立于今日者，即赖有此坚忍不拔始终一贯之精神有以维之也。望转告在粤同人，破其隐谋为盼。岳州失陷，于时局原无十分重大关系，乃彼辈自接岳耗，神志颓丧，日设法请和，殊可哀也。岳失段出，形势又变，秀峰久失自由，秀山将蹈覆辙，西南所希望于长江三督恐成画饼，政学会之联冯计划，当大受教训矣。自己不求自存，专枝枝节节欲倚赖他人，根本已错误，况无人格如冯者，庸可倚赖乎。兹有重要报告，前数日杨杏城招沈爱苍之弟沈琬苍到家叙谈数次，探确系托琬苍运动在粤海军，琬苍已允担任设法。想海军素知大义，必不为所动。然琬苍于海军中颇有势力，万乞留意至盼。阅报知军府日有发展，欣慰莫名，尚望发挥而光大之，幸甚。余事续达。专此，静候

公安

易次乾敬上

二十五号（民国七年三月）

（《革命文献》第五十辑，第407~408页）

四川陆军第二师师长兼川北镇守使石青阳通报占领潼川电

（1918年3月25日）

孙大元帅钧鉴：

我军两次攻击潼川，血战在五六日，前以乏弹退却，后以奉命停战。兹据前敌报告，潼川添扎敌兵一团，且成都溃军纷纷向潼窜入，大有集中潼川之势，其意叵测，迭奉电缄，嘱作严密之戒备。现在敌势如此，我军非占领潼城恐不能为也，特于漾日我军拼命涉河猛攻，半日遂将潼川完全占领，敌军乃窜，城中秩序如常等语。特此奉闻。青阳叩。有。

（《军政府公报》第六十二号，1918 年 3 月 25 日，"函电"）

唐继尧同意伍廷芳等提出军政府
与联合会议合并复孙中山电
（1918 年 3 月 25 日）

广东孙中山先生鉴：

申密。东、元两电奉悉。川事抢攘经年，为大局梗，仰赖我公威德，幸克底平。猥蒙奖勖，益深愧悚。北京政府乱政亟行，早已失中央政府之地位。近复内忧外患，相逼而来，南方非设统一机关，诚不足救危亡而夷大难。惟积水不厚，则无以负大舟；众材不聚，则无以建广厦。故此时欲有建设，不能不求西南各省之合力通筹。前接伍、唐、程诸公电，拟合并军政府与联合会议为一机关，闻已得我公同意，继尧亦曾于巧日通电力促其成。如各省均能赞同，则内可以树对抗之形势，外可以得友邦之同情。继尧当从我公之后，勉效棉薄，固不在此时之揭櫫名义以耸观听也。区区微忱，尚希鉴察。川中军民两长，当属诸素有勋绩，而为民望所归者。此间已仰体尊意，催锦帆、复生速行就职矣。官顾问计，已晋谒崇阶，尚乞详为指示。继尧叩。有。印。

（《云南档案史料》第一期，第 59 页）

湘粤桂联军总司令谭浩明通告
退出长沙苦衷电

（1918 年 3 月 25 日）

孙中山先生鉴：

　　天祸中国，枭雄黠桀者，咸以坏法乱纪为雄。民意沦亡，国本摇动，劝阻挽救之法既穷，西南义师迫不得已而起护法。自战事开始，数月于兹，义师屡胜辄止，无非促进和平，初无非分之要求，焉有权利之攘夺。迭电宣言，唇焦舌敝，此海内人士之所共见，而北军明达将领之所深表同情者也。乃少数乱徒劫持中央政府，方以意气用事，藉名报复，意在弄兵。高唱北洋主义以号召军人，数月之兵，甲退而乙来，丙退而丁来，甚至戊与庚俱来，其卖国政策，借款购械，中行借款，交行又借款，甚至以参战缓交之赔款亦以七年公债名目，思一举而消费之。极其以国殉身之所至，兵力既尽，借款亦穷，亦不难为吴三桂之乞师，为李完用之卖国，为埃及之予人以监督财政，殆可断言。中央前致岑西林之电，竟有明知以国家为孤注，玉石俱焚，同归于尽，其奈之何等语，其用心亦可见矣。兹者内忧外患，纷至沓来，叛督称兵于北京，强邻侵权于鲁省，俄德媾和已成事实，外蒙吉黑等处，俄党、德俘日形压迫，甘新回部又为土匪煽诱，国势岌岌不可终日。而彼辈则约法可以不顾，外患可以不防，亡国可以不恤，个人之权位意气不可不争，是义军之愈进一步，则亡国之期愈近一日，从此而永作陆沉。护法义师固为万世罪人，我黄帝子孙则何辜而堪此。浩明彷徨中夜，莫知适从，再四思维，与其进而促我亡国，不若退而留一线之生机，俾持报仇雪耻之说者有以厌其心，持恢复北洋名誉之说者有以塞其口，持不至长沙不止之说者亦有以偿其欲，而我辈始终希望和平之心亦可大白于天下。爰率各军安全退却，让出长沙，以待依法解决，主战派果非有心亡国，亦可稍纾其忿念，而容纳护法之言，得以安辑民军，同心御侮，则转危为安，庶几其有希微之望乎。苟非然者，必欲仇视义师，灭绝法纪而不稍悔，以实行其武力统治之谋，则义师具存，义愤如昨，浩明亦何敢再望和平，自误误国。自此而一发不可复收，或更促彼辈以步吴三桂、李完用及埃及之后尘，固非国民所能堪，亦非浩明等所敢承其咎者矣。呜呼，求奠此邦，不惜再三让步，最后宣言，血枯泪尽，邦人诸友式共闻之。浩明。有。印。

（《军政府公报》第六十七号，1918 年 4 月 3 日，"函电"）

附 谭浩明痛陈退出长沙原因电

（1918 年 3 月 25 日）

万急。各省督军、省长、各都统、各护军使、各总司令，广州孙中山、伍秩庸、唐少川、吴濂伯、王儒堂先生、海军林总司令，南宁行营陆巡阅使，各省省议会，各国会议员钧鉴：

天祸中国，枭雄黠桀者，咸以坏法乱纪为雄，民意沦亡，国本摇动，劝阻挽救之法既穷。西南仗义所以屡胜辄止，无非促进和平，初无非分之要求，焉有权利之攘夺。迭电宣言，唇焦舌敝，此海内人士所共见，亦北军明达将领之所深表同情者也。乃少数军人劫持中央政府，方以意气用事，藉名报复，意在弄兵。高唱北洋主义，以号召其军人。数月之内，甲退而乙来，丙退而丁来，甚至戊与乙俱来，极其以国殉身之所至。兵力既尽，借款亦穷，亦不难为吴三桂之乞师，为埃及之予人以监督财政，殆可断言。中央前致岑西林电，竟有明知以国家为孤注，玉石俱焚，同归于尽，其奈之何乎等语，其用心亦既可见矣。兹者内忧外患，纷至沓来，叛督称兵于北京，强敌侵权于鲁省，俄德媾和已成事实，外蒙吉黑等处，俄党德俘日形压迫，甘新回部又为土匪煽诱，国势岌岌，不可终日。而彼辈则约法可以不顾，外患可以不防，亡国可以不恤，个人之权位意气不可不争，是义军愈进一步，则亡国之期愈近一日，从此而永作陆沉。护法义师，固为万世罪人，我黄帝子孙则何辜而堪此。浩明彷徨中夜，莫知适从，再四思维，与其进而促成亡国，不若退而留一线之生机，俾持报仇雪耻之说者有以厌其心，持恢复北洋名誉之说者有以塞其口，持不至长沙不止之说者亦有以偿其欲，而我辈始终希望和平之心，亦可大白于天下。爰率各军，安全退却，让出长沙，以待依法解决。主战派果非有心亡国，亦可稍籽〔纾〕其忿念，而容纳护法之言，于以安辑军民，同心御侮，则转危为安，庶几其有希微之望乎。苟非然者，必欲仇视义师，灭绝法纪，而不稍悔祸，以实行其武力统治之谋，则义师具存，义愤如是，浩明亦何敢再望和平，自误误国，自此而一发不可复收，或更促彼辈以步吴三桂、埃及之后尘，固非国民所能堪，亦非浩明等敢承其咎者矣。呜呼，求奠此邦，不惜再三让步，最后宣言，血枯泪尽，邦人诸友，式共闻之。浩明。有。

（《谭浩明痛陈退出长沙原因电》，上海《民国日报》1918 年 4 月 8 日）

李总司令根源通报克复阳江电

（1918 年 3 月 25 日）

孙中山先生鉴：

顷接李总指挥有酉电开：我滇军刘、林、魏数军冲战两昼夜，于本日午后五时克服阳江等语，特先电报。李根源叩。有亥。印。

（《军政府公报》第六十五号，1918 年 3 月 29 日，"函电"）

附　克服阳江确报

（1918 年 3 月 25 日）

（新昌来电云）万火急。贵县陆巡阅使，广州莫督军、李省长、海军林总司令、李镇守使、江防申司令、孙中山、伍秩庸、吴景濂先生，滇军张军长，江门王帮统，梧州王镇守使，汕头陈总司令鉴：顷接李指挥有酉电开：我滇军刘、林、魏四〔?〕军血战两昼夜，于本日午后五时，克服阳江等语，特先驰报。李根源。有亥。印。

（《蓐龙逆势日促》，上海《民国日报》1918 年 4 月 2日）

代理内政总长居正呈孙中山文
（1918 年 3 月 26 日载）

为呈请事：现据澄海地方审判厅厅长冯汝枬呈请辞职，又澄海地方检察厅检察长石泉应行免职。查有陈养愚堪以委署澄海地方审判厅厅长，陈其植堪以委署澄海地方检察厅检察长，理合备文呈报钧座，拟请明令分别任免，并将陈养愚、陈其植任命状交由职部转饬遵照，是否有当，伏候核示祗遵，谨呈
大元帅

（《军政府公报》第六十三号，1918 年 3 月 26 日，"公文"）

援闽粤军总司令兼潮梅军务督办陈炯
明贺李总司令根源克复阳江电
（1918 年 3 月 26 日）

大元帅、莫督军、海军林总司令、李总指挥、李总司令并转刘、林、魏各总司令鉴：
印兄有电欣悉。阳江克服，怃慰无量，诸公戮力为粤除祸，尤

深感纫，仍望乘胜肃清余孽，谨电驰贺。炯明。宥。印。

（《军政府公报》第六十八号，1918 年 4 月 5 日，"函电"）

唐继尧复孙中山电
（1918 年 3 月 26 日）

广东孙中山先生鉴：

申密。效电奉悉，极佩荩筹。承示召集旧国会议员定期开会一节，护法各省想无不乐观其成。继尧现正准备赴渝，途中若无电报，拟再行敦促各省协力赞助矣！先此奉复。继尧。宥。印。

（《云南档案史料》第一期，第 58 页）

陆军总长张开儒呈孙中山文
（1918 年 3 月 27 日载）

呈。为呈请任命本部职员恳祈钧鉴事：窃开儒奉令组织陆军部，所有本部组织条列业经拟订，呈请公布在案。现在进行之事日多，部内应行设置之各厅司及各办公人员，亟应分别事务之缓急，依次成立，遴员办理。兹查条例及附表所载，有不能不赶速设置者，一为秘书参事，一为总务厅，一为军务司，其次则为军衡司、军储司。今诸务草创，财政支绌，其可以稍缓者，自应暂缓办理，至秘书参事、总务厅、军务司，目前即日日办事，万不能不即日遴员呈简办理，以资臂助，除委任各员由部另案汇呈办理外，所有应行呈请分别任命各员，理合开具清单，附具履历，呈请鉴核施行，谨呈
大元帅孙

（《军政府公报》第六十四号，1918 年 3 月 27 日，"公文"）

两广盐运使李茂之呈孙中山文

（1918 年 3 月 27 日载）

　　呈。为收管盐税已遵函中行查照具呈仰恳鉴核事：案奉钧令第四十九号内开：查盐税一项为中央政府直接收入，现在军政府成立，护法各省已与北京非法政府完全脱离关系，广东为护法省分之一，所有盐税收入自应收归军政府。查盐税收入项下向有由广东稽核分所拨付各处之款，着将收入三分之一仍留该所，以备照例分拨，其三分之二应悉数作为军政府所管收入，由中国银行于每次代收盐税之款按分拨归军政府存款项下，听候支用，即由军政府财政部发给该所收条，以资稽核。除分令军政府财政部、广东稽核分所及广东中国银行外，合行令仰该盐运使遵照。并奉钧令第五十六号内开：据代理财政总长呈请将盐税收入交由专司盐政机关收管，按照预算分配各项用途提取盐款，分别听候令拨及径拨，并请令知两广盐运使、中国银行遵照办理等情，自应照准，嗣后盐税收入即着该盐运使收管，此项收入有三分之二据查平均每月约四十万有奇，应即指定最急用途五项，以资分配。着以十万元为国会经费，五万元为本府经费，十三万元为海军经费，九万元为广东财政厅例拨还款，其余悉数拨给前敌军饷，由该盐运使向中国银行提款，其前三项听候财政部令拨，后二项由该盐运使径拨。如逢收入缺少之时，由该盐运使按照前列数额比例多寡，按成匀配，仍俟旺收时期于所赢税款如数补支。仰该盐运使分别遵照办理各等因。奉此，自应遵照办理，现已由运使函会广东中国银行，嗣后所收盐税将逐日收数开单，函送到署，以便提取三分之二，按照指定各项用途，分别摊拨，而符定案，所有收盐税、遵令函会中行查照各缘由，理合具呈，仰恳鉴核。谨呈大元帅

　　（《军政府公报》第六十四号，1918 年 3 月 27 日，"公文"）

代理内政总长居正呈孙中山文
（1918 年 3 月 27 日载）

为呈请事：案查职部前拟筹设大理院，经呈请钧座，提出大理
院组织大纲，咨请国会开议在案。窃思大理院之设，关系各省司法
之统一，现在各省军务纠纷，案牍往还，诸形不便，诚恐因事实上
之窒碍，一时未易成立。为救济目前计，似以先行组织大理分院为
宜。查法院编制法第四十条：各省因距京较远或交通不便，得于该
省高等审判厅内设大理分院。现在粤省自主，与北京伪政府脱离关
系，交通□已断绝，自与法定情形相符，亟应查照该法各条所定之
办法，于广东高等审判厅内设广东大理分院。凡人民民刑诉讼上告
大理院及依法令属于大理院特别权限之案件，均由该分院依法办
理。俟大理院组织大纲由国会议决公布，各省交通悉归利便后，再
行组织大理院，以昭统一。此系因时制宜之办法，如蒙俯准，并拟
请简任广东大理分院监督推事、监督检察官各一员，即由该员等迅
筹进行，庶粤省司法前途日臻完善。所有拟设广东大理分院缘由，
是否有当，伏候核示祗遵，谨呈
大元帅

（《军政府公报》第六十四号，1918 年 3 月 27 日，
"公文"）

海军总司令林葆怿誓志护法维持治安通电
（1918 年 3 月 27 日）

孙中山先生鉴：

海军护法南来，于兹半载，凡所卫国卫民，当为国人所共见，
自龙逆入寇高雷，破坏大局，蹂躏地方，稍具天良，无不痛心共

弃。日来谣诼丛生，竟谓龙逆将欲利用奸人，乘机逐利，谋毒粤疆，闻之眦裂。我军拥护国法，原以辅助地方维持治安之责，申誓扬旗，分布舰队，愿竭己之微力，以济仗义诸公之不足，倘有甘心从逆之徒，谋为不轨，我海军仍守护法维持治安之本旨，声罪致讨，敌忾同仇，惟力是视，敢布腹心，诸希鉴察。林葆怿叩。沁。印。

> （《军政府公报》第六十六号，1918 年 4 月 1 日，"函电"）

熊克武致孙中山辞督军任命电
（1918 年 3 月 27 日）

孙大元帅钧鉴：

奉齐电任命克武为四川督军，猥以樗庸，叨逢知遇，闻命之下，愧感交加。窃川乱经年，实由于争权攘利，希冀非分，卒酿乱阶。克武始终不敢有燥进之心，素抱与人为善之义，此志不遂，至于用兵，已大非本愿。迄于今日，袍泽乖离，遗责及躬，戒惧益深，惩毖是念，即日前通电以总司令名义执行军民政务，犹恐为人所不谅，若再不揣冒昧受任督军，则更无以自解，以此种处置，将愈陷于纷扰，非敢推却，实鉴前车。若托钧府威信暨蜀中将士之明达，得以收拾残局，用纾西顾之忧，则所欲图报钧府者，正远且大，伏恳俯念微忱，收回成命。至于护法靖国，大义所在，仍当勉力驰驱，以副钧望。沧白与武患难至交，若得早日共济艰危，实所深愿。临电无任惶悚之至。克武叩。感。印。

> （《军政府公报》第七十号，1918 年 4 月 10 日，"函电"）

张人杰为皖事延误致孙中山电

（1918 年 3 月 27 日）

　　皖事因经济应援均迟误，甚危。拟亲往指挥，请速汇济，无款亦请电示，管鹏。沧白因宜、归间不通，留汉以待势，代请济千元，由杰转汉。沁。（民国七年三月二十七日，上海来电）

　　　　　　　　　　（《革命文献》第五十辑，第 254 页）

向传义通电

（1918 年 3 月 27 日）

孙大元帅、非常国会、各省机关、各法团、各报馆均鉴：

　　蜀乱经年，义声遏阻，致使北氛未靖，国家不能依法解决，而荆襄武岳，横被兵祸，是皆吾军人误国之咎［?］，传义所拊膺扼腕而无以自解者也。天诱其衷，蜀事渐定，我总司令熊公，前以出师为急务，传义猥以菲材，被命为四川靖国援鄂司令，力小任重，惧弗克胜。惟国家当存亡绝续之交，传义曷敢自爱，请命讨贼，分所宜也。用是躬率偏师，克日东下，倘托诸公威灵，得以达护法靖国之目的，收效桑榆，庶几稍减罪戾。否则江汉汤汤，与国俱殉，决不生入夔门，以偷安于人世，天日在上，其鉴兹衷。四川靖国军援鄂司令向传义叩。感。

　　　　（《向司令矢志殉国》，上海《民国日报》1918 年 4
月 22 日）

附　四川靖国军援鄂司令向传义出师之通电

（1918 年 5 月 14 日载）

大元帅均鉴：

　　蜀乱经年，义声讫阻，致使北氛未靖，国家不能依法解决，而荆襄武岳，横被兵祸，是皆吾蜀人误国之咎，传义所至膺挖危而无以自解者也。天诱其衷，蜀事渐定，我总司令熊公首以出师为急务，传义猥以菲材，被任为四川靖国军援鄂司令，力小任重，惧弗克胜。惟国家当存亡绝续之交，传义曷敢自爱，请缨讨贼，分所宜也。用是躬率偏师，克日东下，倘托诸公威灵，得以达护法靖国之目的，收效桑榆，庶几稍减罪戾。否则，江汉滔滔，与国俱殉，决不生入夔门，以偷生于人世。天日在上，共鉴兹衷。四川靖国军援鄂司令向传义叩。感。

（《军政府公报》第七十九号，1918 年 5 月 14 日，"函电"）

征闽靖国军总指挥方声涛报告就职电
（1918 年 3 月 28 日）

孙大元帅钧鉴：

声涛去岁决定征闽，自〈后〉队即经开抵潮汕，本拟续率余队出发，以伸护法讨逆之志，乃始则遭刺濒危，继又领饷未获，以致久阻前进，私心日在疚中。嗣奉陆巡阅使电谕，先靖内患为急，声涛亦先有将所部在省之第七旅派往协剿龙逆之建议，惟声涛既有征闽之责，且又奉征闽靖国军李总指挥令代理总指挥事，自难分力，当将第七旅暨第三十三团等暂交李君根源率往讨龙。声涛即于有日抵汕，勘日接代征闽靖国军总指挥事，自愧轻材，勉当重任，既虞覆疏，尤懔履冰，惟望有以教之，俾无陨越，则幸甚矣。谨电奉闻，不胜延领待命之至。方声涛叩。勘。印。

（《军政府公报》第六十七号，1918 年 4 月 3 日，"函电"；又见《屠龙摘李之义军》，上海《民国日报》1918年 4 月 17 日）

成都熊督军克武允汇国会经费电

（1918 年 3 月 28 日）

孙大元帅钧鉴：

窃此次西南倡义，在于拥护约法，而拥护约法之真谛，在于恢复国会。自叛督称兵，非法解散国会，迄今数月，惟广州尚存非常会议，民国一线之脉，赖兹为系，西南将帅之凭死力以争者，亦胥为此。前接吴、王两议长东电，嘱筹垫国会经费，并悉广州将于四月八日正式开会，虽天南半壁尚未混一，而兵戈扰攘之中犹有此崇正守法之兴，俾民命有所系属，国奸因以寒心，外人有所观瞻，义声于兹发展，精神贯澈，胜算可操。克武职守西陲，始终此志，虽川兵爕经年，损失甚钜，而根本大计未敢稍违，纵属支绌万分，亦当勉力筹垫，一俟的款措齐，即行汇粤，特先电闻，伏希垂鉴。克武叩。勘。印。

（《军政府公报》第七十三号，1918 年 4 月 20 日，"函电"）

陆军总长张开儒呈孙中山文

（1918 年 3 月 29 日载）

呈。为呈请简任知兵大员督办练兵恳祈钧鉴事：窃查民国成立仅七稔，而兵事屡见，以致政治失轨，国本动摇，皆由于武力上未达完全解决之目的，而武力之未完全解决，皆由我西南各省实力不充，有以致之。自叛督称兵以来，争执将近一载，而时局纷扰，横决无抵，何莫非兵力薄弱不足以摧拔逆巢，所以一举一动辄生顾忌，以成此不可方物之局面。开儒之愚，窃以钧帅如不欲解决时局则已，如欲解决时局，则舍充分之武力为前导不为功。近自湘鄂战祸重开，我西南各省义师固不弱于北逆，究亦未可尽抱乐观，盖彼尚可挟其非法政府之势力，以借款购械，我则于款械两缺。若长此相持，苟且因循，不事实力之筹备，恐一旦气衰力竭，欲不为昔日之南美不可得也。故开儒以添练劲旅为今日不可缓之图，现在款项既有渐次解决之望，则此事即不能不积极进行。夫练兵必自募兵始，而练募固系两途，然非兼筹并顾，断不能收一致进行之效，且编组、教练种种手续，极为繁重，而流弊又最易发生，肩此巨任，非得声望素著者主持其间，不足以策进行。谨此具呈，恳祈钧帅简任知兵大员兼任本部练兵督办，以增劲旅，则时局始有解决之希望。是否有当，理合具呈，伏祈钧帅鉴核施行，谨呈

大元帅孙

（《军政府公报》第六十五号，1918 年 3 月 29 日，"公文"）

国会非常会议议长吴景濂、王正廷等
反对段祺瑞再为总理通电
（1918 年 3 月 29 日）

孙大元帅鉴：

民国不造，祸变相寻，始于毁法，卒于大乱而不可止。推原祸始，皆段祺瑞武力统治主义阶之厉也。护法靖国，南军迫于救国之大义，周旋于防卫之战争者，经年屡月。于兹方幸，调和有人，依法律为解决，消弭内竞，一致御侮，此其时矣。乃约法既毁，国会未复，所谓民国久已名存而实亡，岳州之战，张曹之众，冲锋陷阵，屡仆屡起，卒乃陷我名城，夷为焦土。试问兵所以战之目的果安在，为国家乎？则安有弃毁其根本大法而能立国者？为总统乎？则冯之失其自由，与黄陂同一厄运。张作霖、徐树铮之徒方且助段为虐，聚啸东省，阴谋复辟，称兵犯阙，逆迹昭显。所谓排冯复

段、免李退陈诸条款，道路久有传言，行且尽成事实。于是冯乃不得不复任段为总理，以求自赎矣。然则岳州之战无他，直为段祺瑞而战耳，为段祺瑞之武力统治主义而战已耳。冯旅长之所谓虽胜犹辱，言之可为寒心，今日之域中，无南北之界，无党派之争，实以法律统治主义与武力统治主义划为鸿沟，喋血激战。二义消长，存亡攸关，国家生命，危机一发。段苟得志，所谓傅虎以翼，飞行横噬，宁复择人。我宣言护法与力主调和之各省各军，不于此时整军经武，声罪致讨，灭此朝食，窃恐凶德所及，不特国家被窜，抑且人格无存，其势殆非屠戮西南，殄灭国中之善类，行专制之大权，夷人道于禽兽不止也。素仰公等义声仁闻著于国中，或则效命疆郊，转战经年，或则忠言谠论，力维法纪，际此纲纪渐灭，元凶当道，国亡无日之危局，万乞披坚执锐，搜集军实，重整旗鼓，以伸正义，同人不敏，谨执鞭俟之，敢布腹心，伫候明教。国会非常会议吴景濂、王正廷等叩。艳。印。

（《军政府公报》第六十七号，1918 年 4 月 3 日，"函电"）

四川靖国军援陕总司令石青阳致
大元帅报告将出发电
（1918 年 3 月 29 日）

孙大元帅钧鉴：

佳电奉悉。北庭弁髦大法，西南起义诛讨，前彼败北言和，无非阻我义师之计。故唐联帅已遣军队四路东下援鄂，青阳亦奉命援陕，行将出发。惟冀直抵黄龙，歼厥渠魁，以达护法之目的，而副期许之盛意。谨闻。青阳叩。艳。印。

（《军政府公报》第七十一号，1918 年 4 月 13 日，"函电"）

孙洪伊致护法诸军电

（1918 年 3 月 30 日）

广州国会非常会议、孙大元帅、伍秩庸总长、张藻林总长、胡展堂总长、莫代督军、林海军总司令、李协和总指挥、陈竞存总司令、方韵松总司令，南宁陆巡阅使，衡州谭联军总司令、程总司令、赵师长、刘镇守使、林旅长，四川行营唐元帅并各军长，云南刘代督军，重庆章太炎先生，贵阳刘督军、王电轮军长，成都熊督军、黄代省长并转川军各司令，陕西靖国军胡、曹、郭各司令，宜昌靖国军黎总司令，南京李督军，南昌陈督军，武穴冯旅长均鉴：

岳、长失陷，段氏再窃政权，以三数武人督军公推内阁，实为古今中外所创闻。袁世凯由劝进而为皇帝，今段祺瑞乃由劝进而为总理，可谓愈出愈奇。且颇闻此次段氏之出，实借外力，或谓冯氏受某使劝告，或谓某国以某项交涉要挟冯氏，彼处心积虑以谋我国者，夫复何责，而段氏丧心病狂，为虎作伥，我国民其安能忍与终古也。夫吾国自古立国信条，有曰：生民有欲，无主乃乱。主者自单狭义言为君主，自普遍义言，则发动主权者而已。君主时代主权发动于君主，而以纲常名教为范围，人心之大防，历代贤哲，成仁取义，至不惜以身命徇之者，胥是物也。自国体变为民主，代表人民以执行主权者，厥惟国会，而一国根本大法，即等昔日之纲常名教，凛然而不可犯。段氏以武力倒国会、毁约法，比于旧时权奸攒弒，事虽稍异，而厥罪维均。且吾国年来国是之不定，皆由腐败官僚与跋扈武人蟠结把持，以为之梗。此辈本专制遗物，其思想知识与今日世界进步思潮根本上决不相容，故一切新式政治，必摧残斩灭以尽，已往事迹，历历可证。近世文明各国，新势力战胜旧势力，已成公例。今不能使此不正当势力降服于国法之下而不复为恶，则不独国家无由发展，灭亡且可翘足而待。故今日之事，在法律上为讨逆诛叛之战争，在政治上为进兵主义与顽旧派之战争。战而捷，则国命有托，苟其不捷，则吾国民宁殉国家而死。正义不亡，犹必有复伸之一日。昔千六百四十二年英国之革命，国会军迭为王党所挫，卒以克林威尔一军转败为胜，而查理士一世乃宣告死刑。美利坚之独立，血战八年，英兵屡战屡捷，独立军之不覆灭者仅矣，乃以约克一战而合众国遂用成立，可知国民战争，武力必终诎于公理。盖顺逆曲直，即胜负所由判，最后之胜利，固当属之义军。段氏以国法不赦之身，日暮途远，倒行逆施，挟叛军为爪牙，拥强藩以自固。何进之召，董卓大乱方始，崔胤之托，朱温行将自及。又复假助外力，以快己私，甘夷国家于印度、朝鲜之续，而不少顾恤。吾人试一思，今后之国家，当复成何景象。愚衷耿耿，誓不与逆党共戴天，一息尚存，义无反顾。诸公护法卫国，百倍洪伊，必能贾厥余勇，锄兹强梗，再接再厉，不屈不挠，以大憝驱除之日，为义师橐甲之期，则国家幸甚，吾民幸甚。孙洪伊叩。陷。

（《孙洪伊致护法诸军电》，上海《民国日报》1918
年4月1日）

代理内政总长居正呈孙中山文
（1918年4月1日载）

为呈报事：顷据署广东高等检察厅检察长、广州地方检察厅检察长林翔呈称：窃翔奉大元帅任命，署广东高等检察厅检察长，仍为广州地方检察厅检察长，业将就职日期呈报在案。猥以樗栎，渥荷裁成，惟日兢兢，矢勤矢慎，对于职务上应为之事，罔不积极进行，期仰副我大元帅及钧部慎重司法之至意。惟是高检厅务殷繁，旧案积叠，督饬进行，日不暇给，加以所属厅庭监所整顿维持，均关重要。丁此整饬司法之秋，若仍兼地方，精力恐有未逮，办理亦觉为难，陨越时虞，悚惶无任，拟请开去广州地检长之职，俾便专理高检厅任务，以重要公等情。据此，查该检察长所请开去兼职，自应准如所请，拟恳明令照准，俾早将地检厅交代清楚，专理高检厅事务，实为公便，谨呈

大元帅

（《军政府公报》第六十六号，1918 年 4 月 1 日，"公文"）

代理内政总长居正呈孙中山文
（1918 年 4 月 1 日载）

为呈请事：兹查有陆际升堪以委充职部佥事，拟请钧座发给任命状，以便转饬该员到部服务，实为德便，谨呈

大元帅

（《军政府公报》第六十六号，1918 年 4 月 1 日，"公文"）

代理参军长黄大伟呈孙中山文
（1918 年 4 月 1 日载）

为呈请给委事：窃府内员役人数甚多，地方寥阔，照顾难周，非委专员随时稽查一切，无以维持纪律。兹查夏重民精敏干练，不徇情面，堪以委充大元帅府稽查长，理合备文，呈请察核给委，俾专责成，至为公便，谨呈

大元帅孙

（《军政府公报》第六十六号，1918 年 4 月 1 日，"公文"）

代理参军长黄大伟呈孙中山文

（1918 年 4 月 1 日载）

为呈请免职事：窃查庶务科二等科员兼华侨义勇队队员谭炜楼自到差以来，常旷职守，并不服从命令，屡经告诫，毫不悛改，拟将该员免去本职，以示惩戒，理合备文，呈请察核，伏乞训示祗遵，谨呈

大元帅孙

（《军政府公报》第六十六号，1918 年 4 月 1 日，"公文"）

元谋靖国第七军军长郭昌明
报告恢复六县致孙中山电

（1918 年 4 月 1 日）

孙大元帅钧鉴：并转西南各督军、省长、各靖国军司令、师旅团长鉴：

昌明奉令恢复军区，已于三月念五日率师抵建城、会宁、盐宁、胎盐、宁边六县完全恢复，特此电陈，靖国第七军军长郭昌明叩。东。印。

（《军政府公报》第七十三号，1918 年 4 月 20 日，"函电"）

唐继虞复孙中山电

（1918 年 4 月 2 日）

孙中山先生钧鉴：

养电敬悉，奉读之余，仰见拥护约法，保持国体之至意。我公民国元勋，素为中外所推服，继虞尤仰戴有年。当兹国势倾危之际，内忧外患相逼而来，自非急谋先靖内部，早定国本，决不足专御外侮。祗奉明谕，钦佩莫名，想家兄当已掬诚奉覆矣，谨布区区，伏维鉴察。唐继虞叩。冬。印。

（《军政府公报》第七十一号，1918 年 4 月 13 日，"函电"）

四川省议会承认国会经费电
（1918 年 4 月 2 日）

孙大元帅、非常国会、省议会钧鉴：

吴议长东电及贵省议会函祗悉。非常国会经费由各省垫给之议，本会自应赞同，现已咨请省署酌量筹备矣。四川省议会敬覆。冬。印。

（《军政府公报》第七十一号，1918 年 4 月 13 日，"函电"）

四川靖国第八军军长兼滇川黔联军援鄂
第二路总司令叶荃出师援鄂通电
（1918 年 4 月 2 日）

孙中山先生均鉴：

共和肇造，七稔于兹，政象泯棼，日以多故。段氏乱法，卖国殃民，唆使同胞，自相残杀。天心悔祸，百乱幸平，满野哀鸿，来苏迫切。彼昏不悟，仍肆凶心，湘岳之祸，迭演惨剧。推其戕狡，视国如仇，不底灭亡，厥心不快。榱崩栋折，覆压与名，荃亦国

人，敢懈大责。师干愈总，责无可辞，誓诛此獠，为民请命。重以
鄂难，迭电乞援，披发缨冠，义难漠视。为整师旅，集中渝城，联
军东下，分出岐门。义旗所指，百折不回，歼厥渠魁，藁骸怀馘。
根本解决国法，毫厘所在，当同共愤，江河流域，共赋同袍。诸公
明达，祈赐周行，临电神驰，荷戈待命。靖国第八军军长兼滇川黔
联军第二路总司令官叶荃叩。冬。印。

　　（《军政府公报》第七十七号，1918 年 5 月 1 日，
"函电"）

郭军长昌明请恤张军长午岚家属致孙中山电
（1918 年 4 月 2 日）

孙大元帅钧鉴：

　　午岚军长，前革命巨子，力护共和，奔走国事，始终不渝。重
庆反正，隆城独立，倡义川边，助战指顾，扫除帝制，忠义铿然。
前因在宁，宗旨护法为难，建议尤为难得。讵意被系陈军，竟遭毒
害，言之痛心。环顾身后，家无私蓄，妇寡儿孤，均堪悯恻，恳予
俯念为困死难，从优抚恤，以慰忠魂而励来者。不胜迫切待命之
至，军长郭昌明叩。冬。印。

　　（《军政府公报》第七十七号，1918 年 5 月 1 日，
"函电"）

石青阳遵照否认非法七年公债致孙中山电
（1918 年 4 月 3 日）

孙大元帅钧鉴：

　　真电奉悉。北京政府违反根本大法，既失政府之资格，决无发

行七年公债之权，谨遵钧命否认，以免金壬营利贸、害国家，谨覆。青阳叩。江。印。

（《军政府公报》第七十六号，1918 年 4 月 27 日，"函电"）

唐继尧为李国定在叙府招兵事
致孙中山电
（1918 年 4 月 4 日）

万急。广东孙中山先生鉴：

申密。李国定前在叙府，乘滇军进攻，川军溃逃之际。招集土匪，自称四川靖国第二军。现闻复电请尊处任命杨肇锡为第一军军长，辜增荣为第三军军长。查川省匪队林立，民不聊生，现在战事稍停，已属无从收束，如仍听其号召，土匪数百即称一军，将来川中队伍，非至四五十军不止，饷需当至数千万，民力何堪？况李国定等，所招队伍，多系绿林，劫掠横行，无法制止，不特贻害川省，亦累我公盛名，李国定电请委任各员，万望悉加驳斥，是所切祷。继尧叩。支。印。

（《云南档案史料》第一期，第 61 页）

四川省议会请召国会宣布宪法电
（1918 年 4 月 6 日）

广东孙大元帅、非常国会钧鉴：

窃维立国精神，全在宪法，议决宪法，全资国会。民国初年，约法不过略具宪法之雏形，为暂时适用计，并非立宪国家永远遵行之根本法也。袁氏图帝，藉阻宪法，解散国会，段氏攘政，覆辙相循，致民国五六年来，直成一无法之国。无法之国安能成立于世界，故此次所以拥护约法者，原为恢复旧国会，而所以必恢国会者，将首先议决宪法而公布之，俾全国人民早享共和之幸福，此我南方各省所为抛掷无量数之生命财产，以力争之者也。争之既久，而国会终不能以猝复，宪法终不能以早布，调和尤空言无补，战斗又为日方长，长此纠纷，欲求达我施行宪法之目的，几有人寿河清之叹。方今粤桂湘滇黔蜀六省，联络一气，已成犄角之形，古者一旅可兴，百里可王，安见六省之大不能自立？安内斯能攘外，修己而后治人，虽以老生常谈，实古今中外唯一之政策。现值黎大总统之不能自由，应请南方各省一致赞同孙大元帅暂代行大总统职权，先行召集旧国会，将民国二年所订宪法草案，提交议决而公布之，以实行于我南方政府权力到达之地，继此得尺地则尺地皆宪法统治之区，得一民则一民受宪法保护之益。虽宪法案中宣言，所谓发扬国光，巩固国围者，尚留希望于最终，而增进社会福利，拥护人道之尊严，斯二语力能行之，立臻功效。盖实行内政可以坚人民之信心，先声夺人可以减战斗之魔力。诚能公布宪法，为先河之导，治权统于一主，斯免政出多门，三权各不相侵，斯能各尽职守，以一人心，以作士气，行见内有六省军民欢忭，募兵劝饷无难，踊跃以争先，外而外省望风归心，箪食壶浆，定卜服从之恐后，天顺人应，专在斯时。顾或疑军事时代难言法律，然宪法者，万法之纲，而政治之所从出也。昔法兰西每一次革命，必颁一次宪法，虽最短期间之革命，犹以宪法行之。前清咸同之际，东西云扰，而主司学政之间道抢才，振恤官吏相望于道，卒能力致中兴，可见军事与政治正宜同时并进，必大定而始策治平天下，无是理也。况此次军兴，原以护法靖国为辞，解决军事，尤非依法不可，时局艰难，万端待理，望我大元帅毅然行之，西南幸甚，全国幸甚。四川省议会叩。鱼。印。

（《四川省议会请召国会（宣）布宪法电》，上海《民国日报》1918 年 4 月 6 日）

贵阳王总司令文华悼程总长璧光
赞成林总司令葆怿电

（1918 年 4 月 7 日）

孙大元帅钧鉴：

诸公宥电敬悉。程公玉堂首先率师南下，宣言护法，各省风从，群奸夺魄，善良昭苏，薄海同钦。方冀拓清中原，而竟遽遭贼害，飞来噩耗，悲痛曷胜。国会议决国葬典礼，请速举行，以慰英灵。林总司令悦公有功民国，物望优崇，继任海军，华深赞同，尤恳迅速接办，以净妖孽，以竟程公之志，不胜盼祷之至。王文华哭叩。阳。印。

（《军政府公报》第七十二号，1918 年 4 月 17 日，"函电"）

四川督军熊克武反对非法七年公债电

（1918 年 4 月 7 日）

孙大元帅钧鉴：

奉唐联帅庚电，以王克敏私借重款，发行公债，请由秩老主稿，领衔拍电反对。昨复接吴议长虞电，藉悉梗概，惟月公微电敝处迄未奉到。数年以来，北京伪政府利用外债，破坏共和，其罪不可胜数，若不设法制御，国家必陷于危险，务恳秩老速拟通电，请列贱名，并望设法于外交上激生感动，使不至成为事实。克武处于偏隅，见闻较迟，但关于可抵制北京伪政府者，即在粤列名通电，克武无不赞同也。克武叩。阳。印。

（《军政府公报》第七十三号，1918 年 4 月 20 日，"函电"）

卫戍总司令徐绍桢就职通电

（1918 年 4 月 8 日）

孙大元帅钧鉴：

民国缔造，七稔于兹，骇浪惊风，几无宁日，孰为权利，孰为国家，海内明达，当能鉴别。际此外患丛生，各宜相忍为国，若徒本偏私之意气，逆时势之潮流，无论处心若何，均足以致覆疏，及今不恤，后患何堪。绍桢戎马余生，久忘利禄，辛亥之役，幸与成功，旋即乞身退避贤路，始则都门蛰伏，继则海外侨居，愿为幸民，喁喁望治。不意天未厌乱，变故迭乘，同室操戈，愈演愈烈，眷怀乡国，遂尔回车，仍望得间调停，俾共捐除前隙，因循未果，抱歉良多。适者蜀鹃啼血，衡鹰哀鸣，商市成墟，海波不靖，穷兵黩武，焉有已时，痛同舟共济之未能，觉煮豆燃萁之非计，补苴无术，时切殷忧。愚以为欲巩固西南之大局，必先团结内部之人心，欲谋树立不拔之根基，必先蓄养自卫之实力。粤省毗连湘赣，编地萑苻，大元帅勉以维持桑梓，坚令担任卫戍总司令一职，地方商民，群复以大义相责，固辞不获，爰以四日就职。窃本斯旨，专任督饬所属将士，保护治安，只冀父母之邦不罹虫沙之劫，护法静国，矢志不渝。至于各处军队，无不遇事和衷，行政范围决不丝毫越俎。自惭力菲，深惧勿胜，特电奉闻，伫盼明教。徐绍桢叩。齐。印。

（《军政府公报》第七十号，1918 年 4 月 10 日，"函电"）

四川督军熊克武赞成为程总长举行
国葬典礼事致孙中山电

（1918 年 4 月 9 日）

孙大元帅钧鉴：

吴议长冬电谅达。故海军总长程公玉堂首倡义声，西南擎柱，昊天不吊，贼我元良，既恨无赖之徒，复忧邦国殄瘁，不有表章，孰资兴起。国会诸公议决举行国赞典礼，克武极表赞同，即请在粤诸公定期通电，克武届时当致哀礼，用式痛忱，临电无任恸惋之至。熊克武叩。佳。印。

（《军政府公报》第七十三号，1918 年 4 月 20 日，"函电"）

署理交通总长马君武请简任吴承斋
为主任秘书呈文
（1918 年 4 月 10 日载）

署理交通总长呈。为呈请任命事：窃交通部自成立以来，现已渐形发展，部务急待进行，自非慎选贤能，不足以资襄助。查有吴承斋，学擅专门，有为有守，光复之际办理电政，尤有功于民国，其人才大心细，早在大元帅洞鉴之中，若使任本部主任秘书，虽觉地位暂屈，然必能展布谋猷，匡君武所不逮。理合备文，呈请任命，伏乞鉴核施行。再，本部主任秘书一人应属简任，合并声明，谨呈
大元帅

（《军政府公报》第七十号，1918 年 4 月 10 日，"公文"）

卫戍总司令徐绍桢就职呈文
（1918 年 4 月 10 日载）

呈为呈报事：本年三月二十九日奉钧令开：特任徐绍桢为中华

民国军政府卫戍总司令，并奉发木质印信一颗，文曰：卫戍总司令印，等因。奉此，绍桢遵于本月四日正式就职，启用印信，并商请财政厅借用大沙头工程局，暂设司令部，以资办公。惟卫戍职责綦重，除督率所属将士恪勤厥职，谨守绳规，维持秩序，保卫治安，并分别咨函外，理合具文，呈报察核，谨呈

大元帅

（《军政府公报》第七十号，1918 年 4 月 10 日，"公文"）

代理外交次长戴传贤就职呈文

（1918 年 4 月 10 日载）

谨呈者：本月二日奉大元帅令开：任命戴传贤代理中华民国军政府外交次长，等因。奉此，谨即遵令于本月九日就职，一切部务秉承总长命，谨恪执行。右（上）呈

大元帅钧座

（《军政府公报》第七十号，1918 年 4 月 10 日，"公文"）

田桐报告在沪议员对军政府
改组意见致孙中山电

（1918 年 4 月 10 日）

闻非常会议决改组，先生辞职，在沪议员数十名，不以此举为然，联名致电非常会，提出二办法：一、挽留大元帅；二、改组施行延期。虽改组派亦赞成此议，并另有电报，望先生斟酌情势，勿遽退让。桐。蒸。

（《革命文献》第四十九辑，第 143 页）

李安邦请发给关防呈孙中山文

（1918 年 4 月 10 日）

　　大元帅行营卫队司令呈。为呈报事：本年四月九日奉钧帅第一千二百二十四号任命状开：任命李安邦为大元帅行营卫队司令，此状。等因。奉此，伏念卑职猥以樗栎，辱承厚沛解衣之爱，远过于淮阴杖策之知，乇深于高密，殊施重戴，感激弥殷。遵即敬谨受职，暨分令所部一体知照。惟是卑职从前奉颁木质关防一颗，其文原为大元帅行营守卫队司令关防，现在既奉令更易名称，则此项关防自不适用，应请从新颁发，并迅赐令行印铸局刻日铸就，俾便祗领启用，以符体制，而昭信守。除将旧有关防暂行借用外，所有感激下忱暨恳请另颁关防各缘由，理合呈报钧座，伏乞察核，照准施行。谨呈

大元帅钧鉴

司令李安邦（印）

中华民国七年四月十日

　　孙中山批：着印铸局办理。文。

（《革命文献》第四十八辑，第 287～288 页）

张陆军总长开儒贺徐卫成
总司令绍桢就职通电

（1918 年 4 月 11 日）

孙大元帅钧鉴：

　　读徐固卿先生齐日就职通电，无任欣贺。慨自岳州失守，长沙继陷，义师既蹙，逆焰遂张，及今狡焉思逞，欲寇粤边，道路传闻，将成事实。粤为西南根本重地，大局所关，苟非维持内部

之治安，何以防御外侮之纷乘，和衷共济，磨励［砺］以待，此
其时矣。固老名将，儒林前辈，民国干城，功高望重，国人所崇，
当此时机危迫之际，出就卫戍总司令之职，以维持治安为宗旨，
靖国护法为职志，心志皎然，钦佩曷极。谨电驰贺，并望诸公以
大义相勖，期狂澜之共挽，作砥柱之中流，敬布区区，伏候明教。
至开儒驻师粤中，职责所在，关于毗连赣边各地，已饬严为戒备，
擐甲以待，绝不令逆贼得逞也。知关廑注，并以奉闻。张开儒叩。
真。印。

（《军政府公报》第七十三号，1918 年 4 月 20 日，
"函电"）

邓铿报告粤省军情致孙中山函

（1918 年 4 月 11 日）

大元帅钧鉴：敬肃者：奉到尊电，敬悉一切。窃铿以菲材，
忝参长粤军戎幕，抵汕以来，对于军事进行，自惭实多缺憾。然
进攻之所以迟迟未发者，其原因虽诸多复杂，要亦不外为饷械两
大问题所致耳。查本军每月饷需，总在十万元以上，合之行军活
支，及筹备服装等费，平均每月非十五万元不可。但本军自成军
以来，已阅五月之久，而领得之款，合之所筹，尚不满三十万之
数。致欠饷累月，筹备不周，而又欲驱之使战，期其出力，无论
于事实上固多窒碍，为指挥官者，亦良心所不忍为也。此为饷需
之掣肘，致不能急进攻者一。至枪弹一项，实为军中命脉，假使
战事一启，全赖后方源源接济，今一再请领，粤政府则以库已无
存，龙蟄未除，潮汕应取守势为词，不能发给。购买已非易言，
有之亦虑迟延不继。此为枪弹缺乏，致不敢草率进攻者二。今兹
长沙退却消息传来，影响于西南大局，至为重大，我军处此地位，
自应将此种顾虑，稍为减省，而着手进攻，使敌有顾此失彼之心，

我军无气馁师老之虑，亦不至贻坐亡之羞，而纾我大元帅之廑念也。今日开秘密会议，已决定于十日左右，下令攻击。从此粤军之胜负，即本党之成败，一旦战端已启，后方勤务，非款莫属，万望我大元帅俯念粤军成立之不易，将此次所收入之各款项，源源接济，使前敌无内顾之忧，得安心杀贼以报国。他日粤军将士，能为国建功，皆我大元帅所赐也。临书惶悚，不知所云，伏祈原宥。肃此，并叩

崇安

制［邓］铿谨肃

十一号夜（民国七年四月）

（《革命文献》第五十辑，第 210～211 页）

四川联合会代表许扬来粤致孙中山电
（1918 年 4 月 12 日）

孙大元帅钧鉴：

扬承省议会举为联合代表，驰赴江宁，拟遵□粤中进谒，敬领教言，其道途梗，滞渝阻行，缓急之期，伫立待命。许扬叩。文。印。

（《军政府公报》第七十六号，1918 年 4 月 27 日，"函电"）

曹亚伯反对中日新约电
（1918 年 4 月 12 日载）

广州孙大元帅，西南前敌各总司令、各军官，全国商会，教育会，各报馆，上海孙伯兰、温世霖、徐朗西、陈友仁诸先生均鉴：

段氏专学李完用，将中国卖与日本，一切军政由日本指挥，兵工厂由日本监督，财政、地租由日本管理，外交、实业、教育由日本支配，又将敌侨交与外人处理，主权全失，亡国之惨痛难尝，望全体国民誓死反对，是所切祷。曹亚伯叩。

（上海《民国日报》1918年4月12日，"公电"）

陆军部呈孙中山文
（1918年4月13日载）

为呈请事：案查练兵处组织条例业经呈请公布在案，现在军事进行正急，所有练兵处参谋长亟应查照条例，遴员呈请任命，以资擘画。兹查有大元帅府参事、陆军少将沈靖，韬略宏具，计划缜密，拟请任命为练兵处参谋长，该员戎事久经，必能胜任愉快，除取具该员履历附呈外，理合呈请大元帅鉴核施行，谨呈
大元帅孙

陆军总长张开儒

练兵督办徐绍桢

（《军政府公报》第七十一号，1918年4月13日，"公文"）

外交部呈孙中山文
（1918年4月13日载）

为呈请任命事：窃本部现经成立，亟应任用人员，以资襄理。除前已呈请任命李绵纶等为政务司长及秘书外，兹查有杨芳一员堪充任秘书，胡继贤一员堪以充任佥事，理合呈请大元帅察核任

命，实为公便，谨呈

大元帅孙

署理外交总长林森

（《军政府公报》第七十一号，1918 年 4 月 13 日，
"公文"）

滇军第三师参谋长张惟圣等为
张总长辩诬通电
（1918 年 4 月 13 日）

孙大元帅钧鉴：

慨自冯、段窃国以来，我军长张公鉴于约法失效，国本动摇，提百战饥寒之师，势挞此凶顽不法之徒，又复大声疾呼，瘏音苦口，函电交驰，与国中豪杰大义相警，何图形格势禁，义愤莫伸，救时良策徒托空谈。然靖国护法之决心，当早为国人所共见，乃昨阅各报载，有龙济光请北京伪政府任命张开儒为广西督军专电一则，不胜骇异。我军长以纯洁高尚之心，为讨义护法之举，精忠亮节，可贯天日，观于拥护军府，保障国会，按迹原心，讵复尚有异议，而龙济光当此势穷力蹙之时，欲施其离间之计，以遂其彼狡谲之谋。此种技俩，在龙济光奸诈百出，某等固不敢信其必无，而我军长素所主张，大义昭然，中外咸知，虽被其妖孽图污，亦何害于公。然是非不可不明，若一任其颠倒黑白，明眼人自不值一笑，而无识者难免不为其所愚。某等隶公麾下已有年所，熟闻大义之训，敢作辩诬之词，父老昆弟尚其鉴诸。参谋长张惟圣，旅长林英杰、戴永萃、李天保，团长周永祚、李凤岐、王树藩、杨其礼、鲁子材及全体官佐士兵同叩。元。印。

（《军政府公报》第七十三号，1918 年 4 月 20 日，
"函电"）

唐继尧为石青阳委任事复孙中山密电

（1918 年 4 月 14 日）

广东孙中山先生鉴：

　　申密。青电奉悉。此次川中战事，石青阳颇资得力。然其外之劳苦功高者，亦实繁有徒，皆宜叙功受职。惟川中始因一二人权利之争，致酿浩劫。此次川事甫定，锦帆不欲受督军、省长之名，即身经百战之员，亦皆以大义相激劝。此时若有一二人先据要津，则争权夺位之徒，将如毛而起，必至陷川事于纷扰之境，而无力以对付北方。石青阳素志磊落，必不争此。省议会虽出于推贤之心，然于后患亦殊未计及。总之，川事宜筹远大之方，不必先为一二人图位置。尊处相距较远，恐未能洞悉内情，故特密陈，尚希察纳。继尧叩。寒。印。

（《云南档案史料》第一期，第 60 页）

国会非常会议咨复孙中山文

（1918 年 4 月 17 日载）

　　为咨覆事：案准大元帅咨交大理院组织大纲前来，当经本会议于三月六日开初读会讨论后即付审查。旋于本月十四日开会，据审查报告内称，此案经众讨论决议，俟国会正式开会后再议，至目前对于应设终审机关，可由军政府按照法院编制法办理，即经大会可决，相应备文咨覆，查照施行，此咨
大元帅

国会非常会议

　　（《军政府公报》第七十二号，1918 年 4 月 17 日，"咨文"）

岑西林、张敬舆、卢子嘉联名通电

（1918 年 4 月 18 日）

汉口曹宣抚使，江西张检阅使，各省督军、省长并转各镇守使、各师长，承德、归化、张家口各都统，北京李步军统领，各省议会，北京徐菊人、天津熊秉三、梁任公、梁燕荪，南宁陆干卿，广州孙中山、伍秩庸，南通州张季直诸先生，各报馆均鉴：

自顷外交险象弥迫，不早息争，国无可救，亡国之惨，国民共之。民国七载，建设毫无，推原其故，率由私心、党见误之，设无外侮，尚可徐待悔误之时。今时不我待，若再循环相演，徒与外人以可乘之机，吾民族将无立足之地，苟真爱国家者，必先和内，而后可言建设，有建设而后可言对外。为今之计，解决时局，似宜首先停战，中央表示不再进取，南方表示亦不再反攻，然后始有商榷余地。其次即为国会，而国会不容缓设，南北当局咸有同情。窃谓旧会期满瞬届，时日无多，召集新会，手续繁重。未必即能如期成立，万一选举延误，国本动摇，何若一面复旧，一面召新，同时并行，以图衔接，无新旧之争论，乃先后之磋商。法理事实，皆可兼顾，委曲求全，庶有补救。战事既息，国会重开，所余地方问题，迅开善后会议，但使中央俯察地方情形，地方尊重中央威信，推诚互让，夫复何争。若必争胜一时，诚恐铸错万世，此则存亡系诸一念，得失争此须臾者也。煊等旷观世界，自来谋人国者，靡不利用内讧，双方扶植以遂其巧取豪夺之计。区区愚见，内乱终须有解决之一日，与其牺牲国家，毋宁牺牲意见，与其屈服外人，毋宁让诸昆季。刍荛之贡，窃本国民天职之良心，冀御外侮已来之大患，筹策容未周至，设心敢矢无他，倘荷赞许调停，更筹良法，乞赐教言，以便联合作最后之忠告，则国事或有转圜之望，国家幸甚。岑春煊、张绍曾、卢永祥。巧。

（《岑西林、张敬舆卢子嘉联名通电》，上海《民国日报》1918 年 4 月 20 日）

李总指挥致孙中山电

（1918 年 4 月 19 日）

孙大元帅均鉴：

会师屠龙，防务完竣即班师返省，策应大局。烈钧叩。皓。印。

（《军政府公报》第七十五号，1918 年 4 月 23 日，"函电"）

张鲁藩报告在湘失败并请委以
招抚致孙中山函

（1918 年 4 月 19 日）

大元帅钧鉴：

窃藩自去秋奉命入湘以来，无日不为军府谋势力之发展。只以非民党系，从中梗塞，借箸殊深，虽属军府威望之未隆，而西南失败之原因实基于此。顷者岳州失败，退守衡阳，指挥未得其人，兵多终难致胜。近又前敌告急，主将惶惶，谭帅似有退入桂境之宣言，湘将确有死守湘边之决意，他之军队无论矣。刘使崑涛兵数有六千以上，而器械完全者，迭遭退却而未损一兵，其纪律严明已可概见。顷因战略上关系，将有退入永州之计划，扼要固守，当可支持。唯饷弹既绝来源，军心即难巩固。军府为西南统一机关，对于健全军队，当有援助之义务。矧刘使对于先生最为爱戴者，藩拟俟计划决定后，再与刘使妥实为条件的磋商，重行入粤面陈大要。将来湘事或能直接军府，一致进行，即可于此时期预定之。再有言者，湘军退却，游散实多，故每逢退却一次，而十成之师，仅能收容六成者。此外即由各总司令委派招抚，另自收容改编名目，其习惯也。藩前在省时，曾与刘使商，有组织游击队准备入赣之命。嗣

以岳州失败，停止进行，而湘军中之闻风来归者，日有多起。此次
退守永州，沿途散兵当更不少。藩拟恳大元帅委以招抚，藉宣德
意，收容散卒，组织成旅，暂以坪石为根据地，一可壮军府之声
威，一可备入湘之再举。湘中将校，多属故交，感情既融，接洽自
易，既无冲突之可言，即属尊崇之表示。除另派郑子敬来粤，面陈
一切外，用肃函禀大元帅鉴核，伏恳训示祗遵，不胜惶汗之至。肃
此，敬请

钧安

张鲁藩谨呈

四月十九日

孙中山批：秘书拟答以当先以个人能力感情，与该地主将结合
编成军队，军政府始可承认加委。

（《革命文献》第五十辑，第72～73页。）

石青阳就滇川黔靖国联军援陕第一路
总司令职通电
（1918 年 4 月 19 日）

孙大元帅钧鉴：

奉唐联军总司令删电内开：兹特委该招讨使兼充滇川黔靖国
联军援陕第一路总司令等因，奉此。青阳轻材，敢干负乘之戎？
惟事关大计，未便固辞，特于养日在蓉西关就职，刊送木质关防
一颗，文曰：滇川黔靖国联军援陕第一路总司令之关防，即日启
用，以昭信守，并就近与熊公及各军将领商筹一切，略有头绪，
即行遵候出发，尚望时赐方略，俾无陨越，不胜盼荷。青阳叩。
效。

（《军政府公报》第七十六号，1918 年 4 月 27 日，
"函电"）

四川省议会派联合会代表刘扬等
赴江宁会议通电
（1918 年 4 月 20 日）

孙大元帅钧鉴：

本会省议会联合会代表刘扬、杨重岳、汪雨翁三君赴江宁会议，已于十九日首途，道经贵治，请饬沿途军警护送出境，无任翘祷。四川省议会叩。号。印。

（《军政府公报》第七十六号，1918 年 4 月 27 日，"函电"）

内政部请抚恤秘书阮复遗族呈孙中山文
（1918 年 4 月 22 日载）

为呈请事：据方毅、丁震、丁士杰、袁麟阁、张育万、邓允俊、孙镇、郑振春、甘华黼、丁象离、冷崇黄、王绍枬、王大鹏、叶馥、方作桢、孙符悌、孔昭桂、方策、李焕章、李存仁、何镕、居振武、曹羡、陈韵笙、邓开先、詹德烜、陈伯江、唐延绪、李茂才、周道万、何金海、李南华、宋树勋、丁培成、赵仲照、龚著遂、方文炳、黄平、刘香武、袁志端、刘浩、罗家修、叶醉生、陈万金、蒋凤梧、朱文光、文明清、夏登云、吴炳皋、陈时中、刘屹等呈称：为公恳转呈矜恤遗族事：窃钧部秘书阮复君，痛段贼祸国，久未歼灭，于本年一月回鄂，拟招集旧部大兴讨伐，以冀早靖逆氛。顷据大元帅府副官詹炳炎由汉来函称：阮君于将行举义时，在黄冈县之仓子埠李家集间被捕，于旧历二月初六日惨遭枪毙，毅等遽听之下，不胜痛悼。查阮君遗族，尚有老母寡妻幼子弱女多人，其家中原有财产，于民国二年失败后，悉被逆没收，房屋亦被焚毁。近数年间，生计无着，全赖亲友推解，得免沟壑。今为国殒命，其遗族已失所依，他日苦况，必更甚于今日，可断者也。毂等有同志之谊，情难默视，理合将各种情形呈□钧部转呈大元帅鉴核，矜恤遗族，以全孤寡而慰英魂，实为德便，等情到部。查阮复奔走国事，历有年所，苦心孤诣，殊甚嘉佩。嗣职部成立，百事草创，擘画尤多，兹悉惨俎，曷胜轸借，惟该员家产房屋业被抄焚，遗族生计无着，自应厚予抚慰，以示体恤。至应如何抚恤之处，理合备文，呈请钧座核夺饬遵，谨呈

大元帅

代理内政部总长居正

（《军政府公报》第七十四号，1918 年 4 月 22 日，
"公文"）

张陆军总长呈孙中山文

（1918 年 4 月 22 日载）

为呈荐任命事：窃自湘省南军退守，逆焰方张，川滇黔省各靖国军闻已相率东下，宜昌一带，战务方殷，总长盱衡时局，亟须增练劲旅，以谋军事积极之进行。查有林英杰、邓耀二员，晓畅戎机，素饶忠勇，经即先行派委组织靖国援鄂军两旅，以资调遣在案。兹据报告将次编制成军前来，除由本部先行令委外，理合取具履历，呈请大元帅鉴核，俯赐任命林英杰为陆军部靖国援鄂军第一旅旅长，邓耀为陆军部靖国援鄂军第二旅旅长，俾资统率而专责成，实为公便。谨呈

大元帅孙

附呈履历二张。

陆军总长张开儒

（《军政府公报》第七十四号，1918 年 4 月 22 日，
"公文"）

印铸局呈孙中山文

（1918 年 4 月 22 日载）

为呈报事：顷据职局佥事尹岳呈称：窃岳六年十二月二十二日蒙钧长呈请任为佥事，兢兢业业，以期克尽厥职，图酬知遇，报效国家。无奈学识浅陋，苦难胜任，瞻念前途，忧心如焚，百思千维，只有恳请免去佥事之职，俾得从事学识，增广见识，来日方长，容能报答国家于万一，等情。据此，查该佥事热心向学，殊堪嘉许，自应准如所请，拟恳明令照准，俾达求学之志，实为德便，谨呈
大元帅孙

印铸局长连声海谨呈

（《军政府公报》第七十四号，1918 年 4 月 22 日，
"公文"）

张陆军总长开儒报告攻克南雄致孙中山电

（1918 年 4 月 22 日）

孙大元帅钧鉴：

顷接南雄来电，昨日职团一、三两营及严营并各援军，攻克雄城，今早八时，敌军约千人向我军攻击，旋被我军击退，正在追击中，团长杨其礼叩。养。印。等语。谨飞电奉闻。张开儒叩。养。印。

（《军政府公报》第七十六号，1918 年 4 月 27 日，
"函电"）

援闽粤军第四支队正司令官洪兆麟呈孙中山文

（1918 年 4 月 23 日载）

呈为呈报事：窃司令奉援闽粤军总司令陈命令，经于四月四日

亲率所部由汕出发，驰抵樟林，逼近敌线，立待后命，即陈师闽城，进剿妖氛。惟兹师行志切，护法救国，除暴安民，非得约法恢复，誓不回师，贼未尽诛，决不解甲。忆自民国七载，变乱数次，民生凋敝，国势颠危，溯厥原因，叛督称兵，内阁违法，实阶之厉。称兵而天下乱，违法而政府空，复辟之祸，乘时而起，而奸雄贼子，且得从中窃据，为所欲为，遂使我神圣庄严之国家，几陷如印度、波兰地位。言念及此，痛切肌肤。幸我大元帅慨国祚之将倾，谓元凶之必剪，相率海军将帅，乘舰南来，召集国会，组织海陆军军政府，树讨贼之旗，肩艰难之巨，檄令粤桂，联师滇黔，宣誓衡湘，举兵挽既倒之狂澜，救吾民于水火，声威所至，举国云从，长沙一鼓而平，潮汕不战而溃，西南半壁，旦夕归还，非我大元帅德威所届曷至此。不意逆党狡谋，野心不死，阳为乞和，阴实备兵，犹嗾龙济光、张敬尧、曹锟、李厚基诸逆辈，扰粤陷湘祸闽，冀困兽一斗。釜鱼求生，扰乱西南，破坏大局。殊不知我义军旌旗所向，即天意所归，扫穴犁庭，诘朝不俟。司令从戎半生，服役无状，原杀贼之志，与生俱来。兹奉令统率部曲，进逼闽疆，破釜沉舟，义无返顾，不除妖孽，誓不生还，倚马陈词，曷胜惶悚。谨呈
大元帅孙

援闽粤军第四支队正司令官洪兆麟

　　（《军政府公报》第七十五号，1918 年 4 月 23 日，"公文"）

章太炎致南方各省之通电[①]

（1918 年 4 月 25 日）

万急。广州孙大元帅、莫督军、李总指挥，南宁陆巡阅使，衡阳谭联军总司令，宝庆程总司令，常德田镇守使，归州黎总司令，利川

---

　　① 〈 〉内文字系据《民国日报》载文所加。——编者

叶总司令，毕节唐联军总司令，贵阳刘督军，成都熊各军总司令，顺庆石总司令，梁山电局邮送绥定颜总司令并转保宁陈副司令来凤转酉阳王总司令钧鉴：

变乱以来，南方有联冯倒段之说，盖深信长江三督，引为同心。鄙人素知其非，屡陈抗议，诚以直皖二系同属北洋，兄弟阋墙，必不引南军入室。其直系息事宁人之论，不过乘机取利，冀〈兼〉收南北之欢心耳。南势若盛，容或归南；北势稍张，自然归北矣。群帅不悟，视为同盟，与冯为缘，而弃黄陂如敝屦；与三督为缘，弃江汉如土苴。名义既失，方略遂疏，以致师行逗挠，启宠纳侮。是故长沙既下，而不急攻〈岳阳〉，岳阳既下，又不迳趣武汉。俟其援厚集，前所得者，旋复失之，此桂府误信调停之过也。重庆既拔，荆襄崛兴，而不以一旅之师助其戍守，惟沾沾以攻取成都为念。卒之山南尽失，西保稀归，成都肃清，已二月矣。而援鄂诸师，犹懦滞不下。声言刘、张余烬犹未扑灭，荆南弹丸不足措意。丹青之信，未久而渝，遂令荆楚义师，号呼鲜应，敌军进逼，近在门庭。此滇府误信调停之过也。夫以长江三督，与滇桂无瓜葛之亲，而群帅信其谩词，喧宾夺主，不惜举形势要害之地以殉之。不知智之不明耶，抑将别有私衷，不可告人者也。不图我不负人而人先负我，李纯近图自保，卒有拥护段氏复阁之议，前之所望竟成泡幻，岂不哀哉！鄙人事前之言，差同蹇叔，当时群帅相视，几谓墓门〈将〉拱，老悖无知，曾不须臾，前言竟验。迄今警悟，犹有亡羊补牢之功。若犹怀挟私见，殖地自封，俛首降心，苦求和解。桂府则长岳已失，不过城下之盟，滇府虽坐拥三省，水道不通，就得虚荣，而亦已坐困矣。近知北方复又有远交近攻之策。盖欲力攻湘桂，软化川滇，行人致辞，绝无讳避，不幸为某所中，则滇桂相视，复如路人。韩凤楼奉使北行，令人不寒而栗。当知以疏间亲，为人群所弃。闭关倔强，非今世所能。牛后鸡口，势不并行。唇亡齿寒，事有明验。前事已矣，无可追悔。迄今挽救，犹能补苴。辛志吾言，莫谓秦无人也。章炳麟。有。

（《章太炎致南方各省之通电》，长沙《大公报》1918
年5月31日；《章太炎反对和解电》，上海《民国日报》
1918年5月27日）

唐继尧赞成召集国会议员致孙中山电
（1918年4月26日）

孙中山先生鉴：

效电奉悉，极佩荩筹。承示召集旧国会议员定期开会各节，护
法各省，想无不乐观其成。继尧现正准备赴渝，途中苦无电报，拟
抵渝后，再行电促各省协力进行，先此奉复。唐继尧。宥。印。

（《军政府公报》第七十九号，1918年5月14日，
"函电"）

唐继尧为西南各省组织统一机关复孙中山电
（1918年4月26日）

广东孙中山先生鉴：

申密。冬电奉悉。承示各节，伟论宏议，极佩荩筹。时局至
此，西南各省，非实行团结，化除意见，实不足以图存。组织统一
机关，实为目前急务。然须各方一致，庶足以厚实力，而免纷歧。
前经通电，征求意见，俟得复电，再将具体办法，详悉奉商，谨先
电复。继尧。宥。印。

（《云南档案史料》第一期，第61页）

王天纵就鄂豫联军前敌总指挥通电
（1918年4月27日载）

孙大元帅钧鉴：

窃天纵兴师讨贼，深惭后至。近鄂豫联军黎总司令任为鄂豫联前敌总指挥，已于筱日移驻三斗坪，指挥前敌。惟是才疏任重，陨越堪虞，诸公宏略匡时，声威素著，天纵近在三斗坪设有行军电报，尚望不我遐弃，时锡南针，俾资遵循。临电神驰，不胜企盼。王天纵叩。

（《军政府公报》第七十六号，1918 年 4 月 27 日，"函电"）

四川靖国军副司令兼摄嘉陵道尹陈炳堃
唁程总长致孙中山转程总长家属电
（1918 年 4 月 27 日载）

孙大元帅转程玉堂总长家属鉴：

玉公奉命率舰南来，气吞北虏，护法靖国，薄海同钦，为奸人刺，坏此长城，顾瞻共和前途，痛惜老成凋零，驰电哀悼，以唁哲人。四川靖国军副司令兼摄嘉陵道尹陈炳堃叩。

（《军政府公报》第七十六号，1918 年 4 月 27 日，"函电"）

黄以镛恢复黔边盐源等七县请加任命
川南道尹致孙中山电
（1918 年 4 月 27 日载）

孙大元帅鉴：

以镛在津沽谒先生数次，均为取《民意报》先生侥助之款，田梓琴同创国光、新闻与总务，同在天津起义，为国宣劳，历久不倦，镛甚敬重。回念既与克强共血光慎重危险事，克强毕竟善终，镛与熊克武渡河独立，在京津两次被捕，出狱后尚得生存，仍与张煦在川首先宣告独立，午岚竟以败死，再可叹矣。四川宁七属七军长失败，以镛率残余一百余人退滇，因派副官陈文正三人赶出，电达滇政府及沿途驻防军警团甲。不意至盐源，劣绅有志亨等，调中所土司阿绪统蛮匪杀毙一名，杀伤李正已、赵清远二名，镛统众经过处之乌木河、艰之吉房二日，遭曹阿汉夷匪穷追，秘书李宝珊九名殉国，以镛之军部重伤，唐副帅又以镛所部损伤甚多，损失甚重，因而委镛为宁属慰问专使，准率兵恢复。三月三号，镛命徐宁队罗耀奎同时独立营，克复黔边。十一号得盐源。十七号由徐两支队，得西昌、华封，歌旅长同案，得会理、冕宁、越隽、昭觉，傮橄、台宫，陈逆遁迹败走关城上川南。此次肃清，知注特闻，张煦被陈逆毒毙，惨不可言，特请以大将军礼葬，并优恤其家，俾镛公谊私情两无遗憾，众覆西望，何得主动。自以镛获西宁七属后，七属人民暨县议会公电请熊川督、但省长委镛为上川南道尹，希由先生钧府加委，并拍电达知唐蓂帅及熊、但二君，及余慰问□使衙署同县会同志。黄以镛叩。

（《军政府公报》第七十六号，1918 年 4 月 27 日，"函电"）

交通部次长崔文藻呈孙中山文
（1918 年 4 月 27 日载）

呈为呈请给假事：窃文藻现奉大元帅命令：任命崔文藻为中华民国军政府陆军部次长，直辖总务厅事等因。奉此，际此国家蜩螗之秋，军政为当务之急，积极进行，日不暇遑。前蒙任命交通次长职务，势难兼顾，且边防吃紧，军费浩繁，各处军队，纷向各方面搜提款项，以济军饷，交通部所辖水陆各机关固有存款，然所入不多，而众矢丛集，马总长原有交通部所辖各机关款项，除整理路政外，不得拨作别用。文藻既忝任交通次长，复蒙任陆军次长，一则军政纷烦，兼摄难周，一则提款时闻，迎拒不可，种种苦衷，难以缕述，恳请给假二月，得以专力陆部，所有恳请给假缘由，理合具呈大元帅衡核施行，实纫德谊。谨呈

大元帅孙

交通次长崔文藻

（《军政府公报》第七十六号，1918 年 4 月 27 日，"公文"）

四川靖国军援陕总司令石青阳追悼程总长通电
（1918 年 4 月 29 日）

孙大元帅均鉴：

承林司令沁电，惊悉海军总长程公玉堂惨遭狙击，梁摧栋折，为国悼惜。惟遣派暗杀，实足见敌人之技穷力屈，及此奋起直进，大张挞伐，师直为壮，勇气自增，如能约法恢复，国贼授首，则程公虽死犹生，亦当含笑于九原矣，愿与诸公勉力图之。青阳叩。艳。

（《军政府公报》第七十七号，1918 年 5 月 1 日，"函电"）

四川省议会议员景昌运等致孙中山电
（1918 年 5 月 1 日载）

孙大元帅钧鉴：

吾蜀不幸，兵祸频仍，周吴肇逆，川滇衅启，正司令陈炳焜，于北强南弱之时，首竖义旗于绥定。斯时北军近驻黎羹，钟师逼处

水营一带，楚歌四面，逆氛甚恶。绥郡弹丸一隅，形势迫促，颜、陈以一军支持其中，振臂一呼，一军皆奋。马取关县于北军之懋，继攻云夔，尽迁吴军、马军出境。军威所至，贼风披靡，北军将士，缴械投诚，夔门既键，下游被矢竟从。返省北指，收复绥属七县，提兵川北，转战千余里，大小数十战。其时名城既取，保宁为军区中破，以偏师进窥遂、巴各县，驱逐秦军退出川境，大军进取潼绵，誓师西下，先克梓潼，毁曹川陕电线，断敌军交通消息，进攻下剑阁，抚秦晋之众，绝刘张之路。敌军既绝外援，又断声息，内溃之形，实基于此。成都克复，胥赖其力，综计前后战绩，拓地二千里，据城二十八，收械快枪六千余，益以原有不下八千余，大炮二门，劲旅二十余营。劳苦功高，兵力雄厚，靖国各军，难与比伦。而有尤难者，义军所至，市廛不惊，秩序不紊，人民乐业，安堵如故，纪律严明，尤所仅见。惟颜君素尚实行，不私一己，前此护国之役，大功告成，尽将所部交熊公编制，引身归农，赋闲自甘。此次不操寸柄，骤起一隅，卒能戡定川乱，共成伟绩，而收之战时捷报不及十五。今颜君亲临蓉城，会商大计，惟促整军经武，出师北伐，不肯先事表暴，虚声鼓吹，口不言功，人亦无有以功归之者，揆之公论，宁可谓平。昌运等职司代议，亲睹情事，又迭接桑梓来函，尽称颜统军兵略，能造福人民，关系匪轻，恐仍蹈护国前辙，至误民望，又念川局虽云暂定，北贼犹未扫清，国家多难，需才孔亟。而颜君倡义于艰难之会际，仓皇戎马，关间百战之余，成此轩旗，至今实力已在一师以上。两蒙联帅委任，犹是战事名义，现当正式收束军队，至今多日，尚未任以相当之军职，恐寒将士之心，有负斯民之望。昌运等俯顺舆情，主持正谊，电请钧座量予委任，饬令前驱，北扫逆氛，以彰奇功。陈君既取保宁，经将士之推崇，人民之爱戴，至今嘉陵道尹政声卓著，口碑载道，应请量予委任，以奖有功而安人心，不胜翘企待命之至。四川省议会议员景昌运、游运炽、胡素民、余良瑀、文化祥、黎道漆、刘西池、刘云裳、王丕沼、鄢澍宋、李勋、邯兆熊、刘培禄、王南棠、解明奕、谢从鉴、范春膏、杨应玑、谢盛堂、薛仲良、田群桢、杨继、袁容光、洪琦瑞、郎湘炎等七十四人同叩。

（《军政府公报》第七十七号，1918年5月1日，"函电"）

援闽粤军总司令兼潮梅军务督办陈炯明
对于改组军府之通电
（1918年5月10日）

大元帅鉴：

奉大元帅辞职通电，其言光明，其意沉痛。当战局危急之秋，忽有此根本动摇之举，三军闻命，殊深惶惑。窃思军府为国会所组织，大元帅为国会所公举，今军政府组织大纲尚未至废止期间，而国会尚忽有迁就改组事之举，大元帅以负责为怀，提出辞职，本民主国政治家应取之态度。然西南号称护法，自应尊重民意，不当崇拜武力。乃军府产自□□机关以来，西南护□□□省率却顾，以致军府不能收统一之效，谓为非法欤，则改组之举，不当再设诸非常会议。若以非常会议为适法，则军府又何须改组统一机关。所以举民意并非以消纳势力者，义不敢有言护法，议员诸公贸贸临事，不能贯彻主张，忽设军府，忽而改组，瞻徇于武力之下，曲为成全，适以自毙。盖此项合议制之组织，不伦不类，将来结果适得其反。凡此厉阶，不过少数流氓政客播弄时局所致。炯明秉直人也，向无所阿。惟民国创造，几历艰虞，所望国人，尊重民意，庶能建设共和。若惟武力之马首是瞻，则国会安能自拔，遏乱何由终止？君子爱人以德，不以姑息右（上）之罪言。诸公明达，伏维亮察。炯明。灰。印。

（《军政府公报》第七十九号，1918年5月14日，"函电"）

附　陈炯明对于军政府改组致西南通电
（1918 年 5 月 10 日）

广州大元帅、国会非常会议、省议会、莫督军、李省长、伍秩庸先
生、海军林总司令、李联军总司令、李督办、张总长，南宁陆巡阅
使、广西省议会、云南省议会、刘代督军、重庆唐联军总司令，贵
州省议会、刘督军、王总司令，四川省议会、熊督军、吕卫戌总司
令、黄代省长、章太炎先生、叶、顾、赵各总司令、夏宣慰使，湖
南谭联军总司令探送程总司令，上海岑西林、孙伯兰、汪精卫、王
儒堂、张敬舆诸先生鉴：

　　奉大元帅辞职通电，其言光明，其意沉痛。当战局危急之秋，
忽有此根本动摇之举，三军闻命，殊深惶骇。窃思军府为所组织，
大元帅为国会所公举，今军政府组织大纲尚未至废止期间，而国会
忽有迁就改组之举，大元帅以负责为怀，提出辞职，本民主国政治
家应取之态度。然西南号称护法，自应尊重民意，不当崇拜武力。
乃军府产自民意机关以来，西南护法诸公相率却顾，以致军府不能
收统一之效，谓为非法欤，则改组之举，不当再谋诸非常会议。若
以非常会议为适法，则军府又何须改组统一机关。所以举民意，并
非以消纳势力，此义不明，曷言护法？议员诸公贸贸从事，不能贯
澈主张，忽而军府，忽而改组，瞻徇于武力之下，曲为求全，适以
自败。盖此项合议制之组织，不伦不类，将来结果适得其反。凡此
厉阶，不过少数流氓政客播弄时局所致。炯明亢直人也，向无所
阿。惟民国创造，倍历艰虞，所望国人，尊重民意，庶能建设共
和。若惟武力之马首是瞻，则国会安能自拔，内乱何由终止？君子
爱人以德，不以姑息右（上）之罪言。诸公明达，伏维亮察。炯
明。灰。

　　（《陈炯明对于军政府改组致西南通电》，上海《民国
日报》1918 年 5 月 19 日）

秦广礼请拨款办理东北善后事宜
致孙中山函
（1918 年 5 月 11 日）

中山先生钧鉴：

启者：广礼自受命以来，已六阅月矣。东北军事，仰托威福，尚不棘手。不幸钧府改组案已通过，付开二读会，使数月之经营，尽归无效，殊令人饮恨无穷。查广礼自招讨黑龙江兼宣抚吉林各事，费用均系由个人筹办，前在财政部领到之公债收条，已发行一万二千七百元，昨经呈报备案矣。兹特恳祈先生，饬财政部发给正式公债票百元者二万元，除已发行之数外，所余七千三百元专为办理善后事宜之用。倘有不足，再具情呈领。惟所有用途俟另文呈报，现因印信未在，用先函禀。专此，敬请

钧安

秦广礼谨上
五月十一日

孙中山批：着财政部办理。文。

（《革命文献》第四十八辑，第 179～180 页）

陕西靖国军否认中日密约电
（1918 年 5 月 12 日）

广东国会非常会议议员诸君、孙大元帅，重庆唐联帅，贵阳刘副帅，南宁陆巡阅使，广州莫督军、伍秩庸先生、林海军总司令、李协和总指挥、李印泉督办、陈竞存总司令，湖南谭联军总司令、程总司令、钮参谋长、赵师长、刘镇守使、林旅长，四川熊督军并转川军各司令，上海岑西林先生、孙伯兰先生鉴：

段氏窃柄，毁法误国，近复与日人缔结密约，假共同出兵之名，以济其藉外对内之私。夫缔结条约，必经国会同意，载在约法。今国会蒙尘，政府非法，段氏竟以私人名义，不惜举国家主权、四万万人民之财产，拱手送诸外人，皆吾人所当死不承认，而一致声罪致讨者也。景翼等率三秦义旅，揭靖国旗帜，从诸公后，矢志护法，然一旦国亡，何法之可护，何国之可靖？当此千钧一发之时，正仗麾日捕天之大力。应请警告冯代总统，请勿盖印，仍一面忠告政府，使知与非法政府结不法之条约，徒伤两国亲善，有害东亚和平。尤宜急起直追，速将护法统一机关，组织完善，协力进行，扶我正谊，歼彼国贼，河山重奠，实攸赖之。景翼等与三秦国民誓竭绵薄，同匡国难，临电神驰，声与泪俱。胡景翼、曹世英叩。文。

（《陕西靖国军否认中日密约电》，上海《民国日报》1918 年 5 月 26 日）

国会非常会议咨孙中山文
（1918 年 5 月 14 日载）

为咨覆事：本年本月五日准大元帅咨开：查军政府组织大纲修正案经于本日贵非常会议议决通过，文于大元帅任职期内虽自惭德薄能鲜，幸尚无负贵会议之托付，兹特向贵会议声明辞职，所有交代军政府事宜，及解散现在服务各职员、兵士等办法，自应另行提案，咨请贵会议议决等因到会。当经本会于本月七日提付会议公同讨论，金以非俟改组军政府正式成立后不能许可辞职，即经多数可决，除由本会公推议长造府挽留外，相应将开会议决情形，咨达贵军政府，即希查照施行，此咨

大元帅

国会非常会议

（《军政府公报》第七十九号，1918 年 5 月 14 日，
"咨文"）

河南靖国军总司令兼鄂豫联军前敌总指挥王天纵誓师讨贼之通电

（1918 年 5 月 14 日）

大元帅鉴：

慨自政府专恣，祸起中央，督军横行，毒流南省，假军械而借款，罔恤国家，结团体以构兵，倒置冠履，国会则任意解散，总统则擅自驱除，其败德之衅，擢发难数，非法之罪，馨竹莫书。是以护法各省群揭义旗，靖国诸军共讨民贼，天厌逆党，屡战屡败，不思拟图去尽枭毒，虎负荆宜，蚕食武岳，横行惨暴，恣其诛伺，小民无知，受其鱼肉。贼氛所至，则华屋邱墟，敌马所经，则市廛残杀。惟我义士深切同仇，凡有心人，莫不共愤，故鄂豫湘各军环夹击，川滇黔众旅道来趋，雄师十万，猛将卓员，电掣风驰，屯云电集。天纵是用亲率东下，躬履前方，踏破荆宜，扫平武汉，会师夔都，取朔邑而借邻，直捣黄龙，与诸君而痛饮，庶几除恶务尽，不敢贻羞，共立大功，同谋幸福，谢我黎庶耳。天纵此次会师讨贼，誓扫群魔，叹风雨之飘摇，国基靡定，念生灵之涂炭，衽席未登，是以栖栖皇皇，未遑宁处，兢兢业业，不敢告劳，至权利之想，恨怨之私，早已屏诸夙夜，绝之寸衷，天日在前，鬼神共鉴。惟有统兵率将同志，各军一德，群策群力，殄灭凶顽，共矢报国之忱，永念同舟之义，则非独我军之幸。亦大局之幸。兹当誓师莅众，用敢驰电以闻。河南靖国军总司令兼鄂豫联军前敌总指挥王天纵、总参谋蒋政源叩。寒。印。

（《军政府公报》第七十九号，1918 年 5 月 14 日，
"函电"）

非常国会致当选各总裁电

（1918 年 5 月 21 日）

日本唐少川先生，毕节唐联军总司令，广州孙中山先生、伍秩庸先生、海军林总司令，南宁陆巡阅使，上海岑西林先生鉴：

军政府改组，经本会议决，已于巧日宣布并通电宣言，谅邀惠鉴。旋于二十日选举政务总裁，明公与□□诸公均入当选，同人等欢欣鼓舞，庆国得人，务望我公迅速就职，共肩钜任，从前护法各省，克成统一，内既增国民之信仰，外可得友邦之赞同，行见逆焰销沈，还我大法，民国万岁，利赖无穷。国会非常会议叩。马。

（《非常国会选举军政府总裁详记》，上海《民国日报》1918 年 5 月 28 日）

国会非常会议请孙中山就任
政务总裁职函

（1918 年 5 月 26 日）

敬启者：本会改组军政府一案，业经通过。宣布政务总裁，亦经大会选定先生，并电请从速就职各在案。兹本会复于本月二十五日开谈话会，推定居正、焦易堂等两君，为本会代表，敦请先生速就政务总裁职。伏维先生为国柱石，海宇同钦，当此国法沦胥之日，正赖扶危继绝之人，务乞先生以国家为念，俯如众请，早日就职，共挽危局。除证书交由代表赍送外，相应函请台端，希赐接洽为荷，此致

中山先生

国会非常会议启，五月廿六日

（《革命文献》第四十九辑，第 144 页）

伍林两总裁宣告就职电

（1918 年 5 月 28 日）

广州国会非常会议、莫督军、李省长、胡展堂先生，汕头孙中山先生、陈总司令、方总指挥，上海岑西林、孙伯兰、汪精卫先生，贵县行营陆巡阅使，南宁陈联军总司令，唐行营唐联军总司令，贵阳刘督军，成都熊督军，谭行营谭联军总司令，韶州探送程总司令、李总司令、李督办，归州黎总司令并转叶总司令，重庆章太炎先生钧鉴：

接国会非常会议巧日通电，敬悉中华民国军政府组织大纲于本月十八日议决宣布。再接马电，并悉二十日选举政务总裁，唐公少川、唐公蓂赓、孙公中山、陆公干卿、岑公云阶暨廷芳、葆怿均以最多数当选。又同日接马电，承嘱迅速就职，共肩巨任。循诵再四，惭悚交并，在诸公德高望隆，遐迩具瞻，既承国民付托之重，必收匡复约法之功。廷芳、葆怿薄德鲜能，本不敢谬膺艰巨，惟今者大法沦胥，群伦失恃，内忧外患，纷至叠集，当此风雨飘摇之局，本非肥遁鸣高之时。自应即日宣布就职，俾重民意而促进行。惟查组织大纲，军政府系采合议制，由政务总裁七人组织政务会议，行使其职权，是廷芳、葆怿现虽就职，仍俟各总裁共同负责，始能行使其职权。谨此电陈，伏希明鉴。伍廷芳、林葆怿。俭。

（《军政府公报》修字第一号，1918 年 8 月 31 日，"通告"；又见上海《民国日报》1918 年 6 月 3 日《军政府改组后之进行》；《南方新政府成立之波折》，长沙《大公报》1918 年 6 月 11 日）

国会非常会议咨孙中山文

（1918 年 5 月 28 日载）

为咨覆事：本月十八日，接准来咨，现在军政府各机关次第结束，特派内政总长居正办理交代事宜，与本会接洽等因到会。当即提付会议，经众讨论，金以军政府组织大纲虽经本会修正，仍请大元帅暂任其职，俟改组政府正式成立后，再行交代，多数意见相同，即经议决，相应咨覆贵军政府，希即查照执行。此咨

大元帅

（《军政府结束与孙中山东渡》，上海《民国日报》

1918 年 5 月 28 日）

澳侨萧景濂等挽留孙中山电
（1918 年 5 月 28 日载）

孙大元帅钧鉴：

军政改组，我公辞职，急流勇退，中外同钦。比闻国会方面，业经依案改选，公亦被举总裁之一，足见国人倚任真诚，始终贯澈，为我公计，亟须毅然决然，上膺国会之选，下慰人民之望，与岑、陆诸公一体就职，俾军府未竟之功，得以完成于改组之后，幸无再事坚辞，致违初志，侨等忝叨爱末，敢电渎闻。澳侨萧景濂、王星槎、李灼如、李汝诚等同叩。

（《军政府结束与孙中山东渡》，上海《民国日报》

1918 年 5 月 28 日）

田应诏、周则范停战通电
（1918 年 6 月 1 日）

北京大总统、总理钧鉴：各省督军、省长、议会及镇守使，南宁陆巡阅使，□行营唐督军，上海岑西林、张绍曾、卢护军使，广东孙

中山、伍秩庸、唐少川、汪精卫、谭组菴诸先生、海军林总司令、天津熊秉三、梁任公钧鉴：

　　岑、陆、卢三公巧、陷两电，及贵阳刘督军卅电，读悉之余，钦佩莫名。际此外患日迫，内讧不休，国事动摇，危在旦夕，倘再相持不下，不特春耕失时，城灶为墟，人不亡我，而我自亡也。务恳爱国诸君子等毅力主张，休兵悔战，为国救民，激发天良，俾战事早日解决，安内御外，双方进行，不胜迫切待命之至。田应诏、周则范叩。先。印。

　　（《湘西军主张停战原电》，长沙《大公报》1918 年 6 月 1 日）

伍廷芳、林葆怿请就任政务总裁
上孙中山书
（1918 年 6 月 17 日）

中山先生台鉴：

　　顷者军政府改组，选出总裁，廷等猥以迁疏，窃附骥尾。深维时局艰危，如泛漏舟，非合力曷由共济。当已宣布就职，冀有以收西南泮涣之人心，此志谅可共喻。溯自西南倡义，军府成立，艰难支撑，独赖贤劳，精诚可以格金石，常不能默喻诸邻室，大勇可以涵天壤，每见屈于褐夫。其中消息盈灵，是在有以运用之而已矣。今军府改组，只限于内部之条文，其名义仍旧，则精神犹存，继往开来，正吾人所宜急于从事者也。世局转变至此，在廷等岂能无介于怀，惟求尽能如吾意以行，为天下必无之事。于危亡之际，可以收拾几分，便即已尽了几分之责任。可为者人，而不可为者天，若乃事稍与吾意左，而遽掉头不顾，不特前功尽废，后事愈不可收拾矣。任劳任怨，已不待赘陈，廷等惟有以收拾几分一语自勉，且以相劝勉耳。先生非迈远鸣高之士，

踽踽凉凉，于义无取，敢致书劝驾，幡然来游，勿亏一篑之功，
而全始终之德。凡诸改作，皆待鸿裁，临书不胜依眷。肃此，
专颂

台祺

弟伍廷芳林葆怿同启
六月十七日

（《革命文献》第四十九辑，第 144～145 页）

唐继尧宣告就职电
（1918 年 6 月 19 日）

万急。广州非常会议、伍秩老、林总司令、莫督军并转岑西林、唐
少川、孙中山先生，韶州李联军总司令、李督办，南宁陆巡阅使，
永州谭联军总司令，贵阳刘督军，成都熊督军均鉴：

非常会议马电、干公冬电、日公沁电、月公东电均敬悉。国变
纷纭，时逾一载，城狐未惩，神器屡惊，熟察全属，宜有奋图。军
政府改组，同□庆慰，谬承不弃，托以总裁，自惭德薄，曷克胜
此。惟国家兴亡，匹夫有责，忝总戎兵，敢忘斯义。谨随诸公遥领
责守，扬鞭立马，敬赞鸿图。唐继尧。皓。印

（《军政府公报》修字第一号，1918 年 8 月 31 日，
"通告"）

彭占元为鲁省军事致孙中山函
（1918 年 6 月 20 日）

中山先生伟鉴：

前上海奉上两函，计达洞鉴。所请委任山东各路军队司令

各职，未候回示之时，奉函召即时就道，自以谓来粤面达一切，孰意来粤先生远去二日矣。有怀未达，怅惘曷极。此次先生又被举为总裁，务乞勉为就职，以为护法之精神，免却争权利者苟且了事也。总之，平民革命，此番又成泡影，殊堪浩叹。先生共和精神，在中国后起不无英俊，终有达到目的之一日。想先生当有亦勖同人也。元本樗栎，十数年于会中，无大建白。而在立法界七八年所经过，自以谓因改党而破坏吾同盟旧国体者，为绝大憾事，不知先生以为然否？请先生以为教之是祷。数月在山东所办军事计划书一纸，奉上一阅，如何之处，并请示知。肃此，即颂

任安

彭占元谨启
六月廿日

孙中山批：看过，已面答。

（《革命文献》第四十八辑，第 273 页）

伍林催孙先生就职电
（1918 年 6 月 27 日载）

孙先生钧鉴：

自非法政府解散国会，约法失效，举国骚然。赖公不避劳怨，招集国会，间关来粤，开非常会议，组成军政府，一线国脉藉以仅存。今兹军政府改组，乃为大局计，藉选总裁，公亦列席，务必早日旋粤莅职，共肩重任，以促进行，而收护法之效。勿弛救亡之勇气，挽大厦之将倾，不胜企盼之至。伍廷芳、林葆怿叩。

（《伍林催孙先生就职电》，上海《民国日报》1918年 6 月 27 日）

唐总裁通告派赵藩为代表电

（1918 年 6 月 29 日）

万急。南宁陆巡阅使、陈督军，广州伍秩老、林总司令、莫督军并
飞转西林、少川、中山先生，韶州李联军总司令、李督办，永州谭
联军总司令、程总司令并转谭组庵先生，贵阳刘督军、成都熊督军
鉴：

新成密。前接非常国会马电，继尧猥承推举，厕政务总裁之
列，责任所在，义不敢辞，已于皓日通电，谨随诸公，遥领职守。
窃念政务会议关系国计至大，现继尧亲出督师，未能赴粤莅会，自
应依据军政府组织大纲，特派代表一人。兹特委托赵公樾村为全权
代表，参与盛会，已得复电承诺，除敦促启行外，谨此奉闻。继
尧。艳。

（《军政府公报》修字第二号，1918 年 9 月 4 日，"通
告"）

石青阳贺军政府成立电

（1918 年 6 月 30 日）

岑总裁、伍总裁、唐总裁、林总裁、孙总裁、陆总裁、毕节唐总
裁、广州非常国会鉴：

读非常国会巧、马各电，知改组军政府业告成立，得诸公出任
总裁，从此南方得名实相符之统一机关，及名实并著之行政首枢，
壁垒一新，军容振发，瞻望前途，欣喜无限。唯此次兴师，重在护
法，一切举动，期于有神，故虽事势推选，国人□当相谅，□□传
说改组业与议和有关一节，是垂成与人口实，诸公明达，必能洞悉
其奸谋，详究其利害，愿努力同心，一雪此言。青阳不敏，励兵秣

马以随其后。滇川黔联军援陕第一路总司令石青阳叩。陷。

（《军政府公报》修字第一号，1918 年 8 月 31 日，"公电"）

徐东垣报告吉奉暗潮倘有决裂
可采行动致孙中山函
（1919 年 6 月 30 日）

中山先生勋鉴：

谨陈者：自粤东军政府改组后，吾党即失发展地步，神能如先生者，尚持消极主义，屑末如垣岂有活动余地乎。二载以来，无所事事，虽云才力薄微，亦时势使然也。现处和会半死活之际，更使人无所主张，以垣管见，即使其有成，亦不过迁就敷衍下去，为几强有力巩固地盘、安置饭碗已耳。欲就此产生一法治国，亦云难矣。近以排日风潮，日人对吾行动稍觉宽容，虽彼命意有在，吾可乘机以逞，出动鲁东，尚可图行险以侥幸。故垣不觉蠢蠢欲动，不知是否有当，敢祈垂教，俾有所遵循。吉奉暗潮，不过两奸相争，终难为我用，现伪政府极力疏通，将不免化干戈为币帛矣。倘有决裂之时，吉军有若干学生，出身中下级军官，尚有血气，垣已联络成熟，彼时当能拔赵帜而易汉帜也。临颖不胜待命之至。

肃此，维颂

勋祉

徐东垣谨禀

六月三十号

孙中山批：代答以现宜潜养实力，不宜动作。俟各地养足实力，到有机可动之时，然后约定为一共同动作乃可也。

（《革命文献》第四十八辑，第 180 页）

王天纵贺军政府成立电

（1918 年 7 月 2 日）

广州军政府唐总裁、孙总裁、伍总裁、岑总裁、林总裁，南宁陆干帅总裁钧鉴：

顷奉唐冀帅皓日就政务总裁职通电，欣悉诸公均已被选就职，公等以人民之托，肩肩艰巨，此固天纵日夜所馨祝者也。段逆所为，破坏约法，藉闭东邻，风雨飘摇，国将不国。军政府成立，天宇重开，群情欢跃无已，特电敬贺，藉表衷曲。河南靖国军总司令王天纵叩。冬。

（《军政府公报》修字第一号，1918 年 8 月 31 日，"公电"）

岑春煊宣告就职电

（1918 年 7 月 4 日）

万急。广州参议院、众议院、伍总裁、林总裁、莫督军、省议会、海军总司令部并转各司令、舰长、陈师长、李镇守使、翟镇守使、申司令、□帮办、李运使、杨厅长，石井钮督办，肇庆李省长，各道尹，各镇守使，三河坝陈总司令，潮州方总指挥，岸步分送沈总司令、林总司令、刘总司令，北海黄督办，香山魏总司令，韶州李联军总司令、李督办、李师长，南雄成司令，郴州程、马各总司令、赵司长、林旅长、林处长、李晓垣督办，毕节行营唐联军总司令并转川滇黔靖国联军各司令，贵阳刘督军、王师长、省议会，成都熊督军、省议会，云南刘代督军、由代省长、唐总司令、省议会，蒙自□总司令，龙州陆巡阅使，永州谭联军总司令谭组庵先生，柳州陈省长并转各道尹，南宁督军署、省议会，梧州黄镇守使，龙州曾总司令，上海孙中山先生、唐少川先生均鉴：

□□国会非常会议选举春煊为政务总裁，兹定于七月四日就职，谨本护法靖国主张，随诸公，效驰驱，尚祈惠赐嘉谟，用匡不逮，敬此奉闻。岑春煊。豪。

（《军政府公报》修字第一号，1918 年 8 月 31 日，"通告"）

广州报界公会通电
（1918 年 7 月 7 日载）

上海《民国日报》鉴：并转孙中山先生、岑云阶先生、唐少川先生、孙伯兰先生、胡展堂先生、汪精卫先生、戴季陶先生，各报馆，北京、天津、汉口各报馆鉴：

本城《民主报》主干陈耿夫，因登载驻粤广西军政界同人宣言一则，于本月二十三晚八时，被军署逮捕，翌早枪毙，随将该报封禁，没收营业器具，事后宣布罪状，指为造谣挑拨，煽惑军心，希图扰乱治安，破坏大局，实属罪无可逭云云。窃思布告所引各款，皆属新闻言论性质，纵有失误，亦报纸所时有，世界自报纸以来，无论何时何国，从未有以登载新闻言论处记者以死刑之条，即今广东自主政府，其所私定未经国会、省议会议决之报纸条例，亦未有处以死刑之明文。今竟处《民主报》陈耿夫以枪决死刑，以护法政府而有此事，窃恐人人自危，莫知死所。乞予主持，以重人道而维舆论。临电哀鸣，伏惟矜鉴。广州报界公会全体叩。（按：本报并未接得此电，兹自粤报转录之意者，为电局所搁压欤？）

（《粤报界不平声》，上海《民国日报》1918 年 7 月 7 日）

国会议员请孙中山力疾就职电
（1918 年 7 月 15 日载）

上海孙中山先生钧鉴：

自我公首倡护法，遏迩响应，西南遂有军府之组织，今虽改组，尤非得坚忍纯洁者肩斯钜任，不足以感召全国。矧国会召集，公力为多，现到院议员，将及法定人数，一切进行，繁公是赖，万乞力疾就职，以竟前功而慰群望。临电神驰，无任延盼。国会议员郑忾辰、曹振懋、陈堃、詹调元、丁象谦、蔡突灵、杨树璜、刘万里、□显清、黄汝瀛、丁超五、沈智夫、张树桐同叩。

（《国会议员请孙先生力疾就职电》，上海《民国日报》1918 年 7 月 15 日）

唐继尧举李烈钧代理参谋部长通电
（1918 年 7 月 17 日）

十万火急。广州岑总裁、伍总裁、林总裁并转唐总裁、孙总裁，国会吴、王两议长、莫督军，韶州李联军总司令、李督办，南宁陆总裁、陈督军，汕头陈总司令，谭行营谭联军总司令，郴州谭组庵先生并转程总司令，贵阳刘督军，成都熊督军鉴：

新成密。岑、伍、林诸公歌电敬悉。继尧猥以非才，复蒙公举，兼管参谋部长，巨任事□，负□公谊，实无可辞。际此政府初成，谨当勉承其乏，惟现在身列行间，未能赴粤，应查照组织大纲□部长一人。兹拟以李总司令烈钧就近代理职务，请即由政务会议特任，依法代行职权，特此电陈，敬乞□□，继尧。筱。

（《军政府公报》修字第一号，1918 年 8 月 31 日，"通告"）

伍毓瑞等贺军政府成立电

（1918 年 7 月 17 日）

广州军政府岑、孙、伍、唐、陆、唐、林总裁钧鉴：

军府成立，内寒贼胆，外树观瞻，垂统布新，群情额庆，肃电驰贺，整候□策。云南靖国军潮梅戒严总司令伍毓瑞、宪兵司令官郭森甲仝叩。篠。印。

（《军政府公报》修字第一号，1918 年 8 月 31 日，"公电"）

熊锦帆贺国会恢复电

（1918 年 7 月 17 日）

万急。广东参议院、众议院、伍总裁、莫督军、李省长、省议会、胡展堂先生并请转孙中山、唐少川先生，韶州李联军总司令、李督办，汕头陈总司令、方总指〈挥〉，上海岑西林、孙伯兰、汪精卫、杨沧白先生，南宁陆总裁、陈省长、省议会，毕节唐总裁，贵阳刘督军、省议会，云南刘代督军，由代省长、省议会，湖南谭行营谭联军总司令、钮总参谋长、谭组菴先生并转穆总司令，巫山黎总司令、王总司令、叶总司令并转章太炎先生、柏总指挥、蔡总司令、唐总司令钧鉴：

参、众两院文电奉悉。自庋夫专政，叛帅称戈，神圣约法，不绝如缕，赖我两院诸公，热心毅力，阻险间关，扶持国运于将倾，保障人权于已坠，再厉托始于兹，翘首岭云，踊跃三百，此〔此〕武夫悍卒，渐销跋扈之野心，编户齐民，可食大同之幸福，非诸公之赐，而谁赐耶？克武爱共和如性命，以法治为依归，誓守初衷，勉图后盾，决不使铁血换来之约法，复为奸人所盗弄。谨申贺忱，藉布腹心，克武叩。筱。印。

（《熊锦帆贺国会恢复电》，上海《民国日报》1918
年 8 月 13 日）

赵又新等贺军政府成立电
（1918 年 7 月 18 日）

万急。广州岑西林先生、林悦卿先生、伍秩庸先生，南宁陆巡阅
使，毕节唐联军总司令，上海孙中山先生并转唐少川先生均鉴：

军政府成立，非常国会开会，诸公被举为政务总裁，遽听之
余，曷胜欣忭。元勋大集，提挈南邦，从此政纲宏建，立西南统一
机关，民望永孚，正全国同盟之军。新等治兵蜀疆，静候驱策而
□□□□欣幸。骈臻伏冀力肩巨任，以扶危局，使慰群情。谨电申
贺，无任瞻依。靖国联军第二路军长赵又新、左□总司令赵□奇
叩。巧。

（《军政府公报》修字第一号，1918 年 8 月 31 日，
"公电"）

李参谋部长宣告就职电
（1918 年 7 月 19 日）

毕节靖国军大本营唐总裁并转李梓□、□辟生两先生，顾、黄、
叶、赵、黎各总司令，贵阳刘督军、王道尹、王总司令，成都熊督
军、各师旅长，重庆余镇守使并转章太炎先生，云南刘代督军、由
省长、唐卫戍总司令并转□□□，南宁陆总裁、□湘畸先生，桂林
陈省长，永州谭联军总司令、谭组庵总司令、陈参谋长、
□□□□□各总司令，郴州程、马、李三总司令、赵师长、林旅

长，广州参议院众议院王议长、吴议长，军政府岑总裁、伍总裁、林总裁、护法各省各军区代表、莫督军、郭参谋长、钮总参谋、林军长、魏军长、陈师长、海军□参谋长、肇庆李省长，上海孙总裁、唐总裁、吴稚晖、孙伯兰、张溥泉、汪精卫、谢敬卢、彭凌霄诸先生，三河坝陈总司令、汕头刘镇守使、潮州方总指挥、伍、夏两旅长、雷州沈总司令、惠州刘总司令，梧州黄镇守使，韶州李督办并转李师长，南雄成司令，仁化朱司令，始兴杨司令，汝城盛司令，翁源赵司令，□炮工监，各旅团营长鉴：

　　钧奉唐总裁委托，长□参谋，依法代行职权，复奉政务会议特任，兹于本日就职，谨电奉闻。烈钧叩。效。印。

　　（《军政府公报》修字第一号，1918年8月31日，"通告"）

李烈钧致孙中山书

（1918年7月25日）

中山先生总裁执事：

　　抵滇以后，迭次函电，备述近情，计察。记室遥审，筹荣咸宜，鼎祉介福，无任翘企。川局自熊氏出走后，驯然融和，所得比来消息，更为佳胜。钧承会泽、兴义两公委托，赴渝刷新联部，为组织军药准备。会泽对于此举，认为前途发展之无上希望，计画一切极见热诚。深盼旌麾早日莅渝主持，藉资提挈。钧于七月二十六日由滇启程，绕道贵易，与兴义面接洽即行，径赴渝上。行李匆遽，因何参议成浚来沪之便，率草数言，敬达左右。详情由何君面为陈，颛此奉候，勉履不尽。

李烈钧敬启

七月二十五日

　　（《李烈钧集》上册，第426页）

契切林致孙中山信

（1918 年 8 月 1 日）

亲爱的孙中山博士：

人民委员会交给我们一项光荣任务，向您，尊敬的导师表示感谢，感谢您几个月前曾以中国南方议会的名义给工农政府寄来贺信，并向您，中国革命的领袖，从 1911 年起在特别困难的条件下继续带领中国劳动群众反对奴役者——中国北方的和外国的资产阶级以及帝国主义政府——的伟人表示敬意。

您，尊敬的导师，前些时候在致工农政府的贺信中曾指出，俄国革命和中国革命抱有同样的目的，即解放工人并在承认俄中两国伟大的无产阶级利益的基础上建立永久和平。

按照我们的理解，这个伟大的任务就是两国劳动阶级团结起来，建立普遍和平，它是人民从资产阶级手中取得政权以来，工农政府全部活动的依据。和平法令已表达了我们这一纲领。尊敬的导师，和平法令谅您业已知悉。全俄苏维埃第五次代表大会发表的对东方各民族的宣言重申了这个纲领。

我们和您一样，在前进中遇到了空前未有的困难，帝国主义政府的军队、资产阶级的雇佣兵捷克斯洛伐克兵团和俄国资产阶级，象铁桶一样包围着我们，他们企图在俄国恢复君主政体，我们同我们的朋友——中国南方无产阶级的联系被切断了。两个月来，同您的联系也中断了，我们共同的敌人通过银行家和资本家所收买的报刊，正在散布着种种谣言，其目的是不让中国人民了解真相：工农政府生机勃勃，正进行着强有力的、坚持不懈的斗争，它一如既往，高举无产阶级战胜世界资产阶级和欧洲强盗及掠夺者的旗帜。

我们的处境困苦，面临着力量悬殊的斗争。在这个经受考验的时刻，当帝国主义政府从东西南北伸出贪婪的魔爪要破坏俄国革命和剥夺俄国工农通过这场世界上空前未有的革命而获得的成果的时候，当外国银行家所扶植的北京政府企图与这些掠夺者勾结起来的时候，——就是在这个时刻，俄国劳动阶级吁请中国兄弟共同斗争。

因为我们的成功，就是你们的成功，我们的灭亡也就是你们的灭亡。

让我们在争取全世界无产阶级共同利益的伟大斗争中更加紧密地团结起来。中国劳动农民万岁。中国工人万岁。俄中无产阶级联合万岁。

向中国劳动阶级及其尊敬的导师孙中山博士致以最诚挚的祝愿，祝愿幸福、昌盛。

俄罗斯苏维埃联邦社会主义共和国外交人民委员格奥尔基·契切林

（《联共（布）共产国际与中国国民革命运动（1917～1925）》，第 48～49 页）

夏之时请各总裁就职电

（1918 年 8 月 4 日）

唐行营唐联军总司令，南宁陆巡阅使，分送广州非常会议并转孙中山、唐少川、伍秩庸、岑云阶、林悦卿诸先生钧鉴：

顷奉巧、马各电，知非常国会依法修改军政府大纲，并举定诸公为政务总裁等因。闻命之余，踊跃三百。慨自兆〔北？〕政不端，全国骚动，时不自谦，仓卒誓师，转战经旬，幸无陨越。刘、张出走，川局初定，期拟联合滇黔，大张挞伐，嗣因无统系的政府相与提携，以至波折横生，履行不果。今幸诸公当国，奠我西南，从此万众所趋，日归一致，神州奠定，指日可期。谨率三军，为诸公贺。时局艰危，稍纵即逝，伏乞克期就职，为国宣劳，庶几护法前途，益臻完善。临电额手，无任神驰。靖国招讨军司令官兼川东宣慰使夏之时叩。支。印。

（《护法要人要电一束》，上海《民国日报》1918 年 8 月 23 日）

附　夏之时贺军政府成立电
（1918 年 8 月 4 日）

唐行营唐联军总司令，南宁陆巡阅使，分送广州非常会议并转孙中山、唐少川、伍秩庸、岑云阶、林悦卿诸先生钧鉴：

顷奉巧、马各电，知非常国会依法修改军政府大纲，并举定诸公为政务总裁等因。闻命之余，巨跃三百。慨自北政不端，全国骚动，时不自谦，仓卒誓师，转战经旬，幸无陨越。刘、张出走，川局初定，期拟联合滇黔，大张挞伐，嗣因无统系的政府相与提携，以至波折横生，□□不果。今幸诸公当国，奠我西南，从此万众所趋，日形一致，神州奠定，指日可期。谨率三军，为诸公贺，时局艰危，稍纵即逝，伏乞克期就职，为国宣劳，庶几护法前途，益臻完善，临电额手，无任神驰。靖国招讨军司令官兼川东宣慰使夏之时叩。支。印。

（《军政府公报》修字第一号，1918 年 8 月 31 日，"公电"）

王伯群为转唐继尧密电致孙中山函
（1918 年 8 月 6 日）

中山先生赐鉴：

顷得冀赓总裁嘱转密电一通，特抄呈尊览，余容面陈。敬候暑安

后学王伯群顿　八月六日

（《革命文献》第四十八辑，第 298 页）

王安澜电陈不可不战之理由

（1918 年 8 月 7 日）

天津黎大总统，南宁陆巡阅使，毕节唐联帅，广州孙中山先生、国会非常会议、伍总裁、林总裁、吴廉伯先生、莫督军、张总长、方师长，金州李总司令、李督办转□和陈总司令，南宁陈督军、李省长，云南刘代督，贵阳刘督军，巫山叶联军总司令，永州探送程总司令、刘总司令、田总司令，请探送林总司令、胡瑜款总司令、谢总司令，上海岑西林、唐少川、孙伯兰、谭组庵、谭石屏、张泳沼、章行严、汪精卫先生，成都熊督军、黄省长、盛军长、夏司令、杨司令、萧总指挥，归州黎总司令、何师长，探送王旭九总司令、施南李指挥、唐总司令，□州蔡□□副司令并探送章太炎先生，顺庆颜总司令、石总司令，转大竹陈总司令，思州冯军长、赵总司令、何总司令、赵军长，探送吕司令、刘师长，送荣县刁师长、仁寿舒司令、石副司令、王总司令、袁师长、余总司令、□司令，各省议会，各报馆，汉口陈□宛、蓝程豪、孙主即、蒋雨严、□畏三、胡石庵先生均鉴：

　　澜自去冬联合旧部倡义，随率出宜，当远身经，忽忽半载，于粮饷军械弹不充无可讳言，而士气奋勇，健斗善战，团体固结，上下一心，以故入生出死，相依为命，耐苦饥绌。始不数月以来，每遇战事，陷阵冲锋，鼓励无前，未尝稍事畏敌，先自退却，此固彰彰在人耳目，及各友军所共见共信者也。前此联军攻宜，节节得手，不意归、巴失陷，后顾增□，不得已追随叶公率部入蜀，秣马

厉兵，乘时再举，身虽在川，未尝一日忘楚。后荷唐联帅不弃□
菲，委澜为靖国联军援鄂第二路左翼总司令，澜材力棉薄，愧不敢
当，责任所在，亦不敢固辞。乃者南北和议，中日私约，载在报
章，喧腾遝迟，激昂愤慨，五夜彷徨，寸衷焰然，难安寝馈，敢陈
数义，为诸公告。段逆阴毒险很，私同日本缔约卖国条约，为虎作
伥，引狼入室，内容惨酷，亘古罕闻。此条约如果签押，行见大好
山河一任东邻宰割，赤帝子孙宁有焦［噍］类。务恳各义军一致
力争，克期北伐，尽扫元凶，解除条约。此就国家存亡上言之，不
可不战者一也。逆虏暴横狡诈，欲以武力压服西南，燃萁煮豆，同
室操戈，逆焰鸱张，薄海同愤。迩来曹、张北走，军心摇动，不愿
再战，抑北京内讧甚烈，已中渠败之象，逆运衰戚，为期不远，灭
逆之效，晓然若揭。义军虽迭受逆虏袭击，而军气未常稍挫。用望
各友军乘此时机，再接再厉，扫除妖氛，共靖国难。此就南北士气
上言之，不可不战者二也。以西南兵分□之义军，派地同起，与逆
虏□□精锐之师相角逐，支持经年，至今机会□□，彼其所恃，不
过交通利便，器械充沛，如遇山川□阻之地，□□崎岖之途，即无
所施其伎俩。今湘赣之战，逆虏精锐已尽，士气落魄，以新募之
兵，凋残之械，□为支撑。我义军若舍交通之地扼守，以老彼师，
别出奇兵侧击，以出川陕赣闽，扼其险要，安有不胜者。此就南北
现在战略上言之，不可不战者三也。国于天地必有与立，法之不
存，国将不国。段逆专制成性，不知共和为何事。盖共和国家总统
罢免总理常事也，而嗾使叛督以称兵，国会依法召集，向有成例，
段氏蒙混宪典以指派，试问该逆此等之举动，律以良心上之主张，
是否与法律相背驰，纲率□成，是非颠倒，一人违法，全国鼎沸，
天地晦盲，人民流离，□猴沙虫同罹浩劫。况国会解散，总统向何
处辞职，内阁又由何处产生，近复嗾使党徒，运动选举，以为□取
总统之地步，势必达其专制之阴谋，将共和摧残净尽而后已。我义
军若不急起直追，抱定铁血，用武力以消除魑魅魍魉，行见共和国
体全被摧翻，皇帝之梦想又将复活，不惟无以对革命诸先烈，且有

负清后逊让之盛谊。此就法律解决上言之，不可不战者四也。抑更有进者，段逆待某国之助援，暗中借款济械，不惜断送国家，以压迫义军，然各国不□□□，世界且有公理，鬼蜮之行，终归败露，且也狗狐狡猾，北方惯技，逆虏每于技穷之时，施其狡诈之谋；阳□议和之名，阴行军备之实，覆辙匪遥，殷鉴不远。矧自辛亥起义，年仅七载，革命四见，迭遭兵燹，□不堪命，国家元气万分凋残，若再容忍迁就，饰言息事宁人，万一息兵罢战，政权归一，仇视异己，任意删除，我西南断头沥血所争之国权拱手而让之，□一系以中国幅员之广，人才之众，坐视其专横摧残而莫可如何，不独遗玷国人，亦且见笑友邦。痛切肌肤，追悔何及。望我西南，人人捐除意见以固国体，组织统一机关，以巩实力，前电已陈，兹不赘述。总之，用兵之道在精神，不在利器，我辈之战，师出有名，为护法而战，为靖国而战，为维持国家之正义而战，并非该虏之为一系之权利而战也。时不再来，机不可失，国贼不除，誓不罢兵，务望诸公一致同心，坚持到底，会师武汉，指顾可期，誓返□城之剧□，同挥鲁阳之戈，从此臻近法治，永奠共和中国之幸，诸公之赐也。澜谨率三军，秣厉以从，刀锯鼎镬，所不敢辞，临电迫切，愿闻伟略。王安澜叩。阳。印

　　（《军政府公报》修字第二号，1918 年 9 月 4 日，"公电"）

四川学界通电

（1918 年 8 月 10 日载）

广东七总裁、护法各省督军、省长，各报馆，四川熊督军、黄代省长、省议会均鉴：

　　顷阅张澜在北京设立四川省行政公署，并撤换京汉沪等处浚川源银行行长，玩弄政柄，扰乱金融，身虽去蜀，祸心未已。学生等

漂泊异地，言念故乡，靡不叹息，痛恨于张澜辈之醉心权利，罔恤民艰，流毒全川，至于此极。溯客岁张澜拜命省长之时，川民等水火余生，喁喁望治，张氏而果贤者，宜如何抚循父老，慰勉子弟，恢复元气，补救疮痍，则乡人之爱戴张氏，生必保其位，殁则祭于乡，名义一身，宁非得计？张氏竟不出此，而乃挟私负固，推波助澜，如水益深，如火益热，驯至被迫义军，间关出走，张氏亦应知自绝于乡人矣。由是而伏处都门，恬退思过，虽罪不容诛，未始不可徐图解免也。又复盲不忘视，献媚权奸，想入非非，移官北地。嗟乎，使张氏而稍有人心者，能不恻然心痛乎？天良泯尽，夫复何言。试一揆诸实事，张氏身居北地，遥领西陲，在军事容或可为，而民政安能坐致，是何异过屠门而大嚼者耶？是望我护法诸省，轸念川人，速挥扫逆之戈，早图锄奸之计。更正告张氏曰：此后倘冒用川省长名义，以售欺天下，川人势不承认，凡所撤换行长，囊括金钱，一俟大难削平，当籍没以偿万一。呜呼张氏！四川为吾人托命之所，古人爱屋及乌，投鼠忌器，纵不敬恭桑梓，盖亦顾念庐墓乎。临电神伤，言不暇择。留日归国四川学生黄醒目、刘善征、刘泗英、沈懋憙、吕子方、童启太、赵卿廉、汤席珍、余顺亲、赵宗勋、陶仲、王培明、李秉权、鄢永成、何俊、吴润民、李正矩、彭镕、吴廷骎、贺仲鷇、贾铭、王秉锟、张盘、沈权斌、段江淮、赵治昌、贺鲁、龙图、王玉若、黄民坦、余顺成、王国纯、吴家振。

（《四川学界痛斥张澜》，上海《民国日报》1918 年 8 月 10 日）

康有为通电

（1918 年 8 月 14 日）

北京大总统、国务院、各省督军、省长、广州诸总裁公鉴：

自顷南北内讧，力战弥年，川湘粤陕蹂躏已尽，鄂豫闽赣牵连被灾。兵燹连天，烽烟匝地，闻之酸鼻，尝之痛心。嗟我国民，胡蒙斯酷，号称共和，乃共争乱，名为民国，乃无国会。既认约法为可依，以副座代总统，何以南有国会举之大元帅，北有无国会举之自称政府？且能举一国之财权、产业、兵权、土地以出卖，以买枪、炮、弹药，以日杀其同胞，混沌错连，颠倒悖谬，不可思议。又复北与北竞，南与南争，府院角立，各督军又角立，甚至一粤而有七政府，一国而有两国会，南北亦战亦和，不战不和，生民涂炭，政体离奇，延长殃祸，毒痛四海，尚复饰言民意，冒称共和。缘此国权尽丧，烟禁复开，西藏尽失，新疆内披，印度分裂，已成高丽，并合渐至，神人悲愤，谁实为之？试问南北将士，为谁断□流血？则出师既无名。试问四万万人民，为谁输租征缮？则政府又非法。实不过糜中国、膏生民，以供数人之私争权竞利耳。夫使之数人者，果有真权利可争，则如汉高、明太时糜烂全国民以争之可也。无如时非闭关，强邻迫瞰，东北变急，日见告矣，而南北两方内斗之不暇。互忌而以斗，不能靖内，何能平外？故南方寡弱，故无平北之望，即北方纠纷，亦岂成平南功？然长此鹬蚌相持，徒令渔人得利，且竞争既剧，一切不顾，宁为强国之石敬塘〔瑭〕、刘豫，不为败军之公孙缵、袁绍，人之情也。故骗四万万同胞于火坑地狱，致五千年之中国于绝命亡种。即争权利数人者，至亡国后，亦不过为高丽之李容九，为缅甸之乌江，为国民所怒杀，同归于尽而已，岂有得哉？夫人情莫不恶苦烦恼而望乐魂如意，今南北交战，即无可胜之望，而日入劳苦烦恼中，操心虑患，敝精费神，日奔走仆仆，磨刀霍霍者，乃日行亡国之途，苦求杀身之道，岂不异哉？何其倒行逆施，一至此也。嗟乎！国民本未付托于公等，公等应亦爱生长父母之邦，何必恶其寿而促缢之？且诸公即不爱中国、爱国民，宁不爱自身乎？乃以盲人骑瞎马，当夜半而临深池，又复拔剑起舞以自雄，含血目□以为洁，引绳自缢以为娱，服鸩自毒以为乐，人虽至愚，亦何至此杀同胞，岂足以为事业亡祖国，岂足以为功名相搏，为戏亦已□矣，应亦倦勤，何不少息。南兵或出不得已，本有和心。北方始终主战，而志终不逞。吴佩孚将军，今之名将也。首发停战之议。长江四督军，仁人之言哉，力主言和。即冯大总统之宣言，亦深自引咎，而希望和平。人生行乐耳，诸公久服。大僚美人，足以娱林园，足以乐穷服。食之美备，中外之珍，皆言和后公等自得之。诸公一念转移，国事立得平和，国势立可统一，国民立得安生，诸公立得大乐。舍此不图，而日求亡国杀身乎，愚者不为，诸公奚择焉？仆亦国民之一也，与诸公亦多故旧，兄弟阋墙，不忍闻久矣，栋折榱崩将压焉，流涕以道，幸垂哀察。康有为。寒。

（《康有为亦通电息争御外》，长沙《大公报》1918
年8月27日）

张总司令学济等贺各总裁电
（1918年8月14日）

广州岑总裁、伍总裁、林总裁，武鸣陆总裁，毕节唐总裁，上海孙
总裁钧鉴：

非常国会代表韦君□□过辰□□□□当选联合军政府政务总裁，以全国之领袖，系大局之安危，政府既成，邦基永固，从此云霓□切中□□□□齐来，行看柱石功高，亿载之山河再奠，谨此电贺，藉伸薄忱。靖国联军湖南第二军总司令张学济、第四军总司令□□□叩。盐。印。

（《军政府公报》修字第五号，1918年9月14日，
"公电"）

蔡总司令济民、牟副司令鸿劢
祝军政府成立电
（1918年8月15日）

广州孙中山、岑西林、陆干卿、伍秩庸、唐少川、林悦卿诸公钧

鉴：

得沪报，始悉广州军政府改组，诸公皆当选为总裁。诸公国之元老，勋望素隆，从此和衷共济，旋乾转坤，对外为代表之机关，对内收统一之效果，下风遂听，欣快莫名，谨电驰贺。鄂西靖国军总司令蔡济民、副司令牟鸿勋叩。删。

（《军政府公报》修字第四号，1918 年 9 月 11 日，"公电"；《军政府贺电一束》，上海《民国日报》1918 年9 月 22 日）

李烈钧致孙中山电

（1918 年 8 月 18 日）

政务总裁选出后，岑、伍、林、陆诸公均经先后就职。我公威望，薄海同钦，迭树建国殊勋，允为吾党泰斗。此次以实力问题发生障碍，毅然赞改组之议，大度苦心，尤深倾佩。第国家一日未定，吾侪职责一日未完，倘遂裹足舞台，醉心泉石，莫慰吾民云霓之望，夫岂我公胞与之怀？尚祈俯念痌瘝，早日就职，共维国是，早奏肤功。西南贤豪，半我公旧雨，苟能携手偕行，天下事不足为也。

（《李烈钧文集》，第 494～495 页）

政务会议致孙中山电

（1918 年 8 月 25 日）

上海孙总裁鉴：

军政府政务会议业于七月五日成立，报告在案，当经选定农林试验场，改设军政府。廷芳、春煊先后移入军府办公，组织将次就绪。惟关于大疑大计，诸赖提挈进行，务恳台端早日来粤，共济艰难，无任企盼。政务会议。有。

（《西南要人之行动》，长沙《大公报》1918 年 9 月 15 日）

刘显世通告派刘燧昌为贵州代表未到 任前由严培俊先行代理电
（1918 年 8 月 26 日）

广州参众两院、岑总裁、伍总裁、林总裁、莫督军并请转孙、唐两总裁，南宁陆总裁，毕节唐总裁均鉴：查军政府组织大纲第三条末项规定，政务会议护法各省得选派出代表一人等因。兹派刘燧昌为政务会议贵州代表，刘燧昌现在日本，已电催赴粤，在刘燧昌未到粤以前，由严培俊暂代，祈予接洽。除电该代表等遵照外，特电奉闻。刘显世。宥。印。

（《军政府公报》修字第二号，1918 年 9 月 4 日，"通告"）

贵州省议会否认地丁林矿借款通电
（1918 年 8 月 27 日）

广州参议院、众议院、岑总裁、伍总裁、林总裁，武鸣陆总裁，毕节唐总裁，上海孙总裁、唐总裁钧鉴：

顷接各省议会电称：段氏近日又有地丁借款及吉、江两省林矿抵借日债之举动，不胜骇异。年来段氏弄权，日以借款杀戮同胞，全国财产抵押殆罄，所余地丁一项及森林矿山亦断送外人之不遑。如林矿抵押，国命即将告绝，本会誓不承认，务请诸公设法对付，以延国脉。贵州省议会叩。感。印。

　　(《军政府公报》修字第二号，1918 年 9 月 4 日，"通
　　告")

贵州省议会贺军政府成立电

(1918 年 8 月 27 日)

广州岑总裁、伍总裁、林总裁，龙州陆总裁，毕节唐总裁，上海孙
总裁、唐总裁钧鉴：

　　前接广东非常国会电，欣悉诸公当选联合军政府政务总裁，惟
海内之望重，斯民意之共推，从斯壁垒一新，西南愈自巩固，政林
既出，护法立见功成，遂听之余，欢忭无既，谨此电陈，藉申贺
悃。贵州省议会叩。感。印。

　　(《军政府公报》修字第二号，1918 年 9 月 4 日，"公
　　电")

谭联军总司令浩明等赞成吴佩孚
马电停战主张电

(1918 年 8 月 28 日)

万急。北京冯大总统，广州岑总裁、伍总裁、林总裁、参议院、众
议院，韶州李联军总司令、李督办，分送汕头陈总司令、方总指
挥，南宁陆总裁、唐行营唐总裁，上海唐少川、孙中山先生，衡州
吴师长并转各司令、各旅长、团长，各省督军、省长，各都统，各
护军使、镇守使，各师旅长，前敌各司令，各商会，各报馆均鉴：

　　顷读吴师长诸公马日通电，念国家危亡迫切之情，体元戎爱重
和平之意，痛人民颠连困苦之惨，慷慨陈词，请颁停战明令，息争

御侮，仁声义问，远近倾心。西南各省，自去岁以来，以护法为职，以笔舌争执之不获，不得已而为兵，每念同室操戈，至为痛惜，屡次宣言，希望中央依法解决，早睹和平，文电具存，天日可鉴。长沙之役，顿兵弥月以听长江三督之调停，岳州之役，指兵湘境不入邻疆，凡以表示诚心，不欲黩武，往事具在，非可饰言。不幸奸人怙恶，群小盈廷，祸结兵连，驯至今日，卖国密约，破产借款，兴兵国而一掷，以自便其私图，凡有人心，能不痛悯。长此以往，一国之权利有尽，奸人之欲壑无穷，用兵其名，卖国其实，兵事未解，国已不国。浩明等同属国民，岂能坐视。伏读冯大总统文电，表示夙性，称引约法，一则曰中华民国之统一，再则曰中华民国之和平，诚如吴师长马电所言，此心此德，朗若日星。以依法行权之元首，顺厌乱患治之人心，鉴行间将士之呼吁，根据法律，解决时局，一举手间，和平尽至，毅然自任，何嫌何疑。时望爱国诸公同心协助，尊重约法，伸张此论，巩固国基，若有假外胁内残民以逞者，国人所共弃，国法所必诛。浩明等虽庸愚，愿随诸公之后，一至伸讨，分志具在，终始不渝，至新选举之非法，当然无效。吴师长诸公言之深切，浩明等尤所赞同，公论自在，大义昭然，敢布悃忱，惟希共鉴。谭浩明、谭延闿、陈炳焜叩。勘。印。

（《军政府公报》修字第三号，1918 年 9 月 7 日，"公电"）

黎总司令天才等公推柏文蔚为川鄂靖国
联军施宜前敌总指挥电

（1918 年 8 月 28 日）

广东军政府唐、伍、孙、岑、唐、陆、林各总裁，并非常国会、莫督军、三河坝陈总司令、韶州李总司令、李督办，南宁陆巡阅使、

陈省长，永州谭督军、谭联帅、程总司令、林旅长、马总司令、陆
总司令、贾旅长，辰州周总司令、田总司令、张总司令、胡总司
令，毕节唐联帅，成都熊督军，贵阳刘督军，云南刘代督军、由代
省长，泸州顾总司令、赵总司令、重庆黄总司令、王总司令，温县
田旅长，夔州王总司令、何师长、王团长，巫山叶军长江山，转绥
定顾总司令，顺庆石总司令，上海孙伯兰、汪精卫、蓝秀豪诸先
生，各省议会，各教育会，各商会，上海、汉口、广州、北京、天
津各报馆均鉴：

　　窃维战胜攻取，全在指挥得人，柏公在鄂西指挥前敌，迄今数
月，敌即屡倾全力，分路猛攻，皆经我军击退，施南得保无虞，柏
公之力实多。现化南所部几军，按□开赴济南前线，与鄂军虽有主
客之分，对大局实抱同仇之义，非得指挥统一，诚恐难收全胜。今
经才等会商，所有鄂西一带川鄂靖国军统归柏公文蔚指挥，定称为
川鄂靖国联军施宜前敌总指挥，柏公为民党英杰，军界泰斗，德望
才能为一般将士所□服，兹已请柏公就任视事，合特电达，即希查
照是荷。黎天才、唐克明、□化南同叩。勘。印。

　　（《军政府公报》修字第八号，1918 年 9 月 25 日，
　"公电"）

湖北靖国联军总司令黎天才等
祝军政府成立电
（1918 年 8 月 29 日）

广州岑、孙、伍、唐、陆、唐、林七总裁钧鉴：

　　自非常国会选出诸公为总裁，众望所归，海内风从，黎庶作
[怍] 舞，军士雀跃，大局一新，曷胜庆佩。从此铲除奸邪，巩固
共和，召集国会，制定宪法，挽弥天之浩劫，树万世之鸿基，皆惟
诸公之手造，亦天才等所预祝也。谨率三军举枪敬礼，不禁大声欢

呼，曰：总裁万岁、中国万岁、国民万岁、共和万岁。湖北靖国联军总司令黎天才、第一军总司令唐克明、前敌总指挥柏文蔚同叩。艳。印。

（《军政府公报》修字第三号，1918 年 9 月 7 日，"公电"）

唐继尧致孙中山、唐绍仪、伍廷芳电
（1918 年 8 月）

上海王代表伯群并转孙、唐、伍三总裁鉴：

永密。继尧因患失眠，兼受外感，寝疴两月。时局变幻，未能究心，幸协和到滇，少分焦虑，所有滇川近情迭布，谅蒙鉴及。近稍痊可，值北派纠纷开始，角逐沪上和议，谅亦未有希望。现与协和熟商，决先整顿威力，积筹应付之方，日内先由协和遄程往重庆，继尧少俟即行。国会亦决移重庆，关余请速设法交涉，详情仍请协和电达。四川方面，成都已下，熊已潜逃，虽余孽未清，尚劳处置，然已不复能为障碍。特电驰达，诸希教复。继尧。印。

（《革命文献》第四十八辑，第 299 页）

陈总司令炯明报告完全克复漳州电
（1918 年 9 月 1 日）

广州军政府总裁诸公、参议院、众议院、省议会、莫督军、李省长、李镇守使、陈师长、海军办事处纽督办、魏厅长、林总司令□青、刘镇守使伟军、李运使、杨厅长、徐厅长、吴副司令镜如、欧阳统领荣之、周统领之桢、警卫军办事处、江防司令部、粤军总司令、各报馆、韶州李联军总司令、李督办、成司令、林镇守使、朱师长，雷州沈总司令，阳江胡统领汉卿，岸步黄统领明堂，三水陆镇守使，南宁陆总裁、陈省长，永州谭联军总司令、谭督军，郴州程、马、韦各总司令、赵师长，毕节唐总裁并转滇、黔、川、陕、鄂靖国各军总司令，云南刘代督军，成都熊督军，贵阳刘督军，上海孙总裁、谭石屏、章太炎、汪精卫、孙伯兰诸先生、各报馆鉴：

据报我军于前月有日进攻南靖，屡次破敌，山城、龙山两役，尤为剧烈。自占领后，敌军增援计有五团兵力，尚盘踞南靖一带，陷日由唐国谟率领反攻保林，我军熊、李两部极力抵御，洪、梁两部由山城出击，并派两营抄出南靖之后，血战两小时，敌势又不支，弃城而溃。我军进至天宝山，翌日又进攻漳州，遂于卅一日完全收复漳州。是役先后夺获战利品甚多，敌俘虏伤亡及落河淹死者不计其数。现我军乘势攻厦门，特即奉闻。炯明发于南靖县署。东戌。印。

（《军政府公报》修字第三号，1918 年 9 月 7 日，"公电"）

旅沪粤人致军政府电

（1918 年 9 月 1 日载）

广州军政府政务总裁岑、伍、陆、唐、唐、孙、林诸公、莫督军、省议会并转李参谋总长、方总指挥，潮州潮梅陈督办暨诸公钧鉴：

靖国滇军驻潮各部，强向住户索款，甚至派兵荷枪坐索，拿人拘禁，脂膏已竭，而需索无穷，此种奇惨情形，潮阳更甚，人情愤扰，民不聊生，岌岌不可终日。伏思靖国名义，何等正大，当事诸公，本意护法救国，所以福利民生，乃部下蛮横骚扰，一至于此，必为各总指挥闻而骇诧，更为钧座所悲叹而发指者也。务恳急电该部，严令立即认真禁止，如系冒名，即请重办。肃军律，顾名义，安闾阎，即以挽人心。国民幸甚，共和幸甚。旅沪广东全体绅商公叩。

（《旅沪粤人致军政府电》，上海《民国日报》1918
年9月1日）

陈总司令炯明报告克服云霄电
（1918年9月7日）

广州军政府总裁诸公、参议院、众议院、省议会、莫督军、李省长、
李镇守使、陈师长，海军办事处钮督办、魏厅长、林总司令□青、
林镇守使伟军、李运使、杨厅长、徐厅长、吴副司令镜如、欧阳统
领荣之、周统领之桢、警卫军办事处、江防司令部、粤军总司令部、
各报馆，韶州李联军总司令、李督办、成司令、李镇守使、朱师长，
雷州沈总司令，阳江胡统领汉卿，岸步黄统领明堂，三水陆镇守使，
南宁陆总裁、陈省长，永州谭联军总司令、谭督军，郴州、程、马
韦各总司令、赵师长，毕节唐总裁并转滇、黔、川、陕、鄂靖国各
军总司令，云南刘代督军，成都熊督军，贵阳刘督军，上海孙总裁、
谭石屏、章太炎、汪精卫、孙伯兰诸先生，各报馆鉴：

　　现据邱营长耀西报告：我军进攻云霄，剧战数日，敌势不支，
遂于江日下午十时向铜山退却，敝营即会同警备、游击各营，一面
追击，一面进城安民，详情续报等语。合先奉闻。炯明。虞。印。

　　（《军政府公报》修字第四号，1918年9月11日，
"公电"）

孙洪伊通电
（1918年9月7日）

广州参众两院、军政府总裁、各省护法军将帅、各省督军、省长、
各团体、各报馆公鉴：

自国会破散，约法毁裂，凡北京一切非法机关，根本上绝不存立，此护法军所由兴也。顷者报载，北京有称为新选出之大总统者，夫国无论君主民主，元首继承皆必有一定程序，不可移动，而国乃可安。吾国旧为君主政体，孔必正名，春秋大居正。故凡帝王嬗统之际，有不如法者，史家胥以僭伪屏之，甚至如唐玄幸蜀，肃宗以太子即位灵武，犹为议者所不予，以其受授之际不明也。民国总统，有正当之选出机关，载在约法，武力派以己意窜改法典，私制议员，此只可视为私人机关。以如此机关执行选举，而可谓之总统，比之君主时代，是莽卓丕裕，不为篡窃。燕棣萧鸾，可称继体，民法不由合法婚姻产出者为私生子，私人如此，岂国家而可有私生总统耶？且徐世昌为著名宗社首领，民国以来，依违偃仰于袁清之间，持禄保位，欺世盗名，至今犹给事清室，尸职太保。昔冯道历官五代，周世宗薄其为人，屏使致仕，不加倚任。是专制之世，犹不忘揭清激浊，以为厉世摩钝之资。今以堂堂民国，而令长乐老为大总统，岂不侮辱国民，腾笑中外？法兰西第三次共和成立，君□党麦马韩为总统，国会迫使辞职，而法之民主国体始固。防微杜渐，计之不可不预也。·呜呼！武违失图本初之前车可鉴，海西犹在许攸之妖计频闻。今苟奉此人为总统，法律上不啻承认非法之机关，政治上且将为复辟之张本。现正式国会已依法集会广州，国家正统有托，此等紫色蛙声，当然在屏斥之列，□望我南北官民，一致主张，上维国宪尊严，下保国民人格，则天下幸甚，国体幸甚。孙洪伊叩。虞（七日）。

（《徐东海当选与反对派态度之孙洪伊电》，长沙《大公报》1918 年 9 月 16 日）

王总司令天纵祝军政府成立电

（1918 年 9 月 11 日载）

□□□□□□□□陆巡阅使，广州伍秩庸先生、唐少川先生、岑西林先生、孙中山先生、林悦卿先生均鉴：

　　□□□□□□军政府改组成立，政务总裁列定诸公，逖听□□，欣慰莫名，惟自段逆误国，神州陆沉，督军党奸生□□炮，西南义士，群起力争，□□□淫威□奸丑虏，终未能取元凶大憝，□□享形，使大□□京□清污秽非□□□□□有所未达，实各路之进行不能统一。兹幸军政府改组，选举得人，振起西方纲纪，南国群情共仰，众望所归，将见□钺所加，逆军授首，卷棚一空，丑虏悉平，扫净狼燕，肃清河洛，重光日月，永奠邦基，谨布欢忱，敬驰电贺。王天纵。径。灰。印。（此电号码不明，致错字过多，无从查验。）

　　（《军政府公报》修字第四号，1918 年 9 月 11 日，"公电"）

政务会议致孙中山电
（1918 年 9 月 27 日）

上海孙总裁鉴：

　　函电奉悉。我公共和先导，护法元功，久迟旌麾，主持坛坫。兹承特派徐君谦代表出席，共商大计，至表欢迎。除由本会议特任徐谦为司法部长，另电通告外，特此奉覆。公务会议。感。印。

　　（《军政府进行纪要》，上海《民国日报》1918 年 10 月 6 日）

杨度通电
（1918 年 9 月 29 日）

北京徐大总统、冯大总统、段总理、参议院、国务院并转曹经略使、各巡阅使、各督军、省长、各都统、各总司令，广州岑总裁、伍总裁、林总裁、参议院、众议院、军政府并转孙、陆、唐、唐总裁、各督军、省长、各总司令均鉴：

我国南北徒争，兵连祸结，迄今二载，上而国家财政，下而人民生计，皆已枯竭困穷，不堪再战，举国心理渴望和平，□以事体复杂，解决至难，遂使战祸延长，罢兵无日。鄙意以为南方主严格法理，北方求真正统一，实则两方目的永无达到之期，彼此若能自知，安见不能磋议？所最困难者，关于宪法、国会、元首选举等法律问题耳。兹特即此问题准双方让步之精神，爰据鄙怀，敬拟三事以备国人采择：一曰大总统宜由新国会选举旧国会承认，副总统宜由旧国会选举新国会承认也。元首若非全国推戴，政令必阻于一方，既损尊严，更妨国事，惟一方选举，一方承认，庶可补救其偏。但此次新国会中，西南五省议员全缺，并无投票之权，亦为不足之点，故拟以旧国会选举副总统补其缺憾，亦欲使两方各举一人，彼此互相承认，互相联络，以期南北一家，为精神上之结合已耳。二曰选举之后新旧国会合并一宪法会议，以议宪法也。两会合一，事属创闻，论者必以为异。然事实所迫，各国异宜，不必拘求成例。盖宪法必须全国通行，又须永远有效，若当议订颁布之初，即有一部人民、一方区域怀疑否认，不欲奉行，根本大法基础不坚，效力必弱，虽能暂时行使，一遇政变，或又推翻，等于前次之约法，则国家至危之证莫过于此。今新旧国会，既政见不同，即可视为各种社会心理参差之证，不若竟集各派代表，会议一堂，反可参合调融，折衷一是，庶所议宪法真由全国民意而成，此时既能及远，将来亦无患动摇矣。三曰宪法成后，宪法会议解散，以旧国会之参议院、新国会之众议院合组为一国会，两院缺额议员，依法补选也。旧众议员任期已满，本应改选，故以新众议员继之，至旧参议员并未满任，理应存留，因即留之，其利有三：新国会之成立本有合法、非法之疑，故有主张新旧国会同时取消者，一经改组，则此类问题完全消灭，国会信誉反以增加，基础反以巩固，此其一

也；政治党派，何国无之，绝对排斥，未有不生激乱者，新国会中
党派过于纯粹，稍为参合，亦可缓冲，此其二也；此后即有党争，
在议会而不在军事，以和平而不以激烈，此世界立宪各国之常政
治，反以磋磨而能进步，此其三也。所歉然者，惟对于旧众议员、
新参议员耳，一则失去竞争选举之时机，一则既被选而复取消，欲
再列身议院，□能待于他年，此为大局牺牲，不能不稽首馨香，期
之于两方爱国之士耳。以上三义，专据事实，重在解纷，即于严格
法理，未尽能符，亦非所惜，但使所议能行，则元首确定，国会完
成，宪法布公，皆由举国一致而成，国家大本从此巩固，长治久安
之局，或即托始于兹，未可知也。法律问题解决以后，所余政治问
题，如官吏任免，军队裁留等事，随时可由中央与各省商酌行之，
此类多涉个人权利问题，今大总统大度优容，西南群帅亦皆爱国君
子，决无不解之难题，可断言也。度不谈时事久矣，徒以国亡无
日，民怨已深，秉其不忍之怀，聊为阋墙之劝。谨布胸臆，伏希鉴
原。杨度叩。艳。

　　　　(《杨度又来胡说》，上海《民国日报》1918 年 10 月
1 日)

重庆舒祖勋报告唐总裁就职情形
致孙中山等电

(1918 年 9 月 29 日)

广州军政府岑总裁、孙总裁、陆总裁、唐总裁、伍总裁、林总裁，
国会吴议长、王议长及两院同人均鉴：

　　祖勋承非常国会之托，恭赍唐公继尧总裁证书，鼓轮西上，于
本月抵渝后，适唐公以联军会议，移节来渝。祖勋即于勘日持赴行
营，敬谨转呈。唐公以七总裁相继就职，特召集联军将领，肃礼拜
受。军民欢腾，具瞻咸庆。联军开始会议，克日出师，此后军府声

威日益隆上，民气军心，百倍于前。唐公膺兹重寄，总此川师，护法靖国，功可立定，西南半壁，付托得人。祖勋奉职，猥与盛典，欢腾遐迩，附有荣施，特电报告，无任主臣。舒祖勋。艳。叩。

（《革命文献》第四十九辑，第 146～147 页）

中华民国留日学生救国团广西支部通电

（1918 年 9 月 30 日）

天津黎大总统，北京冯代总统，武鸣陆总裁，广州岑总裁、伍总裁、林总裁、参众两院，渝唐总裁，沪孙总裁、唐总裁，永州谭联帅，各省督军、省长、各总司令、各护军使、各都统、各省议会、各报馆、各商会、各救国团、爱国会均鉴：

自国会横遭解散后，段逆日肆专横，共和国家仅存虚壳。立法机关中绝，则横行无忌，凶残倍增，黩武穷兵，民生涂炭，三湘则千里丘墟，川蜀则尽成焦土，复加揖盗开门，私订密约，国权、国产断送无遗，其凶残横暴，无亚献忠，丧心病狂，过于完用。惟幸南北豪杰，天讨共伸，冀妖孽肃清，邦基永固。殊意护法之旗帜方张，而非法之选举又至，强奸民意，五族同羞，国家前途，愈趋危境。今新国会既属非法，产出之总统当然无效。务恳各省同胞，秉其天良，以国为重，速起反对，共驱国贼，保存我民族人格，扶持我垂亡国命，国家前途，实利赖之。临电涕泣，不胜盼祷。中华民国留日学生救国团广西支部周公谋、吴启宗等叩。陷。

（《北洋军阀史料·黎元洪卷》第二册，第 30～31 页）

石青阳派赵丕臣赴沪购械致孙中山函

（1918 年 9 月）

中山先生伟鉴：

自先生谢政去粤，养晦著书，社会得一曙光，政局失一良导。青阳孤军在蜀，无所请训，欲罢不能，进又无功，惭国负民，鲜可补救。计唯乘此闲暇，整饬军队，保此一部分实力，以为将来发展资耳。顷因筹购军械一事，已有确款廿万元（川银元），未悉购买运输之途，枪种弹类搭配之数，特托赵丕臣君到沪（赵员蜀之合川人，任云南外交事务多年，通法语，与法人交颇宜），晋谒崇阶，乞赐教诲，指示一切，免有遗误，他日西南有以首义助吾党者，则必此军也。专此，肃候

撰安

石青阳再拜

孙中山批：已见赵君所托之件，已托赵君另函详达，酌夺可也。

（《革命文献》第五十辑，第 285 页）

邵元冲报告粤军援闽军事情形致孙中山函

（1918 年 10 月 1 日）

先生大鉴：

自五日离沪赴港，因待船，至十三始抵汕头，沿途跋涉，十八始抵漳州，晤竟存。知汝为已在此间前方督战，由各将领公推为总指挥，李炳荣、熊略、罗绍雄、邓本殷等军队皆在一处，归其指挥。冲初到之数日，前方因兵力分散（时汝为尚在长泰），北军用力猛攻，灌口角尾等处，复落敌手，情形稍棘。嗣汝为归驻江东桥（距漳城三十里），厚集兵力，努力相抗，所退失之地复次第克复。介石则赴长泰山重方面代汝为指挥该处军队，以资策应。礼卿则代汝为指挥在延平方面之军队，进攻沙县。沙县一下，则延平震动矣（延平前曾为民军占领一次，嗣北军知无实力，不足复行夺回，故今尚属北军）。汝为之第二军军长，于冲等抵汕前，业已发表（现

兼前敌总指挥），介石之第二支队正司令，则冲等到后数日始行发表。冲于昨日始至江东桥，晤汝为，示以先生之函，汝为嘱代陈先生，谓现在此军惟臧致平一军尚图顽抗吾军，约尚有三千人，训练颇精，现激战者，即属此股，若臧军能击破，则闽事自易解决。至竞存日前对介石言闽事定后，决以闽人治闽，以汝为任督军，子超任省长，竞存则确实握有惠、潮、嘉之地盘监督粤中，以图将来之发展。汝为告冲，谓竞存虽有此意，已实不欲居此大名，拟闽事定后，仍率军队进规浙江，或则即行解职，以图休息。冲谓吾党数年来，所以不能实行发挥主义者，在无实力，无根据地，今时一线希望，即在闽蜀两处同志之奋斗，而闽省地濒海岸，倘为吾党所有，对于外交及华侨影响颇大，正宜切实布置，竭力保守，不可轻易放手也。汝为又言：此次战争最困难即在军械，幸开战来，先后获敌步枪二千余枝，子弹数百万，现所用者几全属北军之器械，故甚希望先生代设法购械，款此间当可筹。冲谓现时恐难设法，倘闽事得手后，外交方面形势稍变，或可图也。汝为又言：开战后，所俘虏之敌军几二千余人，汝为处所俘者一千余人。近日自李厚基行后，仅童保暄率浙军在厦门，臧致平闻在同安，以福州近日颇形震动，故臧又派周永桂率步兵六营往守延平，以回省垣。现竞存之意，以礼卿方面之军既属挺进军，尽可不必顾虑后方，按兵法节节进取，万一北军在延兵力过厚，似不宜顿兵坚城，不时从间道直袭省垣，乘虚以覆其巢穴，倘汝以为可行，不日即当电令进取云。浙军童保暄因见吕公望附岑，勾去其陈肇英一团，岑又任吕为浙军总司令，故意至愤恨，无论如何决不与岑联合。惟童现在地位亦极孤危，既不能返浙，又不能永久留闽，进退两难，必不能不有一方依归。王文庆与童关系素深，近梓琴与之联络，使说童与竞存一致行动，竞存且言决主以闽人治闽，以浙人治浙，若童现在能助粤军打福建，则粤军必可助浙军取浙江，而浙督亦可推童任之。日前梓琴、海滨由漳赴厦谒童，与之磋商此事，王文庆闻日内亦可由淮州至厦，协同商议。大抵第一步，虽不能做到夹击臧军，而童军中立终可办到，如是则以粤军全力对臧，当非大难也（现汝为所指挥前线军队共十六营）。汝为近日之意，拟请竞存自赴江东桥督战，而己则赴山重方面攻击同安，不日子弹充足，拟一举而重创之（现时子弹以所获于北军者，就其合用者应用，其大小不合者，于大埔被厂改造，日内可有大批造成解来也）。介石、汝为皆因在战地，不能作函致先生，故属冲代行达意。冲在此无甚事可办，以竞存内部之人颇为复杂，至今犹无一组织法，一切办事虽皆由总司令直接，各事皆阙统一，初至之人，实无从着手。故冲拟俟汝为此次前方战事稍形解决，向省城前进之时，至汝为处相助，则彼此较易妥协。现时暂留竞存处，先生如有示汝为、介石及冲之事请由执信兄函冲，当行转达也。余容续陈，匆敬

崇安，不备

元冲敬上

七年十月一日　漳州总司令部

（《革命文献》第四十八辑，第 279～281 页）

陈炯明告粤军在闽情形致孙中山函

（1918 年 10 月 1 日）

中山先生大鉴：

　　迭奉手教，备明一是。粤军代表昨已电丽堂充任，适符尊意。介石、元冲已到行营，现任介补汝为之缺，充第二支队司令，因汝为已升第二军军司令官也。俟厦门下后，仍拟以粤军精锐之梁、谢两统领所部，划归介统辖，期成劲旅。振洲昨来行营，亦即任为第三预备队司令。凡此措置，良以汝、介、振诸兄皆民党真正份子，将来必能发挥民党之真精神也。闽粤问题，拟闽局定后，军政以汝为、民政以子超分任之。至吾粤一方面，则联络二李一魏，其军悉改为粤军，以子云任督军，展兄任省长，藉此对付山

贼。弟仍总粤军，立于局外地位，取便于发表政见。惟桂派忌弟成功，刻已渐下毒手，日前来电，经裁撤督办署及取销矿捐，推其用意，盖明断粤军饷源，使进退无路，殊阴险也。我军自得漳州后，厦门本可随手而得，因臧逆率领所部，纠合残烬，加以龙军据守同安，顽强抵抗，阻我师行。故我军攻击迄今廿余天，该处尚未占领，现仍在血战中。弟处兹境，四围皆敌，前敌不足畏，后敌斯可虑，职是之由，筹谋对付，心力交瘁。沪上吾党不乏有为之士，请嘱其来助，如日间厦门下后，先生当可惠临指示一切，尤所祷盼。至武器事有机仍恳注意及之。军书旁午，率此照不具备，顺颂

道安

陈炯明敬启

（《革命文献》第四十八辑，第 281 ~ 282 页）

靖国联军豫军总司令王天纵通告就职电
（1918 年 10 月 1 日）

广州唐总裁、伍总裁、岑总裁、孙总裁、林总裁、吴景濂议长、王副议长、张亚农先生暨各议员先生，莫督军，李省长，李协和总司令，陈总司令，郑军长，方军长、邓员三参军、彭回群参军，张太炎先生暨各报馆、商会，武鸣陆总裁，永州谭联军总司令、钮总参谋长、郭晓风先生、陆总司令，林总司令，刘总司令，赵总司令，□总司令，谭组庵督军，胡经武总司令，由应西总司令，范重光总司令，广西陈省长，韶州李印泉总司令，云南刘代督军、由省长，贵阳刘督军，傅师长，成都何总司令、吕总司令、向总司令暨各师长，重庆唐行营唐总司令、石行营石总司令、颜行营颜总司令、公孙参谋长、顾行营顾军长、赵行营赵军长、黎行营黎总司令、黔军王总司令、姚行营姚总司令、何行营何师长、黄总司令、卢副司

令、郭总司令、式［?］沧白先生，□□□使，□宣慰使，各报馆、商会，□山转编定陈荫瑚副司令，夔州叶军长、王团长、夏阳监督，燕子才先生、□□田梯团长暨王梓材总司令，叙州赵卫戍司令、施南唐总司令、柏总指挥、胡司令，唐□支司令，□□□□司令、□总司令，方总队长暨各省议会，汉口、上海、天津、北京诸报馆及各省报馆、各商会均鉴：

本年九月廿九日奉唐总裁任命天纵为靖国联军豫军总司令，遂于九月三十日在重庆行营正式就职，自惧驽钝，奚堪膺□重任，尚祈不遗疏浅，时赐方针，庶几绠短汲深，得免陨越，除分别呈报暨通告外，特此电闻。王天纵叩。东。印

（《军政府公报》修字第十四号，1918 年 10 月 16 日，"通告"）

滇籍参议员何畏通电
（1918 年 10 月 1 日载）

天津黎大总统，北京冯代总统，广东参议院、众议院、军政府，岑、伍、唐、陆、孙、林、唐总裁，江苏、江西、湖北、云南、四川、贵州、广东、广西各省督军，广东李总司令、李督办，湖南吴师长、冯、王、阎、萧各旅长、谭总司令、赵、程司令，福建陈司令公鉴：

慨自段氏当国，窃柄弄权，视国法如弁髦，藉参战为武器，压迫元首，解散国会，借款卖国，无恶不为。近更愈演愈奇，以非法国会选出非法总统，犹复散步流言，妄传南方已提出妥协条件，欲藉此淆惑观听，颠倒国是。抑知西南既宣言护法，自当始终不渝，况非法总统，既公然产出，是去护法之期望益远，岂能苟且偷安，迁就言和。当第一次革命时，南方因爱好和平，遽举袁世凯为临时总统，终为袁氏所欺，不出数年，乃有帝制自为之举，然此犹得

已，袁氏当时赞成共和，承认约法也。及护法军兴，天佑民国，袁氏暴毙，民主政治萌芽复活，乃因军务院撤销过急，致政权仍扼于官僚军阀之手。段氏乘机组阁，包藏祸心，未及一年，竟有督军团胁迫解散国会之事，然此犹得曰段氏当时未曾反对约法，恢复国会也。今则如何，非法总统既就职有期，非法政府犹肆行无忌，非法国会且拟选举副座，此而可以图和，则国家之根本大法，荡然无存。推而至于复辟可也，称帝可也，总统总理终身世袭亦无不可也，尚何护法靖国之足云。幸世界潮流，群趋民治，我国民纵冥顽不灵，亦决不容少数恶官僚旧军阀之蔑法乱国，大权独揽。故南北将士之有识者，无不仗义同仇，欲挽既坠之纲纪，今正式国会，虽已召集于粤省，而正式政府尚未成立，军政府仅为护法戡乱机关，然行政机关究未完备，故对内则国民无所适从，对外则友邦未见承认。夫既不认北京之非法政府，而又不自组织适法政府，是中华民国直等于无政府矣。为今之计，惟有准据约法从速组织正式政府，依约法所规定，大总统不能行使职权时，由副总统代行，副总统不能行使职权时，由国务总理代行，今大总统黎元洪、副总统冯国璋，均深陷贼巢，身有故障，不能行使职权，当然应由护法各省拥戴之国会通过正式政府之国务总理代行其约法应有之职权，遥戴黎总统及冯代总统，待制定宪法后，再行改选总统。夫如是而后，立法行政，各有专司，使天下皆知主权所在，不容窃据，既可昭示护法之决心，又可取得列国之同情，邦人君子，当不以斯言为河汉也。敢布区区，幸垂鉴焉。参议员何畏叩。

（《滇籍参议员何畏通电》，上海《民国日报》1918年10月1日）

徐司法部长就职通电

（1918 年 10 月 2 日）

上海孙总裁，并转唐总裁、孙伯兰、张溥泉、徐固卿、刘人熙、张镕西诸先生，重庆唐总裁、杨省长、黄总司令，并转章太炎先生，黔军总司令，成都熊督军，云南刘代督军、由省长，贵阳刘督军，南宁陆总裁，陈省长，漳州陈总司令，潮州方总指挥，广州参议院、众议院、国会非常会议、军政府各总裁、各部长、莫督军，韶州李督办，石井钮总办，谭行营谭联军总司令、谭组庵先生，郴州程、马各总司令，归州黎总司令、柏总指挥，辰州田、周、张、林、胡各司令，陕西于、张总副司令均鉴：

　　谦承军政府司法部长之乏，兼受孙总裁全权代表之委任，已于九月宥日就职。窃念护法必本救国主义，救国一以真道为归，伸张正义，扑灭强权，国人与世界同此职责，敢本所信，勉策进行。徐谦。冬。印。

　　（《军政府公报》修字第十一号，1918 年 10 月 5 日，"通告"）

参议员何畏主组正式政府通电
（1918 年 10 月 2 日）

天津黎大总统，北京冯代总统，广东参议院、众议院、军政府，岑、伍、唐、陆、孙、林、唐总裁，北京徐菊人先生，江苏、江西、湖北、云南、四川、贵州、广东、广西各省督军，各省省议会，省议会联合会，广东李总司令、李督办，湖南吴师长、冯、王、阎各旅长、谭总司令、赵、程司令，福建陈总司令，滇、黔、川、陕、鄂、湘靖国军各司令，各报馆公鉴：

　　呜呼！中华民国之在今日，为统治权继续存废之一大关键也。当民国六年，参战问题发生，国人对于屡失信用之段内阁，恐不能担荷参战重任，群情汹汹，迭请国会慎重将事。段阁不识立宪政治常规，嗾使流氓乞丐包围众议院，妨碍国会不能开议通过，以遂其武断之野心。黎总统恐于参战进行有碍，下令免职，段阁不肯甘心下野，遂有教唆倪嗣冲、张作霖、李厚基等背叛中央，纷纷进兵，包围京师之暴举，以解散国会要挟政府，黎总统不得已，屈从其请以解围。时代理国务总理伍廷芳尊重约法，不肯副署，挂冠出京，乃强寻出非国务员之步军统领江朝宗副署解散命令，是国会被非法解散之日，即国务院被非法蹂躏之日也。按中华民国临时约法第四条，谓中华民国以参议院、临时大总统、国务员、法院行使其统治权，设有一部缺废，即不为完全之国家。考立宪先进国惯例，不论君主国、民主国，凡元首发号施令，非得首席阁员及阁员之副署，不能发生效力，盖阁员以外之人，断未有副署之权也。今中华民国国会之被非法解散，既非正式代理内阁之国务总理，又非正式同僚之国务员，倏来步军统领伪称代理内阁，强夺国务员之副署权，而下非法命令解散国会。举国皇皇，惊骇万状，群以为江朝宗何人，甘冒天下之大不韪，抑知暗幕中有一叛国之段祺瑞为之主谋，故敢毅然而夺阁员之副署权，以解散国会也。夫国会之被非法解散，人所共知，而不知行政部之国务院已先被推翻，而后次及立法府之国会也。然国务院与国会同为约法上行使中华民国之统治权之重要机关，既被破坏，则统治权之行使，因故障而中断，毫无疑义。其后段阁崛起，借复辟问题伪造黎总统命令，重组内阁，挟制冯代总统，滥用大总统职权，假名参战，欺骗列强，滥借外债，荼毒生灵，此可谓统治权中断后之不法行为也。又如贿买私党，组织临时参议院，擅改国会议员选举法，选举参众两院议员，盗国会选举神圣大权，选举徐世昌为大总统，以行使中华民国临时约法上规定之统治权，譬诸有不规则之男女二人，无媒妁婚证而野合产生之子，谓之曰私生子。在私法上已不认为有继承之权利，何物徐世昌？不经正式国会法定手续之选举，以一私生儿之资格，而为中华民国正式总统，显系篡夺载之约法、垂诸宪典之统治权，宰制中华民国，岂非篡窃之元恶大憝乎？昔汉之末曹操窃柄，挟天子以令诸侯，诸葛武侯遂辅昭烈而正位蜀川，前明李闯叛乱，崇祯帝崩，满清乘机窃据燕京，史可法即立福王以正位南京，是过去之历史上所谓正统者，即现在之约法上所谓统治权也。正统不可偏废，国权何容假借，无古无今，同此一理，无南无北，共为一家。中国政变自江朝宗以非国务员资格假代总理名义，副署非法命令，解散国会之日起，为中华民国之国权中断时期，今正式国会成立在粤，而无正式政府为之对峙行使约法上付予之统治权，是等于无政府也。值兹总统选举期迫，宪法未制定以前，宜急起直追，根据约法及总统选举法，组织正式政府，黎大总统、冯代总统即继续民国六年六月正式国会未解散以前之适法政府，行使其统治权也。夫如是凡以后之安内对外各种问题发生，自然有所依据，邦人君子，幸无河汉斯言。参议员何畏叩。冬。

（《参议员何畏主组正式政府电》，上海《民国日报》1918 年 10 月 4 日）

川鄂靖国联军施宜前敌总指挥柏文蔚派
陈策为驻粤代表电
（1918 年 10 月 4 日）

广州军政府政务总裁孙、唐、伍、岑、陆、林诸公钧鉴：

公等痛念民国，出任艰巨，政府成立，薄海□依，□□□□，无任忭祝。现派陈君策为驻粤代表，祈随时授以机宜，俾作南针为祷。川鄂靖国联军施宜前敌总指挥柏文蔚叩。支。印。

（《军政府公报》修字第十四号，1918 年 10 月 16 日，"通告"）

援闽粤军陈总司令贺徐代总裁
兼司法部长电
（1918 年 10 月 6 日）

广州军政府总裁诸公、各部总次长、莫督军，韶州李督办，上海孙总裁，南宁陆总裁、陈省长，永州谭联军总司令、谭组安先生，郴州程总司令，唐行营唐总裁并转川、陕、鄂各靖国军总司令，贵阳刘督军，四川熊督军鉴：

徐公季龙冬电敬悉。徐公道德学问，为吾国泰斗，仍长司法部兼代总裁，深为军府庆得人，从此伸张正义，扑灭强权，岂惟西南之幸，民国前途实利赖之，远闻就职，谨驰电贺。陈炯明叩。鱼。印。

（《军政府公报》修字第十五号，1918 年 10 月 19 日，

"公电"）

海军部通告肇和军舰南来赴义
已于阳日抵粤电

（1918 年 10 月 7 日）

万火急。广州军政府各总裁、参众两院、各部总次长、莫督军、李省长、省议会，石井钮督办，上海孙总裁，并转唐总裁、胡展堂、孙伯兰、张溥泉、徐固卿、张镕西诸先生，重庆唐总裁、杨省长、黄总司令并转章太炎先生，黔军王总司令，成都熊督军、省议会，云南刘代督军、由代省长、省议会，贵阳刘代督军、省议会，南宁陈省长、陆总裁、省议会，漳州陈总司令，潮州方总指挥，韶州李督办，永州谭联军总司令、谭组菴先生，郴州程、马各总司令、林旅长，夔州柏总指挥、黎总司令，辰州田、周、张、林、胡各总司令均鉴：

肇和军舰长林君永谟□心护法，去岁葆恽□倡义□滨，林君实襄殊力，嗣因事故障碍，不克偕行，历尽苦辛，至此始得申厥素志，现该舰全体军人南来赴义，阳日已抵粤垣，万众欢呼，声闻数里，特此奉闻。军政府海军部。阳。印。

（《军政府公报》修字第十二号，1918 年 10 月 9 日，

"通告"）

政务会议国庆日通电

（1918 年 10 月 8 日）

重庆唐总裁，成都熊督军，武鸣陆总裁，上海孙总裁，贵阳刘督军，云南刘代督军、由代省长，龙驹寨于总司令、张副司令，永州谭联军总司令、谭督军，郴州程总司令、马总司令，鄂军李总司令，夔州黎联军总司令，施南柏总指挥、唐总司令，辰州分转田、周、张、胡各总司令，巫山王援鄂总司令、王援陕总司令，桂林陈省长，广州莫督军、李联军总司令、翟代省长，韶州李督办，汕头吕总司令、王副司令、方总指挥，漳州陈总司令均鉴：

民国不幸，大难未平，兹际国庆纪念，惟愿我护法各省及前敌将士，卧薪尝胆，同德同心，庶几还我河山，保我统一，光昭之功，在此一举。所有各地方官署、军队、学校以及公共团体、商民人等，均各悬国旗，照例志庆，特此通告。政务会议。齐。印。

（《军政府公报》修字第十三号，1918 年 10 月 12 日，"通告"）

赵交通部长就职通电

（1918 年 10 月 8 日）

广州参议院、众议院、军政府各总裁、各部总次长、莫督军，上海孙总裁并转唐总裁、张镕西先生，重庆唐总裁、黄总司令并转章太炎先生，黔军王总司令，成都熊督军，贵阳刘督军，云南刘代督军、由代省长、唐参谋长，南宁陆总裁、陈省长，漳州陈总司令，潮州方总指挥，韶州李督办、滇军朱师长、李师长，石井钮总办，谭行营谭联军总司令、谭组菴先生，郴州程、马各总司令，巫山黎总司令、柏总指挥、叶军长，辰州田、周、张、谢、林、胡各总司令，内江顾军长，泸州赵军长均鉴：

前奉云南唐督军电聘为军政府总裁全权代表，当于前月有日抵粤，寻即参列政务会议，旋奉府令兼任交通部部长，固辞弗获，已于本月四日就职。自维衰庸，敢任艰巨，慨念政乱国危，勉为策驽承乏，自今以往，窃愿从诸君子后，本护法之职志，以抗非法之行为，各矢公忠，共谋国是，但尽吾力之所及，以行吾心之所安，国法一日不伸，此志一日不懈，凡我大夫君子、邦人诸友，尚望时颁教益，藉免愆尤。藩。庚。印。

（《军政府公报》修字第十三号，1918 年 10 月 12 日，"通告"）

政务会议通告军政府财政部暂缓成立先设财政处俾利进行电

（1918 年 10 月 9 日）

重庆唐总裁，成都熊督军，武鸣陆总裁，上海孙总裁，并转唐总裁，贵阳刘督军，云南刘代督军、由代省长，龙驹寨于总司令，张副司令，永州谭联军总司令、谭组安先生，郴州程总司令、马总司令，鄂军李总司令，夔州黎联军总司令，施南柏总指挥、唐总司令，辰州分转田、周、张、胡各总司令，巫山王援鄂总司令、王援陕总司令，桂林陈省长，广州莫督军、李联军总司令、翟代省长，韶州李督办，山头吕总司令、王副司令、方总指挥，漳州陈总司令均鉴：

军府改建，各部相继成立，财政部长一职，原推唐总裁绍仪主持，近得唐总裁电，因事尚有勾留，嘱由政务会议公推一人兼代。兹经九月三十日政务会议议决，推伍总裁廷芳暂行兼代财政部长，至唐总裁到任为止。惟现当草创，规模拟从简略，财政部暂缓成立，先设财政处，办理筹款及关于筹款各事项，俾利进行。慨自义军起，经济竭蹶，迩者粤中官产典卖殆尽，仰屋兴嗟，束手无策，诸公热心护法，尚望嘉谟远锡，庶有遵循，不胜盼祷。政务会议。佳。印。

（《军政府公报》修字第十五号，1918 年 10 月 19 日，"通告"）

唐总司令克明等通告施南战捷电
（1918 年 10 月 10 日）

广州岑总裁、伍总裁、唐总裁、孙总裁、林总裁、吴景濂议长、王副议长、张亚农先生、各议员先生、莫督军、李省长、李〔协?〕和总司令、陈总司令、郑军长、方军长、钮品三参军、高国势参军、章太炎先生暨各报馆、商会，武鸣陆总裁，永州谭联军总司令、钮总参谋长、金晓风先生、张总司令、林总司令、刘总司令、赵总司令、程总司令、谭组安督军、胡经武总司令、田应诏总司令、谢重光总司令，桂林陈省长、李印泉总司令，云南刘代督军、由省长，贵阳刘督军、袁□中，成都但总司令暨各师长，重庆熊行营熊总司令、石行营石总司令、颜行营颜总司令、公孙参谋长、顾行营顾军长、赵行营赵军长、黔军王总司令、姚行营姚总司令、何行营何师长、黄总司令、卢副司令、余总司令、杨沧白先生、龙慰问使、夏宣慰使、各报馆、商会，琼山转绥定陈荫颢副司令，叙府赵卫戍司令，万县田旅长，暨各省议会，汉口、上海、天津、北京诸报馆、各商会均鉴：

本月三日接各路司令报告，敌人现分三路进兵，攻我施南，经我军探悉，预先准备联络川军各路来兵埋伏，一致力作，奋力猛攻，激战数日夜，敌始败退。是役夺获敌人快枪七十余枝，生擒敌兵二十余名，其死伤甚众，我军士兵阵亡二名，伤六名，现正率队追击。查逆敌此次于和议期间分路进攻，奸狡异常，幸我军将士用命，大杀敌氛，现敌退守大智坪，稍事休息即行进攻，知注特奉商。湖北靖国第一军总司令唐克明，川鄂靖国联军施宜前敌总指挥柏文蔚，湖北靖国联军总司令参谋、代理总司令丁荫昶同叩。蒸。印。

（《军政府公报》修字第十八号，1918年10月30日，"公电"）

王总司令安澜报告完全占领
陕属平利县城电

（1918年10月17日）

广州军政府岑、唐、伍、孙、林各总裁，国会，南宁陆巡阅使，重庆熊督军，广东莫督军，韶州李总司令、李督办，顺庆陈总司令，南宁陈督军，云南刘代督军，贵阳刘督军，永州探送联军总司令谭总司令、程总司令、刘总司令、田司令，田副司令、探送林总司令、韩总司令，辰州胡经武总司令、韩总司令，上海孙伯兰、王铁珊、谭石屏、张甫〔溥？〕泉、章行严、汪精卫先生，重庆黄省长，成都何军长、陈司令、杨司令、萧总指挥二份，归州府前敌于总司令、何师长、巴旅长、王师长，施南柏总指挥官转送酉川蔡、牟总副司令并抄送来凤章太炎先生、吴司令、□定颜总司令、公孙参谋长，顺庆石总司令、大竹陈副司令、□阳顾军长、赵总司令转老鸦滩何总司令、赵军长，探送吕司令，重庆民苏报馆并转成都、上海、广州各报馆，各省议会均鉴：

阳电计达，澜于寒日率部由巫溪出发，九日抵陕属镇平，计行程二百六十里，中经剩刀棘、邨心岭等处，路极岐峻，行军深为困难，师驻镇平二日，即于十日星夜饬队向平利进发，镇平至平利计程三百六十里，至距平利百里吻山会师，令分三路进兵。
十四日下午十二时中，左队抵距平利四十五里之八里关，逆军十
五旅第四团据守八里关上方核桃堡，该处山高路狭，形同井陉，
敌人凭恃险阻，上临峭沟，敝军猛扑数次，俱限于地势，为敌火
所压迫，于是前队分向左右抄袭。施司令宪武由中路，孙司令彬
自右翼，刘司令兴让自左翼各率队，拟效拊□绕出敌人，三方攀
领，猛勇射击，敌不支，向后方黑风而［美?］退却，核桃堡遂
为我军占领。又跟踪追击之十余里，至上午八点，占领茅河子、
黑风美各要隘，敌见敝军节节逼近，不能抵御，遂仓皇弃平利，
向兴安逃窜，是日下午十一时我军完全占领平利县城。是役也，
敝军官兵于一日内忍饥追驰一百三十余里，猛攻狂奔，夺取十数
山头，伤毙敌兵数十名，追获枪械百余，敝军伤亡仅七八人。现
正极力整顿队伍，一俟叶军长到后，一同会师进攻。特先此电闻。
王安澜叩。霰。印。

> （《军政府公报》修字第十五号，1918 年 10 月 19 日，
> "公电"）

参议院通告林森当选议长电
（1918 年 10 月 18 日）

万急。广州众议院、军政府、各总裁、各部长、次长、各省军区
代表、汪精卫先生，漳州陈总司令，潮安方总指挥，汕头吕总司
令、王副司令，韶州李督办，南宁陆总裁，重庆唐行营唐总裁并
转黄、叶、赵、王各总司令，川滇黔省议会联合会，永州谭联军
总司令、谭组安总司令，郴州程、马、林各总司令、赵师长，夔
州黎总司令、唐总司令，施南柏总指挥并转章太炎先生，巫山王
总司令行营豫军王总司令，辰州田、张、胡、谢、林各总司令，
陕西龙驹寨于总司令、张副司令，上海孙总裁、唐总裁、吴稚晖、

孙伯兰、张溥泉诸先生，各省督军、省长、镇守使、各省省议会、各报馆均鉴：

本院议长王家襄依法解职，特按照院法，于本月筱日开会补选，林森得九十七票，已过投票总数之半，当选为议长，特此奉闻。参议院。巧。印。

（《军政府公报》修字第十七号，1918 年 10 月 26 日，"公电"）

吴山录呈黄复生来电致孙中山函

（1918 年 10 月 22 日）

中山先生左右：

久违教益，孺慕弥殷。山以季龙先生嘱任秘书事务，兼以慧生迭函催促，本月一日由沪吉抵羊城，三日午前八时移住司法部，日与徐公同理部务，兼办代表总裁文电等事。除机密重要已由徐公呈报不赘外，兹将复生来电录呈，并转呈刘崑涛烈士小照一枚，又军政府公报十二、十三、十四、十五号公报四册，届时乞察付记室为荷。肃颂

道祺

季陶先生均此。

吴山谨启

十月廿二日

附　黄复生致孙中山电

国会吴议长转孙总裁钧鉴：

我公共和鼻祖，安危所系。今再俯从群请，慨然投袂。从此群

贤毕集，盛德益彰，将士承风，万民托命。行见以回天之力，奏返日之功，奠国家于苞桑，拯生灵于涂炭。复生遥拜下风，无任钦仰，谨电驰贺。黄复生叩。寒。印。

　　孙中山批：代答收到。

　　　　　　　　（《革命文献》第四十八辑，第 290 页）

政务会议宣布护法各省各军派出代表参
预政务会议办法四条电

（1918 年 10 月 24 日）

泸州探投唐总裁，武鸣陆总裁，上海孙总裁，成都熊督军，贵阳刘督军，云南刘代督军，由代省长，龙驹寨于总司令、张副司令，永州谭联军总司令、谭督军，郴州程总司令、马总司令、鄂军李总司令，夔州黎联军总司令，归州柏总指挥，施南唐总司令，辰州分转田、周、张、胡、谢各总司令，巫山王援鄂总司令、王援陕总司令，桂林陈省长，广州莫督军、翟代省长，漳州陈总司令，韶州李督办，黄岗吕总司令、王副司令，诏安方总指挥均鉴：

　　二十一日本会议议决护法各省各军派出代表参预政务会议办法四条，照录于下：第一条，护法各省得派代表一人参预政务会议，有表决权；第二条，未完全占领省份之护法各军，同在一省者得公派代表一人参预政务会议，有表决权；第三条，完全指挥两省以上之联军总司令得派代表一人参预政务会议，有表决权；第四条，其它经政务会议承认之护法各军得派代表参与军事会议，不列席政务会议。特电奉闻，政务会议。敬。印。

　　　　（《军政府公报》修字第十八号，1918 年 10 月 30 日，
　　"通告"）

王总司令安澜通告女娲山、枸杞关、兴安等处战捷情形电

（1918 年 10 月 24 日）

广州军政府岑、唐、伍、孙、林各总裁、国会，南宁陆巡阅使，重庆探送唐联帅、熊督军，广州莫督军，韶州李总司令、李督办，漳州陈总司令，南宁陈督军，云南刘代督，贵阳刘督军，永州探送谭联军总司令、谭总司令、程总司令、刘总司令、田总司令、探送林总司令，辰州胡经武总司令、谢总司令、孙伯兰、王铁珊、谭石屏、张溥泉、章行严、汪精卫先生，重庆黄省长，成都但军长、夏司令、杨司令、萧总指挥，归州王旭九总司令、何师长、田旅长、王团长，施南柏总指挥并转送利川蔡、牟总、副司令兼抄送来〔逊〕章太炎先生、吴司令，经定□总司令、公孙参谋长、石总司令转大竹陈副司令，□阳顾军长、赵总司令转老鸦滩何总司令、赵军长，探送吕司令，刘师长送□□刘师长，资州舒司令、卢副司令，重庆杨总司令、袁师长、余总司令、朱副司令，民苏报馆并转成都、上海、广州各报馆、各省议会均鉴：

本月寒日，我军进攻平利，叶军长由镇坪接向□坪□治，已于谏日将敝军占领平利情形电陈，谅邀洞鉴。逆房自平利窜后，退距女娲山右之兴□□□□增防之兵，率有二千余人，分驻女娲山、石香炉、枸杞关等处，凭恃险阻，抵死抗拒。女娲山高十余里，仰攻极难，石香炉、枸杞关山深林密，敌人处处设卡，非有重大火力，不能作胜。敝军前队于二十一日分三路进攻，中路直攻女娲山，左右两翼由石香炉中皇山包围，兵士穿崖越岭，奋不顾身，大呼呐喊而上，阵毙人百余名，俘房数十人，获枪械数百枝，粮饷军用品无算，遂将女娲山完全占领。二十二日夜十二时，□□进攻枸杞关，枸杞关左具高山，右临河崖，实为天生绝险，惟敌人惊弓之鸟，魂胆已落，一闻炮声，即四处奔逃，全团瓦解，敝军乘胜追击，半日

行八九十里。二十三日上午九时抵兴安，敌人仓皇渡□水而逃，不能成队，在半渡者又被击毙多名。敝军当即整队入城，商民欢迎，安堵如故，澜亦于当日夜十时驻抵兴安。是役也，敝军官兵两日夜奔驰二百余里，接战十余次，仅伤亡八九人。俟稍事休息，联合叶军长向前进发，专此电闻，余维续报。王安澜叩。敬。再，此电系由兴安邮递巫山拍发。并闻。印。

（《军政府公报》修字第十九号，1918 年 11 月 2 日，"公电"）

王总司令天纵揭发逆首置毒阴谋之通电
（1918 年 10 月 25 日）

万急。广州军政府岑总裁、唐总裁、伍总裁、孙总裁、林总裁、吴景濂议长、王副议长、张亚农先生、暨各议员先生、护国军李旅长、李协和总司令、李总司令、郑军长、方军长，毕节唐总裁、唐总参谋长，武鸣陆总裁，永州谭联军总司令、钮总参谋长、金晓风先生、张总司令、林总司令、刘总司令、赵总司令、程总司令、谭组安督军、胡经武总司令、田应诏总司令、谢重光总司令，桂林陈省长、李印泉总司令，云南刘代督军、由代省长，贵阳刘督军、袁师长、王雨安总司令，成都熊督军、杨沧白省长、但总司令、吕总司令、向总司令暨各师旅团长，重庆黄总司令、相副司令、余总司令，黔军朱代总司令、姚行营姚总司令、何师长，梁山专送绥定颜总司令、陈副司令、公孙参谋长，顺庆石总司令，泸州顾军长、赵军长，叙州赵卫戍司令、巫山转叶军长、王梓材总司令，万县田旅长，施南唐总司令、柏总指挥、胡司令，利川叶总司令、牟总司令、方总队长，归州黎总司令、王团长、杨团长，北京《顺天时报》转上海、汉口、成都、重庆、广州诸报馆暨各省议会、各省商会及各省报馆均鉴：

窃维光明磊落本英雄之举动，毒□阴谋乃走险之行为，此次西南护法之捍国兴师，其宗旨正大，久已大明□天下。纵本北人，供职京师，亦因逆首威逼总统解散国会及□弄非法之故，愤然出都，赴义滇川，屡与逆房鏖战，杀贼甚众，而逆首等即因纵为北人，不入北系，未能相与卖国，深为痛恨，遂派其爪牙等潜至天津，买通水夫，暗置毒药于水中。现经转得津电，谓于阴历八月二十二日舍弟及□女□已□毒致死，复于阴历九月初七而全家上下二十余人同于一日之间皆受毒成疾，能否痊愈，尚难逆料，其手段之辣，有如是者。因思护法各首领，其家寄居天津，谅不乏人，用是电呈受害之情形，以揭明逆首用心之毒甚于豺狼，祈诸公早为预防，使逆首阴险之计不再得逞，则幸甚矣。临电不胜悲切愤懑之至。靖国联军豫军总司令官王天纵叩。有。印

（《军政府公报》修字第廿一号，1918 年 11 月 9 日，"公电"）

凌钺报告徐谦来粤后政情致孙中山函
（1918 年 10 月 25 日）

中山先生伟鉴：

在沪所聆教言，抵粤后普告同人，莫不雀跃。刻正力谋讨伐，日内开会当有结果。濂伯近有觉悟，对于讨伐尤为激昂，昨与晤谈，始悉渠有讨伐令不下即辞职之宣言，并因受欺而有喉痛之疾，其觉悟当可想见。季龙来此，同人颇形欣幸，皆称若无先生代表来，军府之事概难与闻。此后有季龙在粤，一切重大事端，或有补救之机。至所议吾党发展之计，正在进行，俟有头绪再行报告。惟季龙虽代表军府会议，而一切对外发展大计，尚望先生随时指示，俾同人有所遵循，并党务国事皆有裨益，是所切

祷。匆匆专此,顺颂

钧祺

凌钺谨启

十月二十五日

孙中山批:答以对于时局尚想不出办法,故绝无主张,总由同志多数意见是瞻耳。

(《革命文献》第四十九辑,第 146 页)

徐谦述坚持护法及维持陈炯明
经过上孙中山书
(1918 年 10 月 26 日)

中山先生伟鉴:

执信兄来,交到惠书并致李茂之一信,兹已电茂之交来港纸二千元,已有函报告,此信即作罢。所需之款,以维持照霞楼为经常费(每月约三百元)。至请客之事,不必过多,能省即省也。现用去各款,缓之再当报告。执信兄面达各言,均钦悉。现在最要两点:(一)维持陈竞存;(二)坚持护法态度。此两事自到粤来已一月,至昨日始小得效果。竞存饷项,昨定议矿捐(惠潮梅)全归竞,设局委员征收(月平均约十万),海丰、陆丰、汕尾为矿捐及其改造子弹之根据地,其地方治安由竞单独完全负责(刘达庆现抢办矿捐,又派兵至其根据地)。汕筹饷局所筹各处收入(每月约廿一万余),分配粤桂滇各军,竞得十三股,月约九万。潮梅盐款(月约四、五万)竞交出,但财政厅月仍拨两三万元。以上各端,系郭椿森、饶子和、魏子灏、褚辅成、林子超、汪精卫、徐傅霖、伍梯云及谦等公议并签字,一面电竞嘱其照办,一面交莫荣新公布。竞得此,虽盐税似稍有牺牲,但统计收入可二十一、二万,较之其所希望仅矿捐、盐税两项,当有过之(系伊与徐傅霖言)。竞现有军队六十余营，除原有廿三营外，余皆征闽所增，即在闽筹饷。海军近已活动，厦门海军已有人来接洽，担任截断北方接济，并驱逐李厚基，此闽事发展之希望也。讨伐令久不能下，陆、唐复电皆不赞成，唐电尤坏，有绝不赞成字样。盖此辈皆无护法决心，今虽势成骑虎，但得调和即调和，不愿为真护法者作兵刃，实一般人之心理。昨经代表共同列席政务会议，代表等公议一布告稿，秘书厅亦拟一稿。（前议另由谦拟一稿。但谦不拟，因此等言须出自彼等之口。）讨论之下，公推谦将两稿参酌互用，又由秩老加两句，共成一稿。此稿结语，即明正徐世昌破坏民国之罪。（中间明言非法选举，破坏国宪，冒窃大位。）虽非命令形式，亦无讨伐字样。但本来之希望，即是要彼等明白反对徐世昌，今既表明，即已满足。至讨伐与否，乃事实上必致之步骤，不必操之过急也。此间报纸，及一般人往往声言诸事由谦主持，实遭人忌。须知我辈作事，惟倚赖上帝之力，至诚感人，岂欲自居其名。况彼等若不作事，我辈亦不能作事。故民党之观念，断不可不从更［根］本上改变，且须宽谅彼等软弱之人。但有好处，必须奖励，此意务请同志力言之。此颂

道祺

谦白

十月廿六日

（《革命文献》第五十辑，第219～220页）

颜总司令德基通告占领定远电

（1918年10月28日）

广州国会陆总裁、岑总裁、唐总裁、孙总裁、伍总裁、林总裁、李代参谋长，毕节唐行营，泸州唐总裁，顾军长、赵军长、农道尹，成都熊总司令、但师长，并转刘师长，顺庆石总司令，重庆黄总司令、卢总司令、夏总司令、姚总司令、卢副司令、袁师长、朱参谋

长，利川叶总司令并柏总指挥，巫山王总司令、黎总司令，贵阳刘督军、王总司令行营、熊总司令、王团长并转叶军长、何师长钧鉴：

基部第六团柏团长报称，该团三营□□铣日占领定远，敌军向汉中方面退却，特闻。德基。勘。叩。印。

（《军政府公报》修字第二十号，1918 年 11 月 6 日，"公电"）

伍兼财政部长就职通电
（1918 年 10 月 31 日）

重庆唐总裁，成都熊督军，武鸣陆总裁，上海孙总裁，并转唐总裁，贵阳刘督军，云南刘代督军、由代省长，龙驹寨于总司令、张副司令，永州谭联军总司令、谭组安先生，郴州程总司令、马总司令、鄂军李总司令，夔州黎联军总司令，施南柏总指挥、唐总司令，辰州分转田、周、张、胡各总司令，巫山王援鄂总司令、王援陕总司令，桂林陈省长，广州莫督军、李联军总司令、翟代省长，韶州李督办，汕头吕总司令、王副司令、方总指挥，漳州陈宣抚使均鉴：

军政府财政部长原推唐少川总裁兼任，因未即时就职，九月三十日，经政务会议议决，现当规模草创，拟从简略，该部暂缓成立，先设财政处办理筹款事务及关于筹款各事项，财政部长一职，公推廷芳暂行兼代，至唐总裁到任之日为止。廷芳迫于大义，勉为承认，业于十月二十二日□就兼职。慨权奸之不悟，致战祸之延长，影响财政，非常棘手。现财政处有处长筹划一切，廷芳自当尽监督之责，不懈进行。迩来军政府改建在在需款，无米难炊，量沙乏术，此中困苦情形，度为诸公所共谅，尚□□言时锡，不兴仰屋之嗟，擘画能详，端赖众擎而举。临电神驰，不胜盼祷。伍廷芳。卅一。印。

（《军政府公报》修字第十九号，1918 年 11 月 2 日，"通告"）

熊希龄、蔡元培等致孙中山函

（1918 年 11 月 4 日）

中山总裁先生执事：

山川修阻，契阔弥殷，敬维勋业崇隆，起居多佑，为颂无量。迩者国民望治之殷，与世界潮流所向，莫不趋重和平。敝会同人，爰本此旨，力为倡导，汲长绠短，深惧无补毫末，幸赖诸公一致赞同，不我遐弃，倾佩无已。

敝会宗旨，业于漾电陈述，谅邀鉴察。兹复公请王铁珊先生代表敝会，驰赴广州，面罄一切，并组织分会，与诸公熟商进行办法，即乞赐与接洽，并恳大力匡勷，随时指导，俾和平目的克期可以到达，不独敝会之光荣，实全国人敬拜诸公之赐矣。临颖企祷，不尽欲言。专此奉达，诸维鉴照。敬请

政安

和平期成会熊希龄、蔡元培等同启

（《蔡元培全集》第 10 卷，第 348 页）

政务会议通告徐司法部长提议司法整顿
办法四条经议决通过电

（1918 年 11 月 5 日）

泸州探投唐行营唐总裁，武鸣陆总裁，上海孙总裁，贵阳刘督军、高等审检厅长，成都熊督军、高等审检厅长，云南刘代督军、由代省长、高等审检厅长，南宁谭督军、桂林陈省长、高等审检厅长，

永州谭督军，广州参议院、众议院、莫督军、翟代省长、高等审检厅长均鉴：

十月二十五日第二十一次政务会议，徐司法部长提议凡四条：一、司法独立，司法官专归司法部监督；一、司法官之任免由军政府行之；一、司法收入专供司法经费之用，由司法部统一支配；一、筹议大理院。当经本会议议决通过在案，除咨复外，合特电闻，政务会议。歌。印。

（《军政府公报》修字第廿一号，1918 年 11 月 9 日，"通告"）

唐继尧代拟揭露段祺瑞借款购械阴谋致日本政府当局电稿征询孙中山意见密电

（1918 年 11 月 7 日）

万急。广州孙中山先生鉴：

申密。近据国会电称：段祺瑞借口出兵欧洲，拟向日本借款购械，用以屠戮异己，宰割西南，刻正秘密进行等语。核以敝处所闻，此种狡谋，似属非虚，现拟请公会同干老联名电日本政府，揭破段氏奸计，其文如下：东京寺内首相、本野外务大臣、外交调查会、贵族院、参议院诸君鉴：中日邦交，年来益敦睦谊，此其故固由贵国本维持东亚和平之盛心，示同情于我国民革新事业之诚意，有以致之。而我国民循世界政治之潮流，竭心力以摧灭暴戾不法之旧势力，实为之动机也。循斯轨道相吸以进，两国前途互有幸福。昔者袁世凯违悖我国民公意，坏法称帝，我国民起而击之，贵国亦仗义而言之。在我国民以袁氏为逆抗世界政治潮流之罪魁，在贵国亦以袁氏为扰乱东亚和平之乱种故也。段祺瑞昔虽反对袁氏称帝，而政治主义实不失为袁氏嫡传。故自任总理以来，凌蔑元首，压迫国会，勾结军人谋叛，酿成宣统复辟。种种侮法背义之举动，世界之立宪国民久闻而冷齿。我国民为达革新政治之目的计，不能不起兵致讨，即在贵国为巩固东亚和平计，当亦对我国民表示无限之同情。乃者报纸宣传，段近以出兵欧洲之名，向贵国借款数千万，购置军械弹药无算，拟在北方新编军队数师。此等风说是否确实？某等道远难测。唯段氏自受我国民出兵致讨以来，势穷力促，事实昭然。出兵欧洲，岂其所能？或者假托名义，欺诳贵国，诈取巨款、军械，用以压迫我守法之国民而已！夫助顽固不法之旧派政治家，以摧残护法之革新政治家，以人道主义言之，固属不义；以贵国向日所持之维持东亚和平主义言之，亦属背道而驰，某等固深愿此种谣传为非确也。倘段氏不量，果向贵国有此要求，甚望诸公勿为所蔽，严词拒绝，庶几减少逆军之战斗力，使我军速奏戡定之功。他日我革新之国民起而掌握政权，确能本贵国永远维持东亚和平之心，携手同行以增进两国人民之幸福也。临电神驰，无任企祷等语。窃以此着关系我军前途甚大。务必各尽全力以破坏之而后已，现除电干老俟得复奉知外，即乞察核。如蒙赞同，希即照发为祷。唐继尧。印。

（《云南档案史料》第一期，第64页）

蔡元培致孙中山函
（1918 年 11 月 18 日）

中山先生赐鉴：

久疏修候，时从北来诸同志中，得谂起居康胜为慰。

欧战既毕，国内和平之声浪洋溢南北，大势所趋，决非少数人所能障挽。颇闻先生近方专〈心〉著述，不接政客，当亦是赞同和平之表示。犹忆五年间，先生在张园演说，略称华人建屋以上梁为大礼，是政府集权之类例；西人建屋以奠基为大礼，是人民自治之类例；而要归于民国人民必具自治能力，是诚颠扑不破之主义。敢祈提挈同志，努力进行。倘于实业、教育两方面确著成效，必足以博社会之信用，而立民治之基础，较之于议院占若干席、于国务院占若干员者，其成效当远胜也。

四川尹君仲材，同盟会老同志也，谭石屏先生稔知之。尹君对于社会事业有一计画，欲请教于先生，特为专函介绍，幸进而教之，肃此，敬请

道安，不宣

蔡元培谨启　民国七年十一月十八日

（《蔡元培全集》第 10 卷，第 355 页）

军政府谋和停战电
（1918 年 11 月 22 日）

唐行营唐总裁、各总司令、陆总裁、孙总裁、唐总裁、刘督军，转各师旅长，各司令，熊督军、杨省长，转各镇守使、各师旅长、各司令、督军公署，转各师旅长，各司令，谭联军总司令，谭督军、程总司令、马总司令、李鄂军总司令、赵师长、林旅长、林处长、各师旅长、各司令，田、周、张、谢、胡各总司令，转陕西于督军、张军务会办，转各师旅长，王援鄂总司令、黎联军总司令、唐总司令、柏总指挥、蔡总司令、牟副司令、陈省长，转各镇守使、各师旅长、莫督军、翟省长，转护国各军总司令、各镇守使、各师旅长、李督办、陈总司令，总指挥、吕总司令、王副司令均鉴：

自军兴以来，膏血被野，庐沼为墟，国力为之凋敝，元气于以毁伤，每一念及，痛心疾首。本军政府护法兴师，原以保全国体为职志，迭经宣布和平及永久和平两义，此心此志不渝，苟可以和平，而贯澈护法之主旨，断不忍重累吾民。比闻北方有休战之言，本军政府素爱和平，岂复好为黩武。为此通令前敌各军队，各守原防，静待后命。果北方诚意言和，自当依法解决，本军政府有厚望焉。此令。军政府。养。

（《革命文献》第五十辑，第 409 页）

凌钺等报告军政府对北军停战
并请撤换代表致孙中山函

（1918 年 11 月 23 日）

中山先生伟鉴：

　　启者：敌势穷蹙，诱我停战，两院主张以取销伪总统、伪国会为停战前提。军府闻此消息，以迅雷不及掩耳之手段，即于议决之晚，骤然发布停战命令，隳士气而长逆氛，不知是何居心。惟季龙列席会议，事前既不与同人协商，临时又贸然副署。并闻此项命令实系季龙起草，似此行动，实与先生派遣代表根本主张，大相背谬，事关民国存亡，法治前途，本党主张，先生信用，良匪浅鲜。同人公意，拟请改派汉民代表来粤，较为妥善。如何办理，即请卓裁，不胜切祷之至。专此，即颂

钧祺

　　凌钺、萧辉锦、高旭、彭养光、丁象谦、李执中、王法勤、高凌霄、宋桢、黄策成、居正、王湘、王玉树、李春荣、吴宗慈、田稔、赵舒、李文治、丁超五、覃寿公、丁惟汾、邓天一、方镇东、尚镇圭、李克明、文笃周、张知竞、黄元白、牟琳、李含芳、狄楼海、刘峰一、张善与、刘荣棠、丁骞、陈廷飏、于法起、曾振懋、杭辛斋、梁星五、邵仲康、赵中鹄、杨大实、吕泮林、崔怀灏、赵金堂、陈纯修、彭昌福、方子杰、张凤九、王乃昌、唐玠、张树桐、李东璧、焦易堂、黄攻素、卢元弼、贺赞元、吴道达、陆昌烺、詹调元、禹瀛、张瑞萱、于均生、孔庆恺、张嘉谟、田增、李载赓、段雄、刘积学、万鸿图、彭介石、讷谟图、白瑞、石凤岐、王釜、陈玉麟、徐绳曾、吴崐、姚守先、王定国、傅鸿铨、角显清、胡正芬、陈义、陈则民、金尚诜、江浩、马宗周、刘万里、谢鹏翰、

李瑞椿、李式璠、张大昕

（《革命文献》第五十辑，第410～411页）

王法勤报告南方军政府内情致孙中山函
（1918 年 11 月 24 日）

中山先生钧鉴：

　　昨军政府竟下停战令，饬前敌各司令谨守防地，以待后命。闻福州指日可下，陕西方面民军，近亦大有进步，军政府竟急不能待，行此自杀之策，真令人莫解。取消伪国会及伪总统两条，已由二十二日两院开会以议决形式，咨交军政府，但如何答覆，尚无消息。此间同人，均谓对于美公使劝告，如先生直电美总统，责以大义，必有绝大效力，不知先生以为何如。再者，此项停战令，开军事会议时，徐君季龙虽未力争，或系当下情势彼众我寡，争亦无济，不得不自处缄默。愿先生略其既往，勉以将来，在此紧要时间，慎勿伤其感情。不然恐一有责备之言，徐君再行引退，某派将来对于和议条件及前敌计划，愈将逞其奸谋，无所忌惮，护法前途，益不可为矣。区区之意，尚祈采纳，无任盼祷。肃此，敬请钧安

王法勤谨上

十一月二十四日

（《革命文献》第五十辑，第409～410页）

唐继尧关于和议之通电
（1918 年 11 月 24 日）

万急。广东军政府各总裁、各部长，并转孙总裁、唐总裁、参

议院、众议院，汕头吕总司令，漳州陈总司令，琼州李督办、南宁陆总裁，桂林陈省长，永州谭联军总司令、谭组安先生、秦总司令，并转衡州府吴师长，贵阳刘督军，并转任部长、王总司令，成都熊督军、杨省长，夔州顾军长，肃州赵军长，荆州黎总司令，陕南于总司令，上海各报馆，并转张季直、张蓉西、汪精卫、孙伯兰诸先生，北京徐菊老、冯华甫、王聘老、熊秉三、钱干臣、张敬尧、蔡子民、王亮珍、谷九峰诸先生，曹督军，南京李督军，南昌陈督军，武昌王督军，各省督军、省长、都统、护军使、镇守使，各师旅长，各省议会、各商会，各报馆鉴：

顷奉张季直、熊秉三诸先生通电，仁心危论，读之慨然。西南兴师，凡为法律，苟有余地可以回旋，谁肯忍心自相戕贼。乃当局者始终凭恃暴力，悍然不顾我有我法，凌轹一切，充其暴力之所至，其于民主政治能否相容，此岂待再计？况夫近代民治之思潮，如川之方，至决不容有暴力政治存在之余地。故为国家久远计，不得已而忍痛兴师，□□挫顽□之凶，□□纳国家于□□之正身。今同胞兵连年余，祸延数省，功不补患，愧负国人。而□念及元气之凋□□国命之□□又有惊心动魄，怒焉如捣者。诸君子既怵于内外之情势，而撼披发缨冠之忱，继尧与同人亦何敢昧轻重之权衡，而忘摩顶放踵之义？苟有长策至计，足以解纷难、规久远，而餍国人之望者，继尧与同人亟愿闻命矣。故为款承诸君子之教命，并容纳各方面之意思，俾得自由发抒起见，鄙意以为宜效辛亥成例，在上海开和平会议，南北各派代表莅会，并以在野名贤若干人参加会议，南方由军政府主持选派，北方由徐菊老主持选派，在野名贤则由两方认许□入，庶较切实而免偏倚，如何□俾公□。唐继尧叩。敬。印。

（《唐继尧关于和议之通电》，长沙《大公报》1918
年12月3日）

凌钺报告徐谦违反主张请改派
胡汉民来粤致孙中山函

（1918 年 11 月 25 日）

中山先生伟鉴：

　　启者：前二十三日，由钺与萧辉锦君领衔，合共百余人公函，报告国会两院议决停战前之条件：（一）取消伪国会；（二）取消伪总统。而军府多人，竟为岑春煊等所惑，即于二十二日，国会议决咨达军府之晚，特开军事会议，贸然下停战令，与伪政府取一致之行动，与国会居反对之地位。其最可恨者，徐季龙同流合污，主张停战，并公然对我同人云：国会不牺牲机关，议员须牺牲个人。是直反对我护法之国会，赞成敌非法之国会也。此次停战令，确系季龙起稿，与盲从者不同。先生前所致钺之函，业已与季龙看过，而季龙阳奉阴违，所谓居之似忠信，行之似廉洁。同人等群情汹汹，不知者以为先生变更最初之主张，幸钺将手书遍示同人，始知季龙违反先生之意思，非先生改变护法之初衷也。乃公议函报，请改派汉民来粤，以图补救，免为所误。因事关紧急，昨日系星期六，日本邮局照例不收挂号信件，不得已投中邮，取快邮代电方式，迅速驰报。维恐被扣，又于昨早专函陈汉元兄，托其请示办法。刻下钺与同人，逢人揭破徐逆之骗术，岑妖之阴谋，与我国民代表护法之决心。将来或趋停者自停，战者自战之形式亦未可知，成败利钝在此一举。先生如有良策，即请示知，以便遵循。专此，即颂

钧祺

凌钺谨启

十一月二十五日

（《革命文献》第五十辑，第 411～412 页）

李亚东请孙中山电前敌将帅以振军心函

（1918 年 11 月 27 日）

中山先生钧鉴：

惟兴居康吉为颂。东因友召嘱，赴前敌之役，正详慎筹划间，忽闻有和议将就签字之声，并闻先生亦有灰心之说。侧闻之下，不胜惊惶。窃维此次兵兴，坚持护法，军心民意，愤感异常，如再稍事迁就，则国内永无太平之日。人心歧异，时事蜩螗，其能存正气而维一线之光明者，实惟先生一人是望。如先生稍退，举国将有转移之势。幸顷过凌子黄处，得见先生手书，仍以坚持到底相勉，知铁肩担道，百折不回，捧诵之余，曷胜鼓舞。窃维最后胜利，仍以军事为依归。彼方矫诈，并无开诚悔过之心，我若退缩，转令敌人以可攻之瑕。仍祈先生速电前敌将帅，力鼓士气，重整军心，勿令功亏一篑为要。东本武夫，亦将效死前驱，以尽一民之职。临颖神驰，不胜悚惶盼切之至。肃泐，敬请

钧安

　　　　　　　　　　　从生李亚东鞠躬

　　　　　　　　　　　十一月二十七日夜

孙中山批：不答。

（《革命文献》第四十八辑，第 348 页）

黎联军总司令天才等确推张伯烈为
湖北靖国军代表电

（1918 年 11 月）

广州军政府七总裁钧鉴：

军府政务会议各军举派代表列席，前经电推旅粤议员张伯烈、刘成禺两君在案。惟军政府组织大纲第□条只举一人，用特于张、刘两代表中确推张君伯烈一人为代表，除电催代表张君伯烈到会外，谨此电达。湖北靖国联军总司令官兼第二军总司令黎天才、第一军总司令唐克明同叩。印。

（《军政府公报》修字第廿一号，1918 年 11 月 9 日，“公电”）

宋均陈述地方自治意见致孙中山函

（1918 年 12 月 1 日）

中山大总裁钧鉴：

敬禀者：八月二十五日奉上第四次书，并夹补呈邮寄回六月十三日奉上第三次书，经得回照，知我大总裁寓上海环龙路四四号。因久未回粤，意以为不受总裁之职，乃今阅报载，见有徐君谦为大总裁代表，知我大总裁不得不忍弃父母之邦，而创造民国基础攸关，或将藉此以大有为乎？然均窃有疑焉，想西南护法以来，业有年余，为名誉之护法耶？为良心之护法耶，为权利之护法耶，为根本之护法耶，前函谓总裁七人中，恐未必皆同心同德者，即虑此也。今摄行大总裁职务矣，其众皆始终不变，一致进行，以底于护法之目的而后已乎？我大总裁为创造民国首领，坚贞卓绝，国人共信。兼有孙公洪伊，曾通电国会，及西南各要人，不公认伪国会所举出之伪总统徐世昌，此名正言顺，与我大总裁纯为护法起见。国会议员，亦赖我大总裁与孙公洪伊二人方可召集，谅他人不能为也。此实均所素仰深为欣佩者，无虑如枯木之易于振萚者比矣。乃孙公洪伊不与总裁之职，而四万万同胞之倚赖，独属望我大总裁一人主持。今伪总统徐世昌，暗听违法首恶之段祺瑞所嗾使，倡言停战以运动和平，实欲将西南护法主旨阴以打消，欺天下无识者之耳目。段祺瑞又耸说外人美公使解散国会之原由，致美公使信以为然，谓有不肯和平者，美国将助财政于北方以相战等语。均以为段党之伪国会，非由天下民意所选举，其所举出之伪总统，即为私生子，不论其人当选与否。然破坏约法，此端一开，后来效尤，祸无底止，民国不可挽救。若言和平二字，惟有解散伪国会，与伪总统徐世昌速行退步，此乃唯一之办法，不然何谓为和，何谓为平，即任天下政客之趋附，并任其谎耸外人多方恐吓，我惟守法而已矣。孟子曰世守也，即守此约法效死勿去之义也。对付外人亦惟以法耳，不然彼何以为，万国公岂故意护奸以坏我约法乎。则系蠢蛮不灵，与不驯之牛马无异，当以牛马对待之。彼曲我直，我则有词，理直气壮，何惧之有。况凡外人从前至恃其强蛮，侵占我内地，霸取我属国者，理犹当一一追讨，收复我故物，以振我堂堂中华大国之德威。今美人何物，毫无忌惮，不顾理法，横行扛帮，出此无礼之言，欺压我大朝，我何可屈法俯首顺从，致取笑我国无人。笑我中国无人犹浅，害我民国，永不得成为民国，实深难瞒明眼人也。均知我大总裁可为中流砥柱，必不因而摇动，定有主宰，故不妄投书于他人，而独叠叠奉书于我大总裁者，所谓君择臣臣亦择君也。但均上书数次，实因西南言护法已非一日，而未见善政一施，又不蒙钧谕，或局外人不当言局中事耶，故未敢遽详言办法。然均亦国民一份子，似不妨举其大意一二以言之。今阅报载，省长由省议会选举，业经宪法审议会通过，而参议院议员周震麟，又提出县知事由县议会选举意见书于宪法会，各议员皆赞成。又广东省议会提议，兵由本地方选用。此皆均所素熟筹于胸中者，不料天下同情不言而合，然提议三事尚未备且未详。均思民国约法，大总统既由国会选举，则其下一切皆应可类推，不独省长、县知事可由省会、县会选，即督军亦应由省会选，镇守使亦应由所辖之县会合同而选，镇自治会选镇警察，城自治会选城警察，乡自治会选乡警察，则人人有权，方合民国有民权之旨。至督军、省长兵该若干，视所辖之县所选出省议会议员多寡，依兵数派匀，在其本县地方选之该议员负担保责任。其余镇守使、县知事以及警察，各该若干兵，皆照所辖之地所选出自治会议员多寡，依兵数派匀，在其本地方选之议员，亦各负担保责任。以此善法制定宪法，布令实行，天下人民无不悦服，遵令而行。速于邮传，请先急规复各自治会，即可下手以举行。并一律撤消保卫团局，免耗地方公款，将该地所原收公款，拨归该地自治会，本地方人办本地方事，利害关切，亦易于管束，省省如是，天下皆兵。均前函言民心团结，民国巩固，不动声色可暗削各督军之权，内夺奸雄暴戾之气，外绝四夷割据之思者，即此策也。不独此也，在本地方选兵，定由保甲派选，良歹尽知，土匪易清，可除内患，并无异寓兵于农之法。以地方人当地方兵，近其家舍得兼耕种者，即裁减饷需以纾府库奇绌，亦无不可。此治民国之大略也，苟能行此，民国其有豸乎。至于司法关厂冗员，贪官污吏残酷武夫，苛捐虐政等弊，速宜分别斟酌尽善，或剔除之，或严惩之，为国家培一分元气，即为人民造无限生机，此皆洽于民心者也。民心既得，则经国民公认之国债，亦易徐图筹还。前次国民捐原为还债而设，所收不赀，归乎乌有，大失信仰。今也认真施爱民之政，即以爱国为前提，谁无感激，国民岂无踊跃捐输。以中国土地之大，人民之多，谁甘让抵押各款，为外人渔利，抵押税务，加捐税规，倍于货本，剥削脂膏，民怨已极，岂不思脱此束缚乎。若夫办理妥适，无碍之方，其细节不可一言而尽，请果见之实行，方一一言之。如言战，则不得已而后用耳。倘不行善政，徒言护法，拥兵杀夺，同室操戈，战与和两端，非徒无益，而皆有害，急宜猛省，勿坠其计，坐失时机，天下事尚可为也。谨陈管见，上干钧听，是否有当，统祈钧示，敬候

勋安

　　　　　　　前充合浦县正式县议会正式议长宋均叩

　　　　　　　　　民国七年十二月一日

　　孙中山批示：不答。

　　　　　　（《革命文献》第四十八辑，第 348～351 页）

凌钺报告徐谦言论乖谬请改派
驻粤代表致孙中山函

（1918 年 12 月 2 日）

中山先生伟鉴：

启者：前月二十三、二十五两日曾寄二书，谅邀电览。季龙近日乖谬异常，主张举陆荣廷为大总统，并云时机未到，即举先生为大总统，亦不能就。似此淆乱听闻，实为吾党之害。钺与同人，所谋联络陆氏者，正欲陆氏拥护先生，将来选举总统时，或予以副座亦可，断不能以主座奉之，至贻引火自焚之讥。钺逢人极力辩白，以定人心。先生可速电改派代表，免误事机。此颂

钧祺

凌钺谨启
十二月二日

孙中山批：不答。

（《革命文献》第四十八辑，第 295 页）

徐谦为请示五国劝告承认徐世昌致孙中山函
（1918 年 12 月 3 日）

中山先生伟鉴：

昨日午后四时半，五国（法、英、意、日、美）领事至军政府，由英领事代表，将五国公同劝告书朗诵一过。事前已由外交部访得其稿，在该领事等来到前，于政务会议妥答复，当由伍秩庸诵读答复。该劝告书虽承认徐世昌为总统，但后云并无干涉之意，亦不欲劝纳何等条件，则其承认当然不能拘束吾国人民主权之自由。且有根据法律及全国人民利益之言，则徐之未经合法选

举，决不能视为法律末节甚明。此劝告已在军政府发出致徐世昌电两日以后，对南方仅属一形式，并烦为催促。惟北方徐、段近有破裂之势，而此劝告适来，使段不能再图一逞，即日本亦不能再施其助段之政策矣。特所未明者，该劝告书所指为法律末节者，其意何在，谦以为此须在疏通意见上预用功夫，以免在我视为根本主张，而彼乃视为末节之言。兹特将来件及去件抄录全份，寄请察阅。此后方针如何，尚望先生招同人共同讨论，见示为幸，此颂

时祺

谦启　十二月三日

（《革命文献》第四十八辑，第 314 页）

徐世昌复七总裁电
（1918 年 12 月 5 日）

急。广州岑云阶先生、伍秩庸先生、林悦卿先生，武鸣陆干卿先生，毕节唐蓂赓先生，上海唐少川先生、孙中山先生鉴：

卅电敬悉。生民不幸，遭此攘扰，兵革所经之地，膏血盈野，井里为墟，溯其由来，可深悯恻。欧战告终，此国彼国均将偃戈以造和平，我以一国之人，犹复纷争不已，势必不能与世界各国处于同等之地位，沦堕之苦，万劫不复。世昌同是国民，颠覆是惧，况南北一家人也，本无畛域可分，故迭此宣言，期以苦心谋和平，以毅力致统一。近读美总统威尔逊今年九月间之演说，所主张国际同盟，用知世界欲跻平和，必先自求国内息争，然后国际和平乃有坚确之保证。爰即明令停战退兵，表其至诚，冀垂公厅。固知诸君亦是民国之一分子，困心横虑，冒百艰以求一当，决不可解释之端。今果同声相应，是我全国乘尽生计，得有挽救之一日也。世昌忧患余生，专以救世而出，但求我国依然比数于

人，芸芸众生，得以安其食息，营其生业，此外一无成见。所有派员会议诸办法，已由国务院另电奉答，敢竭此衷，惟希明察。世昌。微。印。

（《徐总统覆七总裁电》，长沙《大公报》1918 年 12 月 11 日）

附　徐世昌覆七总裁电[①]
（1918 年 12 月 5 日）

特急。上海孙中山先生、唐少川先生，广州伍秩庸先生、岑云阶先生、林悦卿先生，武鸣陆干卿先生，毕节唐蓂赓先生鉴：

　　卅电敬悉。生民不幸，遭此扰攘。（须知此次扰攘，实始自年前组合督军团运动复辟）兵革所经之地，膏血盈野，井里为墟。溯其由来，可深悯恻。欧战告终，此国彼国，均将偃戈以造和平（人家是根本上谋和平，不如汝之伪和）。我以一国之人，犹复纷争不已（是讨逆是靖国何尝是争），势必不能与世界各国处于同等之地位（以汝等腐败官僚执政、努力复古，便永远不能上进）。沦堕之苦，万劫不复。世昌同是国民，颠覆是惧，况南北一家人也，本无畛域可分，故叠次宣言，期以苦心谋和平，以毅力致统一。近观美总统威尔逊今年九月间之演说，所主张国际同盟，用知世界欲跻平和，必先自求国内息争，然后国际和平乃有坚确之保证。爰即明令停战退兵，表其至诚（借债无门，国无余粮，看你有甚法不停战、不退兵），冀垂〈？〉国民之一分子，困心衡虑，冒百艰以求一当，决无不可解释之端（惟有非法总统不放手）。今果同声相应，是我全国垂尽生机，得有挽救之一日也。世昌忧患余生，专以救世而出，但求我国依然比数于人，芸芸众生，得以安其食息，营其生业，此外一无成见。所有派员会议诸办法，已由国务院另电奉

---

① 此电文中括号内文字似为记者所加注，照录。——编者

达，敢竭此衷，唯幸明察。世昌。微。印。

（《军政府与徐世昌往返电》，上海《民国日报》1918
年12月7日）

钱能训复西南七总裁电

（1918年12月5日）

广州岑西林先生、林悦卿先生、孙中山先生，南宁陆干卿先生，云
南唐蓂赓先生，上海唐少川先生同鉴：

读诸公致元首电，敬念开诚表示共导和平，至深佩慰。欧战告
终，潮流方迫，元首鉴于世界大势，早经屡颁明令，申正义而弭兵
争，当为国人所共见。近于通令停战之后，继以筹议撤防，积极进
行，实出渴望和平之旨，会议办法，前已详细筹划，属李督秀山转
商。兹承示双方各派代表，克日开议，芳筹所及，实获我心。所云
代表人数，论省区版籍不能无多寡之殊，惟为迅释纠纷，固可不拘
成见，似可由双方各派同等代表十人，临时推定首席，公同协议。
至会议地点，原定南京，本属适中之地，宁、沪同属国土，焉有中
立可言，且会议商决内政，不宜在行政区域之外，鄙意仍在南京最
为适当，至来电所举辛亥前例，辛亥系因国事问题，不幸同时而有
两种国体。今则双方一体，论对内则同系国人协商国政，固无畛域
之分；论对外国交只能有惟一政府，尤非辛亥之比。值此时局急迫，
促进和平之意，彼此所同，亟当于会议办法切实商榷进行，其他枝
节之论，宜促蠲弃，以免旷废时日。此间现正酌选代表，为先事之
筹备，尊处遴派有人，即希电示，以便双方派定，克期组织，俾法
律、政治各问题，日趋接近，迅图解决，民国幸甚。能训。歌。印。

（《钱代总理覆西南七总裁电》，长沙《大公报》1918
年12月12日；《钱能训覆七总裁电》，上海《民国日报》
1918年12月7日）

于右任致孙中山函

（1918 年 12 月 6 日）

径启者：北京撤防令下后，对西南则停战，于陕西则进攻。陈树藩之私党张仲仁，在直隶姚村所练新兵一旅，号曰新建陆军，近已全部入陕。晋军西渡，占据韩城、郃阳，残暴之举，罄竹难述。〔述〕奉军又大集于观音堂一带，亦陆续入关，似此阳言和议，暗逞逆谋，节节进逼，蹂躏陕民。敝军于万不得已之时，不能不为正当防卫之计，特预为声明，苟有战事发生，知隙自彼开，敝军不任其咎也。此致

中山先生公鉴

于右任

（《于右任文选》，第 170 页）

于应祥请接济所部致孙中山函

（1918 年 12 月 8 日）

大总统钧鉴：

敬禀者：窃应祥前将遵奉钧谕暨参军处令饬驰赴湘属，收集原有队伍，及为势所阻情形，合并报请钧座鉴核在案。兹据旧部营长蔡永等陆续来申，面称所收队伍困苦万状，立请维持，或调遣各等语。查该员等竭力支持，迄今八阅月余，尚复无异，自应允予所请，设法接济，以安兵心，而鼓士气。惟应祥自被难以来，孑然一人，日者渥荷鸿慈，给予津贴，庶免落柘〔拓〕异乡之虞，刻骨铭心，无能言报。现在侨居数月，窘迫仍然，蒿目时艰，宁忍坐视，中夜彷徨，几不成寝。更以来员愈多，应付计拙，惟有恳请钧座垂怜苦衷，给予旅费三百元，俾便即率诸员赴湘桂边界，设法维

持，候令遵循，则为国家前途之警备，不无小补于将来矣。不胜迫切待命之至，伏乞示遵。谨禀，恭请

钧安

　　　　　　　　　于应祥谨禀（印）十二月八日

　　孙中山批：发给百元。并代答刻下甚困，若大局无转机则断难为继，务望早日为计可也。

　　　　　　（《革命文献》第四十八辑，第 259～260 页）

刘显世为认捐应募兵工休养金事致伍
廷芳、孙中山、吴景濂等电

（1918 年 12 月 9 日）

伍总裁、岑总裁、孙总裁、林总裁、莫督军，并转林、吴、□、□①诸先生同鉴：

　　阳电敬悉。弟处认款三千元，已于即日念交由中国银行通汇至港，由港转粤，谨先电达。显世。佳。

　　　　　　（《北洋军阀史料·吴景濂卷》第二册，第 166～167 页）

徐谦告徐世昌非法继任总统国际反应
及欧洲和会代表问题致孙中山函

（1918 年 12 月 10 日）

中山先生伟鉴：

　　昨由澳门为蔡高纪念堂开门礼，演讲基督教救国主义。返省得奉由朱君转来复电，得悉威尔逊赞成之意，系由可靠消息传述而

---

　　①　原电码该两处为 0776、0023，对应文字分别为智、丰，未译，疑误。——编者

来，并非直接来电，尚祈注意人言，勿遽以此语直率表白为要。谦近因外交情形太坏，胸中至为忧愤，昨夜耿耿不寐，于五时节起，而祈祷呼吁上帝，不觉涕泗横流，深信吾国横暴之武力，必当消灭。惟人心软弱，不能坚持正义，而国会自身，亦不能振作，以致总统缺位而不选，遂令外交不得不承认徐世昌。此其咎实在国会，将来恐此届国会不免牺牲，若尚保留，则不必免为选举之利用，其罪恶将难泷濯，谦每以之勖两院同人，以为苟能争得根本解决条件，则个人不可不自供牺牲，此恐亦系一种舆论，而为议员所应了解者耳。谦所谓外交之失败者，则以美使先来电，欲南方承认徐世昌为总统，虽经拒绝，然外交已予承认，且此次五国劝告（说帖）已目之为大总统，则打破之实非易事。次则欧洲和平会议，昨美使复美领事电云：陆征祥系协商国已承认之外交总长，故其被派充中国赴欧洲和平会议代表，当然承认云云。又和平会议开会期，当在明年一月中旬开始云。北京钱能训昨有电，由美领交伍梯云，系陆约其赴欧。似此情形，外交只为一二人通声气，于中国根本利益全然无关，不意美国人物亦若此（此其咎在美使，而美领则不过代作邮局耳）。谦前嘱青年会吕礼高，将谦言达之美人，彼已函致美国青年会总干事 Mott，谦谓美愿助中国甚感，惟切不可铸成大错。昔英助袁世凯，而中国遗害数年，今美若助徐世昌，亦必遗害若干年。故甚望美国勿以好意而为中国之害，不如严守中立，听中国人自行解决国内之事。中国内争与此次世界战争同一目的，即排除强权。徐世昌为北洋武人首领，且系一全无人格之帝制党（此意曾作一短文，交李景纶译英文登载《广州时报》），中国人若戴之为总统，则中国不成为国，而中国人亦不成为人。且美国助中国，断不欲中国再变帝制，今徐世昌若为总统，何人能保其不再复辟，实属莫大危险。至谓中国宜速息内争，以便派人赴欧洲和平会议一节，谦以为中国国内若不能得根本解决，则虽派人何益。譬如劝人饮毒药曰：汝饮后即可作事，但事未能作，而人已将死。今各国岂望中国死，而不欲中国之生，欲中国之生，惟在裁兵废督军两大端。中国若派人赴和平会议，可向各国借款，请各国派委员稽核财政，但可定一年限。若中国不派人，各国亦必自行派员，共同稽核中国财政，其结果初无大异，此可预见者也。以上所言，谦于此间和平庆祝会开会时，已当各国领事及教会来宾前演说此大意，惟于美国一层从略耳。今日谦又嘱李景纶在《广东时报》登文劝告协商各国，不可误认陆征祥，其要点：（一）陆之外交总长不合法；（二）北京系伪政府，派陆为代表，根本无效；（三）南北未统一，陆于事实上绝不能代表南政府，最要一点；（四）北方政界要人，皆有卖国嫌疑，陆绝不能自行反对共同卖国行为，且不能反对其受恩深重之伪政府。深望协商国勿误认此人，为中国不利，且于双方劝和之好意不符，未免偏袒北方之嫌，而亦违背其俟调和后派员赴欧之说云云。此等议论，不过稍吐胸中之气，究属无益。谦日来几欲脱离此间而返沪，惟系受先生委托，未便擅返。前函已声明，若将来彼等承认徐世昌，则谦即为先生声明脱离，今尚未至其时，特其趋势已可见矣。凌子黄不满于谦，两次登先生复函，此外不知尚有他人不满意者否？总之大势所趋，不能过于遏抑，亦无此力量，惟有稍持正当办法耳。昨日会议，谦力主先严重诘问北方，如对于闽陕无正确答复，则认为开战即不议和，乃众皆急于议和，仅将诘问之言载之后幅，兹持抄阅，顷即须赴国会出席，不及多述，此颂

时祺

谦启　十二月十日

（《革命文献》第四十八辑，第314～316页）

徐谦报告欧洲和会代表问题致孙中山函
（1918 年 12 月 10 日）

中山先生伟鉴：

　　今日政务会议，对于参议院议员建议派遣欧洲和平会议代表

案，议决办法三条：（一）通知中外拟派伍总裁、孙总裁、汪兆铭、王正廷、伍朝枢为欧洲和平会议代表。（二）通电护法各省分担欧洲和平会议代表经费，先共筹现洋十万元。（三）先派李煜瀛、张继赴法国。关于派遣代表一节，今日王儒堂有电来云：美政府已赞成伍梯云提议南北会派之法，训令驻京公使，一俟南方提议，即予赞成云。今日政务会议议决所派代表，将来通过国会及国内各方同意均不成问题，惟外交是否无阻碍，似宜稍加慎重。顷在精卫处同展堂、仲恺共商对内先通知，对外则仅先提会派办法（伍梯云已两次口头向英美领事说明，均有电致京各该公使），不说出所派之人较为稳妥。惟展堂、仲恺、精卫及谦之意，皆以政务会议既公推先生为代表之一，务请不必推辞。此五人推举者确有深意，伍秩老系自始即主张与美一致之人，先生虽始有反对，而非反对协商国，乃反对段祺瑞藉参战而压迫人民，近电已向威尔逊说明。先生素与美人相善，且于外交信用素著。汪精卫乃最初回国运动参战之人（精卫不愿居代表之名，但愿助先生），王儒堂现已在美，伍梯云则于此案始终明晰，故此五人均各有所推重。先生倘能于此行为中国争得若干利益，则将来国人之信用更增。精卫、展堂、仲恺及谦四人均可同为先生襄助，特此驰报。今日又议杨沧白因丁忧辞职事，已由谦提议，准假一个月，以熊锦帆暂行兼代省长矣。再，今日早间曾寄上一函，详述一一。晚间由照霞楼取得孙伯兰两函，始知此次先生之忿停战而疑屈伏，皆由伯兰之说所误，伯兰之志颇可嘉，惟于事理则殊多未明。譬如此次五国说帖，由日本外务省发表，文件系其主动，其用意乃恐美国单独劝告，全系外交原因，且日本之劝告仍系暗助北方。乃伯兰函云：松井告之谓日本主张劝告西南，意欲借此表示承认西南为战斗团体云云。诚可谓受日本人之戏弄矣。总之，伯兰一派其不欲为武力所屈，志颇可取，惟其手段专以挑拨及说大话为能事，全然不明事理，而又欲利用北洋军人，即如昔之联冯，皆显然不宜，务望先生不可轻信其言，而率然发表言论，尤不可对外轻易发电。缘伯兰等利用先生发言，以耸听闻，而不顾及先生之失败。至精卫及谦绝非可以武力屈服之者，而伯兰疑之，未免过虑。又，伯兰主张请美总统为中国欧洲和平会议代表亦属理想之说法，先生不必主张为要。再，今日钱能训有电来，北方所派南方议和代表，朱启钤为总代表，吴鼎昌、王克敏、施愚、方枢、汪有龄、刘恩格、李国珍、汪绍杰、徐佛苏等为代表。政务会议因尚未得北方对于陕、闽切实声明停止进兵之复电，故从缓议。再，今日美领事转来美使电，又有徐世昌望岑为南方总代表之言，并闻将来此间拟推展堂。草草报告，即颂

时安

谦启　十二月十夜

（《革命文献》第四十八辑，第 316～318 页）

四川省议会坚持维护约法通电
（1918 年 12 月 10 日发）

快邮代电。广州军政府岑总裁、伍总裁、唐总裁、陆总裁、唐总裁、孙总裁、参众两院国会议员诸先生，上海国民促进和平会，北京和平期成会，莫督军、李省长、方军长，四川代表吴、王、章、谢、张各先生，厦门陈总司令、许总指挥，湖南谭联军总司令、钮总参谋长、张司令，永州府唐总司令、赵总司令、程总司令、谢总司令，辰州李总司令、胡总司令、章太炎先生、张总司令、田总司令，衡州马总司令、韦总司令，韶州李总司令协和、李总司令印泉，上海孙伯兰先生、汪精卫先生，广西陈省长，云南刘代督军、唐卫成总司令、由代省长，贵阳刘督军、王总司令、袁师长，资州顾军长，泸州赵军长，叙府赵卫成司令、何总司令，巫山叶军长，施南唐总司令、柏总司令，利川牟总司令、方纵队长，夔州黎总司令、王总司令，成都熊总司令、杨省长，嘉定陈旅长，仁寿舒司

令、康定陈护使，宁远郭统领，重庆姚总司令、黄总司令、卢副司令、蔡总司令、余代镇守使，隆昌刘师长，顺庆石总司令，绥定颜总司令，保宁陈副司令，大竹陈统领，广元吕师长、彭旅长，安县何旅长、龙旅长，万县田梯团长，陕西于总司令、张副司令，转胡、郭、曹、卢、范、焦、高各司令，并转各省议会、各商会、各教育会、各报馆均鉴：

西南兴师，历时年余，动员百万，转战千里，所牺牲之生命财产更难以数计，岂西南人士果有他意耶，不过为尊重约法巩固共和耳。迩者和议之声，风动全国，一倡百和，异口同音。本会为地方民意代表机关，对于和议希望尤殷。惟北方既非法改组国会，选举总统，与西南护法目的，愈趋愈远，以此言和，恐和议终难实现。夫共和国家之基础，首在约法，故凡倡和议者，断不能舍约法而牵就他事，约法既应遵守，则当召集约法产出之旧有国会，凡选举总统，改组内阁，以及一切重要事件，皆由国会解决。必如是，乃不负护法之初衷，而共和之基础，始得永固。特佈区区，惟希鉴察。四川省议员章咸、冉君谷、范春膏、王仲贤、郭湘、杨文萃、唐宗尧、刘云裳、邹宗鲁、田荫农、景昌运、廖泽宽、董续伟、高裕文、黎道济、何其义、游运炽、刘西池、郭崇渠、刘扬、陈钟绪、黄万里、沈铺、方于彬、游定安、傅春宣、袁显仁、文化祥、帅正邦、彭泽久、郭祚昌、王志仁、廖师政、胡素民、谢从鉴、王南棠、廖瀚、唐家驹、刘元杰、秦森甫、鄢澍、张承烈、周光表、谢联辉、郭藩诚、吴希曾、马文勋、汪金相、陈宝全、戴正浚、韩澍滋、王寿培、范介和、刘冕、欧阳瑜、刘恒光、辜增荣、叶鲲、吴鸿祖、李开绵、李澍森、王丕治、汪全义、李光珠、张泰阶、曾子玉、钟铸成、薛仲良、吴其焕、黎光堃。（民国七年十二月十日成都发）

孙中山批：答函赞励。

（《革命文献》第五十辑，第285～287页）

钱能训致军政府电
（1918 年 12 月 11 日）

广州岑西林先生、伍秩庸先生、林悦卿先生、孙中山先生，武鸣陆
干卿先生，上海唐少川先生同鉴：

　　会议办法，亟待克期组织，迅释纠纷，以维国计。兹派定朱启
钤君为总代表，吴鼎昌、王克敏、施愚、方枢、汪有龄、刘恩格、
李国珍、江绍杰、徐佛苏诸君为代表，并迅速筹备一切，以期早日
开议。尊处代表各员，谅经派定，务希从速电示，俾便接洽，至深
翘盼。能训。真。印。

　　（《相去愈远之和议》，上海《民国日报》1918 年 12
　　月 17 日；又见《钱总理报告派定代表电》，长沙《大公
　　报》1918 年 12 月 17 日）

邹鲁陈述争取粤省计划致孙中山函
（1918 年 12 月 13 日）

先生大鉴：

　　自漳返月余，大局益入沉黑，值此昏纷，求其入手，在全国着
想，则应恢复国会之自由；在广东着想，则应先取得省长。国会分
子非必良也，而正义所在，主张容易。且民党除国会外，更无他地
盘，可以占一席与人角者。故先生唯一之条件，在恢复国会行使职
权之自由，可谓最中今日解决全国之入手办法。但国会虽可为解决
全国之入手办法。然无一省之地盘为国会后盾，及为国会运用之调
济，则国会亦恐不能灵活。而此一省，福建之得手与否未可知，即
能得手，而年中收入不过四百余万，颇难展布。四川虽富庶，地远
而事隔，故不如广东之为民党地盘为妙也。去年展堂长粤事失败，

即为前军政府失败之要点。往事具在，可为复按。故今日欲求全国之发展，除国会外，当谋广东之地盘。欲谋广东之地盘，一时纵未能全数入手，亦当先得省长。鲁本此旨，经力复为展堂谋长粤，各方进行，经有头绪。然内部当未一致，诚恐又蹈去年覆辙。故专函请先生表示意见，毋使临事错杂，贻误粤事，是为至要。能得内部同人步调一致，则省长一事，鲁准可如去年往事，一人办妥，幸先生速照示为祷。若别有办法及他政见，亦请赐示，以便照办。专此，敬请

大安

邹鲁上言

十二月十三日

孙中山批：如能办到，当然赞成。

（《革命文献》第四十八辑，第 291 页）

钱能训复岑春煊、孙中山等电

（1918 年 12 月 16 日）

广州岑西林先生、伍秩庸先生、林悦卿先生、孙中山先生，武鸣陆干卿先生，云南唐荩赓先生，上海唐少川先生同鉴：

奉诵致元首真电，敬悉陕省匪患经年，如卢占魁、樊光二、郭坚等积年巨匪肆行强抢，人所共知。近日屡陷城邑，警报迭告，故由中央派许、张各□驰往协剿。至闽省匪氛遍地，双方驻兵之处均有土匪，无可讳言。王旅赴闽，亦因该省匪扰，派令协助闽军，为清乡之用，并未令其作战。近年匪患日滋，不特闽人大受损害，即外人亦屡有责言。此等杀人越货之暴民，是否认为土匪，是否亟应剿办，揆诸人民心理、友邦言论，固已昭然若揭，如因渴望和平之故而纵匪不办，是坐视两省糜烂而不恤；如因剿匪之故而和平忽生障碍，谓为表面言和，阴行作战，群公设身处地，何以处之。且顷据闽省报告，陈炯明所部已陷永泰，尚在进攻，中央尚不肯以一部

分之违抗反唇相稽，诚以果能克期开议，则此等泯梦当然消灭也。中央迭经明令罢战退兵，现又派定代表亟待会议，是否为渴望和平之一种真实表示，倘终不见谅于群公，亦惟有听诸国民及友邦之公论。所谓迁延时日，益陷陕闽两省于不可收拾者，咎将谁归。总之，国步危棘，舍促进和平，别无办法。尚望扫除障碍，共矢真诚。早日派定代表，定期集议，实为国家前途之幸。能训。谏（十六）。印。

（《钱总理覆西南之要电》，长沙《大公报》1918 年
12 月 21 日）

郑忾辰等报告援闽粤军处境
及对和会意见致孙中山函

（1918 年 12 月 22 日）

中山先生赐鉴：

月前奉读钧函，淳淳以淬厉精神、贯澈主张相勖，敢不服膺拳拳。嗣读致美总统电，对于南北和议之前提，以国会能完全自由行使职权为唯一条件，已得美总统之赞同，仰见先生所持正谊上之主张，昭然揭于中外矣。和平会议总代表一席，群推唐公少川当之，固无间言，而其余代表，无论人数若干，辰等愚见，似非加入孙公伯兰、胡公展堂不可。特各方面情形复杂，现虽邀约同志积极进行，能否达到目的，尚未可知。于此有应先决者，即闽、陕、鄂、湘等省，新增北军，未一律撤尽以前，自无和议可言是也。伪政府托言停战，实行增兵，且划闽、陕、湘、鄂四省为匪区，此而不与严重交涉，务达撤兵目的，则议和前提已立于失败地位，而护法各省军事之蒙其影响，尤不待言。唐公少川既任为西南总代表，对于和议握有全权，伏祈先生就近接洽，于四省新增北军未撤尽以前，万勿与开始议和。闽、陕、鄂、湘之幸，即大局之幸也。抑犹有请者：欧洲平和会议代表一席，关系中国前途者至重且钜，先生世界人杰，

一出而坛坫生光，倘军府提交国会通过，万恳为国际计，力任艰钜，是尤多数同人，所最希冀于先生者也。再，闽战经年，尚未解决，陈公竞存百折不挠，当道弗谅，阻力横生，子弹不以接济前敌，反拟加派他军，以施牵掣权位，非以奖励有功，徒为排斥异己，以厚私援。即如此次任林公督闽，陈公长闽，而复拟任方声涛为军务会办，经辰等上书力言，竞公督师九十营，占地数十县，万不可不予以军权，而方某以少数滇军，万不能会办福建全省军务等语。徐公季龙据以力争，乃始任竞公以省长兼军务会办，而方某亦同任为军务会办。军府如此用人，虽违吾辈最初主张，然闽局尚未解决，将来总看实力为转移。惟奉军寇闽，已进逼闽境上游，若不立令撤退，则竞公对于闽上游所已占领地方，岌岌可危，其未占领者，愈无进取可望。故辰等愚见，以为和议之前提，应以新增北军撤尽为断。钧意以为然否？闻徐公季龙，因对于政务会议孤掌难鸣，颇有退志。徐公持议正大，遇事力争，闽事尤多得其赞助，洵不负先生所委托。倘有辞书，务乞俯赐慰留，勿予辞退，无任企祷。专肃，敬请
崇安，诸惟垂察

  郑忾辰、裘章淦、丁超五、杨树璜、詹调元、林者仁、曹振懋、刘万里、赖德嘉、林鸿超、唐睿、陈堃全上

十二月二十二日

（《革命文献》第五十辑，第221~222页）

林支宇为改办《自治月刊》为
日刊事致孙中山函
（1918年12月24日）

逸公总统钧鉴：

  敬肃者：久违钧诲，顿失遵循，景仰云天，神为之往。迩者中国政局飘荡风云，徐世昌以安福私子觍颜窃位，凡我同胞，除丧心

病狂甘于助逆之少数军阀外，靡不义愤填胸，思仗剑北上，食肉寝皮。我大总统俯顺民生，勃然震怒，躬率海军长驱南下，开国会非常会议于广州，举国人民为之额手。方谓义旗所持，竞献壶浆。而奸凶肆毒，祸起君侧，言念及兹，横飞泪血。近虽黄陂返职，国会复生，而阁揆每出包办，总长尽属私人，议院之本身不洁，国宪之制定无期，此种肮脏政府，绝不能为我文明华胄之表率。则若辈中央集权之梦，一俟司晨鸡唱，会有哑然自笑之日也。然则救时针砭，果为何物，则舍三民主义、五权宪法而外，更无他属。敝省应时势之要求，顺民意之趋向，首制宪法，逐渐实施。无如湘水源枯，衡岳峰峻，交通既不便利，文化尤复闭塞，其澈底觉悟者，固不乏人，而罔解至理，徒藉自治为口头禅者，亦滔滔皆是。是则皇皇省宪，貌合神离，一部福利尚不能图，遑言大者。支宇附骥有年，颇明事理，此次归任议席，实非初心，第以改造社会，端在吾曹，天职攸关，责难旁贷。美威廉乔治氏所记乔治少年共和国，收容分子大都犯罪少年、不良少年，其意以为犯罪或不良少年，必有一种特殊之可能性。湖南民俗凶悍，讵可一跃为健全之国民，不过果决勇敢，尚可有为，苟能循循善诱，当可放刀成佛。支宇所以决然应选者，实具苦衷，我公秦镜高悬，当能洞察。返湘以来，每思如何方可免阳号自治、阴行割据之诮，俾贯澈钧座之主张，再四思维，唯一利器，厥为报纸。查仇君鳌、胡君曜、龙君涛等，于客岁组《自治月刊》，专以打破闭关，促成统一为职志。第在国宪未依法制定，元首未依法改选以前，绝对不承认北庭为国务行政机关，至于自治真理，尤为无微不至。惟月发一号，对于文化运输，颇嫌濡滞不已，改办日刊，又以经费缺如。用是一呼将伯，兹龙君经捐赴沪，敬特介绍前来，务恳予以臂助，则讴歌大德，不仅三湘七潭已也。谨肃寸函，敬请
钧安

林支宇谨呈印

十二月二十四日

（《革命文献》第四十八辑，第 351～352 页）

李纯致七总裁磋商和议电（一）

（1918 年 12 月 24 日）

火万急。广州岑云阶先生、伍秩庸先生、孙中山先生、唐少川先生、林悦卿先生，武鸣陆干卿先生，云南唐蓂赓先生均鉴：

天佑吾华，诸君子商为会议之策，解决法律事实各问题，期成永久之和平，以立巩固之国本，纯既闻命，即经陈明中央。中央尊重法律，爱护国家，深愿与诸君子解决进行，共谋国是。迭次商洽，拟定于南京开和平善后会议，双方各派代表十人，即举一人为总代表。一切办法，奉云阶先生电复，各方均已赞同。仰见护法护国，同德同心，举国闻之，莫不引领而望。惟现因陕事持论稍有异同，进行因之停顿。纯已将云阶先生迭电大旨，转陈中央折衷，拟一持平适宜办法，以调解陕事，经于本日另电奉达矣。因思吾辈苦心苦口，惨淡经营，以成此会议一举者，皆为保护法律，而求根本之解决。故前者中央先商事实，而诸公不谓然，义甚正也。今者会议之名称、地点以及办法，双方既皆赞同，中央派定总代表及代表既由通知尊处，举少川先生总代表亦既见示。而陕事乃事实之一端，若竟因此停顿，是重陕事而轻国本也，是仍先事实而后法律也，父老子弟将有议我后者。区区之愚，似宜一面定期会议，一面商决陕事，兼营并顾，毋以一省牵大局，乃见诸公护法之公。诚陕事能于早日商决固甚幸，否则开议之后，仍可继续商洽，不至相妨也。诸公明达，想荷赞同，尚祈迅复，当于奉复之日，按照原议，由苏会同鄂、赣，通电披露，约定三星期，双方代表齐集宁垣开议，尊处代表姓名并乞示知，鹄候复音，无任跂祷。李纯。敬。

（《李督军致七总裁磋商和议电》，上海《民国日报》1918 年 12 月 29 日）

李纯致七总裁磋商和议电（二）

（1918 年 12 月 24 日）

火万急。广州岑云阶先生、伍秩庸先生、孙中山先生、唐少川先生、林悦卿先生，武鸣陆干卿先生，云南唐蓂赓先生均鉴：

　　迭接云阶先生电，因陕省问题，致会议停顿，纯甚惜之。会议之不可缓，已详敬电。关于陕事，当然持平解决，窃谓尊处所争，在不得指军为匪，中央所争，在不得指匪为军，各有苦衷，各有至理，纯以为皆是也。今欲释双方之争，先当分别军与匪之界限，中央停战令卒未划出陕省，但声明土匪扰乱治安，军队有妨秩序，为国人所共弃。是所重者，治安秩序而已，能保治安秩序，有正当之将领、一定之人数、驻扎之地点，即为军，反是则为匪。首电云阶先生，请开示在陕部分将领、人数、地点，即此意也。今若将各项开示，双方议定适当界线，划定暂驻区域，各守原防，则军之界限定，而区内之匪，各担任剿除之责，有扰治安妨秩序者共弃之。中央无指匪为军之争，尊处无指军为匪之争，尊处所认为部队者，但无妨于地方，中央不过问；中央军队之入陕者，但无轶于范围，尊处不过问，静待会议收束解决，此关乎陕事内部者也。粤军陈炯明，现方力谋进攻，应请严令停止。其闽粤方面李所部与陈、许所部，商定双方撤退，各指定界线，声明地点并区域，彼此遵守，静候解决，总期双方距离百里以外，免生冲突。有违约者，曲直自明，援闽王旅届时亦当停进，即于所停区域内，遵照原议，专任清乡。以上各节，如虑划分不易，或临时发生争执，不妨由双方或居间公团派员分往指导监视，秉公商定，如荷赞同，即祈示复，以便转陈中央，即日实行。至欧洲和会代表，关系国际重要，任命未可分歧，尊处推重之人，仍宜由中央派往，闻伍君朝枢日内莅沪，当遣员前往接洽，统希亮察，并盼覆音。李纯。敬。

　　（《李督军致七总裁磋商和议电》，上海《民国日报》1918 年 12 月 29 日）

于右任为议和及陕西战事致孙中山函

（1918 年 12 月 26 日）

迳启者：前者北京武人声明罢兵，向军政府言和，识者早知，其为一种策略，避实击虚，以逞其最后之阴谋。今果以重兵压陕，诬我靖国军为匪矣，凡此皆足为逆党无诚意言和之铁证。我护法各省，若犹不早觉悟，罢议续战，仍曲与委蛇，一误再误，致彼辈得徐徐窃据陕之地盘，则逆氛愈张，护法大事从此去矣。右任痛民贼稽诛，国难未已，爱乡固殷，爱国尤切，苟有可以卫法，使全国能享永久和平之幸福，即使陕民独受兵火之苦，亦不敢辞。今日敌兵环伺境上，行见陕西变为一大战场，湖南兵燹之惨状，将重演于秦省。右任爱桑梓之心，岂后于人。然为大局计，为民国策久远计，亦惟有牺牲一切，以博最后之胜利。盖欲图国家百年之安宁，当忍一时之苦痛。徐、段之处心积虑，急急攻陕者，无非为捣乱国家之地步。若养痈遗患，斩蔓草而不能去其根，将来必至再兴革命之师，则损害之大，事功之难，当有十百倍于今日者。陕军勇敢，非不能战，纵敌军今增两旅之师，我亦何怯。祈我护法诸公，下一决心，以武力求和平，电摧援陕各军速进，并为陕军接济子药，如此陕西不难早定，然后出兵潼洛，则大局即日解决矣。右任不才，亦护法之一人，心所谓危，不得不言。肃请

勋安，诸维

朗照，此致

中山先生公鉴

于右任（印）上言

廿六号

钱能训致西南七总裁暨黔川
两督通告就职电
（1918 年 12 月 27 日载）

本日奉令特任国务总理，能训遵已继续就职。能训并于兼代期内秉承元首意旨，奉以周旋。幸蒙诸公眷怀大局，示我周行。此后职任愈专，益觉责无旁贷。惟有殚竭能力，慎体主座息事宁人之意，披沥相见，以期促进和平，所望诸公益策进行，早谋解决。岂惟能训一人之幸，民国前途，实嘉赖之，掬诚相告，伫闻德音。

（《钱总理致西南七总裁暨黔川两督通告就职原电》，
长沙《大公报》1918 年 12 月 27 日）

吴文龙请示方针致孙中山函
（1918 年 12 月 29 日）

中山先生钧鉴：

文龙自蜀至沪后，获睹尊颜，仰见精神矍铄，不异曩时。文龙私庆之余，又不禁为国家贺。今当阳气初回之候，新年节届之时，遥想玉体之康强，定与日月而增长，为颂为祝。文龙在沪时，谢惠生先生令仍回蜀，而参议员高荫藻等，因军政将改组恐有变动，约文龙至粤，斯时欲请命鸿裁，以便仿依先生旨而行，庶不越乎常轨。嗣晤朱执信先生谈及此事，据云先生刻下不便表示态度，文龙遂亦不敢妄动。复因孀母来信，以离乡日久，胡不思归相责，于是于十一月间遄里省亲，倘先生有所驱遣，文龙当即来前听命也。恭此寸笺，敬叩新禧百福，并希

垂照，不宣

吴文龙印谨上
十二月二十九号

孙中山批：代答，现下无事，尽可自由行动。

（《革命文献》第四十八辑，第 135 页）

军政府政务会议欢迎派徐谦
代表出席致孙中山电

（1918 年某月 27 日）

上海孙总裁鉴：

函电奉悉，我公共和先导，护法元功，久迟旌麾，主持坛坫。兹承特派徐君谦代表出席，共商大计，至表欢迎。除由本会议特任徐谦为司法部长，另电通告外，特此奉复。政务会议。感。印。

（《革命文献》第四十九辑，第 145～146 页）

唐君勉历陈在湘冤苦经过致孙中山函

（1918 年）

大元帅钧鉴：

敬肃者：窃君勉由武昌陆军第三中学毕业，民国元年，充黎副总统府军事参谋。南北和议告成，以湖北记名参谋，肄业保定军官学校。及宋案发生，至赣组织讨袁军，充讨袁左翼军林虎司令部军事顾问，失败东渡，入日本东京大森浩然学社肄业。三次革命，充两广护国第六军林虎司令都［？］上校参谋。粤事戡定，就湖南督军署一等谘议。去年十一月一号，随湖南民军检阅使覃振、劳军使林祖涵，由粤还湘，招募民军，为湘南后援。彼至郴县，委君勉为湖南民军左路支队长，拟偕赴衡阳与程总司令潜接洽妥当，再行着手进行。复因衡山战事吃紧，急待后军救援，恐往返需时，有误事机，令君勉暂驻郴城，就近与程总司令所派副官长张辉瓒接洽办理。覃则先赴衡与程总司令接洽，另行改委，以归一致云。当时张副官长在郴、宜一带，招募绿林，编为湘南游击队，于宜章县旧参将署设立办公处一所。君勉于二号由郴至宜与张接洽，而张极表欢迎，谓彼此一致进行。张为游击队统领，令君勉担任帮统，而招军之多寡，则视力量以为断。张则担任电请程总司令加委，并通知郴、宜两县知事，而饷项及一切交涉事宜，亦负完全责任。当亲笔书与绿林首领交涉条件六款，及湘南游击队一营编制表一纸，宜章县曾知事告示一道（均已存案），旅费五十元，令君勉放胆进行，以速为妙，如需款项，随时向宜章办公处领取云云。君勉以为确无疑二，即于三号携带条件，至湘粤交界之坪石地方，与羊城偕行之同志萧礼源、黄锦清等磋商妥洽，嘱令将所募之军，速赴宜章会合，听候张副官长编制。君勉于四号带同志王赐斋回宜，往办公处，便通声气。五号张副官长令君勉赴郴，与县知事丁洪海及游击队驻郴办事员谢某接洽，八号返宜。彼至中途，适张副官长赴郴领取军服军饷，本拟随行，而张令其回办公处，照料一切，谓两日内即归云。十号午后八时，君勉将次就寝，突有驻郴粤军王统领得庆部下之稽查王某，率带兵士，拥入办公处，声称有人报告，谓君勉引王统领部兵士十名，携带枪枝潜逃，奉王统领命令拿君勉至郴对质云。不由分说，将君勉与萧礼源背反索缚。君勉以理直气壮，并无其事，偕王迳行。不图至宜章县署，桎梏收狱。十一号，押解至郴县王统领部。复督军队将家叔唐瞻云及同志焦新阶、李铸，并仆役冯生学等五人，一并捆押王统领部，而家内搜抄一空，形势汹汹，如待大盗。是晚派机关枪连长王某，提君勉究诘，喝问勾引逃兵情实。然君勉自问第一次革命后，而武昌、而江西、而广东，所抱宗旨，咸属光明磊落，绝无卑劣行为。此次欲募绿林，编制成军，与王统领护法靖国同一宗旨，并无纤芥界限之私心。况募军方在进行，收效与否，尚不可知，庸何忍勾引正式军队，而遂我未成之军乎，又何忍扰乱我护法军之进行乎？君勉虽愚，绝不至于此极。其所谓勾引逃兵者，何人指证，凭何可据，如有证据，则甘当军法；设系平空诬陷，亦当赔我名誉，偿我损失。次谓与王统领部之周棚长曾有勾引之私约，请以所谓周棚长出而对质，则又并无其人。再三反诘，该连长瞠目结舌者久之。忽有王统领之书记，出一公文，系张副官长辉瓒所移，内云：假借名义在外招摇之唐君勉、萧礼源，有碍粤军关系，其形重大，今既押解来，请讯明重办等语。噫！事诚可怪，何来此文，同行办事，反害其类，是何居心。当随覃振之还湘也，乃奉大元帅之任命，虽无招军其名，已有招军其实。君勉初与覃振计划成熟，继与张副官长磋商妥洽，均无疑义，又非荒谬。其所谓假借名义者，果何所指？在外招摇者，从何说起也。王统领为援湘之前军，君勉等亦为援湘之后队，行同此事，心同此理，前矛后盾，两无抵触，其所谓有碍粤军者，何所见解耶？盖此事之不明发生之真象者，有二大疑点在焉。君勉之与张辉瓒也，同为党人，久已晤识，及此次之进行，往返磋商，气味相投，两无芥蒂，何前后义仇判途若此耶？此疑而不解者一。君勉之与王得庆也，虽知其人，素不晤面，而其部曲多不相识，勾引之说，不特无此事实，亦且无此心理；而其所谓周棚长，屡请对质，又无其人，平凌捏诬，果何仇隙？此疑而不解者二。当此之时，心若沸潮，百啄难辨，而王统领亦不过问。十三号王统领接马总司令电催，开赴前敌，欲并押解随行，经郴县顾、丁两知事及地方绅商学各界，极力婉求，始将家叔及焦、李仆役等释放，而君勉与萧礼源解羁永兴县狱，候马总司令济审实核办云。十四号至永兴县，适家兄锡阶送君勉赴永，亦被羁押十数日。嗣我护法军克服长沙，将君勉等递解省垣，以为复见天日，在此一行。孰意马总司令复加严酷，前上脚镣，今加手铐，并推入黑狱，横卧地上矣。维时天气严寒，地复淤湿，蜷伏敽棘，惨不忍言。而其部曲频加虎视，卫兵狱卒，恶狼相向，待同死囚。至省三日马总司令亲自审讯，危坐堂皇，威杀森严。君勉叙明履历，并述此次由粤来湘宗旨，实无勾引逃兵不法行为。初以为被羁两月有余，谅必调查清楚，一讯即可了解。不谓马总司令怒喝曰：既无勾引情事，何尔父兄在外承认赔偿枪枝价。盖马总司令故为是言，冀在导引真情，然君勉坦白无私，终不为其所动，矢口不承。马忽出一书信曰：尔以勾引逃兵，无凭可据，强辩其词，坚不承认。然尔寄叔父之家书内，有仇恨我广西军，是何故耶，我军之出，为护法计，为援湘计，尔为湘人，不为感激，反出怨言，即此一端，可以诛尔而有余，胡何强辩乃尔。盖此书乃湘省战事未现以前，由粤寄与家叔者，书尾有云：此次护法，湘省必作战场，生民涂炭，良可叹也。且北胜湘人固难插足，南胜亦必为广西势力，顾桂军与北军相等耳。初之为此言者，乃因军队教育上之关系所发，吾国军队教育，为功不足，残民有余，故发慨叹之言，初非仇怨之心。当王统领搜抄家室时，只字片缕，抄洗无遗，想于故纸堆中，得此残笺，视为重要之据。而马总司令以勾引之说，既无凭证，故据此为湘桂仇怨之借口，势将诛而杀威。然我湘人士素信君勉为守法之青年，故联名请保者有彭邦栋等数十人及同学陈励等数十人，络绎不绝。马以联名具保者，大皆当代有名之士，不便发落，将君勉解送督军署。意必从此解释，不至再有难为，殊谭联帅复交陆军监狱羁管，不诛不释者又两月有余。及岳、长失陷，谭联帅退出，北军将入之时，经程总司令始将君勉等开释。当是时也，四民逃散，满目荒凉，囚余之残身，无所投止；又恐遇胜军之锋镝，或败军之残焰，昼伏荆丛，夜走荒僻；而又不敢南窜，宁向北奔，沿途之炮声喊声哭声风雨声，嚣嚣嘈嘈或远或近，续续不断；且饥而不得其食，困而不得其寝，惫而不得其憩；此时此境，哭笑莫辨，殆非笔墨所能形其苦状于万一也。幸天不绝我，途遇故人，赠与川资，以路途不靖，随难民匿避二十余日，始辗转之汉，由汉而沪而粤，昨日始抵羊城，心乃宁帖。呜呼，以清白无罪之身，始而宜章县狱，次而郴县狱、永兴县狱、统领部狱、司令部狱、陆军监狱、署狱，桎梏其身，冻饿其体，递解千里，牢固半稔，困苦流离，莫可名状。所幸心地坦白，不威骇以死；体质健全，不惨苦以死；环保有人，不冤抑以死；途遇故知，不流离以死。否则，恣行诛戮，乞冤无由矣。但家业查抄一空，所受损失不下数千金，而父兄受辱，妻孥受惊，亲友受累受损者，尤难忍述矣。君勉乃区区一介之士，自无实力，附诸篱下，本不足道，而十年奔走，出生入死，屡见不鲜，然为国捐躯，或杀敌身亡，都无遗憾。但被残于同类，遭灾于无谓，此心耿耿，似难解释。顾法律蔽障，国会摧残之时，曷敢以私怨而扰公愤，不过略将冤苦情实，诉诸大元帅前者，为表明心迹计耳。伏乞垂察是幸，肃丹敬叩

钧安

保定陆军军官学校、日本东京大森学校修业生唐君勉谨肃

孙中山批：着军事股秘书查明，酌量办理。

（《革命文献》第四十八辑，第 255～259 页）

彭占元陈述组织山东护法军大略上孙中山书
（1918 年）

山东为绿林丛生之地，两次解散民军以后，而民军之军官兵士，多散伏绿林之中。故绿林杆首，半是民军官长头目。现下绿林约有两万余枝快枪，一千余人、七八百人，约有二十余股，虽曰绿林，实民军也。均在济西南一带，而北兵不敢与敌。数月运动组织，略有端倪，一呼而成，可得二万余枝快枪之劲旅，以之攻济南、勤津浦铁路、京汉铁路北军之后路，绰有余裕。惟诸杆首均欲发而未发动者，希望军政府先将名目承认，而得有名义，稍为补助子弹饷项而已。此山东绿林方面之情形也。山东曹州镇守使约有十三小营，有参谋长吕润斋，日本东斌陆军毕业，辛亥为山东民军统领，后编为民军三十九旅团长，数年来苦心孤诣，将各营长队官联成一气，若外有援，即可独立，声明护法。而三十九旅营长连长流落他防营中，现充营、连、排长者，尚有七八人，亦可一呼而应。

更有定武军在徐州、海洲者，营、连、排长均系兖州曹州一带之人，经前定武军参谋戈子良（系兖州人）、崔荃如（系兖州人）、张汉章（系曹州人改选参议院议员）联络数月，亦愿响应，共同讨段。前月派代表到上海与元接洽，愿与军政府效力，而举义护法，若委以名义，即发动十数营。若江北得此绿林，及曹州、徐州、海州接连两省举义护法，而北兵之左前敌者，不击自溃。若山东民军发展，北洋武人自灭，共和可巩固矣。不然若仅以西南武力解决时局，而江北无民军基础，纵然得胜，不旋踵而战争又起矣。现下山东蓄此势力，筹备已成，而急待委任扶持。元是以来粤与先生面商一切机宜，不意先生竟去粤赴日本矣。元此来，固为开国会而来，实为绿林及北方能响应护法之军队而来。为因绿林杆首，率皆元之辛亥山东民军旧部。军队中现充参谋长、营、连、排长者尚有十数人，两方若能先委以名义，稍为补助子弹款项，一月之间，即可大集而举。元谓先生此时当在江北筹划地盘，扩充民党势力，以培和共根基，不宜在江南筹备，遭群雄之嫉忌，以致用力多而成功少。山东两次革命，因地理之关系，议和之迅速，虽未成功，而尚有可为之机会，可图之基础。舍此时机，山东民党难以发展，江北永无民党插足之地，民国飘摇，不知几〔？〕何时而能定也。乘此北方空虚之际，得山东，豫秦晋皆可图也。豫虽无可响应之军队，而志士流于草野者，实有跃跃欲动之势。秦现四野，具有民军占领城邑。晋省无兵，只有两旅，均系旧同盟会为旅长。若江北有一省大举，而未有不来归响应者。且孔旅长蔚生，谨厚寡言，系元在东京介绍入同盟会者，相知最深，每私自谈时，尝叹息不能悉展初志为恨，而欲退处山林为言。元尝劝隐忍待时，不可轻弃兵符也。吾辈有此实力不易。据此北方不为无人，不过地域为限，与南军距离甚远，不敢轻于一发，且又有屡次求助于南方同人，而以未成功为羞者，遂多自暴自弃，置身于悠忽之间。若先生实力注重于江北，大为号召，必发生效果，此非特一党之幸，实国家之福也。先生以为可否，请先生酌夺图之是幸。草此大略，语无伦次，尚希先生鉴察。彭占元草具大略。

（《革命文献》第四十八辑，第 271~273 页）

萧辉锦等为军政府倒行逆施
请孙中山挽救函
（1918 年）

中山先生伟鉴：

启者：自军政府改组，先生辞职远引，而政局愈形混沌，眷念前途，殊切隐忧。迩者新军政府成立，业已逾月，名为合议，实同独裁，某派气焰熏天，大有为所欲为，旁若无人之概。而所谓博士名流，竟若仗马寒蝉，自甘伴食，会议诸事，俱守秘密。同人等日居群盗之窝，时切心腹之痛，顾念天下兴亡，匹夫有责，悉心洞察其中梗概，要不外包办议和，私谋权利。闻日前军府会议，岑春煊竟将议和二十一条提出讨论，唱反对者仅协和一人。个中秘密，外间无从探悉。惟同人等闻耗，不胜惊愕，盖息事宁人，孰不欣羡，但不为一劳永逸之计，从事粉饰太平，终非救国爱民之道。民国七载，祸乱迭生，未始非由于酷爱和平之所误。且北京非法政府，公然伪造立法机关，选举宗社党首领徐世昌为大总统，怙恶不悛，已无和平之地，阴谋实施，更有倾覆之虞。而岑春煊别有所图，昧于护法之精神，且明白通电承认冯代总统，太阿倒持，危可立待。当此存亡危急之秋，而北洋军系尚在分裂之际，正吾辈转危为安，实行定国之日，岂容一二大盗再误事机。且先生为革命领袖，道德眼光，均足排异端，而为万流所宗，远非协和辈所能比拟，而协和力阻和议，尚能挫岑之气，况先生乎。抑先生为革命之模范，抱救国之精神，出处动静，系国家之治乱兴亡，是先生虽总裁之一，所负责任尤为重大。同人等迭次函电，希望先生迅派代表，盖正为此。

今者事已急矣，仍望俯顺舆情，从速派定，克日南下，参与会议，一可杜若辈调和之阴谋，二可表先生出处之磊落。千钧一发，稍纵即逝。且更有不能已于言者，即政团之组织是也。溯吾党自辛亥以前，迄于今日，虽迭受创伤，宗旨益固，而共和徒拥虚衔，政见毫无实施者，探本索源，皆由党务之办理不善，人才之配置失当，以至是非颠倒，功罪混淆，列阵不严，杀贼何术，无怪识者咸讥我有坚定之政见，而无适宜之政略也。往者已矣，来者可追，为今之计，欲图政治之刷新，先谋政团之结合。同人等熟思详审，自非改弦更张不为功。其组织之大要，领袖只在先生，次则部局任务，罗致各省济世之才，分任巨艰，庶几举国状况，易于体察，全党营垒，不受摧折。苟侧重一隅，偏言个人，断难笼罩全局，共策进行，势必国事党务，终归泡影已耳。同人等均以时机迫切，不敢缄默，利害关连，何能袖手，乃公推凌君子黄、陈君汉元面陈一切，请示办法。谨肃函达，顺颂

钧祺，并希

察纳是幸

　　　　萧辉锦、刘冠三、丁惟汾、邓天一、张瑞萱、于范廷、黄元白、蔡突灵、张敬之、张树桐、讷谟图、恩穆阿克尔、杨择、陈纯修、张则林、刘人炯、李春荣、催怀灏、王玉树、李东壁、邵仲康、方镇东、焦易堂、田稔、周珏、景定成、宋桢、彭邦栋、王恩溥、禹瀜、田永正、周泽苞、谭惟洋、张伯亚、陈廷飏、丁象谦、张相文、方子杰、马良弼、谢鹏翰、陈毅、揭日训、张鲁泉、李建民、王杰、张善与、于恩溥、魏丹书、盛际光、王国佑、谭正、鲁鱼、陈玉麟、凌毅、童杭时、赵金堂、庄怀广、王恒、卢元弼、黄攻素、时功玖、张伯烈、李文治、覃寿公、李燮阳、李正阳、贺赞元、杭辛斋、傅梦豪、高旭、汪建刚、茅祖权、丁超五、方潜、秦锡圭、李载赓、席

绥、郑衡之、吴崑、周嘉坦、周廷弼、刘祖尧、李景
泉、李瑞春、诺们达赖、角显清、蒋应澍、王用宾、
王宗尧、王法勤

（《革命文献》第四十九辑，第 147～149 页）

丁开嶂报告拟谋华北沿长城诸省
之势力致孙中山函
（3 月 28 日）[①]

中山先生英鉴：

前谒龙门，略陈怀抱，但有褚君在座，未得尽言，守秘密也。鄙意拟在华北沿长城诸省与先生作一部分势力，胜则拥先生为大元帅，败则先生不必露名，所用不过两三万元，即少至一万元，亦能草草去作。今欲再造贵馆，恐再有他客杂座，故函述，如蒙采取，即于三日内招鄙人，面陈详细可也。肃此，敬候

伟安

　　附事略一分。

由法界白尔路明德里三号

老同盟会员丁开嶂上

孙中山批：代答，不惶及此。

（《革命文献》第四十八辑，第 181～182 页）

郑铿报告行止致孙中山函
（1918～1919 年间）

先生钧鉴：

---

　　① 疑为 1918 年，待考。暂系于此。——编者

　　前由黄子荫兄带呈一函，谅邀钧鉴。兹铿奉竞公命到省沪间，视察各方情形，于今日由厦抵汕，大约在此间担搁一星期，即起程回省往沪矣。肃此，即请

大安

铿谨上

十一号

　　精卫、展堂、执信诸兄均此不另。

（《革命文献》第四十八辑，第 284～285 页）